21 世纪普通高等教育规划教材·公共基础课系列

税 法

姚林香 主 编
席卫群 万 莹 副主编

上海财经大学出版社

图书在版编目(CIP)数据

税法/姚林香主编．一上海：上海财经大学出版社，2015.8
(21世纪普通高等教育规划教材·公共基础课系列)
ISBN 978-7-5642-2203-1/F·2203

Ⅰ.①税…　Ⅱ.①姚…　Ⅲ.①税法-中国-高等学校-教材
Ⅳ.①D922.22

中国版本图书馆CIP数据核字(2015)第161478号

□责任编辑　黄　荟
□封面设计　晨　宇
□责任校对　王从远

SHUI FA
税　法
姚林香　主　编
席卫群　万　莹　副主编

上海财经大学出版社出版发行
(上海市武东路321号乙　邮编200434)
网　址：http://www.sufep.com
电子邮箱：webmaster @ sufep.com
全国新华书店经销
江苏省句容市排印厂印刷装订
2015年8月第1版　2015年8月第1次印刷

787mm×1092mm　1/16　19.25印张　492千字
印数：0 001—4 000　定价：39.00元

21世纪普通高等教育规划教材

21 SHI JI PU TONG GAO DENG JIAO YU GUI HUA JIAO CAI

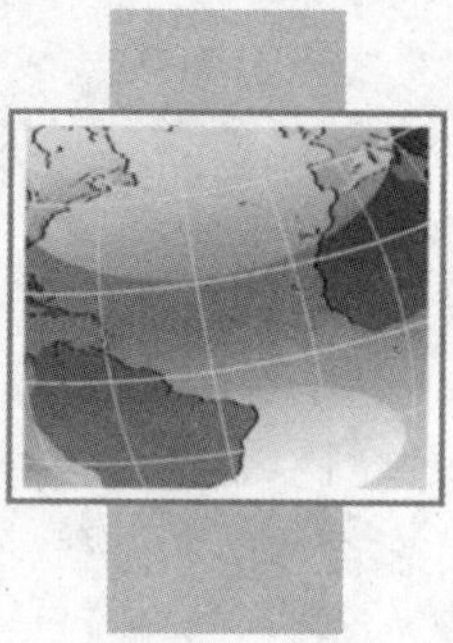

编委会

BIAN WEI HUI

前 言

税收是国家取得财政收入的一种重要工具，它体现的是一种分配关系。在社会主义市场经济条件下，税收成为中国财政收入的主要形式，税收收入逐年大幅度上升。税法是税收的法律表现形式，是国家制定的用以调整国家与纳税人之间在征纳税方面的权利义务关系的法律规范的总称。它是国家及纳税人依法征税、依法纳税的行为准则，其目的是保障国家利益和纳税人的合法权益，维护正常的税收秩序，保证国家的财政收入。

为了适应高等教育的新形势，培养创新型、应用型人才，满足经济类和管理类专业学生以及经济管理干部、企业管理干部和财务人员学习的需要，本教材在编写过程中，紧密结合我国社会主义市场经济改革与发展实际，吸收税法研究的最新成果，反映税制改革的最新动向，全面阐述了税法的理论和实务，内容新颖，体例独特，案例丰富，实用性强。具体来说，本教材有以下特点：第一，内容全面系统，理论联系实际。既全面阐述了税法的基础理论，包括税法概念与特征、税法原则、税法要素与分类、税法地位与作用、税收立法与税收执法以及我国现行税法体系，又详尽介绍了现行税种的具体法律规定及税收征管法，突出其重点和难点。第二，案例自始至终贯穿本教材。每章前面有导入案例，具体章节里面有例题分析，使读者能够较快地掌握税法的理论，并将其运用到实践中。第三，体例安排上有特色。每章内容通过案例进行导入，正文中适当插入知识链接，章后附有本章关键词和复习思考题，使读者能够准确把握每章的知识要点，拓宽知识面，并通过练习加以巩固。

本教材由江西财经大学姚林香教授任主编，席卫群教授、万莹教授任副主编。全书共十八章，具体写作分工如下：姚林香、苏海根负责第一章、第十六章、第十八章；万莹负责第二章、第十章；姚林香、徐晶负责第三章、第四章、第五章；姚林香、袁达谱负责第六章、第十五章、第十七章；席卫群负责第七章、第十一章；姚林香负责第八章；姚林香、唐丹丹负责第九章、第十三章；姚林香、方琴负责第十二章、第十四章。最后由姚林香教授总纂并定稿。

本教材在编写过程中参阅了许多专家、学者近几年出版的相关文献，在此向这些作者表示诚挚的谢意。限于时间和作者水平，本教材疏漏之处在所难免，恳请读者批评指正。同时，衷心感谢上海财经大学出版社领导及编辑的支持和辛勤工作！

作 者

2015 年 6 月

目 录

第七章 企业所得税法

第八章 个人所得税法

第九章 土地增值税法

第十章 资源税法

第十四章 房产税法

第十五章 城镇土地使用税法

第十六章 契税法

第十七章 耕地占用税法

第十八章 税收征收管理法

主要参考文献

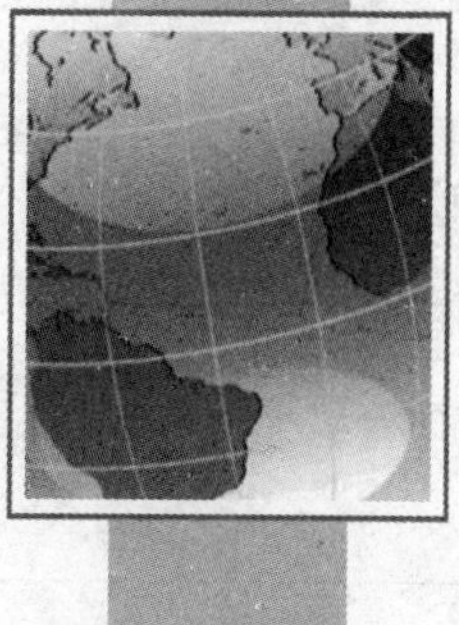

第一章 税法概论

导入案例

据《资治通鉴》记载，公元前271年，赵奢担任当时赵国的税务最高长官。赵国都城邯郸城里，赵王的弟弟平原君开了九家大型店铺，分别由其九个管家负责，这九个管家倚仗权势，偷税、逃税、抗税，并殴打税务官。赵奢听闻此事，为了维护税法的尊严，冒着被罢官、被杀的危险，依据当时的法律，果断地处死了这九个管家。这事把平原君惹火了，他气势汹汹地去找赵奢算账，扬言非杀死赵奢不可。赵奢镇定自若，据理力争："你是赵国国内受人敬重的权贵，如果任凭你家藐视税法，那么国家法律的力量就会被削弱；国家法律的力量被削弱了，那么国家的实力就会被削弱；国家的实力如果被削弱了，那么周边的其他国家就会虎视眈眈，趁机侵犯我国，到时候，赵国没有了，你还有什么富贵荣华？以你平原君所处的地位，应奉公守法，上下才能团结一致；上下团结一致，国家才能强大；国家强大了，政权才能稳定。"平原君被赵奢这一番大义凛然的话深深感动了，顿时怒气全消，内心十分惭愧，悄悄地走了。赵奢的秉公执法、不徇私情，很快使赵国财力雄厚、国泰民安。赵国也由一个不太富足的国家，成为春秋战国烽火年代的七雄之一。据此，你认为税收的本质是什么？它与税法有什么关系？

第一节 税法概念与特征

一、税法概念

(一)税法定义

税法是国家制定的用以调整国家与纳税人之间在征纳税方面的权利义务关系的法律规范的总称。它是国家及纳税人依法征税、依法纳税的行为准则，其目的是保障国家利益和纳税人的合法权益，维护正常的税收秩序，保证国家的财政收入。

(二)税收与税法

税收与税法密不可分。税法是税收的法律表现形式，体现国家与纳税人之间在征纳税方面的权利义务关系；税收则是税法所确定的具体内容，反映国家与纳税人之间的经济利益分配关系。

税收是国家或政府为向社会提供公共品，凭借政治权力，按照法律预先规定的标准，参与社会产品或国民收入的分配，无偿地取得财政收入的一种形式，体现着特定的分配关系。它具有以下三个特征：

1. 强制性。主要是指国家以社会管理者的身份，用法律、法规等形式对征收捐税加以规定，并依照法律强制征税。

2. 无偿性。主要是指国家征税后，税款即成为财政收入，不再归还纳税人，也不支付任何报酬。

3. 固定性。主要是指在征税之前，以法律形式预先规定了课税对象、课税额度和课税方法等。

【知识链接】

"税"，最早出现在孔子所修编年史《春秋》一书中的"初税亩"一词中。"税"字是由"禾"与"兑"字组成，"禾"泛指农产品，"兑"则有送达之意。可见，"税"自古以来就有，其根本是指社会成员有向政府缴纳一部分农产品的义务。1916 年，贾士毅在《民国财政史》一书中则首次将"税"和"收"字组合为一词，自此"税收"一词在我国的使用范围不断扩大并为人们所接受。

(三)税收制度与税法

税收制度的核心内容是税法。

税收制度简称"税制"，是国家或政府以法律形式规定的各种税收法律、法规的总称，或者说是国家或政府以法律形式确定的税种的设置及每种税的征收办法的总和。它反映国家与纳税人之间的经济关系，是国家财政制度的主要内容。税制的内容有广义和狭义之分：广义的税制包括税收法规、税收条例、税收征管制度和税收管理体制等；狭义的税制主要是指税收法规和税收条例，它是税收制度的核心，是税务机关向纳税单位和个人征税的法律依据和工作规程，也是纳税单位和个人履行纳税义务的法定准则。一个国家制定什么样的税收制度，是由生产力发展水平、生产关系性质、经济管理体制以及税收应发挥的作用决定的。

二、税收法律关系

国家征税与纳税人纳税在形式上表现为利益分配的关系，但经法律明确其双方的权利与义务后，这种关系实质上已上升为一种特定的法律关系。

(一)税收法律关系的构成

税收法律关系在总体上与其他法律关系一样，都是由权利主体、权利客体和法律关系的内容三方面构成的，但在三方面的内涵上，税收法律关系则具有特殊性。

1. 权利主体

权利主体即税收法律关系中享有权利和承担义务的当事人。在我国税收法律关系中，权利主体的一方是代表国家行使征税职责的国家税务机关，包括国家各级税务机关、海关和财政机关；权利主体的另一方是履行纳税义务的单位和个人，包括法人、自然人和其他组织，在华的外国企业、组织、外籍人、无国籍人，以及在华虽然没有机构、场所但有来源于中国境内所得的外国企业或组织。这种对税收法律关系中权利主体另一方的确定，在我国采取的是属地兼属人的原则。

在税收法律关系中权利主体双方法律地位平等，但是因为主体双方是行政管理者与被管理者的关系，所以双方的权利与义务不对等，同一般民事法律关系中权利主体双方权利与义务平等是不一样的。这是税收法律关系的一个重要特征。

2. 权利客体

权利客体即税收法律关系主体的权利与义务所共同指向的对象，也就是征税对象。例如，所得税法律关系客体就是生产经营所得和其他所得；财产税法律关系客体就是财产；流转税法律关系客体就是货物销售收入或劳务收入。税收法律关系客体也是国家利用税收杠杆调整和控制的目标，国家在一定时期根据客观经济形势发展的需要，通过扩大或缩小征税范围调整征税对象，以达到限制或鼓励国民经济中某些产业、行业发展的目的。

3. 税收法律关系的内容

税收法律关系的内容就是权利主体所享有的权利和应承担的义务，这是税收法律关系中最实质的东西，也是税法的灵魂。它规定权利主体可以有什么行为、不可以有什么行为，否则须承担相应的法律责任。

国家税务主管机关的权利主要表现在依法进行征税、进行税务检查及对违章者进行处罚；其义务主要是向纳税人宣传、咨询、辅导税法，及时把征收的税款解缴国库，依法受理纳税人对税收争议的申诉等。

纳税义务人的权利主要有多缴税款申请退还权、延期纳税权、依法申请减免税权、申请复议和提起诉讼权等；其义务主要是按税法规定办理税务登记、进行纳税申报、接受税务检查、依法缴纳税款等。

(二)税收法律关系的产生、变更与消灭

税法是引起税收法律关系的前提条件，但税法本身并不能产生具体的税收法律关系。税收法律关系的产生、变更与消灭必须有能够引起税收法律关系产生、变更与消灭的客观情况，也就是由税收法律事实来决定。税收法律事实一般是指税务机关依法征税的行为和纳税人的经济活动行为，发生这种行为才能产生、变更或消灭税收法律关系。例如，纳税人开业经营即产生税收法律关系，纳税人转业或停业则造成税收法律关系的变更或消灭。

(三)税收法律关系的保护

税收法律关系是同国家利益和企业、个人的权益相联系的。保护税收法律关系，实质上就是保护国家正常的经济秩序，保障国家财政收入，维护纳税人的合法权益。税收法律关系的保护形式和方法有很多，如税法中关于限期纳税、征收滞纳金和罚款的规定。此外，《中华人民共和国刑法》中对构成抗税、骗税罪给予刑罚的规定，以及税法中对纳税人不服税务机关征税处理决定，可以申请复议或提出诉讼的规定等，都是对税收法律关系的直接保护。税收法律关系的保护对权利主体双方是对等的，不能只对一方保护，而对另一方不予保护，对权利享有者的保护就是对义务承担者的制约。

三、税法特征

税法作为一种法律规范，与其他法律一样，是由国家制定的、体现国家意志并由国家强制力保证实施的社会规范，其具有一般法律规范的共同特征。但由于税法是以税收法律关系作为其调整对象，因此具有区别于其他法律的特征。

(一)从立法过程看，税法属于制定法

现代国家的税法都是经过一定的立法程序制定出来的，即税法是由国家制定而不是认可的，这表明税法属于制定法而不是习惯法，因为国家征税权凌驾于生产资料所有权之上，是对纳税人收入的再分配。同时，为确保税收收入的稳定，需要提高其可预测性，这也促使税收采用制定法的形式。

(二)从法律性质看，税法属于义务性法规

义务性法规是相对授权性法规而言的，是指直接要求人们从事或不从事某种行为的法规，即直接规定人们某种义务的法规。义务性法规的一个显著特点是具有强制性，它所规定的行为方式明确而肯定，不允许任何个人或机关随意改变或违反。授权性法规与义务性法规的划分，只是表明其基本倾向，而不是说一部法律的每一规则都是授权性或义务性的。

(三)从内容看，税法具有综合性

税法不是单一的法律，而是由实体法、程序法等构成的综合法律体系，其内容涉及课税的基本原则、征纳双方的权利与义务、税收管理规则、法律责任、解决税收争议的法律规范等，包括立法、执法、司法各个方面。税法具有综合性，是保证国家正确行使课税权力、有效实施税务管理、确保依法足额取得财政收入、保障纳税人合法权利、建立合作信赖的税收征纳关系的需要，也表明税法在国家法律体系中的重要地位。

第二节 税法原则

税法原则是构成税收法律规范的基本要素之一。任何国家的税法体系和税收法律制度都要建立在一定的税法原则基础上。税法原则可以分为税法基本原则和适用原则两个层次。

一、税法基本原则

税法基本原则是统领所有税收规范的根本准则，是指一国调整税收关系的基本规律的抽象和概括，是贯穿税法的立法、执法、司法和守法全过程的具有普遍性指导意义的法律准则。从法理学的角度分析，税法基本原则可以概括为税收法定原则、税收公平原则、税收效率原则与实质课税原则。其中，税收法定原则是税法基本原则中的核心。

(一)税收法定原则

税收法定原则又称税收法定主义，是指税法主体的权利与义务必须由法律加以规定，税法的各类构成要素皆必须且只能由法律予以明确。如果没有相应法律作前提，国家则不能征税，公民也没有纳税的义务。税收法定主义贯穿税收立法和执法的全部领域，其内容包括税收要件法定原则和税务合法性原则。

税收要件法定原则是指有关纳税人、课税对象、课税标准等税收要件必须以法律形式作出规定，且有关课税要素的规定必须尽量明确。

税务合法性原则是指税务机关按法定程序依法征税，不得随意减征、停征或免征，无法律依据不征税。

(二)税收公平原则

一般认为，税收公平原则包括税收横向公平和纵向公平，即税收负担必须根据纳税人的负担能力分配：负担能力相等，税负相同；负担能力不等，税负不同。税收公平原则源于法律上的平等性原则，所以许多国家的税法在贯彻税收公平原则时，都特别强调“禁止不平等对待”的法理，禁止对特定纳税人给予歧视性对待，也禁止在没有正当理由的情况下对特定纳税人给予特别优惠。

(三)税收效率原则

税收效率原则包含两方面：一是经济效率；二是行政效率。前者要求税法的制定要有利于资源的有效配置和经济体制的有效运行；后者要求提高税收行政效率，节约税收征管成本。

(四)实质课税原则

实质课税原则是指应根据客观事实确定是否符合课税要件，并根据纳税人的真实负担能力决定纳税人的税负，而不能仅考虑相关外观和形式。

二、税法适用原则

税法适用原则是指税务行政机关和司法机关运用税收法律规范解决具体问题所必须遵循的准则。税法适用原则并不违背税法基本原则，而且在一定程度上体现着税法基本原则，但是与其相比，税法适用原则含有更多的法律技术性准则，更为具体化。具体包括：

（一）法律优位原则

法律优位原则，也称行政立法不得抵触法律原则，指法律的效力高于行政立法的效力，立法机关之外的国家机关制定的一切规范，都必须与立法机关制定的法律保持一致，不得抵触。法律优位原则在税法中的作用主要体现在处理不同等级税法的关系上，并明确了税收法律的效力高于税收行政法规的效力，对此还可以进一步推论为税收行政法规的效力优于税收行政规章的效力。

（二）法律不溯及既往原则

法律不溯及既往原则是绝大多数国家所遵循的法律程序技术原则。其基本含义为：一部新税法实施后，对新税法实施之前人们的行为不得适用新法，而只能沿用旧法。在税法领域内坚持这一原则，目的在于维护税法的稳定性和可预测性，使纳税人能在知道纳税结果的前提下作出相应的经济决策，这样税收的调节作用才会较为有效。但是，在某些特殊情况下，税法对这一原则的适用也有例外。一些国家从税收合作信赖主义出发，采取"有利法律溯及原则"：对纳税人有利的，予以承认；对纳税人不利的，则不予承认。

（三）新法优于旧法原则

新法优于旧法原则，也称后法优于先法原则，指当新法、旧法对同一事项有不同规定时，新法的效力优于旧法。其作用在于避免因法律修订带来新法、旧法对同一事项有不同的规定而引起法律适用的混乱，为法律的更新与完善提供法律适用上的保障。新法优于旧法原则在税法中普遍适用，但是当新税法与旧税法处于普通法与特别法的关系时，以及某些程序性税法引用"实体法从旧、程序法从新"原则时，可以例外。

（四）特别法优于普通法原则

特别法优于普通法原则，指两部法律对同一事项分别有一般和特别规定时，特别规定的效力高于一般规定的效力。普通法是指在效力范围上具有普遍性的法律，特别法是指对特定主体、事项，或在特定地域、特定时间有效的法律。当对某些税收问题需要作出特殊规定，而又不便普遍修订税法时，即可通过特别法的形式予以规范。特别法优于普通法原则打破了税法效力等级的限制，即居于特别法地位的级别较低的税法，其效力可以高于作为普通法的级别较高的税法。

（五）实体法从旧、程序法从新原则

这一原则的含义包括两个方面：一是实体税法不具备溯及力。即在纳税义务的确定上，以纳税义务发生时的税法规定为准，实体性的税法规则不具有向前的溯及力。二是程序性税法在特定条件下具备一定的溯及力。即对于在新税法颁布实施之前发生，却在新税法颁布实施之后进入税款征收程序的纳税义务，原则上新税法具有约束力。

（六）程序优于实体原则

程序优于实体原则是关于税收争讼法的原则，其基本含义为：在诉讼发生时，税收程序法优于税收实体法适用。即纳税人通过税务行政复议或税务行政诉讼寻求法律保护的前提条件之一，是必须事先履行税务行政执法机关认定的纳税义务，而不管这项纳税义务实际上是否完

全发生；否则，税务行政复议机关或司法机关对纳税人的申诉不予受理。适用这一原则，是为了确保国家课税权的实现，不因争议的发生而影响税款的及时、足额入库。

第三节 税法要素与分类

一、税法要素

税法的构成要素一般包括总则、纳税义务人、征税对象、税目、税率、纳税环节、纳税期限、纳税地点、减税免税、罚则、附则等。

(一)总则

总则主要包括立法依据、立法目的、适用原则等。

(二)纳税义务人

即纳税主体，主要是指税法规定的一切直接履行纳税义务的法人、自然人及其他组织。

(三)征税对象

即纳税客体，主要是指税收法律关系中征纳双方权利与义务所指向的对象，它是区分不同税种的主要标志。我国现行税收法律、法规都有自己特定的征税对象。

(四)税目

税目是各个税种所规定的具体征税项目。它是征税对象的具体化，比如，消费税具体规定了烟、酒等 15 个税目。

(五)税率

税率是对征税对象的征收比例或征收额度。税率是计算税额的尺度，也是衡量税负轻重与否的重要标志。我国现行的税率主要有：

1. 比例税率

即对同一征税对象，不分数额大小，规定相同的征收比例。我国的增值税、营业税、城市维护建设税、企业所得税等采用的是比例税率。

2. 定额税率

即按征税对象确定的计算单位，直接规定一个固定的税额。目前采用定额税率的有城镇土地使用税、车船税、耕地占用税等。

3. 超额累进税率

即把征税对象按数额的大小分成若干等级，对每一等级规定一个税率，税率依次提高，但每一纳税人的征税对象则依所属等级同时适用几个税率分别计算，将计算结果相加后得出应纳税款。目前采用这种税率的有个人所得税。

4. 超率累进税率

即以征税对象数额的相对率划分若干级距，分别规定相应的差别税率，相对率每超过一个级距的，对超过的部分就按高一级的税率计算征税。目前采用这种税率的有土地增值税。

(六)纳税环节

纳税环节主要指税法规定的征税对象在从生产到消费的流转过程中应当缴纳税款的环节。如流转税在生产和流通环节纳税，所得税在分配环节纳税等。

(七)纳税期限

纳税期限是指纳税人按照税法规定缴纳税款的期限。比如，企业所得税在月份或者季度终了后 15 日内预缴，年度终了后 5 个月内汇算清缴，多退少补。

(八)纳税地点

纳税地点主要是指根据各个税种纳税对象的纳税环节和有利于对税款的源泉控制而规定的纳税人(包括代征、代扣、代缴义务人)的具体纳税地点。

(九)减税免税

减税免税主要是对某些纳税人和征税对象采取减少征税或者免予征税的特殊规定。

(十)罚则

罚则主要是指对纳税人违反税法的行为采取的处罚措施。

(十一)附则

附则一般都规定与该法紧密相关的内容，比如该法的解释权、生效的时间等。

二、税法分类

税法体系中按各税法的基本内容和效力、功能作用、征税对象、权限划分、适用范围的不同，可分为不同类型的税法。

(一)按照税法的基本内容和效力分类

按照税法的基本内容和效力的不同，可分为税收基本法和税收普通法。

税收基本法是税法体系的主体和核心，在税法体系中起着税收母法的作用。其基本内容一般包括税收制度的性质、税务管理机构、税收立法与管理权限、纳税人的基本权利与义务、税收征收范围(税种)等。我国目前还没有制定统一的税收基本法，随着我国税收法制建设的发展和完善，将研究制定税收基本法。税收普通法是根据税收基本法的原则，对税收基本法规定的事项分别立法实施的法律，如个人所得税法、税收征收管理法等。

(二)按照税法的功能作用分类

按照税法的功能作用的不同，可分为税收实体法和税收程序法。

税收实体法主要是指确定税种立法，具体规定各税种的征收对象、征收范围、税目、税率、纳税地点等。《中华人民共和国企业所得税法》、《中华人民共和国个人所得税法》就属于税收实体法。税收程序法是指税务管理方面的法律，主要包括税收管理法、纳税程序法、发票管理法、税务机关组织法、税收争议处理法等。《中华人民共和国税收征收管理法》就属于税收程序法。

(三)按照税法的征税对象分类

按照税法的征税对象的不同，可分为以下五种税法：

1. 对流转额课税的税法

主要包括增值税、营业税、消费税、关税等税法。这类税法的特点是与商品生产、流通、消费有密切联系。对什么商品征税、税率多高，对商品经济活动都有直接的影响，易于发挥对经济的宏观调控作用。

2. 对所得额课税的税法

主要包括企业所得税、个人所得税等税法。其特点是可以直接调节纳税人收入，发挥其公平税负、调整分配关系的作用。

3. 对财产、行为课税的税法

主要是对财产的价值或某种行为课税，包括房产税、印花税等税法。

4. 对自然资源课税的税法

主要是为保护和合理使用国家自然资源而课征的税。我国现行的资源税、城镇土地使用税等税种均属于资源课税的范畴。

5. 特定目的税税法

包括城市维护建设税、烟叶税等。其目的是对某些特定对象和特定行为发挥特定调节作用。

(四)按照主权国家行使税收管辖权分类

按照主权国家行使税收管辖权的不同,可分为国内税法、国际税法、外国税法。

国内税法一般是按照属人或属地原则,规定一个国家的内部税收制度。国际税法是指国家间形成的税收制度,主要包括双边或多边国家间的税收协定、条约和国际惯例等。外国税法是指外国各个国家制定的税收制度。

(五)按照税收收入归属和征管管辖权限分类

按照税收收入归属和征管管辖权限的不同,可分为中央税、地方税和中央与地方共享税。

中央税属于中央政府的财政收入,由国家税务局征收管理,如消费税、关税等为中央税。地方税属于各级地方政府的财政收入,由地方税务局征收管理,如城市维护建设税、城镇土地使用税等为地方税。中央与地方共享税属于中央政府和地方政府的共同收入,目前由国家税务局征收管理,如增值税。

当前,除个别小税种地方政府有立法权外,其余税种的立法权均属中央政府。

第四节 税法地位与作用

一、税法地位

税法是我国法律体系的重要组成部分,属于国家法律体系中一个重要的部门法,它是调整国家与各个经济单位及公民个人之间分配关系的基本法律规范。在我国法律体系中,税法的地位是由税收在国家经济活动中的重要性决定的。

税收收入是政府取得财政收入的基本来源,而财政收入是维持国家机器正常运转的经济基础。同时,税收是国家宏观调控的重要手段,因为它是调整国家与企业和公民个人之间分配关系的最基本、最直接的方式。特别是在市场经济条件下,税收的上述两项作用表现得非常明显。税收与法密不可分,有税必有法,无法不成税。现代国家大多奉行立宪征税、依法治税的原则,即政府的征税权由宪法授予,税收法律须经议会批准,税务机关履行职责必须依法办事,税收争讼要按法定程序解决。简言之,国家的一切税收活动,均以法定方式表现出来。因此,税收在国家经济活动中的重要性决定了税法在法律体系中的重要地位。

二、税法作用

(一)税法是国家组织财政收入的法律保障

为了维护国家机器的正常运转以及促进国民经济健康发展,必须筹集大量的资金,即组织国家财政收入。为了保证税收组织财政收入职能的发挥,必须通过制定税法,以法律的形式确定企业、单位和个人履行纳税义务的具体项目、数额和纳税程序,惩治偷逃税款的行为,防止税款流失,保证国家依法征税,及时、足额地取得税收收入。

(二)税法是国家宏观调控经济的法律手段

我国建立和发展社会主义市场经济体制,一个重要的改革目标就是从过去国家习惯于用行政手段直接管理经济,向主要运用法律、经济的手段宏观调控经济转变。税收作为国家宏观调控的重要手段,通过制定税法,以法律的形式确定国家与纳税人之间的利益分配关系,调节社会成员的收入水平,调整产业结构和社会资源的优化配置,使之符合国家的宏观经济政策;同时,以法律的平等原则,公平经营单位和个人的税收负担,鼓励平等竞争,为市场经济的发展创造良好的条件。

(三)税法对维护经济秩序有重要的作用

由于税法的贯彻执行,涉及从事生产经营活动的每个单位和个人,一切经营单位和个人通过办理税务登记、建账建制、纳税申报,其各项经营活动都将纳入税法的规范制约和管理范围,都将较全面地反映出纳税人的生产经营情况。这样税法就确定了一个规范有效的纳税秩序和经济秩序,监督经营单位和个人依法经营,加强经济核算,提高经营管理水平;同时,税务机关按照税法规定对纳税人进行税务检查,严肃查处偷逃税款及其他违反税法规定的行为,也将有效地打击各种违法经营活动,为国民经济又好又快地发展创造一个良好、稳定的经济秩序。

(四)税法能有效地保护纳税人的合法权益

由于国家征税直接涉及纳税人的切身利益,如果税务机关随意征税,就会侵犯纳税人的合法权益,影响纳税人的正常经营,这是法律所不允许的。因此,税法在确定税务机关征税权力和纳税人履行纳税义务的同时,相应规定了税务机关必尽的义务和纳税人享有的权利,如纳税人享有延期纳税权、申请减税免税权、多缴税款要求退还权、不服税务机关的处理决定申请复议或提起诉讼权等;税法还严格规定了对税务机关执法行为的监督制约制度,如进行税收征收管理必须按照法定的权限和程序行事,造成纳税人合法权益损失的要负赔偿责任等。所以说,税法不仅是税务机关征税的法律依据,同时也是纳税人保护自身合法权益的重要法律依据。

(五)税法是维护国家权益、促进国际经济交往的可靠保证

在国际经济交往中,任何国家对在本国境内从事生产、经营的外国企业或个人都拥有税收管辖权,这是国家权益的具体体现。我国自1979年实行对外开放以来,在平等互利的基础上,不断扩大和发展同各国、各地区的经济交流与合作,利用外资、引进技术的规模、渠道和形式都有了很大发展。我国在建立和完善涉外税法的同时,还同90多个国家和地区签订了避免双重征税的协定。这些税法规定既维护了国家的权益,又为鼓励外商投资、保护国外企业或个人在华合法经营、发展国家间平等互利的经济技术合作关系,提供了可靠的法律保障。

第五节　税收立法与税收执法

一、税收立法

(一)税收立法的概念

税收立法是指国家机关依照其职权范围,通过一定程序制定(包括修改和废止)税收法律规范的活动,即特定的国家机关就税收问题所进行的立法活动。税收立法有广义和狭义之分:广义的税收立法是指国家机关依据法定权限和程序,制定、修改、废止税收法律规范的活动;狭义的税收立法则是指国家最高权力机关制定税收法律规范的活动。按照《立法法》，通常所说的立法活动包括制定法律、行政法规、行政规章等，体现出广义立法的范畴。税收立法是税法实施的前提，有法可依、有法必依、执法必严、违法必究，是税收立法与税法实施过程中必须遵循的基本原则。

(二)税收立法机关

根据我国《宪法》、《全国人民代表大会组织法》、《国务院组织法》以及《地方各级人民代表大会和地方各级人民政府组织法》的规定，我国的立法体制是：(1)全国人民代表大会及其常务委员会行使立法权，制定法律；(2)国务院及所属各部委，有权根据宪法和法律制定行政法规和规章；(3)地方人民代表大会及其常务委员会，在不同宪法、法律、行政法规抵触的前提下，有权制定地方性法规，但要报全国人大常委会和国务院备案；(4)民族自治地方的人大有权依照当地民族政治、经济和文化的特点，制定自治条例和单行条例。

各有权机关根据国家立法体制的规定所制定出的一系列税收法律、法规、规章和规范性文件，构成了我国的税收法律体系。需要指出的是，税法有广义和狭义之分。广义概念上的税法包括所有调整税收关系的法律、法规、规章和规范性文件，是税法体系的总称；而狭义概念上的税法是特指由全国人民代表大会及其常务委员会制定和颁布的税收法律。由于制定税收法律、法规和规章的机关不同，其法律级次不同，因此其法律效力也不同。

1. 全国人民代表大会和全国人大常委会制定的税收法律

我国《宪法》第 58 条规定："全国人民代表大会和全国人民代表大会常务委员会行使国家立法权。"这一规定确定了我国税收法律的立法权由全国人大及其常委会行使，其他任何机关都没有制定税收法律的权力。在国家税收中，凡是基本的、全局性的问题，例如国家税收的性质、税收法律关系中征纳双方权利和义务的确定、税种的设置、税目和税率的确定等，都需要由全国人大及其常委会以税收法律的形式制定实施，并且在全国范围内，无论是对国内纳税人还是对涉外纳税人都普遍适用。在现行税法中，《企业所得税法》、《个人所得税法》、《车船税法》以及《税收征收管理法》都是税收法律。

2. 全国人大或人大常委会授权立法

授权立法是指全国人民代表大会及其常务委员会根据需要授权国务院制定某些具有法律效力的暂行规定或者条例。授权立法与制定行政法规不同。国务院经授权立法所制定的规定或条例等，具有国家法律的性质和地位，它的法律效力高于行政法规，在立法程序上还需报全国人大常委会备案。1984 年 9 月 1 日，全国人大常委会授权国务院改革工商税制和颁布有关税收条例。1985 年，全国人大授权国务院在经济体制改革和对外开放方面可以制定暂行的规定或者条例。这些都是授权国务院立法的依据。按照这两次授权立法，国务院从 1994 年 1 月 1 日起实施工商税制改革，制定实施了增值税、营业税、消费税、资源税、土地增值税等暂行条例。授权立法在一定程度上解决了我国经济体制改革和对外开放工作急需法律保障的当务之急。税收暂行条例的制定和颁布施行，也为全国人大及其常委会立法工作提供了有益的经验和条件，在条件成熟时，为将这些条例上升为法律做好了准备。

3. 国务院制定的税收行政法规

国务院作为最高国家权力机关的执行机关，是最高的国家行政机关，拥有广泛的行政立法权。我国《宪法》规定，国务院可"根据宪法和法律，规定行政措施，制定行政法规，发布决定和命令"。行政法规作为一种法律形式，在中国法律形式中处于低于宪法、法律和高于地方法规、部门规章、地方规章的地位，也是在全国范围内普遍适用的。行政法规的立法目的在于保证宪法和法律的实施，行政法规不得与宪法、法律相抵触，否则无效。国务院颁布的《企业所得税法实施条例》、《税收征收管理法实施细则》等都是税收行政法规。

4. 地方人民代表大会及其常务委员会制定的税收地方性法规

根据《地方各级人民代表大会和地方各级人民政府组织法》的规定，省、自治区、直辖市的人民代表大会以及省、自治区的人民政府所在地的市和经国务院批准的较大的市的人民代表大会有制定地方性法规的权力。由于我国在税收立法上坚持的是"统一税法"的原则，因此地方权力机关制定税收地方法规不是无限制的，而是要严格按照税收法律的授权行事。目前，除了海南省、民族自治地区按照全国人大授权立法规定，在遵循宪法、法律和行政法规的原则基础上，可以制定有关税收的地方性法规外，其他省、市一般都无权制定税收地方性法规。

5. 国务院税务主管部门制定的税收部门规章

我国《宪法》第90条规定："国务院各部、各委员会根据法律和国务院的行政法规、决定、命令，在本部门的权限内，发布命令、指示和规章。"有权制定税收部门规章的税务主管机关是财政部、国家税务总局及海关总署。其制定规章的范围包括对有关税收法律、法规的具体解释，税收征收管理的具体规定、办法等，税收部门规章在全国范围内具有普遍适用效力，但不得与税收法律、行政法规相抵触。财政部颁布的《增值税暂行条例实施细则》、国家税务总局颁布的《税务代理试行办法》等都属于税收部门规章。

6. 地方政府制定的税收地方规章

《地方各级人民代表大会和地方各级人民政府组织法》规定："省、自治区、直辖市以及省、自治区的人民政府所在地的市和经国务院批准的较大的市的人民政府，可以根据法律和国务院的行政法规，制定规章。"按照"统一税法"的原则，上述地方政府制定税收规章，都必须在税收法律、法规明确授权的前提下进行，并且不得与税收法律、行政法规相抵触。没有税收法律、法规的授权，地方政府是无权制定税收规章的，凡越权制定的税收规章没有法律效力。国务院颁布实施的城市维护建设税、房产税等地方性税种暂行条例，都规定省、自治区、直辖市人民政府可根据条例制定实施细则。

(三)税收立法程序

税收立法程序是指有权的机关在制定、认可、修改、补充、废止等税收立法活动中，必须遵循的法定步骤和方法。

目前我国税收立法程序主要包括以下几个阶段：提议阶段；审议阶段；通过和公布阶段。

1. 提议阶段

无论是税法的制定，还是税法的修改、补充和废止，一般由国务院授权其税务主管部门(财政部或国家税务总局)负责立法的调查研究等准备工作，并提出立法方案或税法草案，上报国务院。

2. 审议阶段

税收法规由国务院负责审议。税收法律在经国务院审议通过后，以议案的形式提交全国人民代表大会常务委员会的有关工作部门，在广泛征求意见并做修改后，提交全国人民代表大会或其常务委员会审议通过。

3. 通过和公布阶段

税收行政法规，由国务院审议通过后，以国务院总理名义发布实施。税收法律，在全国人民代表大会或其常务委员会开会期间，先听取国务院关于制定税法议案的说明，然后经过讨论，以简单多数的方式通过后，以国家主席名义发布实施。

二、税收执法

(一)税收执法的概念

税收执法是国家行政机关重要的执法活动之一。广义的税收执法是指国家税务行政主管机关执行税收法律、法规的行为,既包括具体行政行为,也包括抽象行政行为以及行政机关的内部管理行为。狭义的税收执法专指国家税务机关依法定的职权和程序,将税法的一般法律规范适用于税务行政相对人或事件,调整具体税收关系的实施税法的活动。通常意义上,都是指狭义的税收执法。税收执法的实质是税收执法主体将深藏在税法规范、法条中的国家意志贯彻落实到社会经济生活与税收活动之中。

(二)税收执法机关

1. 税务机构设置

根据我国经济和社会发展及实行分税制财政管理体制的需要,现行税务机构设置是中央政府设立国家税务总局(正部级),省及省以下税务机构分为国家税务局和地方税务局两个系统。

国家税务总局对国家税务局系统实行机构、编制、干部、经费的垂直管理,协同省级人民政府对省级地方税务局实行双重领导。

国家税务局系统包括省、自治区、直辖市国家税务局,地区、地级市、自治州、盟国家税务局,县、县级市、旗国家税务局,征收分局、税务所。征收分局、税务所是县级国家税务局的派出机构,前者一般按照行政区划、经济区划或者行业设置,后者一般按照经济区划或者行政区划设置。

省级国家税务局是国家税务总局直属的正厅(局)级行政机构,是本地区主管国家税收工作的职能部门,负责贯彻执行国家的有关税收法律、法规和规章,并结合本地实际情况制定具体实施办法。局长、副局长均由国家税务总局任命。

地方税务局系统包括省、自治区、直辖市地方税务局,地区、地级市、自治州、盟地方税务局,县、县级市、旗地方税务局,征收分局、税务所。省以下地方税务局实行上级税务机关和同级政府双重领导、以上级税务机关垂直领导为主的管理体制,即地区(市)、县(市)地方税务局的机构设置、干部管理、人员编制和经费开支均由所在省(自治区、直辖市)地方税务局垂直管理。

省级地方税务局是省级人民政府所属的主管本地区地方税收工作的职能部门,一般为正厅(局)级行政机构,实行地方政府和国家税务总局双重领导、以地方政府领导为主的管理体制。

国家税务总局对省级地方税务局的领导,主要体现在税收政策与业务的指导和协调,对国家统一的税收制度、政策的监督,以及组织经验交流等方面。省级地方税务局的局长人选由地方政府征求国家税务总局意见之后任免。

2. 税收征收管理范围划分

目前,我国的税收分别由财政、税务、海关等系统负责征收管理。

(1)国家税务局系统负责征收和管理的项目有增值税,消费税,车辆购置税,铁道部门、各银行总行、各保险总公司集中缴纳的营业税、所得税、城市维护建设税,中央企业缴纳的所得税,中央与地方所属企业、事业单位组成的联营企业、股份制企业缴纳的所得税,地方银行、非银行金融企业缴纳的所得税,海洋石油企业缴纳的所得税、资源税,证券交易税(开征之前为对证券交易征收的印花税），个人所得税中对储蓄存款利息所得征收的部分，中央税的滞纳金、补税、罚款。

（2）地方税务局系统负责征收和管理的项目有营业税，城市维护建设税（不包括上述由国家税务局系统负责征收管理的部分），地方国有企业、集体企业、私营企业缴纳的所得税和个人所得税（不包括对银行储蓄存款利息所得征收的部分），资源税，城镇土地使用税，耕地占用税，土地增值税，房产税，车船税，印花税，契税，地方税的滞纳金、补税、罚款。

（3）在大部分地区，地方附加、契税、耕地占用税仍由地方财政部门征收和管理。

（4）海关系统负责征收和管理的项目有关税、行李和邮递物品进口税，同时负责代征进口环节的增值税和消费税。

（三）税收执法权

税收执法权是税务人员在执行税法过程中，国家法律、法规赋予的各种权力，即依法行政、征收税款的权力，主要包括税款征收权、税收减免权、税务检查权、税务处罚权、税务行政复议裁决权等。

1. 税款征收权

税款征收权是指税务机关或者法律、行政法规确定的机关依法将税收款项（包括税款、滞纳金、罚款）缴入国家金库的权力。该项权力是税收执法权的核心权力，是税收立法权行使的目的和要旨所在，它清楚地表明国家为什么要进行税收立法、为什么要有税收执法，以及为什么要运用国家司法权维护税收秩序。

2. 税收减免权

税收减免权是指征收机关对符合税法规定条件的纳税人，按照法定程序对其应纳税款予以减少征收或者免予征收的权力。该项权力表明，任何税收执法行为都是建立在税法对纳税人一视同仁的基础之上，只要符合税法确定的税收减免条件，征收机关都必须严格执行相关规定，做到该收的收，不该收的不收。

3. 税务检查权

税务检查权是指征收机关依法对纳税人的账簿、凭证、银行账户、经营资料、应税财产进行查验、核实，以确认纳税人依法纳税或者违法事实成立的权力。行使税务检查权的目的，就是要保证纳税人依法纳税和征收机关依法征税，保证征纳双方的行为符合税法的规定，对违法违纪者实施制裁，保障正常的税收秩序。

4. 税务处罚权

税务处罚权是指征收机关按照税收法律、行政法规和行政处罚法的规定，对违反税收行政管理秩序的行为给予物质或者非物质制裁性处理的权力，也就是代表国家给予否定性的评价，让其承担不利的法律后果。实施税务行政处罚，其目的在于对有关当事人予以警戒，或者使其在精神上受到压力、影响，或者使其在经济利益上受到损失、损害，从而纠正违法行为，维护税收行政管理秩序。

5. 税务行政复议裁决权

税务行政复议裁决权是指征收机关的上级机关根据纳税人的申请，依照税收法律、行政法规和行政复议法的规定，防止和纠正下级机关违法的或者不当的具体行政行为的权力。该项权力属于行政救济权力，是保护公民、法人和其他组织的合法权益，保障、监督行政机关依法行使职权的重要手段。

6. 其他税务管理权

其他税务管理权是指除上述权力之外的、与税收执法有关的、保证税收秩序井然的权力，包括税务登记办理权、账簿凭证管理权、发票印制管理权、漏管漏征清理权、纳税申报受理权、税收保全措施权、税收强制执行权等。

征收机关享有税务管理权，从根本上说是要维护经济管理秩序，保障国家税收利益，保护纳税人的合法权益，使权力（职责）与义务（权利）关系更加规范，使国家和纳税人之间的关系建立在法治、效率和有序的基础之上。

第六节　我国现行税法体系

一、我国现行税法体系的内容

我国现行税法体系由税收实体法和税收征收管理的程序法构成。

我国现行税法就其实体法而言，是新中国成立后经过几次较大的改革逐步演变而来的，按征税对象可分为五类。

（一）流转税类

包括增值税、消费税、营业税和关税等。主要在生产、流通或者服务业中发挥调节作用。

（二）所得税类

包括企业所得税、个人所得税。主要在国民收入形成后，对生产经营者的利润和个人的纯收入发挥调节作用。

（三）财产、行为税类

包括房产税、车船税、契税、印花税。主要是对某些财产和行为发挥调节作用。

（四）资源税类

包括资源税、城镇土地使用税。主要是对因开发和利用自然资源差异而形成的级差收入发挥调节作用。

（五）特定目的税类

包括固定资产投资方向调节税（已停征）、城市维护建设税、土地增值税、车辆购置税、耕地占用税、烟叶税。主要是为了达到特定目的，对特定对象和特定行为发挥调节作用。

上述税种中的关税由海关负责征收管理；耕地占用税和契税，1996 年以前一直由财政机关负责征收管理，1996 年以后改由税务机关征收管理（但有部分省市仍由财政机关负责征收）；其他税种由税务机关负责征收管理。

上述税种中，除企业所得税、个人所得税、车船税是国家以法律形式颁布实施的，其他税种都是经全国人民代表大会授权立法，由国务院以暂行条例的形式颁布实施的。这些税收法律、法规组成了我国的税收实体法体系。

除税收实体法外，我国对税收征收管理适用的法律制度，是按照税收管理机关的不同而分别规定的：

由税务机关负责征收的税种的征收管理，按照全国人大常委会颁布实施的《税收征收管理法》执行。

由海关负责征收的税种的征收管理，按照《海关法》及《进出口关税条例》等有关规定执行。

二、中央政府与地方政府税收收入的划分

根据国务院关于实行分税制财政管理体制的规定，我国的税收收入分为中央政府固定收

入、地方政府固定收入和中央政府与地方政府共享收入。

1. 中央政府固定收入，包括国内消费税、车辆购置税、关税、海关代征的增值税和消费税等。

2. 地方政府固定收入，包括城镇土地使用税、耕地占用税、土地增值税、房产税、车船税、印花税、契税、屠宰税、筵席税、烟叶税等。

3. 中央政府与地方政府共享收入，主要包括：

(1)国内增值税：中央政府分享75%，地方政府分享25%。

(2)营业税：铁道部、各银行总行、各保险总公司集中缴纳的部分归中央政府，其余部分归地方政府。

(3)企业所得税：铁道部、各银行总行及海洋石油企业缴纳的部分归中央政府，其余部分中央与地方政府按60%与40%的比例分享。

(4)个人所得税：除储蓄存款利息所得的个人所得税归中央政府外，其余部分中央与地方政府按60%与40%的比例分享。

(5)资源税：海洋石油企业缴纳的部分归中央政府，其余部分归地方政府。

(6)城市维护建设税：铁道部、各银行总行、各保险总公司集中缴纳的部分归中央政府，其余部分归地方政府。

(7)印花税：证券交易印花税收入的94%归中央政府，其余6%和其他印花税收入归地方政府。

本章关键词

税收　税收制度　税法　税收法律关系　税法原则　税收立法　税收执法

复习思考题

1. 什么是税法？税收法律关系的构成要素有哪些？
2. 税法与民法的主要区别是什么？
3. 我国税法有哪些级次？我国的税收法律、法规和规章分别是由哪些国家机关制定的？
4. 简述我国现行税法体系。
5. 我国现行税收收入是如何在中央政府与地方政府之间划分的？是由什么系统负责征收管理的？

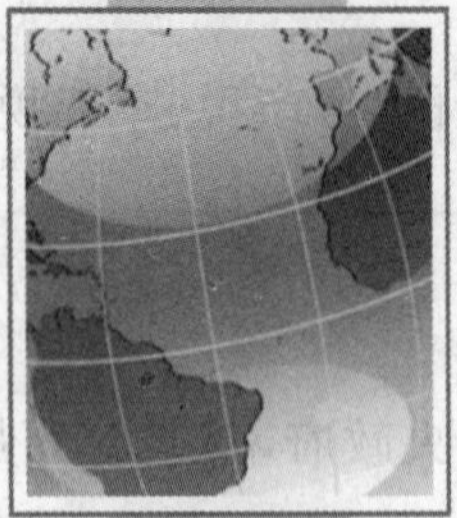

第二章 增值税法

导入案例

2015年法甲球迷将为看比赛支付更多的钱，根据欧盟委员会的要求，法国将在全国范围内实施体育比赛的增值税。

法甲联赛对于球迷来说是很惬意的，因为其低廉的球票价格。里昂的最低门票为5欧元，马赛和摩纳哥这样的老牌球队最低只要15欧元，即使巴黎圣日耳曼最便宜的球票也只要30欧元。与英超相比，平均最低价为36欧元，足以见到反差。但2015年法甲的球票会变得更贵。欧盟委员会认为，法国诸多豁免增值税的产业(如体育)并不符合规定，在法国，只有巴黎圣日耳曼、南特、波尔多等极少数球队的球票包含增值税。法国为体育赛事引进5.5%的增值税，新法案于2015年1月1日生效。里昂是法国第一家宣布启用增值税球票的俱乐部，"从2015年开始，5.5%的增值税将包含在球票之中"。虽然俱乐部在官方网站上发表声明，但里昂也表示了本赛季的季票不受影响。可见，增值税是一个与民众生活息息相关的税种，那么增值税是什么性质的税种？具有怎样的特征？

第一节　增值税概述

一、增值税的概念

增值税是以货物和劳务在流转过程中产生的增值额为计税依据而征收的一种流转税。就计税原理而言，增值税是对商品生产和流通中各环节的新增价值或商品附加值进行征税，所以称之为"增值税"。

增值税是对增值额的课税。增值额是指企业或者其他经营者从事生产经营或者提供劳务，在购入的商品或者取得劳务的价值基础上新增加的价值。可以从以下四个方面理解：

第一，从理论上讲，增值额是指生产经营者在生产经营过程中新创造的价值额。增值额相当于商品价值$C+V+M$中的$V+M$部分。C即商品生产过程中所消耗的生产资料转移价值；V即工资，是劳动者为自己创造的价值；M即剩余价值或者盈利，是劳动者为社会创造的价值。增值额是劳动者新创造的价值，从内容上讲大体相当于净产值或国民收入。

第二，对一个生产单位而言，增值额是这个单位商品销售收入额或经营收入额扣除非增值项目(相当于物化劳动，如外购的原材料、燃料、动力、包装物、低值易耗品)价值后的余额。这个余额，大体相当于该单位活劳动创造的价值。

第三，从一件商品的生产经营全过程来讲，不论其生产经营经过几个环节，其最后的销售总值，应等于该商品从生产到流通的各个环节的增值额之和，即商品最后销售价格＝各环节增值额之和。

以表2－1为例，如果用传统的流转税计税方式，对每个流转环节平均按全额课税，将会对该商品从原材料到零售环节的每个环节按销售全额计税，其计税总值为500元。如果按增值税的计税方式，对每个环节的增值额计税，即其计税总值为200元。这两者的差额300元就产生了重复征税问题。即第一环节的50元实际上在传统的流转税计税方式下将被征税4次，被重复征税3次；同理，其余环节分别被重复征税若干次。而改为按每环节的增值额征税后，不论一个商品从生产到最后销售经过几个流转环节，其计税总值就等于该商品的最终销售价格。这个特点对消除重复征税、对产品的出口退税等均产生了重要影响。

表2—1　　商品最后销售价格与各生产、流通环节增值额关系　　单位：元

生产、流通环节	本环节销售额	本环节增值额
原材料生产环节	50	50
产成品生产环节	100	50
批发环节	150	50
零售环节	200	50
合　计	500	200

第四，从国民收入分配角度看，增值额 $V+M$ 在我国相当于净产值，包括工资、利润、利息、租金和其他属于增值性的收入。

二、增值税的发展

关于现代增值税雏形的想法，最早可以追溯到1917年美国耶鲁大学学者亚当斯的《营业税》一文。1921年，德国学者西蒙斯在《改进的周转税》中正式提出了增值税的名称。增值税的正式征收始于1954年的法国，此后，增值税在欧洲得以推广，不久又扩展到欧洲以外的国家。目前，世界上已有170多个国家和地区征收增值税。增值税在半个多世纪的时间里能得到如此众多的国家的广泛认可和推行，最主要的原因是其改变了传统的流转税按全额道道重复征税的做法，有利于促进税负公平。

我国自1979年起选择一些大中城市如上海、无锡、杭州等进行增值税试点；1983年1月1日起选择两个行业（机器机械、农业机具）、三种产品（自行车、缝纫机、电风扇）在全国范围内统一试行增值税；1984年9月18日，经全国人大常委会授权，国务院颁布了《增值税条例（草案）》，自1984年10月1日起对12种产品征收增值税。此后，增值税的课税范围逐步扩大。1993年12月13日，国务院颁布《增值税暂行条例》，将增值税的课税范围扩大到整个工业生产领域和商品流通领域，自1994年1月1日起施行。

1994年实施的增值税是生产型增值税。为促进增值税转型改革在全国的顺利实施，我国自2004年7月1日起，对东北三省从事装备制造业、石油化工业、冶金业、船舶制造业、汽车制造业、农产品加工业、军品工业和高新技术产业的增值税一般纳税人试行消费型增值税。2007年7月1日，将增值税转型改革的试点范围扩大到中部六省26个老工业基地城市。2008年7月1日，进一步将试点范围扩大到内蒙古自治区东部五个盟市和四川汶川地震受灾严重地区。2008年11月10日，国务院颁布了修订后的《增值税暂行条例》，自2009年1月1日起，在全国范围内全面实施消费型增值税。

自1994年税制改革以来，我国初步形成了有形货物缴纳增值税、无形劳务缴纳营业税的流转税格局，第三产业（除商品流通外）普遍都属于营业税的征税范围，包括交通、建筑安装、旅

游、物流、金融等。这些行业与生产密切相关，但因为不在增值税课税范围内，所以不能获得进项抵扣，加重了第三产业的税收负担。为鼓励第三产业的发展，我国自 2012 年起逐步实施增值税的扩围改革，即改营业税为增值税，将增值税的课税范围扩大到所有行业，最大限度地保持增值税抵扣链条的完整性，解除重复征税，公平税负，促进产业结构调整和优化。自 2012 年 1 月 1 日起在上海市选择交通运输业和部分现代服务业进行增值税扩围改革试点，至 2013 年 8 月 1 日扩大到全国范围试行，2014 年 1 月 1 日铁路运输和邮政业纳入试行范围，2014 年 6 月 1 日电信业纳入试行范围。下一步营改增范围将逐步扩大到生活服务业、建筑业、房地产业、金融业等各个领域，相应废止营业税制度。

三、增值税的特点

(一)保持税收中性

根据增值税的计税原理，流转额中的非增值因素在计税时被扣除。因此，对同一商品而言，无论流转环节的多与少，只要增值额相同，税负就相等，不会影响商品的生产结构、组织结构和产品结构。

(二)普遍征收

从增值税的征税范围看，对从事商品生产经营和劳务提供的所有单位和个人，在商品增值的各个生产和流通环节向纳税人普遍征收。

(三)实行税款抵扣制度

在计算企业主应纳税款时，要扣除商品在以前生产环节已负担的税款，以避免重复征税。从世界各国来看，一般都实行凭购物发票进行抵扣。

(四)实行比例税率

从实行增值税制度的国家看，普遍实行比例税制，以贯彻征收简便易行的原则。由于增值额对不同行业和不同企业、不同产品来说性质是一样的，原则上对增值额应采用单一比例税率。但为了贯彻一些经济社会政策，也会对某些行业或产品实行不同的政策，因而引入增值税的国家一般都规定基本税率和优惠税率(或称低税率)。

(五)实行价外税制度

在计税时，作为计税依据的销售额中不包含增值税税额，这是增值税与传统以全部流转额为计税依据的流转税或商品课税的一个重要区别。

四、增值税的类型

增值税按对外购固定资产处理方式的不同，可划分为生产型增值税、收入型增值税和消费型增值税。

(一)生产型增值税

生产型增值税是指计算增值税时，不允许扣除任何外购固定资产的价款，作为课税基数的法定增值额除包括纳税人新创造的价值外，还包括当期计入成本的外购固定资产价款部分，即法定增值额相当于当期工资、利息、租金、利润等理论增值额与折旧额之和。从整个国民经济来看，课税基数大体相当于国民生产总值的统计口径，所以称为生产型增值税。

此种类型的增值税的法定增值额大于理论增值额，对固定资产存在重复征税。这种类型的增值税虽然不利于鼓励投资，却可以保证财政收入。

(二)收入型增值税

收入型增值税是指计算增值税时,对外购固定资产价款只允许扣除当期计入产品价值的折旧费部分,作为课税基数的法定增值额相当于当期工资、利息、租金和利润等各增值项目之和。从整个国民经济来看,课税基数相当于国民收入部分,故称为收入型增值税。

此种类型的增值税的法定增值额与理论增值额一致,从理论上讲是一种标准的增值税,但由于外购固定资产的折旧没有合法的外部凭证,故给凭发票扣税的计算方法带来困难,从而影响了这种方法的广泛采用。

(三)消费型增值税

消费型增值税是指计算增值税时,允许将当期购入的固定资产价款一次全部扣除,作为课税基数的法定增值额相当于纳税人当期的全部销售额扣除外购的全部生产资料价款后的余额。从整个国民经济来看,课税基数仅限于消费资料价值的部分,故称为消费型增值税。

此种类型的增值税在购进固定资产的当期因扣除额大大增加,会减少财政收入。但这种方法最适宜规范凭发票扣税的计算方法,既便于操作,也便于管理,所以是三种类型中最便捷、最能体现增值税优越性的一种类型。

第二节　征税范围

按照《增值税暂行条例》、《营业税改征增值税试点实施办法》的规定,增值税的征税范围包括以下几个方面:

一、征税范围的一般规定

(一)销售或者进口的货物

货物是指有形动产,包括电力、热力、气体在内。

(二)提供加工、修理修配劳务

加工是指受托加工货物,即委托方提供原料及主要材料,受托方按照委托方的要求,制造货物并收取加工费的业务;修理修配是指受托对损伤和丧失功能的货物进行修复,使其恢复原状和功能的业务。

(三)提供应税服务

应税服务是指因营业税改增值税而纳入增值税征税范围的陆路运输服务、水路运输服务、航空运输服务、管道运输服务、邮政普遍服务、邮政特殊服务、其他邮政服务、基础电信服务、增值电信服务、研发和技术服务、信息技术服务、文化创意服务、物流辅助服务、有形动产租赁服务、鉴证咨询服务、广播影视服务。

销售货物是指有偿转让货物的所有权;提供加工、修理修配劳务(以下称应税劳务)和应税服务是指有偿提供应税劳务和应税服务,不包括单位或者个体工商户聘用的员工为本单位或者雇主提供的劳务和服务,不包括单位或者个体工商户为员工提供的应税服务,也不包括非企业性单位按照法律和行政法规的规定,为履行国家行政管理和公共服务职能收取政府性基金或者行政事业性收费的活动。有偿是指从购买方取得货币、货物或者其他经济利益。

所称在中华人民共和国境内(以下简称境内)销售货物或者提供应税劳务,是指销售货物的起运地或者所在地在境内，提供的应税劳务发生在境内。

所称在境内提供应税服务，是指应税服务提供方或者接受方在境内。下列情形不属于在境内提供应税服务：

1. 境外单位或者个人向境内单位或者个人提供完全在境外消费的应税服务。

2. 境外单位或者个人向境内单位或者个人出租完全在境外使用的有形动产。

3. 财政部和国家税务总局规定的其他情形。

在实际工作中，某些特殊项目或行为是否属于征税范围还有特殊规定。

二、征税范围的特殊规定

(一)属于征税范围的特殊项目

1. 货物期货(包括商品期货和贵金属期货)，应当征收增值税，在期货的实物交割环节纳税。

2. 银行销售金银的业务，应当征收增值税。

3. 典当业的死当物品的销售业务和寄售业代委托人销售物品的业务，均应征收增值税。

4. 电力公司向发电企业收取的过网费，应当征收增值税，不征收营业税。

(二)属于征税范围的特殊行为

1. 视同销售货物或提供劳务行为

(1)单位或者个体工商户的下列行为，视同销售货物：

①将货物交付其他单位或者个人代销；

②销售代销货物；

③设有两个以上机构并实行统一核算的纳税人，将货物从一个机构移送其他机构用于销售，但相关机构设在同一县(市)的除外；

④将自产或者委托加工的货物用于非增值税应税项目；

⑤将自产或者委托加工的货物用于集体福利或者个人消费；

⑥将自产、委托加工或者购进的货物作为投资，提供给其他单位或者个体工商户；

⑦将自产、委托加工或者购进的货物分配给股东或者投资者；

⑧将自产、委托加工或者购进的货物无偿赠送其他单位或者个人。

将上述行为确定为视同销售货物行为的目的：一是保证增值税税款抵扣制度的实施，不致因发生上述行为而造成税款抵扣环节的中断；二是避免因上述行为而造成货物销售税收负担不平衡的矛盾，防止以上述行为逃避纳税的现象。

(2)单位或者个体工商户的下列情形，视同提供应税服务：

①向其他单位或者个人无偿提供交通运输业、邮政业和部分现代服务业服务，但以公益活动为目的或者以社会公众为对象的除外；

②财政部和国家税务总局规定的其他情形。

2. 混合销售行为

一项销售行为如果既涉及货物，又涉及非增值税应税劳务，即为混合销售行为。从事货物的生产、批发或者零售的企业、企业性单位和个体工商户的混合销售行为，视为销售货物，应当缴纳增值税(详见本章第六节)。

3. 兼营非增值税应税项目行为

纳税人兼营非增值税应税项目的，应分别核算货物或者应税劳务的销售额和非增值税应税项目的营业额；未分别核算的，由主管税务机关核定货物或者应税劳务的销售额（详见本章第五节）。

（三）其他征免税的有关规定

1. 转让企业全部产权涉及的应税货物的转让，不属于增值税的征税范围，不征收增值税。

2. 对从事热力、电力、燃气、自来水等公用事业的增值税纳税人收取的一次性费用，凡与货物的销售数量有直接关系的，征收增值税；凡与货物的销售数量无直接关系的，不征收增值税。

3. 纳税人销售货物的同时代办保险而向购买方收取的保险费，以及从事汽车销售的纳税人向购买方收取的代购买方缴纳的车辆购置税、车辆牌照费，不作为价外费用征收增值税。

4. 印刷企业接受出版单位委托，自行购买纸张，印刷有统一刊号（CN）以及采用国际标准书号编序的图书、报纸和杂志，按货物销售征收增值税。

5. 对增值税纳税人收取的会员费收入，不征收增值税。

6. 按债转股企业与金融资产管理公司签订的债转股协议，债转股原企业将货物资产作为投资提供给债转股新公司的，免征增值税。

7. 各燃油电厂从政府财政专户取得发电补贴不属于增值税规定的价外费用，不计入应税销售额，不征收增值税。

8. 航空运输企业提供的旅客利用里程积分兑换的航空运输服务，不征收增值税。

9. 试点纳税人根据国家指令无偿提供的铁路运输服务、航空运输服务，属于《营业税改征增值税试点实施办法》第十一条规定的以公益活动为目的的服务，不征收增值税。

10. 以积分兑换形式赠送的电信业服务，不征收增值税。

第三节　纳税义务人与扣缴义务人

《增值税暂行条例》、《营业税改征增值税试点实施办法》规定，凡在中华人民共和国境内销售货物或者提供加工、修理修配劳务，进口货物，以及提供应税服务的单位和个人，为增值税的纳税义务人。

一、纳税义务人

（一）单位

一切从事销售或者进口货物、提供应税劳务或应税服务的单位都是增值税的纳税义务人。单位是指企业、行政单位、事业单位、军事单位、社会团体及其他单位。

（二）个人

凡从事货物销售或进口、提供应税劳务或应税服务的个人都是增值税的纳税义务人。个人是指个体工商户和其他个人。

（三）承租人和承包人

从事销售或者进口货物、提供应税劳务，单位租赁或者承包给其他单位或者个人经营的，以承租人或者承包人为纳税人。

提供应税服务，单位以承包、承租、挂靠方式经营的，承包人、承租人、挂靠人（以下统称承包人）以发包人、出租人、被挂靠人（以下统称发包人）名义对外经营并由发包人承担相关法律责任的，以该发包人为纳税人；否则，以承包人为纳税人。

二、扣缴义务人

境外单位或个人在境内提供应税劳务或服务，在境内未设有经营机构的，以境内代理人为扣缴义务人；在境内没有代理人的，以购买方或接受方为扣缴义务人。

三、一般纳税人和小规模纳税人的认定

由于增值税实行凭增值税专用发票抵扣税款的制度，所以要求增值税纳税人会计核算健全，并能够准确核算销项税额、进项税额和应纳税额。鉴于我国目前纳税人的会计核算水平参差不齐，某些经营规模小的纳税人因其销售货物或提供应税劳务的对象大多是最终消费者而无须开具增值税专用发票，为了严格增值税的征收管理，《增值税暂行条例》将纳税人按其经营规模大小及会计核算健全与否划分为一般纳税人和小规模纳税人。

(一)小规模纳税人的认定标准

小规模纳税人是指年销售额在规定标准以下，并且会计核算不健全，不能按规定报送有关税务资料的增值税纳税人。所称会计核算不健全，是指不能正确核算增值税的销项税额、进项税额和应纳税额。

根据《增值税暂行条例》的规定，小规模纳税人的认定标准是：(1)从事货物生产或者提供应税劳务的纳税人，以及以从事货物生产或者提供应税劳务为主，并兼营货物批发或者零售的纳税人，年应征增值税销售额(以下简称应税销售额)在50万元以下(含本数，下同)的；(2)除(1)项规定以外的纳税人，年应税销售额在80万元以下的。

所称以从事货物生产或者提供应税劳务为主，是指纳税人的年货物生产或者提供应税劳务的销售额占年应税销售额的比重在50%以上。

年应税销售额超过小规模纳税人标准的其他个人，按小规模纳税人纳税；非企业性单位、不经常发生应税行为的企业，可选择按小规模纳税人纳税。

根据《营业税改征增值税试点有关事项的规定》，应税服务年销售额标准为500万元(含本数)。应税服务的年应征增值税销售额超过规定标准的纳税人为一般纳税人，未超过规定标准的纳税人为小规模纳税人。

应税服务年销售额超过规定标准的其他个人，不属于一般纳税人；应税服务年销售额超过规定标准但不经常提供应税服务的单位和个体工商户，可选择按照小规模纳税人纳税。

(二)一般纳税人的认定标准

一般纳税人是指年应税销售额超过《增值税暂行条例实施细则》规定的小规模纳税人标准的企业和企业性单位(以下简称企业)。

小规模纳税人以外的纳税人应当向主管税务机关申请资格认定。具体认定办法由国务院税务主管部门制定。

小规模纳税人会计核算健全、能够提供准确税务资料的，可以向主管税务机关申请资格认定，不作为小规模纳税人，依照有关规定计算应纳税额。

除国家税务总局另有规定外，纳税人一经认定为一般纳税人后，不得转为小规模纳税人。

有下列情形之一者，应按销售额依照增值税税率计算应纳税额，不得抵扣进项税额，也不得使用增值税专用发票：(1)一般纳税人会计核算不健全，或者不能够提供准确税务资料的；(2)除非企业性单位、不经常发生应税行为的企业可选择按小规模纳税人纳税外，纳税人销售额超过小规模纳税人标准，未申请办理一般纳税人认定手续的。

第四节 税率与征收率

按照增值税规范化的原则，我国采取了基本税率再加一档低税率的模式。

一、基本税率

一般纳税人销售或进口货物，提供加工、修理修配劳务，除低税率适用范围和销售出口货物税率为零（国务院另有规定的除外）外，税率一律为17%，称为基本税率。

二、低税率

一般纳税人销售或进口下列货物，按低税率计征增值税，税率为13%：

1. 粮食、食用植物油、鲜奶；
2. 自来水、暖气、冷气、热水、煤气、石油液化气、天然气、沼气、居民用煤制品；
3. 图书、报纸、杂志；
4. 饲料、化肥、农药、农机、农膜；
5. 国务院规定的其他货物。

（1）农业产品。所称农业产品，其具体产品品目应按照财政部、国家税务总局《关于印发〈农业产品征税范围注释〉的通知》（财税字〔1995〕52号）执行，包括种植业、养殖业、林业、牧业、水产业生产的各种植物、动物的初级产品。除农业生产者销售自产农业产品予以免征增值税外，一切单位和个人销售外购农业产品或外购农业产品生产、加工后销售的仍然属于注释所列农业产品的，应按规定税率征税。

（2）音像制品。音像制品是指正式出版的录有内容的录音带、录像带、唱片、激光唱盘和激光视盘。

（3）电子出版物。电子出版物是指以数字代码方式，使用计算机应用程序，将图文声像等内容信息编辑加工后存储在具有确定的物理形态的磁、光、电等介质上，通过内嵌在计算机、手机、电子阅读设备、电子显示设备、数字音/视频播放设备、电子游戏机、导航仪以及其他具有类似功能的设备上读取使用，具有交互功能，用以表达思想、普及知识和积累文化的大众传播媒体。

（4）食用盐。食用盐的具体范围是指符合《食用盐国家标准》（GB5461－2000）和《食用盐卫生标准》（GB2721－2003）两项国家标准的食用盐。

（5）二甲醚。二甲醚是指化学分子式为 CH_3OCH_3，常温下具有轻微醚香味，易燃、无毒、无腐蚀性的气体。

三、试点应税服务的税率

按照《营业税改征增值税试点实施办法》，试点应税服务的增值税税率为：

1. 提供有形动产租赁服务，税率为17%。
2. 提供交通运输业服务，税率为11%。
3. 提供基础电信服务，税率为11%；提供增值电信服务，税率为6%。

基础电信服务，是指利用固网、移动网、卫星、互联网提供语音通话服务的业务活动，以及出租或者出售带宽、波长等网络元素的业务活动。

增值电信服务，是指利用固网、移动网、卫星、互联网、有线电视网络，提供短信和彩信服务、电子数据和信息的传输及应用服务、互联网接入服务等业务活动。卫星电视信号落地转接服务，按照增值电信服务计算缴纳增值税。

4. 提供现代服务业服务(有形动产租赁服务除外)，税率为6%。

5. 境内单位和个人提供的国际运输服务、向境外单位提供的研发服务和设计服务，税率为零。

四、征收率

考虑到小规模纳税人经营规模小，且会计核算不健全，难以按上述两档税率计税和使用增值税专用发票抵扣进项税额，因此实行按销售额与征收率计算应纳税额的简易办法。小规模纳税人增值税的征收率为3%。

第五节　应纳税额的计算

一、一般纳税人应纳税额的计算

我国目前对一般纳税人采用的计税方式是国际上通行的购进扣税法，即增值税一般纳税人销售货物或者提供应税劳务，应纳税额等于当期销项税额抵扣当期进项税额后的余额。其计算公式为：

应纳税额＝当期销项税额－当期进项税额

当期销项税额小于当期进项税额不足抵扣时，其不足部分可以结转下期继续抵扣。

在确定当期销项税额时，主要考虑两个问题：一是当期要不要计税，即按照税法规定纳税义务是否产生；二是该笔业务中所涉及的销项税额的具体计算。在确定当期进项税额时，也要考虑两个问题：一是按照税法规定该笔业务中所涉及的进项税额能否抵扣；二是该笔进项税额能否在当期抵扣。

(一)销项税额的计算

销项税额是指纳税人销售货物或者提供应税劳务，按照销售额和规定的税率计算并向购买方收取的增值税税额。销项税额的计算公式为：

销项税额＝销售额×适用税率

销项税额是由购买方支付的税额，对于属于一般纳税人的销售方来说，在没有抵扣其进项税额前，销售方收取的销项税额还不是其应纳增值税税额。销项税额的计算取决于销售额和适用税率两个因素。需要指出的是，增值税是价外税，公式中的“销售额”必须是不包括收取的销项税额的销售额。

1. 一般销售方式下的销售额

销售额是指纳税人销售货物或者提供应税劳务向购买方收取的全部价款和价外费用，但是不包括收取的销项税额。

价外费用，包括价外向购买方收取的手续费、补贴、基金、集资费、返还利润、奖励费、违约金、滞纳金、延期付款利息、赔偿金、代收款项、代垫款项、包装费、包装物租金、储备费、优质费、运输装卸费以及其他各种性质的价外收费。但下列项目不包括在内：

(1)受托加工应征消费税的消费品所代收代缴的消费税。

(2)同时符合以下条件的代垫运输费用：

①承运部门的运输费用发票开具给购买方的；

②纳税人将该项发票转交给购买方的。

(3)同时符合以下条件代为收取的政府性基金或者行政事业性收费：

①由国务院或者财政部批准设立的政府性基金，由国务院或者省级人民政府及其财政、价格主管部门批准设立的行政事业性收费；

②收取时开具省级以上财政部门印制的财政票据；

③所收款项全额上缴财政。

(4)销售货物的同时代办保险等而向购买方收取的保险费，以及向购买方收取的代购买方缴纳的车辆购置税、车辆牌照费。

凡随同销售货物或提供应税劳务向购买方收取的价外费用，无论其会计制度如何核算，均应并入销售额计算应纳税额。

税法规定各种性质的价外收费都要并入销售额计算征税，目的是防止以各种名目的收费减少销售额逃避纳税的现象。但是应当注意，根据国家税务总局规定，对增值税一般纳税人(包括纳税人自己或代其他部门)向购买方收取的价外费用和逾期包装物押金，应视为含税收入，在征税时换算成不含税收入再并入销售额。

纳税人按人民币以外的货币结算销售额的，其销售额的人民币折合率可以选择销售额发生的当天或者当月 1 日的人民币汇率中间价。纳税人应在事先确定采用何种折合率，确定后 1 年内不得变更。

2. 特殊销售方式下的销售额

在销售中，为了达到促销的目的，往往有多种销售方式。不同的销售方式，销售者取得的销售额会有所不同。税法明确规定了以下几种销售方式的销售额：

(1)采取折扣方式销售。折扣销售是指销售方在销售货物或提供应税劳务时，因购买方购货数量较大等原因，而给予购买方的价格优惠(如购买 5 件，销售价格折扣 10%；购买 10 件，折扣 20%等)。纳税人采取折扣方式销售，将价款和折扣额在同一张发票上分别注明的，以折扣后的价款为销售额；未在同一张发票上分别注明的，以价款为销售额，不得扣减折扣额。根据税法规定，纳税人销售货物并向购买方开具增值税专用发票后，由于购买方在一定时期内累计购买货物达到一定数量，或者由于市场价格下降等原因，销货方给予购货方相应的价格优惠或补偿等折扣、折让行为，销售方可按现行《增值税专用发票使用规定》的有关规定开具红字增值税专用发票。未按照规定开具红字增值税专用发票的，不得扣减销项税额或者销售额。

这里需要说明的是：①折扣销售不同于销售折扣。销售折扣是指销售方在销售货物或提供应税劳务之后，为了鼓励购货方及早偿还货款而协议许诺给予购货方的一种折扣优待(如 10 天内付款，折扣 2%；20 天内付款，折扣 1%；30 天内全价付款)。销售折扣发生在销货之后，是一种融资性质的理财费用，因此销售折扣不得从销售额中减除。另外，折扣销售又不同于销售折让。销售折让是指在货物销售后，由于其品种、质量等原因购货方未予退货，但销货方需给购货方的一种价格折让。因此，销售折让可以折让后的货款为销售额。②折扣销售仅限于货物价格的折扣，如果销货者将自产、委托加工或购买的货物用作实物折扣，则该实物款额不能从货物销售额中减除，且该实物应按增值税条例“视同销售货物”中的“赠送他人”计算征收增值税。

(2)采取以旧换新方式销售。以旧换新是指纳税人在销售自己的货物时，有偿收回旧货物的行为。税法规定，采取以旧换新方式销售货物的，应按新货物的同期销售价格确定销售额，不得扣减旧货物的收购价格。之所以这样规定，是因为销售货物和收购货物是两个不同的业务活动，销售额和收购额不能相互抵减；同时也是为了严格增值税的计算征收，防止出现销售额不实、减少纳税的现象。但考虑到金银首饰以旧换新业务的特殊情况，对金银首饰以旧换新业务，可以按销售方实际收取的不含增值税的全部价款征收增值税。

(3)采取还本销售方式销售。还本销售是指纳税人在销售货物后，到一定期限由销售方一次或分次退还给购货方全部或部分价款。这种方式实际上是一种筹集资金、以货物换取资金的使用价值、到期还本不付息的方法。税法规定，采取还本销售方式销售货物，其销售额就是货物的销售价格，不得从销售额中减除还本支出。

(4)采取以物易物方式销售。以物易物是一种较为特殊的购销活动，是指购销双方不是以货币结算，而是以同等价款的货物相互结算，实现货物购销的一种方式。税法规定，以物易物双方都应作购销处理，以各自发出的货物核算销售额并计算销项税额，以各自收到的货物按规定核算购货额并计算进项税额。应注意的是，在以物易物活动中，应分别开具合法的票据，如收到的货物不能取得相应的增值税专用发票或其他合法票据的，不能抵扣进项税额。

(5)包装物押金处理。包装物是指纳税人包装本单位货物的各种物品。纳税人销售货物时另收取包装物押金，目的是促使购货方及早退回包装物以便周转使用。税法规定，纳税人为销售货物而出租出借包装物收取的押金，单独记账核算的，时间在一年以内，又未过期的，不并入销售额征税；但对因逾期未收回包装物不再退还的押金，应按所包装货物的适用税率计算销项税额。这里的逾期，是指按合同约定实际逾期或以一年为期限，对收取一年以上的押金，无论是否退还均并入销售额征税。当然，在将包装物押金并入销售额征税时，需要先将该押金换算为不含税价，再并入销售额征税。对于个别包装物周转使用期限较长的，报经税务机关确定后，可适当放宽逾期期限。另外，包装物押金不应混同于包装物租金，包装物租金在销货时作为价外费用并入销售额计算销项税额。国家税务总局《关于加强增值税征收管理若干问题的通知》(国税发〔1995〕192 号)规定，从 1995 年 6 月 1 日起，对销售除啤酒、黄酒外的其他酒类产品而收取的包装物押金，无论是否返还以及会计上如何核算，均应并入当期销售额征税。对销售啤酒、黄酒所收取的押金，按上述一般押金的规定处理。

(6)纳税人销售自己使用过的固定资产的税务处理。纳税人销售自己使用过的固定资产(以下简称已使用过的固定资产)，应区分不同情形征收增值税：

①销售自己使用过的 2009 年 1 月 1 日以后购进或者自制的固定资产，按照适用税率征收增值税。

②2008 年 12 月 31 日以前未纳入扩大增值税抵扣范围试点的纳税人，销售自己使用过的 2008 年 12 月 31 日以前购进或者自制的固定资产，按照 3%征收率减按 2%征收增值税。

③2008 年 12 月 31 日以前已纳入扩大增值税抵扣范围试点的纳税人，销售自己使用过的在本地区扩大增值税抵扣范围试点以前购进或者自制的固定资产，按照 3%征收率减按 2%征收增值税；销售自己使用过的在本地区扩大增值税抵扣范围试点以后购进或者自制的固定资产，按照适用税率征收增值税。

上述所称已使用过的固定资产，是指纳税人根据财务会计制度已经计提折旧的固定资产。

(7)纳税人销售自己使用过的物品的税务处理：

①一般纳税人销售自己使用过的属于规定不得抵扣且未抵扣进项税额的固定资产，按照 3%征收率减按 2%征收增值税；一般纳税人销售自己使用过的除固定资产以外的物品，按照

适用税率征收增值税。

②小规模纳税人(除其他个人外)销售自己使用过的固定资产,按照3%征收率减按2%征收增值税;小规模纳税人销售自己使用过的除固定资产以外的物品,应按3%的征收率征收增值税。

③纳税人销售旧货,根据简易方法按照3%征收率减按2%征收增值税。所称旧货,是指进入二次流通的具有部分使用价值的货物(含旧汽车、旧摩托车和旧游艇),但不包括自己使用过的物品。

(8)对价格明显偏低并无正当理由或者视同销售货物或提供服务行为的销售额的确定。纳税人有价格明显偏低并无正当理由或者有视同销售货物或提供服务行为而无销售额者,按下列顺序确定销售额:

①按纳税人最近时期同类货物或服务的平均销售价格确定;

②按其他纳税人最近时期同类货物或服务的平均销售价格确定;

③按组成计税价格确定。组成计税价格的公式为:

$$组成计税价格=成本\times(1+成本利润率)$$

属于应征消费税的货物,其组成计税价格中应加计消费税税额。其组成计税价格公式为:

$$组成计税价格=成本\times(1+成本利润率)+消费税税额$$

或

$$组成计税价格=成本\times(1+成本利润率)\div(1-消费税税率)$$

公式中的成本:销售自产货物或服务的,为实际生产成本;销售外购货物或服务的,为实际采购成本。公式中的成本利润率由国家税务总局确定,按1993年12月28日国家税务总局颁布的《增值税若干具体问题的规定》确定为10%。但属于应从价定率征收消费税的货物,其组成计税价格公式中的成本利润率,为《消费税若干具体问题的规定》中规定的成本利润率。

纳税人发生固定资产视同销售行为,对已使用过的固定资产无法确定销售额的,以固定资产净值为销售额。

(9)融资租赁企业销售额的确定。经中国人民银行、银监会或者商务部批准从事融资租赁业务的试点纳税人,提供有形动产融资性售后回租服务,以收取的全部价款和价外费用,扣除向承租方收取的有形动产价款本金,以及对外支付的借款利息(包括外汇借款和人民币借款利息)、发行债券利息后的余额为销售额。融资性售后回租,是指承租方以融资为目的,将资产出售给从事融资租赁业务的企业后,又将该资产租回的业务活动。试点纳税人提供融资性售后回租服务,向承租方收取的有形动产价款本金,不得开具增值税专用发票,可以开具普通发票。

经中国人民银行、银监会或者商务部批准从事融资租赁业务的纳税人,提供除融资性售后回租以外的有形动产融资租赁服务,以收取的全部价款和价外费用,扣除支付的借款利息(包括外汇借款和人民币借款利息)、发行债券利息、保险费、安装费和车辆购置税后的余额为销售额。

(10)航空运输企业的销售额,不包括代收的机场建设费和代售其他航空运输企业客票而代收转付的价款。

(11)自本地区试点实施之日起,试点纳税人中的一般纳税人提供的客运场站服务,以其取得的全部价款和价外费用,扣除支付给承运方运费后的余额为销售额,其从承运方取得的增值税专用发票注明的增值税,不得抵扣。

(12)试点纳税人提供知识产权代理服务、货物运输代理服务和代理报关服务,以其取得的全部价款和价外费用，扣除向委托方收取并代为支付的政府性基金或者行政事业性收费后的余额为销售额。

向委托方收取的政府性基金或者行政事业性收费，不得开具增值税专用发票。

(13)试点纳税人中的一般纳税人提供国际货物运输代理服务，以其取得的全部价款和价外费用，扣除支付给国际运输企业的国际运输费用后的余额为销售额。

国际货物运输代理服务，是指接受货物收货人或其代理人、发货人或其代理人、运输工具所有人、运输工具承租人或运输工具经营人的委托，以委托人的名义或者以自己的名义，在不直接提供货物运输服务的情况下，直接为委托人办理货物的国际运输，从事国际运输的运输工具进出港口，联系安排引航、靠泊、装卸等货物和船舶代理相关业务手续的业务活动。

(14)中国移动通信集团公司、中国联合网络通信集团有限公司、中国电信集团公司及其成员单位通过手机短信公益特服号为公益性机构接受捐款服务，以其取得的全部价款和价外费用，扣除支付给公益性机构捐款后的余额为销售额。

(15)试点纳税人从全部价款和价外费用中扣除价款，应当取得符合法律、行政法规和国家税务总局规定的有效凭证；否则，不得扣除。上述凭证是指：

①支付给境内单位或者个人的款项，以发票为合法有效凭证。

②支付给境外单位或者个人的款项，以该单位或者个人的签收单据为合法有效凭证，税务机关对签收单据有疑义的，可以要求其提供境外公证机构的确认证明。

③缴纳的税款，以完税凭证为合法有效凭证。

④融资性售后回租服务中向承租方收取的有形动产价款本金，以承租方开具的发票为合法有效凭证。

⑤扣除政府性基金或者行政事业性收费，以省级以上财政部门印制的财政票据为合法有效凭证。

⑥国家税务总局规定的其他凭证。

3. 含税销售额的换算

为了符合增值税作为价外税的要求，纳税人在填写进销货及纳税凭证、进行账务处理时，应分项记录不含税销售额、销项税额和进项税额，以正确计算应纳增值税额。但在现实生活和实际工作中，常常会出现一般纳税人将销售货物或提供应税劳务采用销售额和销项税额合并定价收取的方法，这样就会形成含税销售额。在计算应纳增值税额时，如果不将含税销售额换算为不含税销售额，就会导致增值税计税环节出现重复纳税的现象。因此，一般纳税人销售货物或者提供应税劳务，采用销售额和销项税额合并定价方法的，按下列公式计算销售额：

$$销售额=含税销售额\div(1+税率)$$

(二)进项税额的计算

进项税额是纳税人购进货物或者接受应税劳务所支付或者负担的增值税额。进项税额与销货方收取的销项税额相对应，两者之间的对应关系是，上一环节销货方收取的销项税额，就是下一环节购货方支付的进项税额。增值税一般纳税人以其收取的销项税额抵扣其支付的进项税额后的余额，即为其实际缴纳的增值税额。余额大于零，即为实际应纳税额；余额小于零，差额作为留抵税额结转下期继续抵扣。税法对不得抵扣进项税额的项目作了严格的规定，不得抵扣的项目随意抵扣就将以偷税论处。

1. 准予从销项税额中抵扣的进项税额

税法规定，准予从销项税额中抵扣的进项税额，限于下列增值税扣税凭证上注明的增值税额和按规定的扣除率计算的进项税额。增值税扣税凭证是指增值税专用发票、海关进口增值税专用缴款书、农产品收购发票和农产品销售发票以及税收缴款凭证。

(1)从销售方或提供方取得的增值税专用发票(含货物运输业增值税专用发票、税控机动车销售统一发票,下同)上注明的增值税额。

(2)从海关取得的海关进口增值税专用缴款书上注明的增值税额。

纳税人进口货物,凡已缴纳了进口环节增值税的,不论其是否已经支付货款,其取得的海关进口增值税专用缴款书均可作为增值税进项税额抵扣凭证,在规定的期限内申报抵扣进项税额。

(3)购进农产品,除取得增值税专用发票或者海关进口增值税专用缴款书外,按照农产品收购发票或者销售发票上注明的农产品买价和13%的扣除率计算的进项税额,从当期销项税额中扣除。其进项税额的计算公式为:

准予抵扣的进项税额=买价×扣除率(13%)

这里需要说明的是:

①所谓"农业产品",是指直接从事植物的种植、收割和动物的饲养、捕捞的单位和个人销售的自产农业产品,免征增值税。

②买价包括纳税人购进农产品在农产品收购发票或者销售发票上注明的价款和按规定缴纳的烟叶税(详见本章附录)。

③对纳税人缴纳的烟叶税,准予并入烟叶产品的买价计算增值税的进项税额,并在计算缴纳增值税时予以抵扣。即购进烟叶准予抵扣的增值税进项税额,按照《中华人民共和国烟叶税暂行条例》及《财政部 国家税务总局印发〈关于烟叶税若干具体问题的规定〉的通知》(财税〔2006〕64 号)规定的烟叶收购金额和烟叶税及法定扣除率计算。烟叶收购金额包括纳税人支付给烟叶销售者的烟叶收购价款和价外补贴,价外补贴统一暂按烟叶收购价款的10%计算。计算公式为:

烟叶收购金额=烟叶收购价款×(1+10%)

应纳烟叶税额=烟叶收购金额×税率(20%)

准予抵扣的进项税额=(烟叶收购金额+应纳烟叶税额)×扣除率

(4)接受境外单位或者个人提供的应税服务,从税务机关或者境内代理人取得的解缴税款的中华人民共和国税收缴款凭证(以下称税收缴款凭证)上注明的增值税额。

2. 营改增后原增值税纳税人进项税额的抵扣政策

根据营改增的规定,原增值税纳税人(指按照《增值税暂行条例》缴纳增值税的纳税人)有关进项税额抵扣的政策如下:

(1)原增值税一般纳税人接受试点纳税人提供的应税服务,取得的增值税专用发票上注明的增值税额为进项税额,准予从销项税额中抵扣。

(2)原增值税一般纳税人自用的应征消费税的摩托车、汽车、游艇,其进项税额准予从销项税额中抵扣。

(3)原增值税一般纳税人接受境外单位或者个人提供的应税服务,按照规定应当扣缴增值税的,准予从销项税额中抵扣的进项税额为税务机关或者代理人的解缴税款的税收缴款凭证上注明的增值税额。

(4)原增值税一般纳税人购进货物或者接受应税劳务,用于《应税服务范围注释》所列项目的,不属于《增值税暂行条例》第十条所称的用于非增值税应税项目,其进项税额准予从销项税额中抵扣。

3. 不得从销项税额中抵扣的进项税额

税法规定，纳税人购进货物或者接受应税劳务，取得的增值税扣税凭证不符合法律、行政法规或者国务院税务主管部门有关规定的，其进项税额不得从销项税额中抵扣。下列项目的进项税额不得从销项税额中抵扣：

(1)用于适用简易计税方法计税项目、非增值税应税项目、免征增值税项目、集体福利或者个人消费的购进货物、接受应税劳务或服务。其中涉及的固定资产、专利技术、非专利技术、商誉、商标、著作权、有形动产租赁，仅指专用于上述项目的固定资产、专利技术、非专利技术、商誉、商标、著作权、有形动产租赁。

(2)非正常损失的购进货物及相关的应税劳务或交通运输服务。

(3)非正常损失的在产品、产成品所耗用的购进货物、应税劳务或交通运输服务。

(4)接受的旅客运输服务。

纳税人凭税收缴款凭证抵扣进项税额的，应当具备书面合同、付款证明和境外单位的对账单或者发票；资料不全的，其进项税额不得从销项税额中抵扣。

对上述不得抵扣进项税额的各项目需要解释的是：

第(1)项所称购进货物，不包括既用于增值税应税项目(不含免征增值税项目)也用于非增值税应税项目、免征增值税项目、集体福利或者个人消费的固定资产。所称固定资产，是指使用期限超过 12 个月的机器、机械、运输工具以及其他与生产经营有关的设备、工具、器具等有形动产。所称个人消费，包括纳税人的交际应酬消费。所称非增值税应税项目，是指提供非增值税应税劳务、转让无形资产(专利技术、非专利技术、商誉、商标、著作权除外)、销售不动产和不动产在建工程。所称不动产，是指不能移动或者移动后会引起性质、形状改变的财产，包括建筑物、构筑物和其他土地附着物。纳税人新建、改建、扩建、修缮、装饰不动产，均属于不动产在建工程。非增值税应税劳务，是指《营业税改征增值税试点实施办法》所附《应税服务范围注释》所列项目以外的营业税应税劳务。

在购进货物或者应税劳务用于非应税劳务不得抵扣进项税额中，当纳税人做出应确定为征收增值税的混合销售行为或兼营非应税劳务行为时，其混合销售或兼营行为中用于非应税劳务的购进货物或者应税劳务的进项税额，符合规定的准予从销项税额中抵扣。

第(1)项所称免税项目见本章第八节。凡是税法规定为免税项目的，对用于免税项目的购进货物或应税劳务的进项税额都不能抵扣。

第(1)项所称集体福利或者个人消费，是指企业内部设置的供职工使用的食堂、浴室、理发室、宿舍、幼儿园等福利设施及其设备、物品等，或者以福利、奖励、津贴等形式发放给职工个人的物品。

纳税人凡购进货物或接受应税劳务是用于集体福利、个人消费的，由于其已改变了生产经营需要的用途，成了最终消费品，因此，其进项税额不能抵扣。

第(2)、(3)项所称非正常损失，是指因管理不善造成被盗、丢失、霉烂变质的损失，以及被执法部门依法没收或者强令自行销毁的货物。税法对非正常损失的购进货物的进项税额和非正常损失的在产品、产成品所耗用的购进货物或应税劳务的进项税额不准予从销项税额中抵扣，是考虑到纳税人的这部分损失与其生产经营活动没有直接的关系，这部分非正常损失中的进项税额不应由国家承担。

(三)应纳税额的计算

纳税人销售货物或提供应税劳务，其应纳税额为当期销项税额抵扣当期进项税额后的余额。基本计算公式为：

应纳税额＝当期销项税额－当期进项税额

1. 计算应纳税额的时间限定

为了保证计算应纳税额的合理性、准确性，纳税人必须严格把握当期进项税额从当期销项税额中抵扣这个要点。“当期”是个重要的时间限定，具体是指税务机关依照税法规定对纳税人确定的纳税期限；只有在纳税期限内实际发生的销项税额、进项税额，才是法定的当期销项税额或当期进项税额。

(1)计算销项税额的时间限定。销项税额是增值税一般纳税人销售货物或提供应税劳务按照实现的销售额计算的金额。税法严格规定了销项税额计算时间，以保证准时、准确记录和核算当期销项税额。例如，采取直接收款方式销售货物，不论货物是否发出，均为收到销售额或取得索取销售额的凭据，并将提货单交给买方的当天；采取托收承付和委托银行收款方式销售货物，为发出货物并办妥托收手续的当天；纳税人发生视同销售货物行为中第③项至第⑧项的，为货物移送的当天；等等。

(2)防伪税控专用发票进项税额抵扣的时间限定。按照规定，增值税一般纳税人取得防伪税控系统开具的增值税专用发票，抵扣的进项税额按以下规定处理：

①增值税一般纳税人申请抵扣的防伪税控系统开具的增值税专用发票，必须自该专用发票开具之日起 180 日内到税务机关认证，否则不予抵扣进项税额。

②增值税一般纳税人认证通过的防伪税控系统开具的增值税专用发票，应在认证通过的次月按照增值税有关规定核算当期进项税额并申报抵扣，否则不予抵扣进项税额。

(3)从海关取得的海关进口增值税专用缴款书上注明的增值税额抵扣的时间限定。增值税一般纳税人进口货物取得的海关进口增值税专用缴款书，应当自缴款书开具之日起 180 天内向主管税务机关申请稽核比对，逾期未申请的不予抵扣。稽核比对结果相符的，纳税人应在税务机关提供稽核比对结果的当月纳税申报期内申报抵扣，逾期不予抵扣进项税额。

税务机关通过稽核系统将纳税人申请稽核的海关缴款书数据，按日与进口增值税入库数据进行稽核比对，每个月为一个稽核期。海关缴款书开具当月申请稽核的，稽核期为申请稽核的当月、次月及第三个月；海关缴款书开具次月申请稽核的，稽核期为申请稽核的当月及次月；海关缴款书开具次月以后申请稽核的，稽核期为申请稽核的当月。税务机关于每月纳税申报期内，向纳税人提供上月稽核比对结果，纳税人应向主管税务机关查询稽核比对结果信息。

纳税人应在“应交税金”科目下设“待抵扣进项税额”明细科目，用于核算已申请稽核但尚未取得稽核相符结果的海关缴款书进项税额。纳税人取得海关缴款书后，应借记“应交税金——待抵扣进项税额”明细科目，贷记相关科目；稽核比对相符以及核查后允许抵扣的，应借记“应交税金——应交增值税(进项税额)”专栏，贷记“应交税金——待抵扣进项税额”科目。经核查不得抵扣的进项税额，红字借记“应交税金——待抵扣进项税额”，红字贷记相关科目。

2. 计算应纳税额时进项税额不足抵扣的处理

由于增值税实行购进扣税法，有时企业当期购进的货物很多，在计算应纳税额时会出现当期销项税额小于当期进项税额不足抵扣的情况。根据税法规定，当期销项税额小于当期进项税额不足抵扣时，其不足部分可以结转下期继续抵扣。

3. 扣减发生期进项税额的规定

由于增值税实行以当期销项税额抵扣当期进项税额的"购进扣税法"，当期购进的货物或应税劳务如果事先并未确定将用于非生产经营项目，其进项税额会在当期销项税额中予以抵扣。已抵扣进项税额的购进货物或者应税劳务，发生用于非应税项目、免税项目、简易计税方法计税项目、集体福利或者个人消费等情形的，应当将该项购进货物或者应税劳务的进项税额从当期的进项税额中扣减；无法确定该项进项税额的，按当期实际成本计算应扣减的进项税额。

一般纳税人兼营简易计税方法计税项目、免税项目或者非增值税应税劳务而无法划分不得抵扣的进项税额的，按下列公式计算不得抵扣的进项税额：

不得抵扣的进项税额＝当期无法划分的全部进项税额×（当期简易计税方法计税项目销售额＋免税项目销售额＋非增值税应税劳务营业额）÷（当期全部销售额＋当期全部营业额）

这里所称从当期发生的进项税额中扣减，是指已抵扣进项税额的购进货物或应税劳务是在哪一个时期发生改变用途情况的，就从这个发生期内纳税人的进项税额中扣减，而无须追溯到这些购进货物或应税劳务抵扣进项税额的那个时期。

这里所称按当期实际成本计算应扣减的进项税额，是指其扣减进项税额的计算依据不是按该货物或应税劳务的原进价，而是按发生改变用途情况的当期该货物或应税劳务的实际成本，即进价＋运费＋保险费＋其他有关费用，按征税时该货物或应税劳务适用的税率计算应扣减的进项税额。前述实际成本的计算公式，如果属于进口货物是完全适用的；如果是国内购进的货物，主要包括进价和运费两大部分。

4. 销货退回或折让的税务处理

纳税人在货物购销活动中，因货物质量、规格等原因会发生销货退回或折让情况，由于销货退回或折让不仅涉及销货价款或折让价款的退回，还涉及增值税的退回，这样销货方和购货方应相应对当期销项税额或进项税额进行调整。为此，税法规定，一般纳税人因销售货物退回、服务中止或者折让而退还给购买方的增值税额，应从发生销售货物退回或者折让当期的销项税额中扣减；因发生服务中止、购进货物退出或者折让而收回的增值税额，应从发生购进货物退出或者折让当期的进项税额中扣减。

一般纳税人销售货物或者提供应税劳务，开具增值税专用发票后，发生销售货物退回、服务中止或者折让、开票有误等情形，应按国家税务总局的规定开具红字增值税专用发票。未按规定开具红字增值税专用发票的，增值税额不得从销项税额中扣减。

对于纳税人发生服务中止、进货退出或折让而不扣减当期进项税额，造成不纳税或少纳税的，都将被认定为是偷税行为，并按偷税予以处罚。

5. 向供货方取得返还收入的税务处理

自 2004 年 7 月 1 日起，对商业企业向供货方收取的与商品销售量、销售额挂钩（如以一定比例、金额、数量计算）的各种返还收入，均应按照平销返利行为的有关规定冲减当期增值税进项税金。应冲减进项税金的计算公式调整为：

当期应冲减进项税金＝当期取得的返还资金÷（1＋所购货物适用增值税税率）×所购货物适用增值税税率

商业企业向供货方收取的各种返还收入，一律不得开具增值税专用发票。

6. 一般纳税人注销时进项税额的处理

一般纳税人注销或取消辅导期一般纳税人资格，转为小规模纳税人时，其存货不做进项税额转出处理，其留抵税额也不予退税。

7. 境外单位或者个人在境内提供应税服务的税务处理

在这种情况下，在境内未设有经营机构的，扣缴义务人按照下列公式计算应扣缴税额：

应扣缴税额＝接受方支付的价款÷(1＋税率)×税率

【例 2－1】　某自行车厂(增值税一般纳税人)生产销售自行车，出厂不含税单价为 280 元/辆。2014 年 3 月末留抵税额3 000元，4 月该厂购销情况如下：

(1)向当地百货大楼销售 800 辆，百货大楼当月付清货款后，厂家给予了 8%的现金折扣；

(2)向外地特约经销点销售 500 辆，支付运输单位运杂费8 000元，收到的运费发票上注明运费7 000元、装卸费1 000元；

(3)销售本厂自用 1 年的小轿车一辆，取得含税收入120 000元，发生销货运费1 000元，取得运输发票；

(4)当期销售货物发出包装物收取押金50 000元，本月没收逾期未收回的包装物押金60 000元；

(5)购进自行车零部件、原材料取得的增值税专用发票上注明金额140 000元，增值税税额23 800元；

(6)从小规模纳税人处购进自行车零部件，支付价税合计金额90 000元，取得税务机关代开的增值税专用发票；

(7)本厂直接组织收购废旧自行车，支付收购金额60 000元(未取得增值税专用发票)。

假定应该认证的发票均已通过认证并允许在当月抵扣，要求计算：

(1)该自行车厂当期准予抵扣的进项税额总和；

(2)该自行车厂当月的增值税销项税额；

(3)该自行车厂销售自己使用过的小轿车应缴纳的增值税；

(4)当期该厂应纳增值税的合计数。

【解析】

(1)准予抵扣的进项税额总和＝7 000×11%＋23 800＋90 000÷(1＋3%)×3%＋3 000＝30 191.36(元)

(2)销项税额＝(800×280＋500×280)×17%＋60 000÷(1＋17%)×17%＝70 597.95(元)

销售 800 辆自行车给予 8%的现金折扣，不应减少销售额。

逾期未收回包装物没收的押金应换算为不含税销售额再并入销售额中。

(3)该自行车厂销售使用过的小轿车应缴纳的增值税＝120 000÷(1＋4%)×4%÷2＝2 307.69(元)

(4)当期该厂应纳增值税的合计数＝70 597.95－30 191.36＋2 307.69＝42 714.28(元)

二、小规模纳税人应纳税额的计算

(一)应纳税额计算公式

小规模纳税人销售货物或提供应税劳务，按照销售额和税法规定的 3%征收率计算应纳税额，不得抵扣进项税额。应纳税额计算公式为：

应纳税额＝销售额×征收率

(二)含税销售额的换算

小规模纳税人的销售额不包括其应纳税额。

小规模纳税人销售货物或者提供应税劳务采用销售额和应纳税额合并定价方法的，按下列公式计算销售额：

销售额＝含税销售额÷(1＋征收率)

小规模纳税人因销售货物退回、服务中止或者折让退还给购买方的销售额，应从发生销售货物退回或者折让当期的销售额中扣减。扣减当期销售额后仍有余额造成多缴的税款，可以从以后的应纳税额中扣减。

【例2—2】 某商店为增值税小规模纳税人，8月取得零售收入总额15.45万元。计算该商店8月应缴纳的增值税税额。

【解析】

(1)8月取得的不含税销售额＝15.45÷(1＋3%)＝15(万元)

(2)8月应缴纳的增值税税额＝15×3%＝0.45(万元)

三、销售特定货物应纳税额的计算

1. 税法规定，对一些特定货物销售行为，无论其从事者是一般纳税人还是小规模纳税人，一律按简易办法，即按小规模纳税人应纳税额计算办法计算应纳税额。下列特定货物销售行为的征收率为3%：

(1)寄售商店代销寄售物品；

(2)典当业销售死当物品；

(3)经有权机关批准的免税商店零售免税货物。

2. 一般纳税人销售自产的下列货物，可选择按照简易办法(3%征收率)计算缴纳增值税：

(1)县级及县级以下小型水力发电单位生产的电力。小型水力发电单位，是指各类投资主体建设的装机容量为5万千瓦以下(含5万千瓦)的小型水力发电单位。

(2)建筑用和生产建筑材料所用的砂、土、石料。

(3)以自己采掘的砂、土、石料或其他矿物连续生产的砖、瓦、石灰(不含黏土实心砖、瓦)。

(4)用微生物、微生物代谢产物、动物毒素、人或动物的血液或组织制成的生物制品。

(5)自来水。

(6)商品混凝土(仅限于以水泥为原料生产的水泥混凝土)。

一般纳税人选择简易方法计算缴纳增值税后，36个月内不准变更。

四、进口货物应纳税额的计算

对进口货物征税是大多数主权国家的惯例。境外产品要输入境内，都必须向我国海关申报进口，并办理有关报关手续。凡是申报进入我国海关境内的货物，只要是报关进口的应税货物，不论其是国外产制还是我国已出口而转销国内的货物，是进口者自行采购还是国外捐赠的货物，是进口者自用还是作为贸易或其他用途等，均应按照规定缴纳进口环节的增值税。进口货物的纳税人为收货人或办理报关手续的单位和个人。

我国在规定对进口货物征税的同时，对某些进口货物也作出了减免税或不征税的规定。另外，还规定了实行保税的货物不征增值税，这是为了简化手续。例如，从国外进口的原材料、零部件、包装物在国内加工复出口的，在海关监管便利的情况下，可以对这些货物实行保税监管，即进口时先不缴税，企业在海关的监管下使用、加工这些进口料件，并且复出口；若不能再出口而销往国内时，则要按规定缴税。对于国外过境或转口货物，一般也采用此法。这些货物实际上进入了我国境内，但并不办理报关进口手续，而是向海关办理暂存货物性质的保税手续，并接受海关监督，未经海关允许，不得自行动用或转移。

进口货物的适用税率与国内购销货物相同。

纳税人进口货物，按照组成计税价格和规定的税率计算应纳税额，不得抵扣任何税额，其组成计税价格和应纳税额计算公式如下：

组成计税价格＝关税完税价格＋关税＋消费税

应纳税额＝组成计税价格×税率

对进口货物征税与对销售货物征税的区别：一是不需考虑该进口货物是否已发生了有偿转让和所有权的转移；二是按照组成计税价格，依照增值税条例规定的税率，计算应纳税额，不得抵扣任何税额，即无进项税额抵扣。其原因是：关税是进口货物应纳增值税计税价格的组成部分，如果是应纳消费税的消费品，则其应缴纳的消费税也应计入增值税的税基；各国对出口货物通常都是以不含税价格进入国际市场的，大多实行出口退税或免税，即便是出口国不予退税或免税，其在出口国缴纳的税额，也不应从进口国应征收的税额中抵扣。

由于进口货物涉及保护国内民族工业问题，因而要先征收具有保护作用的关税，如果进口货物属于消费税应税消费品，还应征一道消费税，然后以关税完税价格、关税和消费税之和为税基，即组成计税价格，再采用相应的税率，征收增值税。

【例2－3】 某商场10月进口货物一批。该批货物在国外的买价为50万元，另该批货物运抵我国海关前发生的包装费、运输费、保险费等共计10万元。货物报关后，商场按规定缴纳了进口环节的增值税并取得了海关开具的完税凭证。假定该批进口货物在国内全部销售，取得不含税销售额90万元。

货物进口关税税率为13%，增值税税率为17%。

要求计算：

(1)关税的组成计税价格；

(2)进口环节应缴纳的进口关税；

(3)进口环节应纳增值税的组成计税价格；

(4)进口环节应纳增值税的税额；

(5)国内销售环节的销项税额；

(6)国内销售环节应纳增值税的税额。

【解析】

(1)关税的组成计税价格＝50＋10＝60(万元)

(2)应缴纳的进口关税＝60×13%＝7.8(万元)

(3)进口环节应纳增值税的组成计税价格＝60＋7.8＝67.8(万元)

(4)进口环节应纳增值税的税额＝67.8×17%＝11.526(万元)

(5)国内销售环节的销项税额＝90×17%＝15.3(万元)

(6)国内销售环节应纳增值税的税额＝15.3－11.526＝3.774(万元)

第六节 特殊经营行为的税务处理

在实际工作经济活动中，纳税人的经营行为并不一定是单一的，有的经营几种不同税率的产品，有的兼营一些营业税的项目等。不同情况的税务处理是不一样的，对此税法作了具体规定。

一、兼营不同税率的货物或应税劳务

兼营不同税率的货物或应税劳务是指纳税人销售不同税率的货物或劳务，或者既销售货物又提供应税劳务。如农村供销社既销售税率为17%的家用电器，又销售税率为13%的化肥、农药等。税法规定的处理方法是：纳税人兼营不同税率的货物或者应税劳务，应当分别核算不同税率货物或应税劳务的销售额，分别计税；未分别核算销售额的，从高适用税率征税。

纳税人兼有不同税率和征收率的销售货物，提供加工、修理修配劳务或者应税服务的，从高适用税率。

二、混合销售行为

一项销售行为如果既涉及货物，又涉及非增值税应税劳务，为混合销售行为。所称非增值税应税劳务，是指属于应缴营业税的交通运输业、建筑业、金融保险业、邮电通信业、文化体育业、娱乐业、服务业税目征收范围的劳务。需要强调的是，混合销售行为只是针对一项销售行为而言的，也就是说，提供非应税劳务是直接为了销售一批货物而做的，两者之间是紧密相连的从属关系，它与一般既从事这个税的应税项目，又从事另一个税的应税项目，两者之间没有直接从属关系的兼营行为是完全不同的。

对混合销售行为是征营业税，还是征增值税，划分的原则是按企业的性质和行为来确定。税法规定的处理方法是：除《增值税暂行条例实施细则》第六条的规定外，从事货物的生产、批发或者零售的企业、企业性单位和个体工商户的混合销售行为，视为销售货物，应当缴纳增值税；其他单位和个人的混合销售行为，视为销售非增值税应税劳务，不缴纳增值税。所称从事货物的生产、批发或者零售的企业、企业性单位和个体工商户，包括以从事货物的生产、批发或者零售为主，并兼营非增值税应税劳务的单位和个体工商户在内。

纳税人的下列混合销售行为，应当分别核算货物的销售额和非增值税应税劳务的营业额，并根据其销售货物的销售额计算缴纳增值税，非增值税应税劳务的营业额不缴纳增值税；未分别核算的，由主管税务机关核定其货物的销售额：(1)销售自产货物并同时提供建筑业劳务的行为；(2)财政部、国家税务总局规定的其他情形。

三、兼营非增值税应税项目

增值税纳税人在从事应税货物销售或提供应税劳务的同时，还从事非增值税应税项目，且该非增值税应税项目与某一项销售货物或提供应税劳务并无直接的联系和从属关系。

税法规定的处理方法是：纳税人兼营非增值税应税项目的，应分别核算货物或者应税劳务的销售额和非增值税应税项目的营业额；未分别核算的，由主管税务机关核定货物或者应税劳务的销售额。

纳税人兼营免税、减税项目的，应当单独核算免税、减税项目的销售额；未单独核算销售额的，不得免税、减税。

第七节 出口货物劳务退(免)税

出口货物劳务退(免)税是指在国际贸易中货物输出国对输出境外的货物劳务免征其在本国境内消费时应缴纳的税金，或退还其按本国税法规定已缴纳的税金(增值税、消费税)。这是国际贸易中通常采用的并为各国所接受的一种税收措施，目的在于鼓励各国出口货物进行公平竞争。

我国的出口货物劳务退(免)税制度是参考国际上的通行做法，在多年实践基础上形成的、自成体系的专项税收制度。这项税收制度与其他税收制度比较，有以下几个主要特点：

1. 是一种收入退付行为。税收是国家为满足社会公共需要，按照法律规定，参与国民收入中剩余产品分配的一种形式。出口货物退(免)税作为一项具体的税收制度，其目的与其他税收制度不同。它是在货物出口后，国家将出口货物已在国内征收的流转税退还给企业的一种收入退付或减免税收的行为，这与其他税收制度筹集财政资金的目的显然是不同的。

2. 具有调节职能的单一性。我国对出口货物实行退(免)税，意在使企业的出口货物以不含税的价格参与国际市场竞争。这是提高企业产品竞争力的一项政策性措施。与其他税收制度鼓励与限制并存、收入与减免并存的双向调节职能比较，出口货物退(免)税具有调节职能单一性的特点。

3. 属间接税范畴内的一种国际惯例。世界上有很多国家实行间接税制度，虽然其具体的间接税政策各不相同，但就间接税制度中对出口货物实行"零税率"而言，各国都是一致的。为奉行出口货物间接税的"零税率"原则，有的国家实行免税制度，有的国家实行退税制度，有的国家则退、免税制度同时并行，其目的都是对出口货物退还或免征间接税，以使企业的出口产品能以不含间接税的价格参与国际市场的竞争。出口货物退(免)税政策与各国的征税制度是密切相关的，脱离了征税制度，出口货物退(免)税便将失去具体的依据。

我国的出口货物劳务退(免)税是指在国际贸易业务中，对我国报关出口的货物劳务退还或免征其在国内各生产和流转环节按税法规定缴纳的增值税和消费税，即对增值税出口货物劳务实行零税率，对消费税出口货物免税。

增值税出口货物的零税率，从税法上理解有两层含义：一是对本道环节生产或销售货物劳务的增值部分免征增值税；二是对出口货物劳务前道环节所含的进项税额进行退付。由于各种货物劳务出口前涉及征免税情况有所不同，且国家对少数货物有限制出口政策，因此，对出口货物劳务的不同情况，我国在遵循"征多少、退多少"、"未征不退和彻底退税"基本原则的基础上，制定了不同的税务处理办法。

1994年，国家税务总局依据《增值税暂行条例》和《消费税暂行条例》的规定，制定了《出口货物退(免)税管理办法》，具体规定了出口货物退(免)税的范围、出口货物退税率、出口退税的税额计算方法、出口货物退(免)税办理程序以及出口货物退(免)税的审核和管理。

2002年1月23日，财政部、国家税务总局发出《关于进一步推进出口货物实行免抵退税办法的通知》；2002年2月6日，国家税务总局印发了《生产企业出口货物"免、抵、退"税管理操作规程(试行)》；2005年3月16日，国家税务总局制定了《出口货物退(免)税管理办法(试行)》；2012年6月14日，国家税务总局制定了《出口货物劳务增值税和消费税管理办法》。至此，我国的出口货物退(免)税政策逐步完善。

一、出口货物劳务退(免)税基本政策

世界各国为了鼓励本国货物劳务出口,在遵循 WTO 基本规则的前提下,一般都采取优惠的税收政策。有的国家采取对该货物劳务出口前所包含的税金在出口后予以退还的政策(即出口退税),有的国家采取对出口的货物劳务在出口前即予以免税的政策。我国则根据本国的实际,采取出口退税与免税相结合的政策。我国目前的出口货物劳务税收政策分为三种形式。

(一)出口免税并退税

出口免税是指对货物劳务在出口销售环节不征增值税、消费税,这是把货物劳务出口环节与出口前的销售环节都同样视为一个征税环节;出口退税是指对货物劳务在出口前实际承担的税收负担,按规定的退税率计算后予以退还。

(二)出口免税不退税

出口免税是指对货物劳务在出口销售环节不征增值税、消费税;出口不退税是指适用这个政策的出口货物因在前一道生产、销售环节或进口环节是免税的,因此,出口时该货物的价格中本身就不含税,也就无须退税。

(三)出口不免税也不退税

出口不免税是指对国家限制或禁止出口的某些货物的出口环节视同内销环节,照常征税;出口不退税是指对这些货物出口不退还出口前其所负担的税款。适用这个政策的主要是税法列举限制或禁止出口的货物,如天然牛黄、麝香、白银等。

二、适用增值税退(免)税政策的出口货物劳务

对下列出口货物劳务,除适用增值税免税政策和征税政策的出口货物劳务以外,实行出口货物退(免)税政策。

(一)出口企业出口货物

出口企业,是指依法办理工商登记、税务登记、对外贸易经营者备案登记,自营或委托出口货物的单位或个体工商户,以及依法办理工商登记、税务登记但未办理对外贸易经营者备案登记,委托出口货物的生产企业。

出口货物,是指向海关报关后实际离境并销售给境外单位或个人的货物,分为自营出口货物和委托出口货物两类。

生产企业,是指具有生产能力(包括加工修理修配能力)的单位或个体工商户。

(二)出口企业或其他单位视同出口货物

1. 出口企业对外援助、对外承包、境外投资的出口货物。

2. 出口企业经海关报关进入国家批准的出口加工区、保税物流园区、保税港区、综合保税区、珠澳跨境工业区(珠海园区)、中哈霍尔果斯国际边境合作中心(中方配套区域)、保税物流中心(B型)(以下统称特殊区域)并销售给特殊区域内单位或境外单位、个人的货物。

3. 免税品经营企业销售的货物(国家规定不允许经营和限制出口的货物、卷烟和超出免税品经营企业《企业法人营业执照》规定经营范围的货物除外)。具体是指:

(1)中国免税品(集团)有限责任公司向海关报关运入海关监管仓库,专供其经国家批准设立的统一经营、统一组织进货、统一制定零售价格、统一管理的免税店销售的货物;

(2)国家批准的除中国免税品(集团)有限责任公司外的免税品经营企业,向海关报关运入海关监管仓库,专供其所属的首都机场口岸海关隔离区内的免税店销售的货物;

(3)国家批准的除中国免税品(集团)有限责任公司外的免税品经营企业所属的上海虹桥、浦东机场海关隔离区内的免税店销售的货物。

4. 出口企业或其他单位销售用于国际金融组织或外国政府贷款国际招标建设项目的中标机电产品(以下称中标机电产品)。中标机电产品包括外国企业中标再分包给出口企业或其他单位的机电产品。

5. 生产企业向海上石油天然气开采企业销售的自产的海洋工程结构物。

6. 出口企业或其他单位销售给国际运输企业用于国际运输工具上的货物。上述规定暂仅适用于外轮供应公司、远洋运输供应公司销售给外轮、远洋国轮的货物,国内航空供应公司生产销售给国内和国外航空公司国际航班的航空食品。

7. 出口企业或其他单位销售给特殊区域内生产企业生产耗用且不向海关报关而输入特殊区域的水(包括蒸汽)、电力、燃气(以下称输入特殊区域的水电气)。

除另有规定外,视同出口货物适用出口货物的各项规定。

(三)出口企业对外提供加工修理修配劳务

对外提供加工修理修配劳务,是指对进境复出口货物或从事国际运输的运输工具进行的加工修理修配。

三、适用增值税免税政策的出口货物劳务

对符合下列条件的出口货物劳务,除适用增值税征税政策的出口货物劳务以外,按下列规定实行免征增值税(以下称增值税免税)政策:

(一)适用范围

适用增值税免税政策的出口货物劳务,是指:

1. 出口企业或其他单位出口规定的货物

(1)增值税小规模纳税人出口的货物。

(2)避孕药品和用具,古旧图书。

(3)软件产品。其具体范围是指海关税则号前四位为"9803"的货物。

(4)含黄金、铂金成分的货物,钻石及其饰品。

(5)国家计划内出口的卷烟。

(6)已使用过的设备。其具体范围是指购进时未取得增值税专用发票、海关进口增值税专用缴款书但其他相关单证齐全的已使用过的设备。

(7)非出口企业委托出口的货物。

(8)非列名生产企业出口的非视同自产货物。

(9)农业生产者自产农产品[农产品的具体范围按照《农业产品征税范围注释》(财税〔1995〕52 号)的规定执行]。

(10)油画、花生果仁、黑大豆等财政部和国家税务总局规定的出口免税的货物。

(11)外贸企业取得普通发票、废旧物资收购凭证、农产品收购发票、政府非税收入票据的货物。

(12)来料加工复出口的货物。

(13)特殊区域内的企业出口的特殊区域内的货物。

(14)以人民币现金作为结算方式的边境地区出口企业从所在省(自治区)的边境口岸出口到接壤国家的一般贸易和边境小额贸易出口货物。

(15)以旅游购物贸易方式报关出口的货物。

2. 出口企业或其他单位视同出口的货物劳务

(1)国家批准设立的免税店销售的免税货物[包括进口免税货物和已实现退(免)税的货物]。

(2)特殊区域内的企业为境外的单位或个人提供加工修理修配劳务。

(3)同一特殊区域、不同特殊区域内的企业之间销售特殊区域内的货物。

3. 出口企业或其他单位未按规定申报或未补齐增值税退(免)税凭证的出口货物劳务

(1)未在国家税务总局规定的期限内申报增值税退(免)税的出口货物劳务。

(2)未在规定期限内申报开具《代理出口货物证明》的出口货物劳务。

(3)已申报增值税退(免)税,却未在国家税务总局规定的期限内向税务机关补齐增值税退(免)税凭证的出口货物劳务。

对于适用增值税免税政策的出口货物劳务,出口企业或其他单位可以依照现行增值税有关规定放弃免税,并依照《关于出口货物劳务增值税和消费税政策的通知》第七条的规定缴纳增值税。

(二)进项税额的处理计算

1. 适用增值税免税政策的出口货物劳务,其进项税额不得抵扣和退税,应当转入成本。

2. 出口卷烟,依下列公式计算:

不得抵扣的进项税额=出口卷烟含消费税金额÷(出口卷烟含消费税金额+内销卷烟销售额)×当期全部进项税额

(1)当生产企业销售的出口卷烟在国内有同类产品销售价格时:

出口卷烟含消费税金额=出口销售数量×销售价格

"销售价格"为同类产品生产企业国内实际调拨价格。如实际调拨价格低于税务机关公示的计税价格的,销售价格为税务机关公示的计税价格;高于公示计税价格的,销售价格为实际调拨价格。

(2)当生产企业销售的出口卷烟在国内没有同类产品销售价格时:

出口卷烟含消费税金额=(出口销售额+出口销售数量×消费税定额税率)÷(1-消费税比例税率)

"出口销售额"以出口发票上的离岸价为准。若出口发票不能如实反映离岸价,生产企业应按实际离岸价计算;否则,税务机关有权按照有关规定予以核定调整。

3. 除出口卷烟外,适用增值税免税政策的其他出口货物劳务的计算,按照增值税免税政策的统一规定执行。其中,如果涉及销售额,除来料加工复出口货物为其加工费收入外,其他均为出口离岸价或销售额。

四、适用增值税征税政策的出口货物劳务

下列出口货物劳务,不适用增值税退(免)税和免税政策,按下列规定及视同内销货物征税的其他规定征收增值税(以下称增值税征税):

(一)适用范围

适用增值税征税政策的出口货物劳务,是指:

1. 出口企业出口或视同出口财政部和国家税务总局根据国务院决定明确的取消出口退(免)税的货物(不包括来料加工复出口货物、中标机电产品、列名原材料、输入特殊区域的水电

气、海洋工程结构物）。

2. 出口企业或其他单位销售给特殊区域内的生活消费用品和交通运输工具。

3. 出口企业或其他单位因骗取出口退税被税务机关停止办理增值税退（免）税期间出口的货物。

4. 出口企业或其他单位提供虚假备案单证的货物。

5. 出口企业或其他单位增值税退（免）税凭证有伪造或内容不实的货物。

6. 出口企业或其他单位未在国家税务总局规定期限内申报免税核销以及经主管税务机关审核不予免税核销的出口卷烟。

7. 出口企业或其他单位具有以下情形之一的出口货物劳务：

（1）将空白的出口货物报关单、出口收汇核销单等退（免）税凭证交由除签有委托合同的货代公司、报关行，或由境外进口方指定的货代公司（提供合同约定或者其他相关证明）以外的其他单位或个人使用的。

（2）以自营名义出口，其出口业务实质上是由本企业及其投资的企业以外的单位或个人借该出口企业名义操作完成的。

（3）以自营名义出口，其出口的同一批货物既签订购货合同，又签订代理出口合同（或协议）的。

（4）出口货物在海关验放后，自己或委托货代承运人对该笔货物的海运提单或其他运输单据等上的品名、规格等进行修改，造成出口货物报关单与海运提单或其他运输单据有关内容不符的。

（5）以自营名义出口，但不承担出口货物的质量、收款或退税风险之一的，即出口货物发生质量问题不承担购买方的索赔责任（合同中有约定质量责任承担者除外），不承担未按期收款导致不能核销的责任（合同中有约定收款责任承担者除外），不承担因申报出口退（免）税的资料、单证等出现问题造成不退税责任的。

（6）未实质参与出口经营活动、接受并从事由中间人介绍的其他出口业务，但仍以自营名义出口的。

（二）应纳增值税的计算

适用增值税征税政策的出口货物劳务，其应纳增值税按下列办法计算：

1. 一般纳税人出口货物

销项税额＝（出口货物离岸价－出口货物耗用的进料加工保税进口料件金额）÷（1＋适用税率）×适用税率

出口货物若已按征、退税率之差计算不得免征和抵扣税额并已经转入成本的，相应的税额应转回进项税额。

出口货物耗用的进料加工保税进口料件金额＝主营业务成本×（投入的保税进口料件金额÷生产成本）

（1）主营业务成本、生产成本均为不予退（免）税的进料加工出口货物的主营业务成本、生产成本。当耗用的保税进口料件金额大于不予退（免）税的进料加工出口货物金额时，耗用的保税进口料件金额为不予退（免）税的进料加工出口货物金额。

（2）出口企业应分别核算内销货物和增值税征税的出口货物的生产成本、主营业务成本；未分别核算的，其相应的生产成本、主营业务成本由主管税务机关核定。

进料加工手册海关核销后，出口企业应对出口货物耗用的保税进口料件金额进行清算。

清算公式为：

清算耗用的保税进口料件总额＝实际保税进口料件总额－退(免)税出口货物耗用的保税进口料件总额－进料加工副产品耗用的保税进口料件总额

若耗用的保税进口料件总额与各纳税期扣减的保税进口料件金额之和存在差额时，应在清算的当期相应调整销项税额。当耗用的保税进口料件总额大于出口货物离岸金额时，其差额部分不得扣减其他出口货物金额。

2. 小规模纳税人出口货物

应纳税额＝出口货物离岸价÷(1＋征收率)×征收率

五、出口货物退税率

(一)退税率的一般规定

除财政部和国家税务总局根据国务院决定而明确的增值税出口退税率(以下称退税率)外，出口货物的退税率为其适用税率。国家税务总局根据上述规定将退税率通过出口货物劳务退税率文库予以发布，供征纳双方执行。退税率有调整的，除另有规定外，其执行时间以货物(包括被加工修理修配的货物)出口货物报关单(出口退税专用)上注明的出口日期为准。

(二)退税率的特殊规定

1. 外贸企业购进按简易办法征税的出口货物、从小规模纳税人购进的出口货物，其退税率分别为简易办法实际执行的征收率、小规模纳税人征收率。上述出口货物取得增值税专用发票的，退税率按照增值税专用发票上的税率和出口货物退税率孰低的原则确定。

2. 出口企业委托加工修理修配货物，其加工修理修配费用的退税率，为出口货物的退税率。

3. 中标机电产品、出口企业向海关报关进入特殊区域销售给特殊区域内生产企业生产耗用的列名原材料(以下称列名原材料)、输入特殊区域的水电气，其退税率为适用税率。如果国家调整列名原材料的退税率，列名原材料应当自调整之日起按调整后的退税率执行。

4. 海洋工程结构物退税率的适用，具体范围根据财税〔2012〕39 号文附件 3 确定。

适用不同退税率的货物劳务，应分开报关、核算并申报退(免)税；未分开报关、核算或划分不清的，从低适用退税率。

六、增值税退(免)税的计税依据

出口货物劳务的增值税退(免)税的计税依据，按出口货物劳务的出口发票(外销发票)、其他普通发票或购进出口货物劳务的增值税专用发票、海关进口增值税专用缴款书确定。

1. 生产企业出口货物劳务(进料加工复出口货物除外)增值税退(免)税的计税依据，为出口货物劳务的实际离岸价(FOB)。实际离岸价应以出口发票上的离岸价为准，但如果出口发票不能反映实际离岸价，主管税务机关有权予以核定。

2. 生产企业进料加工复出口货物增值税退(免)税的计税依据，按出口货物的离岸价(FOB)扣除出口货物所含的海关保税进口料件的金额后确定。

所称海关保税进口料件，是指海关以进料加工贸易方式监管的出口企业从境外和特殊区域等进口的料件，包括出口企业从境外单位或个人购买并从海关保税仓库提取且办理海关进料加工手续的料件，以及保税区外的出口企业从保税区内的企业购进并办理海关进料加工手续的进口料件。

3. 生产企业国内购进无进项税额且不计提进项税额的免税原材料加工后出口的货物的计税依据，按出口货物的离岸价(FOB)扣除出口货物所含的国内购进免税原材料的金额后确定。

4. 外贸企业出口货物(委托加工修理修配货物除外)增值税退(免)税的计税依据，为购进出口货物的增值税专用发票注明的金额或海关进口增值税专用缴款书注明的完税价格。

5. 外贸企业出口委托加工修理修配货物增值税退(免)税的计税依据，为加工修理修配费用增值税专用发票注明的金额。外贸企业应将加工修理修配使用的原材料(进料加工海关保税进口料件除外)作价销售给受托加工修理修配的生产企业，受托加工修理修配的生产企业应将原材料成本并入加工修理修配费用开具发票。

6. 出口进项税额未计算抵扣的已使用过的设备增值税退(免)税的计税依据，按下列公式确定：

退(免)税计税依据＝增值税专用发票上的金额或海关进口增值税专用缴款书注明的完税价格×已使用过的设备固定资产净值÷已使用过的设备原值

已使用过的设备固定资产净值＝已使用过的设备原值－已使用过的设备已提累计折旧

所称已使用过的设备，是指出口企业根据财务会计制度已经计提折旧的固定资产。

7. 免税品经营企业销售的货物增值税退(免)税的计税依据，为购进货物的增值税专用发票注明的金额或海关进口增值税专用缴款书注明的完税价格。

8. 中标机电产品增值税退(免)税的计税依据，生产企业为销售机电产品的普通发票注明的金额，外贸企业为购进货物的增值税专用发票注明的金额或海关进口增值税专用缴款书注明的完税价格。

9. 生产企业向海上石油天然气开采企业销售的自产的海洋工程结构物增值税退(免)税的计税依据，为销售海洋工程结构物的普通发票注明的金额。

10. 输入特殊区域的水电气增值税退(免)税的计税依据，为作为购买方的特殊区域内生产企业购进水(包括蒸汽)、电力、燃气的增值税专用发票注明的金额。

七、出口货物劳务退税额的计算

出口货物劳务只有在适用既免税又退税的政策时，才会涉及如何计算退税的问题。由于各类出口企业对出口货物劳务的会计核算办法不同，为了与出口企业的会计核算办法相一致，税法规定了两种退税计算办法：第一种是免抵退税办法，主要适用于生产企业出口自产货物和视同自产货物及对外提供劳务；第二种是免退税办法，主要适用于不具备生产能力的出口企业(以下称外贸企业)或其他单位出口货物劳务。

(一)免抵退税办法

生产企业出口自产货物和视同自产货物及对外提供加工修理修配劳务，以及列名生产企业出口非自产货物，免征增值税，相应的进项税额抵减应纳增值税额(不包括适用增值税即征即退、先征后退政策的应纳增值税额)，未抵减完的部分予以退还。

免抵退税办法的“免”税，是指对生产企业出口的自产货物劳务，免征本企业生产销售环节增值税；“抵”税，是指生产企业出口自产货物劳务所耗用的原材料、零部件、燃料、动力等所含应予退还的进项税额，抵顶内销货物的应纳税额；“退”税，是指生产企业出口的自产货物劳务在当月内应抵顶的进项税额大于应纳税额时，对未抵顶完的部分予以退税。

1. 免抵退税办法的计算公式

(1)当期应纳税额的计算

当期应纳税额＝当期销项税额－(当期进项税额－当期不得免征和抵扣税额)

其中：

当期不得免征和抵扣税额＝当期出口货物离岸价×外汇人民币折合率×(出口货物适用税率－出口货物退税率)－当期不得免征和抵扣税额抵减额

当期不得免征和抵扣税额抵减额＝当期免税购进原材料价格×(出口货物适用税率－出口货物退税率)

(2)当期免抵退税额的计算

当期免抵退税额＝出口货物离岸价×外汇人民币折合率×出口货物退税率－当期免抵退税额抵减额

其中：

当期免抵退税额抵减额＝当期免税购进原材料价格×出口货物退税率

(3)当期应退税额和免抵税额的计算

①当期期末留抵税额≤当期免抵退税额，则：

当期应退税额＝当期期末留抵税额

当期免抵税额＝当期免抵退税额－当期应退税额

②当期期末留抵税额＞当期免抵退税额，则：

当期应退税额＝当期免抵退税额

当期免抵税额＝0

当期期末留抵税额为当期增值税纳税申报表中的“期末留抵税额”。

(4)当期免税购进原材料价格

当期免税购进原材料价格包括当期国内购进的无进项税额且不计提进项税额的免税原材料的价格和当期进料加工保税进口料件的价格，其中当期进料加工保税进口料件的价格为组成计税价格。

当期进料加工保税进口料件的组成计税价格＝当期进口料件到岸价格＋海关实征关税＋海关实征消费税

当期进料加工保税进口料件的组成计税价格为当期进料加工出口货物耗用的进口料件组成计税价格。其计算公式为：

当期进料加工保税进口料件的组成计税价格＝当期进料加工出口货物离岸价×外汇人民币折合率×计划分配率

计划分配率＝计划进口总值÷计划出口总值×100％

实行纸质手册和电子化手册的生产企业，应根据海关签发的加工贸易手册或加工贸易电子化纸质单证所列的计划进出口总值计算计划分配率。

实行电子账册的生产企业，计划分配率按前一期已核销的实际分配率确定；新启用电子账册的，计划分配率按前一期已核销的纸质手册或电子化手册的实际分配率确定。

2. 免抵退税办法的计算举例

【例 2－4】 没有使用免税购进料件，且当期期末留抵税额小于当期免抵退税额的情况。

2014 年 A 生产企业(增值税一般纳税人)进口货物，海关审定的关税完税价格为 500 万元，关税税率为 10％，海关代征了进口环节的增值税，取得海关进口增值税专用缴款书。从国内市场购进原材料支付的价款为 800 万元，取得增值税专用发票上注明的增值税为 136 万元。

外销货物的出口离岸价为1 000万元；内销货物的不含税销售额为1 200万元。企业出口适用“免抵退”税的税收政策，上期留抵税额50万元。要求计算当期应缴纳或应退的增值税税额及免抵税额。（假定上述货物内销时均适用17%的增值税税率，出口退税率为11%。）

【解析】

(1)计算当期进项税额如下：

进口环节海关代征增值税＝500×(1＋10%)×17%＝93.5(万元)

国内采购环节的进项税额为136万元。

出口货物当期不得免征和抵扣税额＝1 000×(17%－11%)＝60(万元)

上期留抵税额50万元。

当期允许抵扣的进项税额合计＝93.5＋136－60＋50＝219.5(万元)

(2)计算当期销项税额如下：

出口货物免税。

内销货物销项税额＝1 200×17%＝204(万元)

(3)当期应纳税额＝204－219.5＝－15.5(万元)

(4)计算出口货物免抵退税的限额如下：

当期免抵退税额＝1 000×11%＝110(万元)

由于期末留抵税额15.5万元＜当期免抵退税额110万元，所以：

当期应退税额＝15.5(万元)

当期免抵税额＝110－15.5＝94.5(万元)

【例2－5】　没有使用免税购进料件，且当期期末留抵税额大于当期免抵退税额的情况。

2014年A生产企业(增值税一般纳税人)进口货物，海关审定的关税完税价格为500万元，关税税率为10%，海关代征了进口环节的增值税，取得海关进口增值税专用缴款书。从国内市场购进原材料支付的价款为1 000万元，取得增值税专用发票上注明的增值税为170万元。外销货物的出口离岸价为1 000万元；内销货物的不含税销售额为1 000万元。企业出口适用“免抵退”税的税收政策，上期留抵税额80万元。要求计算当期应缴纳或应退的增值税税额及免抵税额。（假定上述货物内销时均适用17%的增值税税率，出口退税率为11%。）

【解析】

(1)计算当期进项税额如下：

进口环节海关代征增值税＝500×(1＋10%)×17%＝93.5(万元)

国内采购环节的进项税额为170万元。

出口货物当期不得免征和抵扣税额＝1 000×(17%－11%)＝60(万元)

上期留抵税额80万元。

当期允许抵扣的进项税额合计＝93.5＋170－60＋80＝283.5(万元)

(2)计算当期销项税额如下：

出口货物免税。

内销货物销项税额＝1 000×17%＝170(万元)

(3)当期应纳税额＝170－283.5＝－113.5(万元)

(4)计算出口货物免抵退税的限额如下：

当期免抵退税额＝1 000×11%＝110(万元)

由于期末留抵税额113.5万元＞当期免抵退税额110万元，所以：

当期应退税额＝当期免抵退税额＝110(万元)

当期免抵税额＝当期免抵退税额－当期应退税额＝110－110＝0

期末留抵结转下期继续抵扣税额＝113.5－110＝3.5(万元)

【例 2－6】 使用免税购进料件，且征、退税率不一致的情况。

2014 年 A 生产企业(增值税一般纳税人)进口货物，海关审定的关税完税价格为 500 万元，关税税率为 10%，海关代征了进口环节的增值税。进料加工业务保税进口料件一批，到岸价格 400 万元，海关暂免征税予以放行。从国内市场购进原材料支付的价款为1 400万元，取得增值税专用发票上注明的增值税为 238 万元。外销进料加工货物的出口离岸价为1 000万元；内销货物的销售额为1 200万元(不含税)。该企业出口货物适用“免抵退”税的税收政策，上期留抵税额 50 万元。要求计算当期应缴纳或应退的增值税税额、免抵税额及实际留到下期抵扣的税额。(该企业采用实耗法核算进料加工保税进口料件的组价，计划分配率为 23%；假定上述货物内销时均适用 17%的增值税税率，出口退税率为 11%。)

【解析】

(1)计算当期进项税额如下：

进口环节海关代征增值税＝500×(1＋10%)×17%＝93.5(万元)

国内采购环节的进项税额为 238 万元。

进料加工业务保税进口料件由于没有缴纳过增值税，因此计算不得免征和抵扣税额时不能与缴纳过税款的情况一样对待，需要计算免抵退税不得免征和抵扣税额抵减额。

采用实耗法确定的免税购进原材料价格＝1 000×23%＝230(万元)

出口货物当期不得免征和抵扣税额＝(1 000－230)×(17%－11%)＝46.2(万元)

上期留抵税额 50 万元。

当期允许抵扣的进项税额合计＝93.5＋238－46.2＋50＝335.3(万元)

(2)计算当期销项税额如下：

出口货物免税。

内销货物销项税额＝1 200×17%＝204(万元)

(3)当期应纳税额＝204－335.3＝－131.3(万元)

(4)由于进料加工保税进口料件享受了免税的优惠，计算出口货物免抵退税的限额时要扣减已享受过的优惠项。

当期免抵退税额＝(1 000－230)×11%＝84.7(万元)

由于期末留抵税额 131.3 万元＞当期免抵退税额 84.7 万元，所以：

当期应退税额＝84.7(万元)

当期免抵税额＝0

当期留抵税额＝131.3－84.7＝46.6(万元)

(二)免退税办法

1. 免退税办法的计算公式

(1)外贸企业出口委托加工修理修配货物以外的货物：

增值税应退税额＝增值税退(免)税计税依据×出口货物退税率

(2)外贸企业出口委托加工修理修配货物：

$$\text{出口委托加工修理修配货物的增值税应退税额} = \text{委托加工修理修配的增值税退(免)税计税依据} \times \text{出口货物退税率}$$

(3)退税率低于适用税率的,相应计算出的差额部分的税款计入出口货物劳务成本。

(4)出口企业既有适用增值税免抵退项目,也有增值税即征即退、先征后退项目的,增值税即征即退和先征后退项目不参与出口项目免抵退税计算。出口企业应分别核算增值税免抵退项目和增值税即征即退、先征后退项目,并分别申请享受增值税即征即退、先征后退和免抵退税政策。

用于增值税即征即退或者先征后退项目的进项税额无法划分的,按照下列公式计算:

无法划分进项税额中用于增值税即征即退或者先征后退项目的部分=当月无法划分的全部进项税额×当月增值税即征即退或者先征后退项目销售额÷当月全部销售额、营业额合计

2. 免退税办法的计算举例

【例 2-7】 某进出口公司 2014 年 3 月出口美国服装一批,进货增值税专用发票列明不含税金额为 40 万元,出口离岸价 65 万元,退税率 16%。要求计算其应退税额。

【解析】

应退税额=40×16%=6.4(万元)

第八节 税收优惠

一、起征点

增值税起征点的适用范围限于个人和小型微利企业。增值税起征点的幅度规定如下:

1. 销售货物的,为月销售额 5 000~20 000 元;

2. 销售应税劳务的,为月销售额 5 000~20 000 元;

3. 按次纳税的,为每次(日)销售额 300~500 元。

所称销售额,是指小规模纳税人的销售额。增值税起征点不适用于被认定为一般纳税人的个体工商户。省、自治区、直辖市财政厅(局)和国家税务局应在规定的幅度内,根据实际情况确定本地区适用的起征点,并报财政部、国家税务总局备案。

二、免税项目

1. 农业生产者销售的自产农业产品。所称农业,是指种植业、养殖业、林业、牧业、水产业;农业生产者包括从事农业生产的单位和个人;农产品是指初级农产品,具体范围由财政部、国家税务总局确定。

2. 避孕药品和用具。

3. 古旧图书。所称古旧图书,是指向社会收购的古书和旧书。

4. 直接用于科学研究、科学试验和教学的进口仪器、设备。

5. 外国政府、国际组织无偿援助的进口物资和设备。

6. 由残疾人组织直接进口供残疾人专用的物品。

7. 销售的自己使用过的物品。所称自己使用过的物品,是指其他个人自己使用过的物品。

除此以外,增值税的免税、减税项目由国务院规定。任何地区、部门均不得规定免税、减税项目。纳税人兼营免税、减税项目的,应当分别核算免税、减税项目的销售额;未分别核算销售额的,不得免税、减税。

纳税人销售货物或者提供应税劳务适用减、免税规定的，可以放弃减、免税，依照条例的规定缴纳增值税。放弃减、免税后，36 个月内不得再申请减、免税。

三、其他优惠

1. 自 2011 年 8 月 1 日起，对销售自产的以建（构）筑废物、煤矸石为原料生产的建筑砂石骨料免征增值税。生产原料中建（构）筑废物、煤矸石的比重不低于 90%。其中以建（构）筑废物为原料生产的建筑砂石骨料应符合《混凝土用再生粗骨料》(GB/T 25177－2010)和《混凝土和砂浆用再生细骨料》(GB/T 25176－2010)的技术要求；以煤矸石为原料生产的建筑砂石骨料应符合《建筑用砂》(GB/T 14684－2001)和《建筑用卵石碎石》(GB/T 14685－2001)的技术要求。

2. 自 2011 年 8 月 1 日起，对垃圾处理、污泥处理处置劳务免征增值税。垃圾处理是指运用填埋、焚烧、综合处理和回收利用等形式，对垃圾进行减量化、资源化和无害化处理处置的业务；污泥处理处置是指对污水处理后产生的污泥进行稳定化、减量化和无害化处理处置的业务。

3. 自 2011 年 8 月 1 日起，对销售下列自产货物实行增值税即征即退 100%的政策。

(1)利用工业生产过程中产生的余热、余压生产的电力或热力。发电（热）原料中 100%利用上述资源。

(2)以餐厨垃圾、畜禽粪便、稻壳、花生壳、玉米芯、油茶壳、棉籽壳、三剩物、次小薪材、含油污水、有机废水、污水处理后产生的污泥、油田采油过程中产生的油污泥（浮渣），包括利用上述资源发酵产生的沼气为原料生产的电力、热力、燃料。生产原料中上述资源的比重不低于 80%，其中利用油田采油过程中产生的油污泥（浮渣）生产燃料的资源比重不低于 60%。

上述涉及的生物质发电项目必须符合国家发改委《可再生能源发电有关管理规定》（发改能源〔2006〕13 号）要求，并且生产排放达到《火电厂大气污染物排放标准》(GB13223－2003)第 1 时段标准或者《生活垃圾焚烧污染控制标准》(GB18485－2001)的有关规定。利用油田采油过程中产生的油污泥（浮渣）的生产企业必须取得《危险废物综合经营许可证》。

(3)以污水处理后产生的污泥为原料生产的干化污泥、燃料。生产原料中上述资源的比重不低于 90%。

(4)以废弃的动物油、植物油为原料生产的饲料级混合油。饲料级混合油应达到《饲料级混合油》(NY/T 913－2004)规定的技术要求，生产原料中上述资源的比重不低于 90%。

(5)以回收的废矿物油为原料生产的润滑油、基础油、汽油、柴油等工业油料。生产企业必须取得《危险废物综合经营许可证》，生产原料中上述资源的比重不低于 90%。

(6)以油田采油过程中产生的油污泥（浮渣）为原料生产的乳化油调和剂及防水卷材辅料产品。生产企业必须取得《危险废物综合经营许可证》，生产原料中上述资源的比重不低于 70%。

(7)以人发为原料生产的档发。生产原料中 90%以上为人发。

4. 自 2011 年 1 月 1 日起，对销售下列自产货物实行增值税即征即退 80%的政策。

以三剩物、次小薪材和农作物秸秆 3 类农林剩余物为原料生产的木（竹、秸秆）纤维板、木（竹、秸秆）刨花板、细木工板、活性炭、栲胶、水解酒精、炭棒；以沙柳为原料生产的箱板纸。

“三剩物”，是指采伐剩余物（指枝丫、树梢、树皮、树叶、树根及藤条、灌木等）、造材剩余物

（指造材截头）和加工剩余物（指板皮、板条、木竹截头、锯末、碎单板、木芯、刨花、木块、篾黄、边角余料等）。“次小薪材”，是指次加工材（指材质低于针、阔叶树加工用原木最低等级但具有一定利用价值的次加工原木，其中东北、内蒙古地区按 LY/T1505－1999 标准执行，南方及其他地区按 LY/T1369－1999 标准执行）、小径材（指长度在 2 米以下或径级 8 厘米以下的小原木条、松木杆、脚手杆、杂木杆、短原木等）和薪材。“农作物秸秆”，是指农业生产过程中，收获了粮食作物（指稻谷、小麦、玉米、薯类等）、油料作物（指油菜籽、花生、大豆、葵花籽、芝麻籽、胡麻籽等）、棉花、麻类、糖料、烟叶、药材、蔬菜和水果等以后残留的茎秆。

5. 对销售下列自产货物实行增值税即征即退 50％的政策。

（1）自 2011 年 1 月 1 日起，以蔗渣为原料生产的蔗渣浆、蔗渣刨花板及各类纸制品。生产原料中蔗渣所占比重不低于 70％。

“蔗渣”，是指以甘蔗为原料的制糖生产过程中产生的含纤维 50％左右的固体废弃物。

（2）自 2011 年 8 月 1 日起，以粉煤灰、煤矸石为原料生产的氧化铝、活性硅酸钙。生产原料中上述资源的比重不低于 25％。

（3）自 2011 年 8 月 1 日起，利用污泥生产的污泥微生物蛋白。生产原料中上述资源的比重不低于 90％。

（4）自 2011 年 8 月 1 日起，以煤矸石为原料生产的瓷绝缘子、煅烧高岭土。其中，瓷绝缘子生产原料中煤矸石所占比重不低于 30％，煅烧高岭土生产原料中煤矸石所占比重不低于 90％。

（5）自 2011 年 8 月 1 日起，以废旧电池、废感光材料、废彩色显影液、废催化剂、废灯泡（管）、电解废弃物、电镀废弃物、废线路板、树脂废弃物、烟尘灰、湿法泥、熔炼渣、河底淤泥、废旧电机、报废汽车为原料生产的金、银、钯、铑、铜、铅、汞、锡、铋、碲、铟、硒、铂族金属，其中综合利用危险废弃物的企业必须取得《危险废物综合经营许可证》。生产原料中上述资源的比重不低于 90％。

“烟尘灰”，是指金属冶炼厂火法冶炼过程中，为保护环境经除尘器（塔）收集的粉灰状残料物。“湿法泥”，是指湿法冶炼生产排出的污泥，经集中环保处置后产生的中和渣，且具有一定回收价值的污泥状废弃物。“熔炼渣”，是指在铅、锡、铜、铋火法还原冶炼过程中，由于比重的差异，金属成分因比重大沉底而形成金属锭，而比重较小的硅、铁、钙等化合物浮在金属表层形成的废渣。

（6）自 2011 年 8 月 1 日起，以废塑料、废旧聚氯乙烯（PVC）制品、废橡胶制品及废铝塑复合纸包装材料为原料生产的汽油、柴油、废塑料（橡胶）油、石油焦、碳黑、再生纸浆、铝粉、汽车用改性再生专用料、摩托车用改性再生专用料、家电用改性再生专用料、管材用改性再生专用料、化纤用再生聚酯专用料（杂质含量低于 0.5mg/g、水分含量低于 1％）、瓶用再生聚对苯二甲酸乙二醇酯（PET）树脂（乙醛质量分数小于等于 1μg/g）及再生塑料制品。生产原料中上述资源的比重不低于 70％。

上述废塑料综合利用生产企业必须通过 ISO9000、ISO14000 认证。

（7）自 2011 年 8 月 1 日起，以废弃天然纤维、化学纤维及其制品为原料生产的纤维纱及织布、无纺布、毡、黏合剂及再生聚酯产品。生产原料中上述资源的比重不低于 90％。

（8）自 2011 年 8 月 1 日起，以废旧石墨为原料生产的石墨异形件、石墨块、石墨粉和石墨增碳剂。生产原料中上述资源的比重不低于 90％。

以上所称综合利用资源占生产原料的比重，一律以重量比例计算，不得以体积比例计算。

增值税小规模纳税人应单独核算综合利用产品的销售额和应纳税额。

凡未单独核算资源综合利用产品的销售额和应纳税额的，不得享受《关于调整完善资源综合利用产品及劳务增值税政策的通知》规定的退(免)税政策。

6. 对农民专业合作社的增值税政策。农民专业合作社，是指依照《中华人民共和国农民专业合作社法》规定设立和登记的农民专业合作社。对农民专业合作社销售本社成员生产的农业产品，视同农业生产者销售自产农业产品免征增值税。对农民专业合作社向本社成员销售的农膜、种子、化肥、农药、农机，免征增值税。

7. 增值税一般纳税人销售其自行生产的软件产品，按17%税率征收增值税后，对其增值税实际税负超过3%的部分实行即征即退政策。

第九节 征收管理

一、纳税义务发生时间

纳税义务发生时间，是纳税人发生应税行为应当承担纳税义务的起始时间。增值税纳税义务的发生时间如下：

1. 销售货物或者应税劳务，为收讫销售款项或者取得索取销售款项凭据的当天；先开具发票的，为开具发票的当天。

收讫销售款项或者取得索取销售款项凭据的当天，按销售结算方式的不同，具体为：

(1)采取直接收款方式销售货物，不论货物是否发出，均为收到销售款或者取得索取销售款凭据的当天。

(2)采取托收承付和委托银行收款方式销售货物，为发出货物并办妥托收手续的当天。

(3)采取赊销和分期收款方式销售货物，为书面合同约定的收款日期的当天；无书面合同的或者书面合同没有约定收款日期的，为货物发出的当天。

(4)采取预收货款方式销售货物，为货物发出的当天，但生产销售生产工期超过12个月的大型机械设备、船舶、飞机等货物，为收到预收款或者书面合同约定的收款日期的当天。

(5)委托其他纳税人代销货物，为收到代销单位的代销清单或者收到全部或者部分货款的当天。未收到代销清单及货款的，为发出代销货物满180天的当天。

(6)提供应税服务，为提供应税服务并收讫销售款或者取得索取销售款凭据的当天。

收讫销售款项，是指纳税人提供应税服务过程中或者完成后收到款项。取得索取销售款项凭据的当天，是指书面合同确定的付款日期；未签订书面合同或者书面合同未确定付款日期的，为应税服务完成的当天。

纳税人提供有形动产租赁服务采取预收款方式的，其纳税义务发生时间为收到预收款的当天。

纳税人发生视同提供应税服务的，其纳税义务发生时间为应税服务完成的当天。

增值税扣缴义务发生时间为纳税人增值税纳税义务发生的当天。

(7)纳税人发生视同销售货物行为时，其第(三)项至第(八)项所列视同销售货物行为，为货物移送的当天。

2. 进口货物为报关进口的当天。增值税扣缴义务发生时间为纳税人增值税纳税义务发生的当天。

增值税由税务机关征收，进口货物的增值税由海关代征。

个人携带或者邮寄进境自用物品的增值税，连同关税一并计征。具体办法由国务院关税税则委员会会同有关部门制定。

二、纳税期限

明确规定纳税期限是为了保证按期缴纳税款。税法规定，增值税的纳税期限分别为1日、3日、5日、10日、15日、1个月或者1个季度。纳税人的具体纳税期限，由主管税务机关根据纳税人应纳税额的大小分别核定；不能按照固定期限纳税的，可以按次缴纳。

纳税人以1个月或者1个季度为一个纳税期的，自期满之日起15日内申报纳税；以1日、3日、5日、10日或15日为一个纳税期的，自期满之日起5日内预缴税款，于次月1日起15日内申报纳税并结清上月应纳税款。

以1个季度为纳税期限的规定适用于小规模纳税人以及财政部和国家税务总局规定的其他纳税人。小规模纳税人的具体纳税期限，由主管税务机关根据其应纳税额的大小分别核定。

中国铁路总公司、中国邮政集团公司，以及经财政部、国家税务总局批准的航空运输企业实行增值税汇总纳税，纳税期限为1个季度。

扣缴义务人解缴税款的期限，依照上述规定执行。

纳税人进口货物，应当自海关填发海关进口增值税专用缴款书之日起15日内缴纳税款。

纳税人出口货物适用退(免)税规定的，应当向海关办理出口手续，凭出口报关单等有关凭证，在规定的出口退(免)税申报期内按月向主管税务机关申报办理该项出口货物的退(免)税。具体办法由国务院财政、税务主管部门制定。出口货物办理退税后发生退货或者退关的，纳税人应当依法补缴已退的税款。

三、纳税地点

为了保证纳税人按期申报纳税，根据纳税人跨地区经营和搞活商品流通的特点及不同情况，税法还具体规定了增值税的纳税地点：

1. 固定业户应当向其机构所在地或居住地的主管税务机关申报纳税。总机构和分支机构不在同一县(市)的，应当分别向各自所在地的主管税务机关申报纳税；经国务院财政、税务主管部门或者其授权的财政、税务机关批准，可以由总机构汇总向总机构所在地的主管税务机关申报纳税。

2. 固定业户到外县(市)销售货物或者提供应税劳务，应当向其机构所在地的主管税务机关申请开具外出经营活动税收管理证明，并向其机构所在地的主管税务机关申报纳税；未开具证明的，应当向销售地或者劳务发生地的主管税务机关申报纳税；未向销售地或者劳务发生地的主管税务机关申报纳税的，由其机构所在地的主管税务机关补征税款。

3. 非固定业户销售货物或者提供应税劳务，应当向销售地或者劳务发生地的主管税务机关申报纳税；未向销售地或者劳务发生地的主管税务机关申报纳税的，由其机构所在地或者居住地的主管税务机关补征税款。

4. 进口货物，应当向报关地海关申报纳税。

扣缴义务人应当向其机构所在地或者居住地的主管税务机关申报缴纳其扣缴的税款。

附录:烟叶税

烟叶税是向收购烟叶产品的单位征收的税种,税负由烟草公司负担。烟叶税为烟叶特产农业税的替代税种,我国现行的烟叶税的基本规定是国务院于2006年4月28日颁布的《中华人民共和国烟叶税暂行条例》和财政部、国家税务总局于2006年5月18日印发的《关于烟叶税若干具体问题的规定》。

烟叶作为一种特殊产品,国家历来对其实行专卖政策,与之相适应,对烟叶也一直征收较高的税收和实行比较严格的税收管理。1994年税制改革以前征收产品税和工商统一税,1994年以后改为对烟叶征收烟叶特产农业税,与对卷烟等烟草制品征收的增值税、消费税一起,构成对烟叶和烟草制品的完整的税收调控体系。为减轻农民负担,深化农村税费改革,2004年6月财政部、国家税务总局下发了《关于取消除烟叶外的农业特产农业税有关问题的通知》。规定从2004年起,除对烟叶暂保留征收农业特产农业税外,取消对其他农业特产品征收的农业特产农业税。2005年12月19日,第十届全国人大常委会第十九次会议决定废止《农业税条例》。农业特产农业税是依据《农业税条例》开征的,取消农业税以后,意味着农业特产农业税也要同时取消。因此,2006年2月17日,国务院第459号令废止了《国务院关于对农业特产收入征收农业税的规定》。这样,对烟叶征收农业特产农业税也失去了法律依据。《中华人民共和国烟叶税暂行条例》的出台,有利于解决烟叶特产农业税停止征收后产生的一系列问题,以烟叶税替代烟叶特产农业税,不仅使原有政策得以延续,有利于保障国家取得必要的财政收入,实现改革的平稳过渡,而且在税收制度上有利于保持我国烟叶税制的完整,并通过税收手段对烟叶种植和收购以及烟草行业的生产和经营实施必要的宏观调控。

《中华人民共和国烟叶税暂行条例》制定的指导思想是:按照国家农村税费改革和税制建设的总体要求,通过征收烟叶税取代原烟叶特产农业税,实行烟叶税制的转变,完善烟草税制体系,保证地方财政收入稳定,引导烟叶种植和烟草行业健康发展。

《中华人民共和国烟叶税暂行条例》制定的基本原则:一是税制平稳过渡,即烟叶税制要素的确定基本上沿用原烟叶特产农业税的规定;二是统筹兼顾,既要兼顾烟草行业和地方政府的利益,也要兼顾税法的规范化要求;三是统一和公平税负,既要有利于公平税负、规范烟叶收购行为和维护烟叶收购秩序,同时也要有利于税收政策的统一,有利于国家的宏观调控。

一、纳税人

在我国境内收购烟叶的单位为烟叶税的纳税人。纳税人应当依照《中华人民共和国烟叶税暂行条例》的规定缴纳烟叶税。收购烟叶的单位是指依照《中华人民共和国烟草专卖法》的规定有权收购烟叶的烟草公司或者受其委托收购烟叶的单位。依照《中华人民共和国烟草专卖法》查处没收的违法收购的烟叶,由收购罚没烟叶的单位按照购买金额计算缴纳烟叶税。

二、征税范围

烟叶,是指晾晒烟叶、烤烟叶。晾晒烟叶包括列入名晾晒烟名录的晾晒烟叶和未列入名晾晒烟名录的其他晾晒烟叶。

三、税率

烟叶税实行比例税率，税率为20%。烟叶税税率的调整，由国务院决定。

四、应纳税额的计算

应纳税额＝烟叶收购金额×税率

收购金额包括纳税人支付给烟叶销售者的烟叶收购价款和价外补贴。按照简化手续、方便征收的原则，对价外补贴统一暂按烟叶收购价款的10%计入收购金额征税。收购金额计算公式如下：

收购金额＝收购价款×(1＋10%)

五、征收管理

烟叶税由地方税务机关征收。

纳税人收购烟叶，应当向烟叶收购地的主管税务机关申报纳税。烟叶收购地的主管税务机关是指烟叶收购地的县级地方税务局或者其所指定的税务分局、所。

烟叶税的纳税义务发生时间为纳税人收购烟叶的当天。收购烟叶的当天是指纳税人向烟叶销售者付讫收购烟叶款项或者开具收购烟叶凭据的当天。

纳税人应当自纳税义务发生之日起30日内申报纳税。具体纳税期限由主管税务机关核定。

本章关键词

增值税　销项税额　进项税额　一般纳税人　小规模纳税人　征收率　视同销售行为　混合销售行为　出口退税　增值税专用发票

复习思考题

一、简答题

1. 简述增值税的征税范围。
2. 简述如何界定增值税的混合销售行为和兼营行为以及税务处理的差异。
3. 简析划分增值税一般纳税人和小规模纳税人的标准。
4. 简述增值税不得抵扣的进项税额。
5. 简析增值税进项税额抵扣的时间规定。
6. 简析增值税出口退税政策及其适用范围。
7. 简析增值税专用发票填开的相关规定。
8. 一般纳税人发生销货退回及折让时，如何办理增值税专用发票处理手续？

二、计算题

1. 某家用电器商场为增值税一般纳税人，经营各种家用电器，8月份发生以下业务：

(1)销售上月购入的空调400台(进价3 500元/台)，每台售价4 500元，向某学校赠送10台空调。

(2)销售本月购入的冰柜20台(进价2 800元/台)，每台售价3 500元，并实行买一赠一，赠送的小家电价值 100 元/件。

(3)收到上月代销货物手续费8 000元。

(4)以旧换新销售冰箱 80 台,旧冰箱收购价 200 元/台,新冰箱出售实际收款1 800元/台。

(5)5 年前以还本销售方式售出1 000台彩电,本月为还本期,还本额 200 元/台。

(6)从生产厂家购进同一品牌、同一型号空调 100 台和冰柜 50 台。由于商场资金周转一时困难,只先付了 50 台冰柜货款,100 台空调货款先付 25%(即87 500元),其余货款下个月内分三次付清。生产厂家开具了 50 台冰柜和 100 台空调的两张增值税专用发票,注明税金分别为23 800元和59 500元。

(7)月底,有 10 台本月售出的空调因质量问题,顾客要求退货。商场退给厂家,并提供了税务机关开具的退货证明单,收回红字专用发票上注明退货款及税金共40 950元。

要求:请根据上述资料,计算本月应纳的增值税额。

2. 某生产小电器的企业是增值税小规模纳税人,2014年 4 月发生下列业务:

(1)外购材料一批用于生产小电器,取得增值税专用发票,注明价款10 000元,增值税1 700元;外购一台生产设备,取得增值税专用发票,注明价款30 000元,增值税5 100元。

(2)委托外贸企业进口一批塑料材料,关税完税价格15 000元,关税税率 6%,支付了相关税费后将材料运回企业,海关填发了进口增值税专用缴款书。

(3)销售 50 件自产 A 型小电器,取得含税收入12 360元。

(4)将 2 件自产 A 型小电器无偿赠送客户试用。

(5)将使用过的一批包装物出售,取得含税收入2 472元。

(6)将使用过的一台设备出售,原值40 000元,含税售价15 450元。

要求计算:

(1)该企业进口塑料材料应缴纳的进口增值税;

(2)该企业出售包装物应缴纳的增值税;

(3)该企业出售设备应缴纳的增值税;

(4)该企业当月应向主管税务机关缴纳的增值税合计。

3. 某实行出口免抵退税政策的机械厂(增值税一般纳税人)2014年 10 月末留抵税额3 000元,11 月份发生下列业务:

(1)购入生产用 A 材料 10 吨,价税合计351 000元,取得增值税专用发票。

(2)购入生产用 B 材料 10 吨,价税合计11 700元,取得普通发票。

(3)支付 A 材料运杂费2 000元,取得运输发票,其中运输费1 500元、建设基金 200 元、装卸费 300 元。

(4)销售自产甲机器 4 台,取得含税价款160 000元,支付甲机器运输费2 000元,取得运输发票。

(5)购买生产设备 1 台,取得增值税专用发票,注明价款40 000元,税款6 800元;另支付该设备运输费1 000元,取得运输发票。

(6)购买小轿车一辆自用,取得增值税专用发票,价款200 000元,税款34 000元;发生运费1 200元,取得运输发票。

(7)将自产的 3 台甲机器出口,离岸价格合计14 600美元,汇率 1∶6.8。

(8)当期因管理不善丢失以前购入的包装物一批,账面成本20 000元(含运费1 860元)。

假设增值税税率为 17%,退税率为 15%,需要认证的发票都已通过认证并允许在当月抵扣。

要求计算:

(1)当期发生的增值税进项税额;

(2)当期应转出的进项税额合计数;

(3)当期增值税销项税额;

(4)当期免抵退税额;

(5)当期该企业出口实际应退税额;

(6)当期该企业留到下期抵扣的税额。

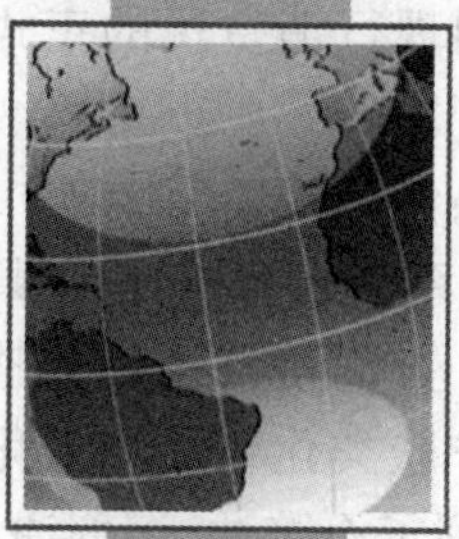

第三章 消费税法

导入案例

2014年11月28日，财政部、国家税务总局联合发出通知，经国务院批准，自11月29日起调整成品油等部分产品消费税。将汽油、石脑油、溶剂油和润滑油的消费单位税额在现行单位税额基础上提高0.12元/升；将柴油、航空煤油和燃料油的消费税单位税额在现行单位税额基础上提高0.14元/升。这是自2009年成品油税费改革后首度调整成品油消费税。

2014年12月12日，财政部、国家税务总局联合发布《关于进一步提高成品油消费税的通知》，自2014年12月13日起，将成品油的消费税税率再次提高：将汽油、石脑油、溶剂油和润滑油的消费税单位税额由1.12元/升提高到1.4元/升；将柴油、航空煤油和燃料油的消费税单位税额由0.94元/升提高到1.1元/升。

2015年1月12日，我国成品油价格迎来新年首跌，这也是新定价机制后的“十二连跌”。同日，我国成品油消费税税率再次上调：将汽油、石脑油、溶剂油和润滑油的消费税单位税额由1.4元/升提高到1.52元/升；将柴油、航空煤油和燃料油的消费税单位税额由1.1元/升提高到1.2元/升。这是继2014年11月29日、12月13日之后，我国第三次提高成品油消费税税率。

你认为连续调高成品油消费税税率的目的是什么？是否符合税收法定原则？

第一节　消费税概述

一、消费税的概念

消费税是以特定消费品和消费行为为课税对象征收的一种税，属于流转税的范畴。我国的消费税是对在中国境内从事生产、委托加工和进口应税消费品的单位和个人，在特定环节按照销售额或销售数量征收的一种税。现行消费税是在1994年税制改革中新设的一个税种，是在对货物普遍征收增值税的基础上，选择少数消费品再征收一道消费税。

二、消费税的发展

消费税是一个古老的税种，其雏形最早产生于古罗马帝国时期。当时，由于农业、手工业的发展以及城市的兴起与商业的繁荣，盐税、酒税等产品税相继开征，这就是消费税的原型。我国也早在唐代就对鱼、燃料等征收过消费税。发展至今，消费税已成为世界各国普遍征收的税种，全球有120多个国家和地区都开征了消费税。

我国的消费税源于1950年的货物税和特种消费行为税，并在此基础上逐步发展形成。在1950年1月原政务院颁布的《货物税暂行条例》中罗列了各种货物的税率，其中烟、酒的税率在60%～120%，是其他货物税率的数倍乃至数十倍。此外，对于特殊的消费行为还有特种消费行为税。特种消费行为税是依据1950年1月原政务院颁布的《全国税政实施要则》进行征收的，1953年停止征收，涉及娱乐、筵席、冷食、旅馆四个税目。1984年我国进行了税制改革，实行增值税、营业税、产品税和盐税制度，这些税种也都没有完全脱离以前货物税和特种消费行为税的特征。1988 年国务院颁布《筵席税暂行条例》，次年又对彩色电视机和小轿车开征了特别消费税，该税种于 1992 年 4 月取消。这些都为我国现行消费税的正式开征做了铺垫。

1993 年 12 月 3 日，国务院第一次颁布《中华人民共和国消费税暂行条例》，并于 1994 年 1 月 1 日起正式施行。自此，消费税以独立的税种合法存在于我国的税收体系中，当时的税目共 11 个。2006 年 4 月 1 日，我国对消费税进行了一次较大的制度性调整：一方面是将税目调整为 14 个，取消了护肤护发品税目，将原属于护肤护发品征税范围的高档护肤类化妆品列入化妆品税目；取消了汽油、柴油税目，增列成品油税目，并在成品油税目下增列了石脑油、溶剂油、润滑油、燃料油、航空煤油五个子目；新增了高尔夫球及球具、高档手表、游艇、木制一次性筷子、实木地板五个税目。另一方面是对白酒和汽车轮胎税率进行了调整，并且首次按排气量确定小轿车和摩托车的税率。2008 年 9 月再次调整了小轿车的税率。2008 年 11 月 5 日，国务院颁布了《中华人民共和国消费税暂行条例》，并于 2009 年 1 月 1 日起正式施行。2008 年 12 月调高成品油的税率。自 2009 年 5 月 1 日起，卷烟的消费税按新税率征收，且在卷烟批发环节加征一道税率为 5%的从价税。2015 年 5 月 10 日，将卷烟批发环节从价税税率由 5%提高至 11%，并按 0.005 元/支加征从量税。

2014 年 11 月 28 日，财政部、国家税务总局下发《关于调整消费税政策的通知》，通知规定：取消气缸容量 250 毫升(不含)以下的小排量摩托车消费税，气缸容量 250 毫升和 250 毫升(不含)以上的摩托车继续分别按 3%和 10%的税率征收消费税；取消汽车轮胎税目；取消车用含铅汽油消费税，汽油税目不再划分二级子目，统一按照无铅汽油税率征收消费税；取消酒精消费税后，“酒及酒精”品目相应改为“酒”，并继续按现行消费税政策执行。该通知自 2014 年 12 月 1 日起执行。之后财政部、国家税务总局连续三次分别在 2014 年 11 月 29 日、2014 年 12 月 13 日和 2015 年 1 月 12 日联合下发通知对成品油消费税进行调整。2015 年 1 月 26 日，财政部、国家税务总局下发《关于对电池 涂料征收消费税的通知》，自 2015 年 2 月 1 日起执行。

三、消费税的特点

(一)征税范围的有限性

我国开征消费税的主要目的是配合国家的经济社会政策，发挥税收特殊的调节作用，所以，在征税范围上只能是有选择性地对部分消费品征税。在我国，目前仅选择了对烟、酒、化妆品、成品油、小汽车等 15 类消费品课征消费税，征税范围有限且具有选择性。

(二)征税环节的单一性

为了加强税源控制，防止税款流失，我国消费税的征税环节主要集中在应税消费品的生产、委托加工和进口环节，只有极少消费品在零售环节课税。无论在哪个环节课税，都实行单环节征收。

(三)计征方式的灵活性

我国的消费税采取从价计征、从量计征及将两者结合的复合计征三种计征方式，针对不同应税消费品采取不同的计征方式，能较好地将消费税的收入功能和调节功能结合起来。

(四)税率的差异性

我国消费税对 15 类应税消费品课征，且不同消费品的适用税率各不相同，通过对税率的差异性设置，实现对消费行为和产业结构的调节。

（五）税收负担的转嫁性

我国现行的消费税是价内税，纳税人在生产、委托加工和进口等环节缴纳的消费税是商品价格的重要组成部分。商品销售时，包含在商品价格中的税款也转嫁给购买者，消费者为税负的最终承担者，所以，消费税税负具有转嫁性。

（六）减免税权限的高度集中性

由于消费税是对少数需要调节的特定消费品征税，对不需要调节的消费品在确定征税范围时就没有列入，所以，除极其特殊的情况，一般不给予减免税优惠。根据现行《中华人民共和国消费税暂行条例》的规定，对纳税人出口的应税消费品（不包括国家限制出口的产品），可以免征消费税。除此之外，未经国务院批准，任何其他应税消费品一律不得免税或减税。

第二节　纳税义务人

根据《中华人民共和国消费税暂行条例》的规定，在中华人民共和国境内生产、委托加工和进口应税消费品的单位和个人，为消费税纳税义务人。

单位是指国有企业、集体企业、私有企业、股份制企业、其他企业和行政单位、事业单位、军事单位、社会团体及其他单位。

个人是指个体经营者及其他个人。

在中华人民共和国境内是指生产、委托加工和进口属于应当征收消费税的消费品（简称"应税消费品"）的起运地或所在地在境内。

第三节　税目与税率

一、税目

按照调整后的《中华人民共和国消费税暂行条例》的规定，确定征收消费税的有烟，酒，化妆品，贵重首饰及珠宝玉石，鞭炮、焰火，成品油，摩托车，小汽车，高尔夫球及球具，高档手表，游艇，木制一次性筷子，实木地板，电池，涂料 15 个税目，有的税目还进一步划分若干子税目。具体分述如下：

（一）烟

凡是以烟为原料加工生产的产品，不论使用何种辅料，均属于本税目征收范围，包括卷烟（进口卷烟、白包卷烟、手工卷烟和未经国务院批准纳入计划的企业及个人生产的卷烟）、雪茄烟和烟丝。

"卷烟"又分"甲类卷烟"和"乙类卷烟"。其中：甲类卷烟，是指每标准条（200 支，下同）调拨价格在 70 元（含 70 元，不含增值税）以上的卷烟；乙类卷烟，是指每标准条调拨价格在 70 元（不含增值税）以下的卷烟。

（二）酒

酒是酒精度在 1 度以上的各类酒类饮料。酒类包括粮食白酒、薯类白酒、黄酒、啤酒和其他酒类。

啤酒又分“甲类啤酒”和“乙类啤酒”。其中：甲类啤酒，是指每吨出厂价（含包装物及包装物押金）在3 000元（含3 000元，不含增值税）以上的啤酒；乙类啤酒，是指每吨出厂价（含包装物及包装物押金）在3 000元（不含增值税）以下的啤酒。

(三)化妆品

化妆品是日常生活中用于修饰人体表面的用品。征收范围包括各类美容、修饰类化妆品，高档护肤类化妆品和成套化妆品。

美容、修饰类化妆品是指香水、香水精、香粉、口红、指甲油、胭脂、眉笔、唇笔、蓝眼油、眼睫毛以及成套化妆品。

舞台、戏剧、影视演员化妆用的上妆油、卸妆油、油彩，不属于本税目的征收范围。

(四)贵重首饰及珠宝玉石

本税目征收范围包括凡以金、银、白金、宝石、珍珠、钻石、翡翠、珊瑚、玛瑙等高贵稀有物质以及其他金属、人造宝石等制作的各种纯金银首饰及镶嵌首饰和经采掘、打磨、加工的各种珠宝玉石。对出国人员免税商店销售的金银首饰征收消费税。

(五)鞭炮、焰火

包括各种鞭炮、焰火。体育上用的发令纸、鞭炮药引线，不按本税目征收。

(六)成品油

本税目包括汽油、柴油、石脑油、溶剂油、润滑油、燃料油、航空煤油7个子目。

1. 汽油

汽油是指用原油或其他原料加工生产的、辛烷值不小于66的、可用作汽油发动机燃料的各种轻质油。以汽油、汽油组分调和生产的甲醇汽油、乙醇汽油也属于本税目征收范围。

2. 柴油

柴油是指用原油或其他原料加工生产的、倾点或凝点在－50号至30号的、可用作柴油发动机燃料的各种轻质油，以及以柴油组分为主、经调和精制可用作柴油发动机燃料的非标油。以柴油、柴油组分调和生产的生物柴油也属于本税目征收范围。

3. 石脑油

石脑油又叫化工轻油，是用原油或其他原料加工生产的用于化工原料的轻质油。石脑油的征收范围包括除汽油、柴油、航空煤油、溶剂油以外的各种轻质油。非标汽油、重整生成油、拔头油、戊烷原料油、轻裂解料（减压柴油VGO和常压柴油AGO）、重裂解料、加氢裂化尾油等均属于轻质油，属于石脑油征收范围。

4. 溶剂油

溶剂油是用原油或其他原料加工生产的用于涂料、油漆、食用油、印刷油墨、皮革、农药、橡胶、化妆品生产和机械清洗、胶粘行业的轻质油。溶剂油的征收范围包括各种溶剂油。橡胶填充油、溶剂油原料属于溶剂油征收范围。

5. 润滑油

润滑油是用原油或其他原料加工生产的用于内燃机、机械加工过程的润滑产品。润滑油分为矿物性润滑油、植物性润滑油、动物性润滑油和化工原料合成润滑油。润滑油的征收范围包括矿物性润滑油、矿物性润滑油基础油、植物性润滑油、动物性润滑油和化工原料合成润滑油。

6. 燃料油

燃料油也称重油、渣油，是用原油或其他原料加工生产而成，主要用于电厂发电、船舶锅炉用燃料、加热炉燃料、冶金和其他工业炉燃料。蜡油、船用重油、常压重油、减压重油、180CTS燃料油、7号燃料油、糠醛油、工业燃料、4～6号燃料油等油品的主要用途是作为燃料燃烧，属于燃料油征收范围。

7. 航空煤油

航空煤油也叫喷气燃料，是用原油或其他原料加工生产的用作喷气发动机和喷气推进系统燃料的各种轻质油。航空煤油的消费税暂缓征收。

(七)摩托车

包括轻便摩托车和摩托车两种。对最高设计车速不超过50km/h、发动机气缸总排量不超过50ml的三轮摩托车不征收消费税。

(八)小汽车

小汽车是指由动力驱动、具有4个或4个以上车轮、非轨道承载的车辆。包括乘用车、中轻型商用客车。

乘用车是指含驾驶员座位在内最多不超过9个座位(含)的、在设计和技术特性上用于载运乘客和货物的汽车。中轻型商用客车是指含驾驶员座位在内的座位数在10～23座(含23座)、在设计和技术特性上用于载运乘客和货物的汽车。用排气量小于1.5升(含)的乘用车底盘(车架)改装、改制的车辆属于乘用车征收范围；用排气量大于1.5升的乘用车底盘(车架)或用中轻型商用客车底盘(车架)改装、改制的车辆属于中轻型商用客车征收范围。含驾驶员人数(额定载客)为区间值的(如8～10人、17～26人)小汽车，按其区间值下限人数确定征收范围。

电动汽车不属于本税目征收范围。

(九)高尔夫球及球具

高尔夫球及球具是指从事高尔夫球运动所需的各种专用装备，包括高尔夫球、高尔夫球杆及高尔夫球包(袋)等。

高尔夫球是指重量不超过45.93克、直径不超过42.67毫米的高尔夫球运动比赛、练习用球；高尔夫球杆是指被设计用来打高尔夫球的工具，由杆头、杆身和握把三部分组成；高尔夫球包(袋)是指专用于盛装高尔夫球及球杆的包(袋)。

本税目征收范围包括高尔夫球、高尔夫球杆、高尔夫球包(袋)。高尔夫球杆的杆头、杆身和握把属于本税目的征收范围。

(十)高档手表

高档手表是指销售价格(不含增值税)每只在10 000元(含)以上的各类手表。

本税目征收范围包括符合以上标准的各类手表。

(十一)游艇

游艇是指长度大于8米、小于90米，船体由玻璃钢、钢、铝合金、塑料等多种材料制作，可以在水上移动的水上浮载体。按照动力划分，游艇分为无动力艇、帆艇和机动艇。

本税目征收范围包括艇身长度大于8米(含)、小于90米(含)，内置发动机，可以在水上移动，一般为私人或团体购置，主要用于水上运动和休闲娱乐等非营利活动的各类机动艇。

(十二)木制一次性筷子

木制一次性筷子，又称卫生筷子，是指以木材为原料经过锯段、浸泡、旋切、刨切、烘干、筛选、打磨、倒角、包装等环节加工而成的各类一次性使用的筷子。

本税目征收范围包括各种规格的木制一次性筷子。未经打磨、倒角的木制一次性筷子属于本税目征收范围。

(十三)实木地板

实木地板是指以木材为原料,经锯割、干燥、刨光、截断、开榫、涂漆等工序加工而成的块状或条状的地面装饰材料。实木地板按生产工艺不同,可分为独板(块)实木地板、实木指接地板、实木复合地板三类;按表面处理状态不同,可分为未涂饰地板(白坯板、素板)和漆饰地板两类。

本税目征收范围包括各类规格的实木地板、实木指接地板、实木复合地板及用于装饰墙壁、天棚的侧端面为榫、槽的实木装饰板。未经涂饰的素板属于本税目征收范围。

(十四)电池

电池是一种将化学能、光能等直接转换为电能的装置,一般由电极、电解质、容器、极端,通常还有隔离层组成的基本功能单元,以及用一个或多个基本功能单元装配成的电池组。范围包括原电池、蓄电池、燃料电池、太阳能电池和其他电池。

对无汞原电池、金属氢化物镍蓄电池(又称"氢镍蓄电池"或"镍氢蓄电池")、锂原电池、锂离子蓄电池、太阳能电池、燃料电池和全钒液流电池免征消费税。2015 年 12 月 31 日前对铅蓄电池缓征消费税;自 2016 年 1 月 1 日起,对铅蓄电池按 4%税率征收消费税。

(十五)涂料

涂料是指涂于物体表面能形成具有保护、装饰或特殊性能的固态涂膜的一类液体或固体材料之总称。涂料由主要成膜物质、次要成膜物质等构成。按主要成膜物质分类,涂料可分为油脂类、天然树脂类、酚醛树脂类、沥青类、醇酸树脂类、氨基树脂类、硝基类、过氯乙烯树脂类、烯类树脂类、丙烯酸酯类树脂类、聚酯树脂类、环氧树脂类、聚氨酯树脂类、元素有机类、橡胶类、纤维素类、其他成膜物类等。

对施工状态下挥发性有机物(Volatile Organic Compounds,VOC)含量低于 420 克/升(含)的涂料免征消费税。

二、税率

消费税采用比例税率和定额税率两种形式,以适应不同应税消费品的实际情况。

消费税根据不同的税目或子目确定相应的税率或单位税额。例如,粮食白酒、薯类白酒税率为 20%;黄酒、啤酒和成品油则分别按单位重量或单位体积确定单位税额,如黄酒每吨为 240 元、汽油每升为 1.52 元等。消费税税目税率表见表 3—1。

表 3—1 消费税税目税率表

税 目	税 率
一、烟	
1. 卷烟	
(1)甲类卷烟	56%加 0.003 元/支
(2)乙类卷烟	36%加 0.003 元/支
(3)批发环节	11%加 0.005 元/支
2. 雪茄烟	36%
3. 烟丝	30%

续表

税　目	税　率
二、酒	
1. 白酒	20%加0.5元/500克(或者500毫升)
2. 黄酒	240元/吨
3. 啤酒	
(1)甲类啤酒	250元/吨
(2)乙类啤酒	220元/吨
4. 其他酒	10%
三、化妆品	30%
四、贵重首饰及珠宝玉石	
1. 金银首饰、铂金首饰和钻石及钻石饰品	5%
2. 其他贵重首饰和珠宝玉石	10%
五、鞭炮、焰火	15%
六、成品油	
1. 汽油	1.52元/升
2. 柴油	1.2元/升
3. 航空煤油	1.2元/升
4. 石脑油	1.52元/升
5. 溶剂油	1.52元/升
6. 润滑油	1.52元/升
7. 燃料油	1.2元/升
七、摩托车	
1. 气缸容量250毫升的	3%
2. 气缸容量250毫升以上的	10%
八、小汽车	
1. 乘用车	
(1)气缸容量(排气量,下同)在1.0升(含1.0升)以下的	1%
(2)气缸容量在1.0升以上至1.5升(含1.5升)的	3%
(3)气缸容量在1.5升以上至2.0升(含2.0升)的	5%
(4)气缸容量在2.0升以上至2.5升(含2.5升)的	9%
(5)气缸容量在2.5升以上至3.0升(含3.0升)的	12%
(6)气缸容量在3.0升以上至4.0升(含4.0升)的	25%
(7)气缸容量在4.0升以上的	40%

续表

税 目	税 率
2. 中轻型商用客车	5%
九、高尔夫球及球具	10%
十、高档手表	20%
十一、游艇	10%
十二、木制一次性筷子	5%
十三、实木地板	5%
十四、电池	4%
十五、涂料	4%

三、兼营不同税率应税消费品的税务处理

纳税人兼营不同税率的应税消费品，是指纳税人生产销售两种税率以上的应税消费品。

纳税人兼营不同税率的应税消费品，应当分别核算不同税率应税消费品的销售额、销售数量；未分别核算销售额、销售数量或者将不同税率的应税消费品组成成套消费品销售的，从高征税。

第四节 应纳税额的计算

按现行消费税的基本规定，消费税应纳税额的计算分为从价定率、从量定额、从价定率和从量定额复合计算三类计算方法，具体计算如下：

一、从价定率计算方法

在从价定率计算方法下，应纳税额的计算取决于应税消费品的销售额和适用税率两个因素。其基本计算公式为：

应纳税额＝应税消费品的销售额×适用税率

(一)销售额的确定

销售额为纳税人销售应税消费品向购买方收取的全部价款和价外费用。“价外费用”，是指价外收取的基金、集资费、返还利润、补贴、违约金(延期付款利息)和手续费、包装费、储备费、优质费、运输装卸费、代收款项、代垫款项以及其他各种性质的价外收费。但以下款项不包括在内：

1. 同时符合以下条件的代垫运输费用：

(1)承运部门的运费发票开具给购货方的；

(2)纳税人将该项发票转交给购货方的。

2. 同时符合以下条件代为收取的政府性基金或者行政事业性收费：

(1)由国务院或者财政部批准设立的政府性基金，由国务院或者省级人民政府及其财政、价格主管部门批准设立的行政事业性收费；

(2)收取时开具省级以上财政部门印制的财政票据；

(3)所收款项全额上缴财政。

其他价外费用,无论是否属于纳税人的应税收入,均应并入销售额计算征税。

实行从价定率办法计算应纳税额的应税消费品连同包装销售的,无论包装是否单独计价,也不论在会计上如何核算,均应并入应税消费品的销售额中征收消费税。如果包装物不作价随同产品销售,而是收取押金(收取酒类产品的包装物押金除外),且单独核算又未过期的,此项押金则不应并入应税消费品的销售额中征税。但对因逾期未收回的包装物不再退还的或已收取一年以上的押金,应并入应税消费品的销售额,按照应税消费品的适用税率征收消费税。

对既作价随同应税消费品销售,又另外收取的包装物押金,凡纳税人在规定的期限内不予退还的,均应并入应税消费品的销售额,按照应税消费品的适用税率征收消费税。

对酒类产品生产企业销售酒类产品(黄酒、啤酒除外)而收取的包装物押金,无论押金是否返还与会计上如何核算,均需并入酒类产品销售额中,依酒类产品的适用税率征收消费税。

纳税人销售的应税消费品,以外汇结算销售额的,其销售额的人民币折合率可以选择结算的当天或者当月 1 日的国家外汇牌价(原则上为中间价)。纳税人应在事先确定采取何种折合率,确定后 1 年内不得变更。

(二)含增值税销售额的换算

应税消费品在缴纳消费税的同时,与一般货物一样,还应缴纳增值税。按照《消费税暂行条例实施细则》的规定,应税消费品的销售额,不包括应向购货方收取的增值税税款。如果纳税人应税消费品的销售额中未扣除增值税税款,或者因不得开具增值税专用发票而发生价款和增值税税款合并收取的,在计算消费税时,应将含增值税的销售额换算为不含增值税税款的销售额。其换算公式为:

应税消费品的销售额＝含增值税的销售额÷(1＋增值税税率或征收率)

在使用换算公式时,应根据纳税人的具体情况分别使用增值税税率或征收率。

如果消费税的纳税人同时又是增值税一般纳税人的,应适用 17%的增值税税率;如果消费税的纳税人是增值税小规模纳税人的,应适用 3%的征收率。

【例 3—1】　某化妆品厂 2014 年 1 月销售化妆品 200 箱,每箱不含税价为 600 元。化妆品消费税税率为 30%。该厂 1 月份应纳消费税为多少?

【解析】

应纳消费税＝200×600×30%＝36 000(元)

【例 3—2】　某卷烟批发企业甲 2015 年 6 月批发销售卷烟 1 000 箱,其中批发给另一卷烟批发企业 500 箱、零售专卖店 200 箱、个体烟摊 300 箱,每箱不含税批发价格为 15 000 元。卷烟批发环节的消费税税率为 11%加 0.005 元/支。甲企业应纳消费税为多少?

【解析】

卷烟批发商之间销售的卷烟不缴纳消费税。

应纳消费税＝(200＋300)×15 000×11%＋(200＋300)×250＝950 000(元)

二、从量定额计算方法

在从量定额计算方法下,应纳税额的计算取决于应税消费品的销售数量和单位税额两个因素。其基本计算公式为:

应纳税额＝应税消费品的销售数量×单位税额

(一)销售数量的确定

销售数量是指纳税人生产、加工和进口应税消费品的数量。具体规定为:

1. 生产销售应税消费品的，为应税消费品的销售数量。

2. 自产自用应税消费品的，为应税消费品的移送使用数量。

3. 委托加工应税消费品的，为纳税人收回的应税消费品数量。

4. 进口应税消费品的，为海关核定的应税消费品进口征税数量。

(二)计量单位的换算标准

《消费税暂行条例》规定，黄酒、啤酒以吨为税额单位；成品油以升为税额单位。但是，考虑到在实际销售过程中，一些纳税人会把吨或升这两个计量单位混用，为了规范不同产品的计量单位，以准确计算应纳税额，吨与升两个计量单位的换算标准为：

啤酒 1 吨＝988 升	石脑油 1 吨＝1 385 升
黄酒 1 吨＝962 升	溶剂油 1 吨＝1 282 升
汽油 1 吨＝1 388 升	润滑油 1 吨＝1 126 升
柴油 1 吨＝1 176 升	燃料油 1 吨＝1 015 升

【例 3－3】 某啤酒厂 2014 年 7 月份销售啤酒 200 吨，每吨出厂价为 3 500 元。该啤酒厂当月应纳消费税为多少？

【解析】

根据规定，销售啤酒应按从量定额计税办法征收消费税，每吨售价高于 3 000 元，单位税额为 250 元/吨。

应纳消费税＝200×250＝50 000(元)

三、从价定率和从量定额复合计算方法

现行消费税的征税范围中，只有卷烟、白酒采用复合计算方法。其基本计算公式为：

应纳税额＝应税销售数量×定额税率＋应税销售额×比例税率

生产销售卷烟、白酒从量定额计税依据为实际销售数量。进口、委托加工、自产自用卷烟、白酒从量定额计税依据分别为海关核定的进口征税数量、委托方收回数量、移送使用数量。

【例 3－4】 2014 年 5 月，某酒厂(增值税一般纳税人)生产白酒 200 吨全部对外销售，取得不含税销售额 800 万元，销售白酒时收取包装物押金 4.68 万元。已知白酒的比例税率是 20%，定额税率是 0.5 元/斤。该酒厂 5 月应纳消费税为多少？

【解析】

应纳消费税＝[800＋4.68÷(1＋17%)]×20%＋200×1 000×2×0.5÷10 000
＝180.8(万元)

四、计税依据的特殊规定

1. 纳税人通过自设非独立核算门市部销售的自产应税消费品，应当按照门市部对外销售额或者销售数量征收消费税。

【例 3－5】 某高档手表厂为增值税一般纳税人，下设一非独立核算门市部，2014 年 2 月该厂将生产的一批成本价为 100 万元的高档手表移送门市部，门市部将其中 50% 销售，取得含税销售额 93.6 万元。高档手表的消费税税率为 20%，成本利润率为 10%。该高档手表厂此项业务应纳消费税为多少？

【解析】

纳税人通过自设非独立门市部销售自产应税消费品，应按门市部对外销售额或者销售数

量征收消费税。

应纳消费税＝93.6÷(1＋17％)×20％＝16(万元)

2. 纳税人用于换取生产资料和消费资料、投资入股、抵偿债务等方面的应税消费品，应当以纳税人同类应税消费品的最高销售价格作为计税依据计算消费税。

【例3－6】 某汽车制造厂以自产小汽车10辆换取某钢厂生产的钢材300吨，每吨钢材4 000元。该厂生产的同一型号小汽车不含税销售价格分别为20万元/辆、15万元/辆和10万元/辆，小汽车适用的消费税税率为5％。该厂用于换取钢材的小汽车是否需要缴纳消费税？应纳消费税为多少？

【解析】

根据《消费税暂行条例》规定，纳税人以自产应税消费品用于换取生产资料和消费资料、投资入股、抵偿债务等行为，视同销售，因此，该厂用于换取钢材的小汽车需要缴纳消费税，并且应以纳税人同类应税消费品的最高销售价格作为计税依据计算消费税。

应纳消费税＝10×20×5％＝10(万元)

3. 酒类关联企业间关联交易消费税问题处理。根据《中华人民共和国税收征收管理法实施细则》第三十八条的规定，纳税人与关联企业之间的购销业务，不按照独立企业之间的业务往来作价的，税务机关可以按照规定调整其计税收入额或者所得额，核定其应纳税额：

(1)按照独立企业之间进行相同或者类似业务活动的价格；

(2)按照再销售给无关联关系的第三者的价格所取得的收入和利润水平；

(3)按照成本加合理的费用和利润；

(4)按照其他合理的方法。

对已检查出的酒类生产企业在本次检查年度内发生的利用关联企业关联交易行为规避消费税问题，各省、自治区、直辖市、计划单列市国家税务局可根据本地区被查酒类生产企业与其关联企业间不同的核算方式，选择以上处理方法调整其酒类产品消费税计税收入额，核定应纳税额，补缴消费税。

白酒生产企业向商业销售单位收取的“品牌使用费”是随着应税白酒的销售而向购货方收取的，属于应税白酒销售价款的组成部分，因此，不论企业采取何种方式或以何种名义收取价款，均应并入白酒的销售额中缴纳消费税。

4. 白酒最低计税价格核定。自2009年8月1日起对白酒消费税实行最低计税价格核定管理办法。

(1)白酒消费税最低计税价格核定范围。白酒生产企业销售给销售单位的白酒，生产企业消费税计税价格低于销售单位对外销售价格70％以下的，税务机关应核定消费税最低计税价格。

(2)白酒消费税最低计税价格核定标准。

①白酒生产企业销售给销售单位的白酒，生产企业消费税计税价格高于销售单位对外销售价格70％以上(含70％)的，税务机关暂不核定消费税最低计税价格。

②白酒生产企业销售给销售单位的白酒，生产企业消费税计税价格低于销售单位对外销售价格70％以下的，消费税最低计税价格由税务机关根据生产规模、白酒品牌、利润水平等情况，在销售单位对外销售价格50％～70％范围内自行核定。其中，生产规模较大、利润水平较高的企业生产的需要核定消费税最低计税价格的白酒，税务机关核价幅度原则上应选择在销售单位对外销售价格60％～70％的范围内。

已核定最低计税价格的白酒，生产企业实际销售价格高于消费税最低计税价格的，按实际销售价格申报纳税；实际销售价格低于消费税最低计税价格的，按最低计税价格申报纳税。已核定最低计税价格的白酒，销售单位对外销售价格持续上涨或下降时间达到3个月以上、累计上涨或下降幅度在20%以上（含20%）的白酒，税务机关重新核定其最低计税价格。

五、自产自用应税消费品应纳税额的计算

在纳税人生产销售应税消费品中，有一种自产自用的形式。所谓自产自用，就是纳税人生产应税消费品后，不是用于直接对外销售，而是用于自己连续生产应税消费品，或用于其他方面。这种自产自用应税消费品形式，在实际经济活动中是常见的，但在是否纳税或如何纳税上最容易出现问题。例如，有的企业把自己生产的应税消费品，以福利或奖励等形式发给本厂职工，以为不是对外销售，不必计入销售额，无须纳税。这样就出现了漏缴税款的现象。因此，很有必要认真理解税法对自产自用应税消费品的有关规定。

（一）用于连续生产应税消费品

纳税人自产自用的应税消费品，用于连续生产应税消费品的，不纳税。所称用于连续生产应税消费品，是指纳税人将自产自用的应税消费品作为直接材料生产最终应税消费品，自产自用应税消费品构成最终应税消费品的实体。例如，卷烟厂生产出烟丝，烟丝已是应税消费品，卷烟厂再用生产出的烟丝连续生产卷烟，这样，用于连续生产卷烟的烟丝就不缴纳消费税，只对生产的卷烟征收消费税。当然，生产出的烟丝如果是直接销售，则烟丝要缴纳消费税。税法规定对自产自用的应税消费品，用于连续生产应税消费品的，不征税，体现了税不重征且计税简便的原则。

（二）用于其他方面的应税消费品

纳税人自产自用的应税消费品，除用于连续生产应税消费品外，凡用于其他方面的，于移送使用时纳税。所称用于其他方面，是指纳税人将自产自用应税消费品用于生产非应税消费品，在建工程，管理部门、非生产机构，馈赠、赞助、集资、广告、样品、职工福利、奖励等方面。所谓"用于生产非应税消费品"，是指把自产的应税消费品用于生产消费税税目税率表所列产品以外的产品。所谓"用于在建工程"，是指把自产的应税消费品用于本单位的各项建设工程，如石化工厂把自己生产的柴油用于本厂基建工程的车辆、设备使用。所谓"用于管理部门、非生产机构"，是指把自己生产的应税消费品用于与本单位有隶属关系的管理部门或非生产机构，如汽车制造厂把生产出的小汽车提供给上级主管部门使用。所谓"用于馈赠、赞助、集资、广告、样品、职工福利、奖励"，是指把自己生产的应税消费品无偿赠送给他人，或以资金的形式投资于外单位，或作为商品广告、经销样品，或以福利、奖励的形式发给职工，如摩托车厂把自己生产的摩托车赠送或赞助给摩托车拉力赛赛手使用并兼作商品广告，酒厂把生产的滋补药酒以福利的形式发给职工等。总之，企业自产的应税消费品虽然没有用于销售或连续生产应税消费品，但只要是用于税法所规定的范围的，都要视同销售，依法缴纳消费税。

（三）组成计税价格及税额的计算

纳税人自产自用的应税消费品，凡用于其他方面，应当纳税的，按照纳税人生产的同类消费品的销售价格计算纳税。同类消费品的销售价格，是指纳税人或者代收代缴义务人当月销售的同类消费品的销售价格，如果当月同类消费品各期销售价格高低不同，应按销售数量加权平均计算。但销售的应税消费品有下列情况之一的，不得列入加权平均计算：（1）销售价格明显偏低并无正当理由的；（2）无销售价格的。如果当月无销售或者当月未完结，应按照同类消

费品上月或者最近月份的销售价格计算纳税。

没有同类消费品销售价格的，按照组成计税价格计算纳税。组成计税价格计算公式如下：

1. 实行从价定率办法计算纳税的组成计税价格计算公式：

组成计税价格＝(成本＋利润)÷(1－比例税率)

2. 实行复合计税办法计算纳税的组成计税价格计算公式：

组成计税价格＝(成本＋利润＋自产自用数量×定额税率)÷(1－比例税率)

应纳税额＝自产自用数量×定额税率＋组成计税价格×比例税率

上述公式中所说的"成本"，是指应税消费品的产品生产成本；"利润"，是指根据应税消费品的全国平均成本利润率计算的利润。应税消费品全国平均成本利润率由国家税务总局确定。

1993 年 12 月 28 日由国家税务总局颁布的《消费税若干具体问题的规定》，以及 2006 年 4 月 1 日《关于调整和完善消费税政策的通知》中关于新增和调整税目全国平均成本利润率暂行规定，确定应税消费品全国平均成本利润率见表 3－2。

表 3－2　　应税消费品全国平均成本利润率

应税消费品	全国平均成本利润率	应税消费品	全国平均成本利润率
甲类卷烟	10%	贵重首饰及珠宝玉石	6%
乙类卷烟	5%	摩托车	6%
雪茄烟	5%	乘用车	8%
烟丝	5%	中轻型商用客车	5%
粮食白酒	10%	高尔夫球及球具	10%
薯类白酒	5%	高档手表	20%
其他酒	5%	游艇	10%
化妆品	5%	木制一次性筷子	5%
鞭炮、焰火	5%	实木地板	5%

【例 3－7】 某黄酒厂 2014 年 3 月将自产的 5 吨黄酒以福利形式发放给职工。其成本为 0.3 万元/吨，成本利润率为 10%，每吨消费税税额为 240 元。该酒厂此笔业务应纳的消费税和增值税为多少？

【解析】

黄酒采用的是从量定额的方法计算消费税，所以无须考虑组成计税价格，而在计算增值税时，需要用 10% 的成本利润率计算增值税的组成计税价格。

应纳消费税＝5×240＝1 200(元)

增值税组成计税价格＝3 000×5×(1＋10%)＋1 200＝17 700(元)

应纳增值税＝17 700×17%＝3 009(元)

【例 3－8】 某酒厂 2014 年 3 月将自产的 2 吨白酒以福利形式发放给职工。该白酒无同类产品销售价格，其成本为 0.4 万元/吨，成本利润率为 10%。已知白酒的比例税率是 20%，定额税率是 0.5 元/斤。此笔业务应纳的消费税是多少？

【解析】

(1)从量计征消费税应纳税额为：

应纳消费税＝2×1 000×2×0.5÷10 000＝0.2(万元)

(2)从价计征消费税应纳税额为：

白酒的组成计税价格＝[0.4×2×(1＋10%)＋0.2]÷(1－20%)

＝1.35(万元)

应纳消费税＝1.35×20%＋0.2＝0.47(万元)

六、委托加工应税消费品应纳税额的计算

企业、单位或个人由于设备、技术、人力等方面的局限，或其他方面的原因，常常要委托其他单位代为加工应税消费品，然后将加工好的应税消费品收回，或直接销售，或自己使用。这是生产应税消费品的另一种形式，也需要纳入征收消费税的范围。例如，某乡镇企业将购来的小客车底盘和零部件提供给某汽车改装厂，加工、组装成小客车供自己使用，则加工、组装成的小客车就需要缴纳消费税。按照规定，委托加工的应税消费品，由受托方在向委托方交货时代收代缴税款。

(一)委托加工应税消费品的确定

委托加工的应税消费品，是指由委托方提供原料和主要材料，受托方只收取加工费和代垫部分辅助材料加工的应税消费品。对于由受托方提供原材料生产的应税消费品，或者受托方先将原材料卖给委托方，然后再接受加工的应税消费品，以及由受托方以委托方名义购进原材料生产的应税消费品，不论在财务上是否作销售处理，都不得作为委托加工应税消费品，而应当按照销售自制应税消费品缴纳消费税。

上述内容的重要性表现在以下几个方面：

第一，它明确区分了什么是委托加工应税消费品，什么不是委托加工应税消费品。确定了区分的条件，就是由委托方提供原料和主要材料，受托方只收取加工费和代垫部分辅助材料；无论是委托方还是受托方，凡不符合规定条件的，都不能按委托加工应税消费品进行税务处理。

第二，为什么要对委托加工应税消费品规定严格的限定条件呢？这是因为，委托加工应税消费品是由受托方代收代缴消费税的，且受托方只就其加工劳务缴纳增值税。如果委托方不能提供原料和主要材料，而是受托方以某种形式提供原料，那就不称其为委托加工，而是受托方在自制应税消费品了。在这种情况下，就会出现受托方确定计税价格偏低、代收代缴消费税虚假的现象；同时，受托方也只以加工劳务缴纳增值税，逃避了自制应税消费品要缴纳消费税的责任，这是税法所不允许的。因此，对委托加工应税消费品要规定严格的限定条件。

第三，对于不符合委托加工应税消费品限定条件的，税法规定了严格的处理方法，即不论纳税人在财务上是否作销售处理，都不得作为委托加工应税消费品，而应当按照销售自制应税消费品缴纳消费税。也就是说，应确定由受托方按销售自制消费品缴纳消费税。这种处理办法体现了税收管理的源泉控制原则，避免了应缴税款的流失。

(二)代收代缴税款的规定

对于确实属于委托方提供原料和主要材料，受托方只收取加工费和代垫部分辅助材料加工的应税消费品，税法规定，由受托方在向委托方交货时代收代缴消费税。这样，受托方就是法定的代收代缴义务人。如果受托方对委托加工的应税消费品未代收代缴或少代收代缴消费税，就要按照《税收征收管理法》的规定，承担代收代缴的法律责任。因此，受托方必须严格履

行代收代缴义务，正确计算和按时代缴税款。

为了加强对受托方代收代缴税款的管理，委托个人加工的应税消费品，由委托方收回后缴纳消费税。

对于受托方没有按规定代收代缴税款的，并不能因此免除委托方补缴税款的责任。在对委托方进行税务检查中，如果发现其委托加工的应税消费品受托方没有代收代缴税款，委托方要补缴税款（对受托方不再重复补税，但要按《税收征收管理法》的规定，处以应代收代缴税款50%以上3倍以下的罚款）。对委托方补征税款的计税依据是：如果在检查时，收回的应税消费品已经直接销售的，按销售额计税；收回的应税消费品尚未销售或不能直接销售的（如收回后用于连续生产等），按组成计税价格计税，组成计税价格的计算公式与本节中组成计税价格公式相同。

委托方将收回的应税消费品，以不高于受托方的计税价格出售的，为直接出售，不再缴纳消费税；委托方以高于受托方的计税价格出售的，不属于直接出售，需按照规定申报缴纳消费税，在计税时准予扣除受托方已代收代缴的消费税。

（三）组成计税价格的计算

委托加工的应税消费品，按照受托方的同类消费品的销售价格计算纳税。同类消费品的销售价格，是指代收代缴义务人当月销售的同类消费品的销售价格，如果当月同类消费品各期销售价格高低不同，应按销售数量加权平均计算。但销售的应税消费品有下列情况之一的，不得列入加权平均计算：(1)销售价格明显偏低并无正当理由的；(2)无销售价格的。如果当月无销售或者当月未完结，应按照同类消费品上月或者最近月份的销售价格计算纳税。

没有同类消费品销售价格的，按照组成计税价格计算纳税。组成计税价格计算公式如下：

1. 实行从价定率办法计算纳税的组成计税价格计算公式：

组成计税价格＝（材料成本＋加工费）÷（1－比例税率）

2. 实行复合计税办法计算纳税的组成计税价格计算公式：

组成计税价格＝（材料成本＋加工费＋委托加工数量×定额税率）÷（1－比例税率）

应纳税额＝委托加工数量×定额税率＋组成计税价格×比例税率

上述组成计税价格公式中的“材料成本”，是指委托方所提供加工材料的实际成本。委托加工应税消费品的纳税人，必须在委托加工合同上如实注明（或者以其他方式提供）材料成本，凡未提供材料成本的，受托方主管税务机关有权核定其材料成本。从这一条规定可以看出，税法对委托方提供原料和主要材料，并要以明确的方式如实提供材料成本，要求是很严格的，其目的就是为了防止假冒委托加工应税消费品或少报材料成本，从而逃避纳税。

上述组成计税价格公式中的“加工费”，是指受托方加工应税消费品向委托方所收取的全部费用（包括代垫辅助材料的实际成本，不包括增值税税金）。这是税法对受托方的要求。受托方必须如实提供向委托方收取的全部费用，这样才能既保证组成计税价格及代收代缴消费税准确地计算出来，也使受托方按加工费正确计算其应纳的增值税。

【例3－9】 A企业委托B企业生产一次性筷子，A企业提供主要原材料，共计16万元，支付不含税加工费2万元，B企业代垫辅料的不含税金额为1万元，木制一次性筷子的消费税税率为5%。B企业代收代缴消费税为多少？

【解析】

组成计税价格＝(16＋2＋1)÷(1－5%)＝20(万元)

B企业代收代缴消费税＝20×5%＝1(万元)

【例3－10】 某高尔夫球具厂(增值税一般纳税人)接受某俱乐部委托,加工一批高尔夫球具。俱乐部提供的主要材料不含税成本为10 000元,球具厂收取含税加工费为3 510元,球具厂没有同类球具的销售价格,高尔夫球及球具的消费税税率为10%。该球具厂应代收代缴的消费税为多少?

【解析】

组成计税价格=[10 000+3 510÷(1+17%)]÷(1－10%)=14 444.44(元)

代收代缴消费税=14 444.44×10%=1 444.44(元)

七、进口应税消费品应纳税额的计算

进口的应税消费品,于报关进口时缴纳消费税;进口的应税消费品的消费税由海关代征;进口的应税消费品,由进口人或者其代理人向报关地海关申报纳税。纳税人进口应税消费品,按照关税征收管理的相关规定,应当自海关填发税款缴款书之日起15日内缴纳消费税款。

1993年12月,国家税务总局、海关总署联合颁布的《关于对进口货物征收增值税、消费税有关问题的通知》规定,进口应税消费品的收货人或办理报关手续的单位和个人,为进口应税消费品消费税的纳税义务人。进口应税消费品消费税的税目、税率(税额),依照《消费税暂行条例》所附的《消费税税目税率(税额)表》执行。

(一)从价定率计征应纳税额的计算

纳税人进口应税消费品,按照组成计税价格和规定的税率计算应纳税额。其计算公式如下:

组成计税价格=(关税完税价格+关税)÷(1－消费税比例税率)

应纳税额=组成计税价格×消费税比例税率

公式中所称"关税完税价格",是指海关核定的关税计税价格。

(二)从量定额计征应纳税额的计算

应纳税额的计算公式为:

应纳税额=应税消费品数量×消费税定额税率

(三)从价定率和从量定额复合计征应纳税额的计算

应纳税额的计算公式为:

组成计税价格=(关税完税价格+关税+进口数量×消费税定额税率)÷(1－消费税比例税率)

应纳税额=应税消费品进口数量×消费税定额税率+组成计税价格×消费税比例税率

进口环节消费税除国务院另有规定者外,一律不得给予减税、免税。

【例3－11】 某外贸公司进口一批小汽车,关税完税价格折合人民币100万元,关税税率为30%,消费税税率为9%。该批小汽车进口环节应纳消费税为多少?

【解析】

组成计税价格=(100+100×30%)÷(1－9%)=142.86(万元)

应纳消费税=142.86×9%=12.86(万元)

【例3－12】 S公司进口一批粮食白酒共2万瓶,每瓶500克,关税完税价格为30万元,关税税率为10%。该公司进口环节的消费税为多少?

【解析】

组成计税价格=(30+30×10%+2×0.5)÷(1－20%)=42.5(万元)

应纳消费税=42.5×20%+2×0.5=9.5(万元)

八、已纳消费税的扣除

(一)外购应税消费品已纳税款的扣除

由于某些应税消费品是用外购已缴纳消费税的应税消费品连续生产出来的，在对这些连续生产出来的应税消费品计算征税时，税法规定应按当期生产领用数量计算准予扣除外购的应税消费品已缴纳的消费税税款。扣除范围包括以下几个方面：

1. 外购已税烟丝生产的卷烟；
2. 外购已税化妆品生产的化妆品；
3. 外购已税珠宝玉石生产的贵重首饰及珠宝玉石；
4. 外购已税鞭炮、焰火生产的鞭炮、焰火；
5. 外购已税石脑油、燃料油为原料生产的应税消费品；
6. 外购已税润滑油为原料生产的润滑油；
7. 外购已税汽油、柴油用于连续生产的甲醇汽油、生物柴油；
8. 外购已税杆头、杆身和握把为原料生产的高尔夫球杆；
9. 外购已税木制一次性筷子为原料生产的木制一次性筷子；
10. 外购已税实木地板为原料生产的实木地板。

上述准予从消费税应纳税额中扣除原料已纳消费税税款的计算公式，按照不同行为分别规定如下：

第一，实行从价定率办法计算应纳税额。

$$\text{当期准予扣除外购应税消费品已纳税款}=\text{当期准予扣除外购应税消费品买价}\times\text{外购应税消费品适用税率}$$

$$\text{当期准予扣除外购应税消费品买价}=\text{期初库存外购应税消费品买价}+\text{当期购进外购应税消费品买价}-\text{期末库存外购应税消费品买价}$$

外购应税消费品买价为纳税人取得的《调整和完善消费税政策征收管理规定》中规定的发票(含销货清单)注明的应税消费品的销售额。

第二，实行从量定额办法计算应纳税额。

$$\text{当期准予扣除外购应税消费品已纳税款}=\text{当期准予扣除外购应税消费品数量}\times\text{外购应税消费品单位税额}$$

$$\text{当期准予扣除外购应税消费品数量}=\text{期初库存外购应税消费品数量}+\text{当期购进外购应税消费品数量}-\text{期末库存外购应税消费品数量}$$

外购已税消费品的买价是指购货发票上注明的销售额(不包括增值税税款)。

需要说明的是，纳税人用外购的已税珠宝玉石生产的改在零售环节征收消费税的金银首饰(镶嵌首饰)，在计税时一律不得扣除外购珠宝玉石的已纳税款。

对自已不生产应税消费品，而只是购进后再销售应税消费品的工业企业，其销售的化妆品，鞭炮、焰火和珠宝玉石，凡不能构成最终消费品直接进入消费品市场，而需进一步生产加工的，应当征收消费税，同时允许扣除上述外购应税消费品的已纳税款。

允许扣除已纳税款的应税消费品不仅包含从工业企业购进的应税消费品和进口环节已缴纳消费税的应税消费品，对从商业企业购进应税消费品符合抵扣条件的，也允许将已纳税款扣除。

(二)委托加工收回的应税消费品已纳税款的扣除

委托加工的应税消费品因为已由受托方代收代缴消费税，因此，委托方收回货物后用于连续生产应税消费品的，其已纳税款准予按照规定从连续生产的应税消费品应纳消费税税额中抵扣。按照国家税务总局的规定，从1995年6月1日起，下列连续生产的应税消费品准予从应纳消费税税额中按当期生产领用数量计算扣除委托加工收回的应税消费品已纳消费税税款：

1. 以委托加工收回的已税烟丝为原料生产的卷烟；
2. 以委托加工收回的已税化妆品为原料生产的化妆品；
3. 以委托加工收回的已税珠宝玉石为原料生产的贵重首饰及珠宝玉石；
4. 以委托加工收回的已税鞭炮、焰火为原料生产的鞭炮、焰火；
5. 以委托加工收回的已税石脑油、燃料油为原料生产的应税消费品；
6. 以委托加工收回的已税润滑油为原料生产的润滑油；
7. 以委托加工收回的已税汽油、柴油用于连续生产的甲醇汽油、生物柴油；
8. 以委托加工收回的已税杆头、杆身和握把为原料生产的高尔夫球杆；
9. 以委托加工收回的已税木制一次性筷子为原料生产的木制一次性筷子；
10. 以委托加工收回的已税实木地板为原料生产的实木地板。

上述当期准予扣除委托加工收回的应税消费品已纳消费税税款的计算公式是：

$$\begin{matrix}\text{当期准予扣除的委托加工}\\\text{应税消费品已纳税款}\end{matrix}=\begin{matrix}\text{期初库存的委托加工}\\\text{应税消费品已纳税款}\end{matrix}+\begin{matrix}\text{当期收回的委托加工}\\\text{应税消费品已纳税款}\end{matrix}-\begin{matrix}\text{期末库存的委托加工}\\\text{应税消费品已纳税款}\end{matrix}$$

需要说明的是，纳税人用委托加工收回的已税珠宝玉石生产的改在零售环节征收消费税的金银首饰，在计税时一律不得扣除委托加工收回的珠宝玉石的已纳消费税税款。

【例3—13】 某卷烟厂2014年4月份委托某烟丝加工厂加工一批烟丝。卷烟厂提供的烟叶在委托加工合同上注明的成本金额为120 000元，烟丝加工完卷烟厂提货时支付的加工费用为7 400元，并支付了烟丝加工厂按烟丝组成计税价格计算的消费税税额。卷烟厂将这批加工好的烟丝全部用于生产卷烟并用于销售，销售时向购货方开具的增值税专用发票注明数量40箱、价款180 000元、增值税款30 600元。已知烟丝的消费税税率是30%，该类卷烟的比例税率是56%，定额税率是150元/每标准箱。该卷烟厂应纳消费税为多少？

【解析】

(1)计算委托加工烟丝的组成计税价格：

组成计税价格＝(120 000＋7 400)÷(1－30%)＝182 000(元)

(2)烟丝加工厂应代收代缴的消费税税额：

代收代缴消费税税额＝182 000×30%＝54 600(元)

(3)计算销售卷烟应纳的消费税税额时，应扣除委托加工烟丝已缴纳的消费税。

销售卷烟应纳消费税税额＝180 000×56%＋40×150－54 600

＝52 200(元)

【例3—14】 2014年2月，A实木地板厂(增值税一般纳税人)从农业生产者手中收购一批原木，税务机关认定的收购凭证上注明的收购价款为50万元，支付收购运费，取得增值税专用发票，运费金额为5万元。A企业将该批材料委托B企业加工成素板(实木地板的一种)，B企业收取不含增值税的加工费和辅料费合计3万元，A企业收回素板后，将其中的70%继续加工成实木地板进行销售，取得不含税销售收入为60万元。B企业代收代缴的消费税应为多少？A企业销售成品实木地板应纳消费税为多少？

【解析】

对于连续生产出来的应税消费品计算征税时，税法规定按当期生产领用数量计算准予扣除委托加工收回的应税消费品已纳的消费税税款。

材料成本＝50×(1－13％)＋5＝48.5(万元)

组成计税价格＝(48.5＋3)÷(1－5％)＝54.21(万元)

B企业代收代缴消费税＝54.21×5％＝2.71(万元)

A企业销售成品实木地板应纳消费税＝60×5％－2.71×70％＝1.10(万元)

九、税额减征的计算

为保护生态环境，促进替代污染排放汽车的生产和消费，推进汽车工业技术进步，对生产销售达到低污染排放值的小轿车、越野车和小客车减征30％的消费税。计算公式为：

减征税额＝按法定税率计算的消费税税额×30％

应征税额＝按法定税率计算的消费税税额－减征税额

低污染排放限值是指相当于欧盟指令94/12/EC、96/69/EC排放标准(简称“欧洲Ⅱ号标准”)。

目前，上海通用汽车有限公司生产的别克、赛欧系列小汽车，上海大众汽车有限公司生产的桑塔纳、帕萨特系列小汽车，一汽大众有限公司生产的奥迪、捷达、宝来系列小汽车，沈阳金杯客车制造有限公司生产的金杯系列轻型客车，广州本田汽车有限公司生产的雅阁牌轿车，一汽海南汽车有限公司生产的海马牌轿车等，经国家认定的检验中心和专家审查，达到《轻型汽车污染物排放限值及测量方法(Ⅱ)》规定的排放标准，检验程序符合规定要求。

第五节 出口应税消费品退(免)税

一、出口退税率的规定

计算出口应税消费品应退消费税的税率或单位税额，依据《消费税暂行条例》所附《消费税税目税率(税额)表》执行。这是退(免)消费税与退(免)增值税的一个重要区别。当出口的货物是应税消费品时，其退还增值税要按规定的退税率计算，其退还消费税则按该应税消费品所适用的消费税税率计算。企业应将不同消费税税率的出口应税消费品分开核算和申报，凡划分不清适用税率的，一律从低适用税率计算应退消费税税额。

二、出口应税消费品退(免)税政策

属于消费税应税消费品，实行下列消费税政策：

(一)适用范围

1. 出口企业出口或视同出口适用增值税退(免)税政策的货物，免征消费税，如果属于购进出口的货物，退还前一环节对其已征的消费税。

2. 出口企业出口或视同出口适用增值税免税政策的货物，免征消费税，但不退还其以前环节已征的消费税，且不允许在内销应税消费品应纳消费税款中抵扣。

3. 出口企业出口或视同出口适用增值税征税政策的货物，应按规定缴纳消费税，不退还其以前环节已征的消费税，且不允许在内销应税消费品应纳消费税款中抵扣。

(二)消费税退税的计税依据

出口货物的消费税应退税额的计税依据，按购进出口货物的消费税专用缴款书和海关进口消费税专用缴款书确定。

1. 属于从价定率计征消费税的，为已征且未在内销应税消费品应纳税额中抵扣的购进出口货物金额。

2. 属于从量定额计征消费税的，为已征且未在内销应税消费品应纳税额中抵扣的购进出口货物数量。

3. 属于复合计征消费税的，按从价定率和从量定额的计税依据分别确定。

(三)消费税退税的计算

消费税应退税额＝从价定率计征消费税的退税计税依据×比例税率＋从量定额计征消费税的退税计税依据×定额税率

【例3－15】 某外贸公司(增值税一般纳税人，具有出口经营权)2014年5月从生产企业购进化妆品一批，取得增值税专用发票注明价款50万元、增值税8.5万元，支付购买化妆品的运输费用3万元，当月该批化妆品全部出口取得销售收入70万元。该批货物的增值税退税率为15%，化妆品消费税税率为30%，则该外贸公司出口化妆品应退的增值税和消费税为多少?

【解析】

外贸公司从生产企业购进的化妆品直接出口，属于从价计征消费税的应税消费品，在计算应退消费税税额时，计税依据只考虑外贸公司从生产企业购进化妆品时增值税专用发票上注明的价款，不包括其他费用。

该外贸公司出口化妆品应退的增值税＝50×15%＝7.5(万元)

该外贸公司出口化妆品应退的消费税＝50×30%＝15(万元)

第六节 征收管理

一、纳税义务发生时间

纳税人生产的应税消费品于销售时纳税，进口消费品应当于应税消费品报关进口环节纳税，但金银首饰、钻石及钻石饰品在零售环节纳税。

1. 纳税人销售应税消费品的，按不同的销售结算方式分别为：

(1)采取赊销和分期收款结算方式的，为书面合同约定的收款日期的当天；书面合同没有约定收款日期或者无书面合同的，为发出应税消费品的当天。

(2)采取预收货款结算方式的，为发出应税消费品的当天。

(3)采取托收承付和委托银行收款方式的，为发出应税消费品并办妥托收手续的当天。

(4)采取其他结算方式的，为收讫销售款或者取得索取销售款凭据的当天。

2. 纳税人自产自用应税消费品的，为移送使用的当天。

3. 纳税人委托加工应税消费品的，为纳税人提货的当天。

4. 纳税人进口应税消费品的，为报关进口的当天。

消费税由税务机关征收，进口的应税消费品的消费税由海关代征。个人携带或者邮寄进境的应税消费品的消费税，连同关税一并计征。具体办法由国务院关税税则委员会会同有关部门制定。

【知识链接】

除委托加工应税消费品的纳税义务发生时间是消费税的特有规定之外，消费税的纳税义务发生时间与增值税一致。

二、纳税期限

按照《消费税暂行条例》规定，消费税的纳税期限分别为 1 日、3 日、5 日、10 日、15 日、1 个月或者 1 个季度。纳税人的具体纳税期限，由主管税务机关根据纳税人应纳税额的大小分别核定；不能按照固定期限纳税的，可以按次纳税。

纳税人以 1 个月或者 1 个季度为 1 个纳税期的，自期满之日起 15 日内申报纳税；以 1 日、3 日、5 日、10 日或者 15 日为 1 个纳税期的，自期满之日起 5 日内预缴税款，于次月 1 日起 15 日内申报纳税并结清上月应纳税款。

纳税人进口应税消费品，应当自海关填发海关进口消费税专用缴款书之日起 15 日内缴纳税款。

如果纳税人不能按照规定的纳税期限依法纳税，将按《税收征收管理法》的有关规定处理。

三、纳税地点

消费税具体纳税地点如下：

1. 纳税人销售的应税消费品，以及自产自用的应税消费品，除国务院财政、税务主管部门另有规定外，应当向纳税人机构所在地或者居住地的主管税务机关申报纳税。

2. 纳税人到外县（市）销售或者委托外县（市）代销自产应税消费品的，于应税消费品销售后，向机构所在地或者居住地主管税务机关申报纳税。

3. 纳税人的总机构与分支机构不在同一县（市）的，应当分别向各自机构所在地的主管税务机关申报纳税；纳税人的总机构与分支机构不在同一县（市），但在同一省（自治区、直辖市）范围内，经省（自治区、直辖市）财政厅（局）、国家税务局审批同意，可以由总机构汇总向总机构所在地的主管税务机关申报缴纳消费税。

4. 省（自治区、直辖市）财政厅（局）、国家税务局应将审批同意的结果，上报财政部、国家税务总局备案。

5. 委托个人加工的应税消费品，由委托方向其机构所在地或者居住地主管税务机关申报纳税。

6. 进口的应税消费品，由进口人或者其代理人向报关地海关申报纳税。

7. 纳税人销售的应税消费品，如因质量等原因由购买者退回时，经机构所在地或者居住地主管税务机关审核批准后，可退还已缴纳的消费税税款，但不能自行直接抵减应纳税款。

本章关键词

消费税　从价定率　从量定额　委托加工应税消费品

复习思考题

一、简答题

1. 简述消费税的概念和特点。
2. 简述消费税的纳税人和征税范围。

3. 简述消费税和增值税的区别与联系。

二、计算题

1. 某外贸公司2014年8月进口一批应税消费品，已知该批应税消费品的关税完税价格为180万元，适用关税税率20%，按规定应缴纳关税36万元，假定进口应税消费品的消费税税率为10%。请问该外贸公司应纳消费税为多少？

2. 某百货公司黄金饰品部2014年3月直接零售金首饰5 000克，每克零售价200元；以旧换新销售金首饰，收回旧首饰400克，换出新首饰800克，收取含税价差价80 000元，并收取旧首饰折价补偿30元/克；当月该黄金饰品部还零售镀金首饰一批，收取零售收入40 000元。金银首饰的消费税税率为5%。该黄金饰品部3月应纳消费税为多少？

3. 某日化企业A(增值税一般纳税人)2014年5月生产和销售日化产品的情况如下：

(1)从国内购进生产日化产品的原材料，取得增值税专用发票上注明的金额为400万元、税金为68万元。购进仪器一台，取得增值税专用发票上注明的金额为30万元、税金为5.1万元。

(2)将上述购进原材料的50%委托日化企业B生产化妆品，取得了日化企业B开具的增值税专用发票，上面注明的加工费为8万元。

(3)销售应税化妆品取得不含税销售额为1 000万元，销售普通护肤品取得不含税销售额为80万元。

(4)将自产的一批化妆品作为礼品赠送给某单位，该化妆品无同类产品市场销售价格，已知该化妆品的生产成本为40万元，成本利润率为5%。

增值税专用发票的抵扣联均已经过认证，化妆品消费税税率为30%。

根据上述资料计算：

(1)B企业应代收代缴的消费税；

(2)A企业销售化妆品应纳消费税；

(3)A企业赠送化妆品应纳消费税；

(4)A企业当月增值税销项税额的合计数；

(5)A企业当月增值税进项税额的合计数；

(6)A企业当月应纳的增值税税额。

4. A企业是生产实木地板的一般纳税人，2014年1月有关生产经营的情况如下：

(1)从油漆厂购进上光漆300吨，取得增值税专用发票上注明货款300万元、增值税51万元。

(2)向农业生产者收购原木50吨，收购凭证上注明支付收购货款60万元；另外支付运输费，取得运输公司开具的增值税专用发票，注明运费金额为2万元；原木验收入库后，又将其运往B企业加工生产未上漆的实木地板，取得B企业开具的增值税专用发票，注明加工费10万元、增值税1.7万元。A企业收回实木地板时，B企业代收代缴了A企业的消费税(B企业无同类实木地板的销售价格)。

(3)A企业将委托加工收回的实木地板的50%领用连续生产高级实木地板，当月生产高级实木地板3 000箱，销售高级实木地板2 000箱，取得不含税销售额1 200万元。

(4)当月将自产的高级实木地板200箱用于本企业的会议室装修。

实木地板消费税税率为5%，实木地板成本利润率为5%，所有应认证的发票均通过了认证。

根据上述资料计算并回答下列问题：

(1)A企业当月应纳增值税为多少？

(2)B企业当月代收代缴的消费税为多少？

(3)A企业当月应自行向主管税务机关缴纳消费税为多少？

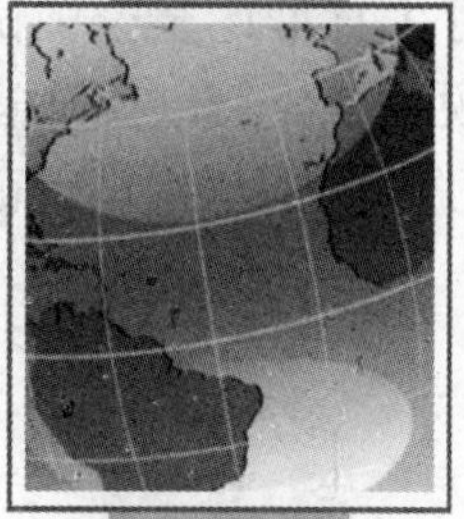

第四章 营业税法

导入案例

2011年,经国务院批准,财政部、国家税务总局联合下发《营业税改征增值税试点方案》。从2012年1月1日起,在上海交通运输业和部分现代服务业开展营业税改征增值税试点,规定在现行增值税17%标准税率和13%低税率基础上,新增11%和6%两档低税率,建筑业适用11%的税率。至此,货物劳务税收制度的改革拉开序幕。但是,对于建筑业增值税税率的争议颇多。

据了解,此前,各省市建筑业协会展开"营改增"调研,意见较为集中,普遍担忧吞噬企业利润;同时建议将增值税税率调整为6%,或以是否包料为标准设定6%和11%两档税率。"如果实行11%的增值税税率,没有一家(建筑)企业可以减负,所有的企业都将大幅增加税负。"武汉建筑业协会副会长李士俊说。以湖北省一家特级建筑总承包企业为例,其2012年已缴营业税约为4亿元。"营改增"后,理论上可以减税近1.7亿元,但由于不少支出无法实行进项税额扣除,如水泥、石沙等原料难以取得增值税发票,也就没法计入进项抵扣。最终,这家企业实际上缴纳的增值税将达到7.6亿元,几近翻倍。对此,你怎么看?

第一节 营业税概述

一、营业税的概念

营业税是以营业额为课税对象征收的一种税,属于流转税的范畴。我国的营业税是指以在中国境内提供应税劳务、转让无形资产和销售不动产的单位和个人取得的营业额为课税对象所征收的一种税。

二、营业税的发展

营业税起源甚早,如中国明代的门摊、课铁,清代的铺间房税等税,皆属营业税性质,唯未名营业税。欧洲中世纪政府对营业商户每年征收一定金额始准营业,称为许可金。后因许可金不论营业商户营业规模之大小均无区别,负担不均,1791年法国始改许可金为营业税,依其营业额大小征收。其后,各国相继仿效。1931年,当时中国国民政府制定营业税法,开征此税。新中国成立后,废止旧的营业税,于1950年颁布《工商业税暂行条例》,规定凡在中国境内的工商营利事业,均应按营业额在营业行为所在地缴纳营业税。1958~1984年,营业税没有作为独立税种,而是在试行的工商统一税及工商税中设置若干税目征收。1984年后恢复征收营业税。1993年12月13日国务院颁布《中华人民共和国营业税暂行条例》,自1994年1月1日起施行。2008年11月国务院第34次常务会议通过了修订后的《中华人民共和国营业税暂行条例》,并于2009年1月1日开始实施。

为建立健全有利于科学发展的税收制度,促进经济结构调整,支持现代服务业发展,2011

年 11 月 16 日，经国务院批准，财政部、国家税务总局颁布了《营业税改征增值税试点方案》。从 2012 年 1 月 1 日起，率先在上海交通运输业(不含铁路运输)和部分现代服务业开展营业税改征增值税试点，2012 年 8 月 1 日推广至北京等八省市试点，2013 年 8 月 1 日推广至全国试点。2014 年 1 月 1 日起，将铁路运输和邮政服务业纳入营业税改征增值税试点，至此，交通运输业已全部纳入营改增范围。自 2014 年 6 月 1 日起，将电信业纳入营业税改征增值税试点范围。随着改革的深入，试点范围还将进一步扩大。

三、营业税的特点

(一)征税范围广、税源普遍

营业税的征税范围包括在我国境内提供应税劳务、转让无形资产和销售不动产的经营行为，涉及国民经济中第三产业这一广泛的领域。第三产业直接关系着城乡人民群众的日常生活，因而营业税的征税范围具有广泛性和普遍性。

(二)以营业额为计税依据，计算方法简便

营业税的计税依据为各种应税劳务收入的营业额、转让无形资产的转让额、销售不动产的销售额(三者统称为营业额)，税收收入不受成本、费用高低影响，收入比较稳定。此外，营业税实行比例税率，计征方法简便。

(三)按行业设计税目、税率，总体税负水平较低

营业税与其他流转税税种不同，它不按商品或征税项目的种类、品种设置税目、税率，而是从应税劳务的综合性经营特点出发，按照不同经营行业设计不同的税目、税率。即行业相同，税目、税率相同；行业不同，税目、税率不同。营业税税率设计的总体税负水平较低。

第二节 纳税义务人与扣缴义务人

一、纳税义务人

(一)纳税人的一般规定

在中华人民共和国境内提供应税劳务、转让土地使用权和自然资源使用权，或者销售不动产的单位和个人，为营业税的纳税义务人。

1. 上述所称境内，是指：

(1)提供或者接受《营业税暂行条例》规定劳务的单位或者个人在境内；

(2)所转让或者出租土地使用权的土地在境内；

(3)所转让的自然资源使用权涉及的自然资源在境内；

(4)所销售或者出租的不动产在境内。

对境外单位或者个人在境外向境内单位或者个人提供的文化体育业(除播映)，娱乐业，服务业中的旅店业、饮食业，以及其他服务业中的沐浴、理发、洗染、裱画、誊写、镌刻、打包劳务，不征收营业税。

2. 上述所称应税劳务，是指属于建筑业、金融保险业、电信业、文化体育业、娱乐业、服务业税目征收范围的劳务。

3. 上述所称无形资产，“营改增”后目前只包括土地使用权和自然资源使用权两项。

4. 上述所称提供应税劳务、转让无形资产或者销售不动产，是指有偿提供劳务、有偿转让无形资产或者有偿转让不动产所有权的行为。但单位或者个体工商户聘用的员工为本单位或者雇主提供《营业税暂行条例》规定的劳务，不包括在内。

所称有偿，是指取得货币、货物或者其他经济利益。

5. 纳税人有下列情形之一的，视同发生应税行为：

(1)单位或者个人将不动产或者土地使用权无偿赠送其他单位或者个人；

(2)单位或者个人自己新建(以下简称自建)建筑物后销售，其所发生的自建行为；

(3)财政部、国家税务总局规定的其他情形。

个人无偿赠与不动产、土地使用权，属于下列情形之一的，暂免征收营业税：

(1)离婚财产分割；

(2)无偿赠与配偶、父母、子女、祖父母、外祖父母、孙子女、外孙子女、兄弟姐妹；

(3)无偿赠与对其承担直接抚养或者赡养义务的抚养人或者赡养人；

(4)房屋产权所有人死亡，依法取得房屋产权的法定继承人、遗嘱继承人或者受遗赠人。

6. 上述所称单位，是指企业、行政单位、事业单位、军事单位、社会团体及其他单位。

上述所称个人，是指个体工商户和其他个人。

负有营业税纳税义务的单位为发生应税行为并收取货币、货物或者其他经济利益的单位，但不包括单位依法不需要办理税务登记的内设机构。

(二)纳税人的特殊规定

1. 单位以承包、承租、挂靠方式经营的，承包人、承租人、挂靠人(以下统称承包人)发生应税行为，承包人以发包人、出租人、被挂靠人(以下统称发包人)名义对外经营并由发包人承担相关法律责任的，以发包人为纳税人；否则，以承包人为纳税人。

2. 建筑安装业务实行分包的，以分包人为纳税人。

3. 金融保险业纳税人是指：

(1)银行。包括中国人民银行、商业银行、政策性银行。

(2)信用合作社。

(3)证券公司。

(4)金融租赁公司、证券基金管理公司、财务公司、信托投资公司、证券投资基金。

(5)保险公司。

(6)其他经中国人民银行、中国证监会、中国保监会批准成立且经营金融保险业务的机构等。

二、扣缴义务人

1. 中华人民共和国境外的单位或者个人在境内提供应税劳务、转让无形资产或者销售不动产，在境内未设有经营机构的，以其境内代理人为扣缴义务人；在境内没有代理人的，以受让方或者购买方为扣缴义务人。

2. 国务院财政、税务主管部门规定的其他扣缴义务人。

第三节 税目与税率

一、税目

(一)建筑业

建筑业是指建筑安装工程作业。征收范围包括建筑、安装、修缮、装饰、其他工程作业等。

1. 建筑,是指新建、改建、扩建各种建筑物、构筑物的工程作业,包括与建筑物相连的各种设备或支柱、操作平台的安装或装设工程作业,以及各种窑炉和金属结构工程作业在内。

2. 安装,是指生产设备、动力设备、起重设备、运输设备、传动设备、医疗实验设备及其他各种设备的装配、安置工程作业,包括与设备相连的工作台、梯子、栏杆的装设工程作业和被安装设备的绝缘、防腐、保温、油漆等工程作业。

3. 修缮,是指对建筑物、构筑物进行修补、加固、养护、改善,使之恢复原来的使用价值或延长其使用期限的工程作业。

4. 装饰,是指对建筑物、构筑物进行修饰,使之美观或具有特定用途的工程作业。

5. 其他工程作业,是指上列工程作业以外的各种工程作业,如代办电信工程、水利工程、道路修建、疏浚、钻井(打井)、拆除建筑物或构筑物、平整土地、搭脚手架、爆破等工程作业。

6. 管道煤气集资费(初装费)业务,是指用于管道煤气工程建设和技术改造,在报装环节一次性向用户收取的费用。

7. 纳税人提供的矿山爆破、穿孔、表面附着物(包括岩层、土层、沙层等)剥离和清理劳务,以及矿井、巷道构筑劳务,属于营业税应税劳务,应当缴纳营业税。

(二)金融保险业

金融保险业是指经营金融、保险的业务。征收范围包括金融、保险。

1. 金融是指经营货币资金融通活动的业务,包括贷款、金融商品转让、金融经纪业务和其他金融业务、邮政储蓄业务。

(1)贷款,是指将资金贷与他人使用的业务,包括自有资金贷款和转贷。自有资金贷款,是指将自有资本金或吸收的单位、个人的存款贷与他人使用。以货币资金投资但收取固定利润或保底利润的行为,也属于这里所称的贷款业务。按资金来源不同,贷款分为外汇转贷业务和一般贷款业务两种:①外汇转贷业务,是指金融企业直接向境外借入外汇资金,然后再贷给国内企业或其他单位、个人。各银行总行向境外借入外汇资金后,通过下属分支机构贷给境内单位或个人使用的,也属于外汇转贷业务。②一般贷款业务,指除外汇转贷以外的各种贷款。

典当业的抵押贷款业务,无论其资金来源如何,均按自有资金贷款征税。

(2)金融商品转让,是指转让外汇、有价证券或非货物期货的所有权的行为,包括股票转让、债券转让、外汇转让、其他金融商品转让。

(3)金融经纪业务和其他金融业务,是指受托代他人经营金融活动的中间业务,如委托业务、代理业务、咨询业务等。

(4)邮政储蓄业务。

2. 保险是指将通过契约形式集中起来的资金,用于补偿被保险人的经济利益的业务。

【知识链接】

原经中国人民银行或原对外经济贸易合作部批准可从事融资租赁业务的单位所从事的具有融资性质和所有权转移特点的设备租赁业务，2012年开始改为征收增值税；邮政储蓄业务属于原邮电通信业务的税目范畴，除邮政储蓄并入金融保险业继续征收营业税外，其他改为征收增值税。

(三)文化体育业

文化体育业是指经营文化、体育活动的业务。征收范围包括文化业、体育业。

1. 文化业是指经营文化活动的业务，目前征收范围包括表演、经营游览场所、培训活动，举办文学、艺术、科技讲座、演讲、报告会，图书馆的图书和资料借阅业务等。

经营游览场所的业务，是指公园、动(植)物园及其他各种游览场所销售门票的业务。

2. 体育业是指举办各种体育比赛和为体育比赛或体育活动提供场所的业务。

以租赁方式为文化活动、体育比赛提供场所，不按文化体育业税目征税。

【知识链接】

播映服务、会议展览服务、技术培训“营改增”后征收增值税。

(四)娱乐业

娱乐业是指为娱乐活动提供场所和服务的业务。征收范围包括经营歌厅，舞厅，卡拉OK歌舞厅，音乐茶座，台球、高尔夫球、保龄球场，游艺场等娱乐场所，以及娱乐场所为顾客进行娱乐活动提供服务的业务。

1. 歌厅，是指在乐队的伴奏下顾客进行自娱自乐形式的演唱活动的场所。

2. 舞厅，是指供顾客进行跳舞活动的场所。

3. 卡拉OK歌舞厅，是指在音像设备播放的音乐伴奏下，顾客自娱自乐进行歌舞活动的场所。

4. 音乐茶座，是指为顾客同时提供音乐欣赏和茶水、咖啡、酒及其他饮料消费的场所。

5. 台球、高尔夫球、保龄球场，是指顾客进行台球、高尔夫球、保龄球活动的场所。

6. 游艺场，是指举办各种游艺、游乐(如射击、狩猎、跑马、玩游戏机等)活动的场所。

上列娱乐场所为顾客进行娱乐活动提供的饮食服务及其他各种服务，均属于本税目征收范围。

(五)服务业

服务业是指利用设备、工具、场所、信息或技能为社会提供服务的业务。征收范围包括代理业、旅店业、饮食业、旅游业、租赁业、其他服务业(如沐浴、理发、洗染、照相、美术、裱画、誊写、镌刻等)。

1. 对社保基金投资管理人、社保基金托管人从事社保基金管理活动取得的收入，依照税法的规定征收营业税。

2. 单位和个人在旅游景点经营索道取得的收入，应按“服务业——旅游业”项目征收营业税。

3. 单位和个人在旅游景区经营旅游游船、观光电梯、观光电车、景区环保客运车所取得的收入，应按“服务业——旅游业”征收营业税。

4. 交通部门有偿转让高速公路收费权行为，属于营业税征收范围，应按“服务业”税目中“租赁业”项目征收营业税。

5. 酒店产权式经营业主在约定的时间内提供房产使用权与酒店进行合作经营，如房产产权并未归属新的经济实体，业主按照约定取得的固定收入和分红收入均应视为租金收入，根据有关税收法律、行政法规的规定，应按“服务业——租赁业”征收营业税。

6. 单位和个人受托种植植物、饲养动物的行为，应按照“服务业”税目征收营业税，不征收增值税。上述单位和个人受托种植植物、饲养动物的行为，是指委托方向受托方提供其拥有的植物或动物，受托方提供种植或饲养服务并最终将植物或动物归还给委托方的行为。

【知识链接】

货物运输代理服务、船舶代理服务、代理报关服务、仓储业、有形动产租赁、广告业、计算、测试、试验、化验、文印晒图、设计、录音、录像、勘探、测绘、咨询等已改征增值税。

(六)转让无形资产

转让无形资产是指转让无形资产的所有权或使用权的行为，包括转让土地使用权和自然资源使用权。

转让自然资源使用权，是指权利人转让勘探、开采、使用自然资源权利的行为。

自然资源使用权，是指海域使用权、探矿权、采矿权、取水权和其他自然资源使用权(不含土地使用权)。

县级以上地方人民政府或自然资源行政主管部门出让、转让或收回自然资源使用权的行为，不征收营业税。

土地整理储备供应中心(包括土地交易中心)转让土地使用权取得的收入，应按“转让无形资产”税目中“转让土地使用权”项目征收营业税。

以无形资产投资入股，参与接受投资方的利润分配、共同承担投资风险的行为，不征收营业税。在投资后转让其股权的，也不征收营业税。

【知识链接】

转让专利或者非专利技术的所有权或使用权的业务活动，按照“研发和技术服务”征收增值税；转让商标、商誉和著作权的业务活动，按照“文化创意服务”征收增值税。

(七)销售不动产

销售不动产是指有偿转让不动产所有权的行为，包括销售建筑物或构筑物和销售其他土地附着物。在销售不动产时连同不动产所占土地的使用权一并转让的行为，比照销售不动产征收营业税。

以不动产投资入股，参与接受投资方的利润分配、共同承担投资风险的行为，不征收营业税。在投资后转让其股权的，也不征收营业税。

单位和个人转让在建项目时，不管是否办理立项人和土地使用人的更名手续，其实质是发生了转让不动产所有权或土地使用权的行为。对于转让在建项目行为，应按以下办法征收营业税：

1. 转让已完成土地前期开发或正在进行土地前期开发，但尚未进入施工阶段的在建项目，按“转让无形资产”税目中“转让土地使用权”项目征收营业税。

2. 转让已进入建筑物施工阶段的在建项目，按“销售不动产”税目征收营业税。

在建项目是指立项建设但尚未完工的房地产项目或其他建设项目。

二、税率

营业税按照行业、类别的不同分别采用不同的比例税率，具体规定如表4－1所示。

表4－1　营业税税目税率表

序　号	税　目	税率(%)
1	建筑业	3
2	金融保险业	5
3	文化体育业	3
4	娱乐业	5～20
5	服务业	5
6	转让无形资产	5
7	销售不动产	5

1. 建筑业、文化体育业，税率为3%。
2. 金融保险业、服务业、转让无形资产、销售不动产，税率为5%。
3. 娱乐业，税率为5%～20%。具体适用的税率，由省、自治区、直辖市人民政府在规定的幅度内决定。

第四节　计税依据及应纳税额的计算

一、计税依据的一般规定

营业额为纳税人提供应税劳务、转让无形资产或者销售不动产收取的全部价款和价外费用。

价外费用包括收取的手续费、补贴、基金、集资费、返还利润、奖励费、违约金、滞纳金、延期付款利息、赔偿金、代收款项、代垫款项、罚息及其他各种性质的价外收费，但不包括同时符合以下条件代为收取的政府性基金或者行政事业性收费：

1. 由国务院或者财政部批准设立的政府性基金，由国务院或者省级人民政府及其财政、价格主管部门批准设立的行政事业性收费；
2. 收取时开具省级以上财政部门印制的财政票据；
3. 所收款项全额上缴财政。

二、计税依据的具体规定

(一)建筑业

1. 纳税人将建筑工程分包给其他单位的，以其取得的全部价款和价外费用扣除其支付给其他单位的分包款后的余额为营业额。

2. 纳税人提供建筑业劳务(不含装饰劳务)的，其营业额应当包括工程所用原材料、设备及其他物资和动力价款在内，但不包括建设方提供的设备的价款。

从事安装工程作业，安装设备价值作为安装工程产值的，营业额包括设备的价款。如果设备由发包方提供，承包方只是提供安装劳务，营业额不应包括设备的价款；如果设备由承包方提供，与安装劳务一并收款，营业额应包括设备的价款。

(二)金融保险业

1. 一般贷款业务，以贷款利息收入全额为营业额(包括加息、罚息)。

2. 外汇、有价证券、期货等金融商品买卖业务，以卖出价减去买入价后的余额为营业额。

营业额＝卖出价－买入价

上述买入价是指购进原价，不得包括金融商品购进过程中支付的各种费用和税金。卖出价是指卖出原价，不得扣除卖出过程中支付的任何费用和税金。

自2013年12月1日起，纳税人从事金融商品转让业务，不再按股票、债券、外汇、其他四大类来划分，统一归为“金融商品”。不同品种金融商品买卖出现的正负差，在同一个纳税期内可以相抵，按盈亏相抵后的余额为营业额计算缴纳营业税。若相抵后仍出现负差的，可结转下一个纳税期相抵；但在年末时仍出现负差的，不得转入下一个会计年度。

3. 金融经纪业务和其他金融业务，以手续费(佣金)类的全部收入为营业额，包括价外收取的代垫、代收代付费用(如邮电费、工本费)加价等，从中不得作任何扣除。

金融企业从事受托收款业务，如代收电话费、水电煤气费、信息费、学杂费、寻呼费、社保统筹费、交通违章罚款、税款等，以全部收入减去支付给委托方价款后的余额为营业额。

4. 保险业务具体如下：

(1)初保业务，营业额为纳税人经营保险业务向对方收取的全部价款，即向被保险人收取的全部保险费。

(2)储金业务，保险公司如采用收取储金方式取得经济利益的(即以被保险人所交保险资金的利息收入作为保费收入，保险期满后将保险资金本金返还被保险人)，其“储金业务”的营业额为纳税人在纳税期内的储金平均余额乘以中国人民银行公布的一年期存款的月利率。储金平均余额为纳税期期初储金余额与期末余额之和乘以50%。

(3)已征收过营业税的应收未收保费，凡在财务会计制度规定的核算期限内未收回的，允许从营业额中减除。在会计核算期限以后收回的，再并入当期营业额中。

(4)开展无赔偿奖励业务的，以向投保人实际收取的保费为营业额。

(5)境内保险人将其承保的以境内标的为保险标的的保险业务向境外再保险人办理分保的，以全部保费收入扣除分保费后的营业额计税。境外再保险人以分保费收入计税，由原保险人扣缴。

(三)文化体育业

单位或个人进行演出，以全部票价收入或者包场收入减去付给提供演出场所的单位、演出公司或经纪人的费用后的余额为营业额。

(四)娱乐业

营业额为经营娱乐业收取的全部价款和价外费用，包括门票收费，台位费，点歌费，烟酒、饮料、茶水、鲜花、小吃等收费，以及经营娱乐业的其他各项收费。

(五)服务业

1. 纳税人从事旅游业务的，以其取得的全部价款和价外费用扣除替旅游者支付给其他单位或者个人的住宿费、餐费、交通费、旅游景点门票和支付给其他接团旅游企业的旅游费后的余额为营业额。

2. 从事物业管理的单位，以与物业管理有关的全部收入减去代业主支付的水、电、燃气以及代承租者支付的水、电、燃气、房屋租金的价款后的余额为营业额。

3. 教育部考试中心及其直属单位与行业主管部门（或协会）、海外教育考试机构和各省级教育机构（以下简称合作单位）合作开展考试的业务，实质是从事代理业务，按照现行营业税政策规定，教育部考试中心及其直属单位应以其全部收入减去支付给合作单位的合作费后的余额为营业额，按照"服务业——代理业"项目依5%的税率计算缴纳营业税。

4. 劳务公司接受用工单位的委托，为其安排劳动力，凡用工单位将其应支付给劳动力的工资和为劳动力上缴的社会保险（包括养老保险、医疗保险、失业保险、工伤保险等，下同）以及住房公积金统一交给劳务公司代为发放或办理的，以劳务公司对用工单位收取的全部价款减去代收转付给劳动力的工资和为劳动力办理社会保险及住房公积金后的余额为营业额。

（六）销售或转让不动产或土地使用权

1. 单位和个人销售或转让其购置的不动产或受让的土地使用权，以全部收入减去不动产或土地使用权的购置或受让原价后的余额为营业额。

2. 单位和个人销售或转让抵债所得的不动产、土地使用权的，以全部收入减去抵债时该项不动产或土地使用权作价后的余额为营业额。

3. 个人将购买不足2年的住房对外销售的，全额征收营业税；个人将购买超过2年（含2年）的非普通住房对外销售的，按照其销售收入减去购买房屋的价款后的差额征收营业税；个人将购买超过2年（含2年）的普通住房对外销售的，免征营业税。

（七）营业额的其他规定

1. 纳税人提供应税劳务、转让无形资产、销售不动产价格明显偏低并无正当理由，单位或者个人将不动产或者土地使用权无偿赠送其他单位或者个人，单位或者个人自建建筑物后销售而无销售额的，按下列顺序核定营业额：

（1）按纳税人最近时期发生同类应税行为平均价格核定；

（2）按其他纳税人最近时期发生同类应税行为平均价格核定；

（3）按下列公式核定：

营业额＝营业成本或者工程成本×（1＋成本利润率）÷（1－营业税税率）

成本利润率由省、自治区、直辖市税务局确定。

2. 纳税人的营业额计算缴纳营业税后因发生退款减除营业额的，应当退还已缴纳营业税税款，或者从纳税人以后的应缴纳营业税税额中减除。

3. 纳税人发生应税行为，如果将价款与折扣额在同一张发票上注明的，以折扣后的价款为营业额；如果将折扣额另开发票的，不论其在财务上如何处理，均不得从营业额中扣除。

4. 营业额以人民币结算。纳税人以人民币以外的货币结算营业额的，其营业额的人民币折合率可以选择营业额发生的当天或者当月1日的人民币汇率中间价。纳税人应当在事先确定采用何种折合率，确定后1年内不得变更。

5. 自2004年12月1日起，营业税纳税人购置税控收款机，经主管税务机关审核批准后，可凭购进税控收款机取得的专用发票，按照发票上注明的增值税税额，抵免当期应纳营业税税额，或者按照取得的普通发票上注明的价款，依下列公式计算可抵免税额：

可抵免税额＝价款÷（1＋17%）×17%

当期应纳税额不足抵免的，未抵免部分可在下期继续抵免。

6. 纳税人提供应税劳务向对方收取的全部价款和价外费用，按规定可以扣除部分金额后确定营业额的，其扣除金额应提供下列相关合法有效凭证：

(1)支付给境内单位或者个人的款项，且该单位或者个人发生的行为属于营业税或者增值税征收范围的，以该单位或者个人开具的发票为合法有效凭证；

(2)支付的行政事业性收费或者政府性基金，以开具的财政票据为合法有效凭证；

(3)支付给境外单位或者个人的款项，以该单位或者个人的签收单据为合法有效凭证，税务机关对签收单据有疑义的，可以要求其提供境外公证机构的确认证明；

(4)国家税务总局规定的其他合法有效凭证。

三、应纳税额的计算

纳税人提供应税劳务、转让无形资产或者销售不动产，按照营业额和规定的适用税率计算应纳税额。计算公式为：

应纳营业税额＝营业额×适用税率

(一)建筑业

【例4—1】 A建筑公司2014年1月承包甲单位的一项建筑工程，10月完工并验收合格。该建筑公司取得工程价款3 000万元，同时，甲单位给予A建筑公司提前竣工奖5万元。A建筑公司该项工程应纳营业税为多少？

【解析】

纳税人从事建筑业劳务(不含装饰劳务)，无论对方如何结算，其计税营业额均应包括工程所用原材料及其他物资和动力款在内，施工企业从建筑单位取得的提前竣工奖应并入营业额征收营业税。

应纳营业税＝(3 000＋5)×3%＝90.15(万元)

【例4—2】 房地产公司S在建设写字楼项目，购买单价为400万元的电梯2部(不构成安装工程产值)，委托具有安装资质的F公司进行安装，共支付安装费80万元。F公司应纳营业税为多少？

【解析】

应纳营业税＝80×3%＝2.4(万元)

(二)金融业

【例4—3】 某商业银行2014年第三季度向企业发放贷款取得利息收入500万元，逾期贷款罚息收入10万元，代收电话费取得的手续费收入15万元。2014年第三季度该商业银行应纳营业税为多少？

【解析】

贷款的利息和罚息都要计入应税营业额，代收电话费等金融中间业务以手续费收入全额为营业额。

应纳营业税＝(500＋10＋15)×5%＝26.25(万元)

【例4—4】 某金融机构买卖债券，购入原价300万元，购入时另外发生的手续费为5万元，售出债券价格为330万元，卖出过程中发生的费用和税金为3万元。该金融机构就此项业务应纳营业税为多少？

【解析】

金融机构从事外汇、有价证券、期货等金融商品的买卖业务，以卖出价减去买入价后的余额为营业额。卖出价是指卖出原价，不得扣除卖出过程中支付的各种费用和税金。买入价是指购进原价，不包括购进过程中支付的各种费用和税金。

应纳营业税＝(330－300)×5%＝1.5(万元)

(三)文化体育业

【例4－5】 2014年2月某大剧院发生如下业务：举办喜剧演出取得门票收入50 000元，出租门面房给某艺术工作室取得租金收入60 000元。2014年2月该剧院按照文化体育业应纳的营业税为多少？

【解析】

举办喜剧演出取得门票收入应按“文化体育业”缴纳营业税，出租门面房应按“服务业——租赁业”缴纳营业税。

文化体育业应纳营业税＝50 000×3%＝1 500(元)

【例4－6】 某境内剧院聘请境外某艺术团(在境内未设立经营机构且无代理人)来华演出，支付费用100万元。该剧院应代扣代缴的营业税为多少？

【解析】

应代扣代缴的营业税＝100×3%＝3(万元)

(四)娱乐业

【例4－7】 某市娱乐城2015年1月份歌厅收入10万元，卡拉OK包房收入15万元，饮食部收入8万元。计算该娱乐城1月应缴纳的营业税(歌厅、卡拉OK包房收入营业税税率为20%，饮食部收入营业税税率为5%)。

【解析】

歌厅、卡拉OK包房应纳营业税＝(10＋15)×20%＝5(万元)

饮食部应纳营业税＝8×5%＝0.4(万元)

合计应纳营业税＝5＋0.4＝5.4(万元)

(五)服务业

【例4－8】 某旅游公司组织100人旅游团去承德避暑山庄旅游，每人收取旅游费1 000元，旅游中由公司支付每人房费150元、餐费200元、交通费150元、门票费用100元。公司这次旅游收入应纳营业税为多少？

【解析】

应纳营业税＝(1 000－150－200－150－100)×100×5%＝2 000(元)

【例4－9】 某物业管理公司负责商场的物业管理，该公司2013年7月份共向商场收取费用200万元，其中，清洁费100万元、绿化费50万元、代商场支付电费40万元、税费10万元。该物业公司应纳营业税为多少？

【解析】

从事物业管理的单位，以与物业管理有关的全部收入减去代业主支付的水、电、燃气以及代承租者支付的水、电、燃气、房屋租金的价款后的余额为营业额。

应纳营业税＝(200－40－10)×5%＝7.5(万元)

(六)销售不动产

【例4－10】 贾某2015年4月出售一处非普通住房，取得销售收入500万元，该住房于2013年10月购进，原价200万元，购买时支付的税费合计2万元。贾某出售住房应纳营业税为多少？

【解析】

个人将购买不足2年的住房对外销售的，全额征收营业税。

应纳营业税＝500×5%＝25(万元)

【例4－11】 程某2015年4月出售一套普通住房，取得销售收入150万元。该住房是程某2012年1月购置的，取得购房发票上注明的房屋价款为90万元。程某销售该住房应纳营业税为多少？

【解析】

个人将购买超过2年(含2年)的普通住房对外销售的，免征营业税。

应纳营业税＝0

第五节 特殊经营行为的税务处理

一、混合销售行为的处理

一项销售行为如果既涉及应税劳务又涉及货物，为混合销售行为。从事货物的生产、批发或者零售的企业、企业性单位和个体工商户的混合销售行为，视为销售货物，不缴纳营业税；其他单位和个人的混合销售行为，视为提供应税劳务，缴纳营业税。

纳税人的下列混合销售行为，应当分别核算应税劳务的营业额和货物的销售额，其应税劳务的营业额缴纳营业税，货物销售额不缴纳营业税；未分别核算的，由主管税务机关核定其应税劳务的营业额：

1. 提供建筑业劳务的同时销售自产货物的行为。

2. 财政部、国家税务总局规定的其他情形。

纳税人销售自产货物同时提供建筑业劳务，须向建筑业劳务发生地主管地方税务机关提供其机构所在地主管国家税务机关出具的本纳税人属于从事货物生产的单位或个人的证明。建筑业劳务发生地主管地方税务机关根据纳税人持有的证明，按有关规定计算征收营业税。

二、兼营应税行为和货物或者非应税劳务的处理

纳税人兼营应税行为和货物或者非应税劳务的，应当分别核算应税行为的营业额和货物或者非应税劳务的销售额，其应税行为营业额缴纳营业税，货物或者非应税劳务销售额不缴纳营业税；未分别核算的，由主管税务机关核定其应税行为营业额。

三、兼营不同税目的应税行为的处理

税法规定，纳税人兼营不同税目应税行为的，应当分别核算不同税目的营业额、转让额、销售额，然后按各自的适用税率计算应纳税额；未分别核算的，将从高适用税率计算应纳税额。

四、兼营免税、减税项目的处理

纳税人兼营免税、减税项目的，应当单独核算免税、减税项目的营业额；未单独核算营业额的，不得免税、减税。

五、营业税与增值税征税范围的其他划分

(一)建筑业征税问题

1. 基建单位和从事建安业务的企业附设的工厂、车间制造的用于本单位或本企业的建筑工程的水泥预制构件,征收增值税。

2. 在建筑现场制造并直接用于本单位或本企业的建筑工程的水泥预制构件,征收营业税,不征收增值税。

(二)服务业征税问题

1. 代购代销业务征收营业税时,体现为对代理者为委托方提供的代购或代销货物的劳务行为征税。

(1)代购货物,是指受托方按委托方要求购进商品,并按发票进价与委托方结算(原票转交),另收手续费的业务。其特点包括:①受托方不垫付资金;②销售方将增值税专用发票开具给委托方,并由受托方转交给委托方;③受托方按实际发生的销售额和增值税额与委托方结算货款,并另收手续费。

代购行为凡同时具备以上特点,按服务业征收营业税;不同时具备上述特点,手续费并入销售额征收增值税。

(2)代销货物,是指受托方按委托方要求销售货物并收取手续费的行为。收取手续费的代销方式,手续费征收营业税。

2. 随汽车销售提供的汽车按揭服务和代办服务业务征收增值税,单独提供按揭、代办服务业务并不销售汽车的,应征收营业税。

3. 燃气公司和生产、销售货物或提供增值税应税劳务的单位,在销售货物或提供增值税应税劳务时,代有关部门向购买方收取的集资费[包括管道煤气集资款(初装费)]、手续费、代收款等,属于增值税价外收费,应征收增值税,不征收营业税。

(三)商业企业向供货方收取的部分费用征收流转税的问题

自2004年7月1日起,对商业企业向供货方收取的与商品销售量、销售额无必然联系,且商业企业向供货方提供一定劳务的收入,例如进场费、广告促销费、上架费、展示费、管理费等,不属于平销返利,不冲减当期增值税进项税额,应按营业税的适用税目税率(5%)征收营业税。商业企业向供货方收取的各种收入,一律不得开具增值税专用发票。

第六节 税收优惠

一、起征点优惠

纳税人营业额未达到国务院财政、税务主管部门规定的营业税起征点的,免征营业税;达到起征点的,全额计算缴纳营业税。营业税起征点,是指纳税人营业额合计达到起征点。营业税起征点的适用范围限于个人。

营业税起征点的幅度规定如下:

1. 按期纳税的,为月营业额5 000～20 000元。

2. 按次纳税的,为每次(日)营业额300～500元。

省、自治区、直辖市财政厅(局)、税务局应当在规定的幅度内,根据实际情况确定本地区适

用的起征点，并报财政部、国家税务总局备案。

二、法定免征营业税的项目

1. 托儿所、幼儿园、养老院、残疾人福利机构提供的育养服务，婚姻介绍，殡葬服务。

2. 残疾人员个人提供的劳务。所称残疾人员个人提供的劳务，是指残疾人员本人为社会提供的劳务。

3. 医院、诊所和其他医疗机构提供的医疗服务。

4. 学校和其他教育机构提供的教育劳务，学生勤工俭学提供的劳务。所称学校和其他教育机构，是指普通学校以及经地、市级以上人民政府或者同级政府的教育行政部门批准成立，国家承认其学员学历的各类学校。

5. 农业机耕、排灌、病虫害防治、植物保护、农牧保险以及相关技术培训业务，家禽、牲畜、水生动物的配种和疾病防治。农业机耕，是指在农业、林业、牧业中使用农业机械进行耕作(包括耕耘、种植、收割、脱粒、植物保护等)的业务；排灌，是指对农田进行灌溉或排涝的业务；病虫害防治，是指从事农业、林业、牧业、渔业的病虫害测报和防治的业务；农牧保险，是指为种植业、养殖业、牧业种植和饲养的动植物提供保险的业务；相关技术培训，是指与农业机耕、排灌、病虫害防治、植物保护业务相关以及为使农民获得农牧保险知识的技术培训业务；家禽、牲畜、水生动物的配种和疾病防治业务的免税范围，包括与该项劳务有关的提供药品和医疗用具的业务。

6. 纪念馆、博物馆、文化馆、文物保护单位管理机构、美术馆、展览馆、书画院、图书馆举办文化活动的门票收入，宗教场所举办文化、宗教活动的门票收入。所称纪念馆、博物馆、文化馆、文物保护单位管理机构、美术馆、展览馆、书画院、图书馆举办文化活动，是指这些单位在自己的场所举办的属于文化体育业税目征税范围的文化活动。其门票收入，是指销售第一道门票的收入。所称宗教场所举办文化、宗教活动的门票收入，是指寺院、宫观、清真寺和教堂举办文化、宗教活动销售门票的收入。

7. 境内保险机构为出口货物提供的保险产品。所称为出口货物提供的保险产品，包括出口货物保险和出口信用保险。

除上述规定外，营业税的免税、减税项目由国务院规定。任何地区、部门均不得规定免税、减税项目。

第七节 征收管理

一、纳税义务发生时间

1. 一般规定：营业税纳税义务发生时间为纳税人提供应税劳务、转让无形资产或者销售不动产并收讫营业收入款项或者取得索取营业收入款项凭据的当天。国务院财政、税务主管部门另有规定的，从其规定。

收讫营业收入款项，是指纳税人应税行为发生过程中或者完成后收取的款项。

取得索取营业收入款项凭据的当天，为书面合同确定的付款日期的当天；未签订书面合同或者书面合同未确定付款日期的，为应税行为完成的当天。

2. 具体规定：

(1)纳税人转让土地使用权或者销售不动产，采取预收款方式的，其纳税义务发生时间为收到预收款的当天。

(2)纳税人提供建筑业或者租赁业劳务，采取预收款方式的，其纳税义务发生时间为收到预收款的当天。

(3)纳税人将不动产或者土地使用权无偿赠送其他单位或者个人的，其纳税义务发生时间为不动产所有权、土地使用权转移的当天。

(4)纳税人发生自建行为的，其纳税义务发生时间为销售自建建筑物的纳税义务发生时间。

3. 营业税扣缴义务发生时间为纳税人营业税纳税义务发生的当天。

二、纳税期限

营业税的纳税期限分别为5日、10日、15日、1个月或者1个季度。纳税人的具体纳税期限，由主管税务机关根据纳税人应纳税额的大小分别核定；不能按照固定期限纳税的，可以按次纳税。

纳税人以1个月或者1个季度为一个纳税期的，自期满之日起15日内申报纳税；以5日、10日或者15日为一个纳税期的，自期满之日起5日内预缴税款，于次月1日起15日内申报纳税并结清上月应纳税款。

银行、财务公司、信托投资公司、信用社、外国企业常驻代表机构的纳税期限为1个季度，自纳税期满之日起15日内申报纳税。

保险业的纳税期限为1个月。

扣缴义务人解缴税款的期限，依照前述规定执行。

三、纳税地点

1. 纳税人提供应税劳务应当向其机构所在地或者居住地的主管税务机关申报纳税。但是，纳税人提供的建筑业劳务以及国务院财政、税务主管部门规定的其他应税劳务，应当向应税劳务发生地的主管税务机关申报纳税。

2. 纳税人转让、出租土地使用权，以及转让自然资源使用权应向土地所在地和自然资源所在地的主管税务机关申报纳税。

3. 纳税人销售、出租不动产应当向不动产所在地的主管税务机关申报纳税。

纳税人应当向应税劳务发生地、土地或者不动产所在地的主管税务机关申报纳税，自应当申报纳税之月起超过6个月没有申报纳税的，由其机构所在地或者居住地的主管税务机关补征税款。

扣缴义务人应当向其机构所在地或者居住地的主管税务机关申报缴纳其扣缴的税款。

本章关键词

营业税　应税劳务　代购行为　代销行为　混合销售行为

复习思考题

一、简答题

1. 简述营业税的概念和特点。

2. 营业税的计税依据如何确定？

3. 简述营业税的法定免征项目。

4. 简述营业税特殊经营行为的税务处理。

二、计算题

1. 甲建筑公司3月发生如下业务：自建统一规格和标准的楼房三栋，建筑安装总成本6 000万元，成本利润率为20%。该公司将其中一栋自用，另外两栋对外出售，取得销售收入5 000万元，已知无同类建筑业务计税价格。甲公司3月应纳营业税为多少？

2. 某娱乐公司2014年元旦前正式开业，经营范围包括娱乐、餐饮及其他服务，当年全年营业收入情况如下：

(1)门票收入250万元，歌舞厅收入600万元，游戏厅收入200万元；

(2)保龄球馆7月1日开馆，至当年年底取得收入240万元；

(3)美容美发、中式按摩收入300万元；

(4)独立核算的小卖部销售收入60万元；

(5)派出5名员工赴国外提供中医按摩服务取得收入90万元。

该娱乐公司当年应缴纳的营业税是多少？

3. 2014年"十一"长假，孙某和她父母一起到某海岛旅游，游玩几天中发生的支出如下：

(1)孙某去打保龄球，2小时共支付给保龄球馆100元，支付饮料费30元。

(2)孙某的爸爸和妈妈去游泳馆游泳，结账时共支付给游泳馆150元，其中包含为孙某妈妈购买的游泳圈50元。

(3)孙某全家参观抗倭纪念馆，共支付门票费200元，在参观时又支付了30元的讲解费。

(4)全家乘坐索道去山顶观光，支付索道费180元。

(5)最后离开酒店时共支付住宿费2 000元。该酒店为海岛旅游公司与某酒店管理公司合作经营，约定经营期为10年，合作期限内旅游公司将自有房产提供给酒店使用，但产权不作转移，旅游公司分得酒店住宿收入的30%作为经营收益。

根据上述资料计算：

(1)保龄球馆取得的收入应缴纳的营业税；

(2)游泳馆取得的收入应缴纳的营业税；

(3)纪念馆取得的收入应缴纳的营业税；

(4)索道经营取得的收入应缴纳的营业税；

(5)海岛旅游公司取得住宿费收入应缴纳的营业税。

第五章 城市维护建设税法

导入案例

2009年，国家税务总局在《2009年全国税收工作要点》中提出："积极创造条件，推进城建税与印花税联动改革。"2011年9月，在全国省级地税局主要领导财产行为税工作研讨班上，国家税务总局副局长丘小雄谈到"十二五"财产行为税改革有四项任务，其中第四项就是"统筹实施城市维护建设税、教育费附加、印花税和契税改革"。随后的12月，全国11个省市地税局代表在三亚召开财产行为税工作座谈会，国家税务总局财产行为税司司长陈杰在讲话中提到，2012年将做好城建税和印花税联动改革。

2014年的两会期间，有代表提出废止征收城市维护建设税和教育费附加，理由是城建税与教育费附加既没有明确课税对象，又没有独立纳税人，而是附着在"三税"身上，实际上是一种"税上税"或者"附加税"，这种附加税费是典型的重复征税。尤其对小微企业，净利润率本来就不高，附加税费占了营业收入的5‰，大大加重了税费负担，不啻雪上加霜。同时，增值税、消费税归国税局，营业税归地税局，同一个税种要两套机构来收，征收成本高，征税效率低。你认为未来城建税的改革方向是什么？

第一节 城市维护建设税概述

一、城市维护建设税的概念

城市维护建设税是对缴纳增值税、营业税、消费税的单位和个人征收的一种附加税，具有加强城市维护建设、扩大城市维护建设资金来源的特定目的。

二、城市维护建设税的发展

新中国成立以后，我国城市建设和维护在不同时期都取得了较大成绩，但是国家在城市建设方面一直资金不足。1979年以前，我国用于城市维护建设的资金来源由当时的工商税附加、城市公用事业附加和国家下拨城市维护费组成。1979年国家开始在部分大中城市实行从上年工商利润中提取5%用于城市维护和建设的办法，但未能从根本上解决问题。1981年国务院在批转财政部关于改革工商税制的设想中提出，"根据城市建设的需要，开征城市维护建设税，作为县以上城市和工矿区市政建设的专项资金"。1985年2月8日，国务院颁布《中华人民共和国城市维护建设税暂行条例》，并于1985年1月1日在全国范围内施行。2010年10月18日，国务院发布了《关于统一内外资企业和个人城市维护建设税和教育费附加制度的通知》，决定统一内、外资企业和个人的城市维护建设税，自2010年12月1日起，外商投资企业、外国企业及外籍个人适用《中华人民共和国城市维护建设税暂行条例》。

三、城市维护建设税的特点

(一)征税范围较广

城市维护建设税是以增值税、消费税、营业税税额为计税依据的，意味着缴纳增值税、消费税、营业税的纳税人都需要缴纳城市维护建设税，增值税、消费税、营业税都是我国的主体税种，其征税范围很广。因此，城市维护建设税的征税范围较广。

(二)具有附加税性质

城市维护建设税是随增值税、消费税、营业税同时附征，其本身没有特定的征税对象，税法规定对纳税人减免“三税”时，相应也减免城市维护建设税，其征管方法也完全比照“三税”有关规定办理，本质上属于附加税。

(三)税款专款专用

一般来说，税款收入都直接纳入国家预算，由中央和地方政府根据需要统一安排使用到国家建设和事业发展的各个方面，税法并不具体规定各个税种收入的具体使用范围和方向。但城市维护建设税不同，其所征税款要求保证用于城市的公共事业和公共设施的维护与建设。

(四)根据城镇规模设计税率

城市维护建设税的税率不是根据纳税人获利水平或经营特点而定，而是根据纳税人所在城镇规模设计的。城镇规模大的，税率高一些；反之，就要低一些。纳税人所处区域为城市的，税率为 7%；县城、建制镇的，为 5%；其他区域的，为 1%。

第二节　纳税义务人与税率

一、纳税义务人

凡是负有缴纳增值税、消费税、营业税义务的单位和个人，都是城建税的纳税义务人，包括国有企业、集体企业、私营企业、股份制企业、其他企业和行政单位、事业单位、军事单位、社会团体、其他单位，以及个体工商户及其他个人。

自 2010 年 12 月 1 日起，同时适用于外商投资企业、外国企业及外籍个人。

二、税率

根据纳税人所在地的不同，城市维护建设税设置了三档地区差别比例税率(见表 5－1)。

表 5－1　　城市维护建设税税率表

档　次	纳税人所在地	税率(%)
1	市区	7
2	县城、镇	5
3	不在市区、县城、镇	1

对下列两种情况，可按缴纳“三税”所在地的规定税率就地缴纳城建税：

1. 由受托方代扣代缴、代收代缴“三税”的纳税人，按受托方所在地适用税率计算代扣代缴、代收代缴的城建税。

2. 流动经营等无固定纳税地点的单位和个人，在经营地缴纳“三税”的，其城建税的缴纳按经营地适用税率执行。

第三节　计税依据及应纳税额的计算

一、计税依据

城建税的计税依据是纳税人实际缴纳的增值税、消费税、营业税税额之和。但要注意以下问题：

1. 纳税人违反“三税”有关规定，被查补“三税”和被处以罚款时，应同时对其偷漏的城建税进行补税、征收滞纳金和罚款。

2. 纳税人违反“三税”有关规定而加收的滞纳金和罚款，不作为城建税的计税依据。

3. 对出口产品退还增值税、消费税的，不退还已缴纳的城建税。

4. 经国家税务总局正式审核批准的当期免抵的增值税税额，应纳入城建税和教育费附加的计征范围。

二、应纳税额的计算

城市维护建设税应纳税额的计算公式如下：

应纳税额＝纳税人实际缴纳的增值税、消费税、营业税税额×适用税率

【例 5－1】　Z 企业 2014 年 2 月份缴纳增值税、消费税和关税共计 620 万元，其中关税 120 万元。该企业位于市区，适用城市维护建设税税率为 7%。教育费附加征收比例为 3%。则 Z 企业 2 月份应缴纳的城市维护建设税和教育费附加为多少？

【解析】

关税不属于城建税的计税依据。

应纳城建税＝(620－120)×7%＝35(万元)

应纳教育费附加＝(620－120)×3%＝15(万元)

第四节　税收优惠

城建税原则上不单独减免，但因为城建税具有附加税性质，主税发生减免时，城建税相应发生减免。城建税的税收减免具体有以下几种情况：

1. 城建税按减免后实际缴纳的“三税”税额计征，即随“三税”的减免而减免。

2. 对于因减免税而需要进行“三税”退库的，城建税也可同时退库。

3. 海关对进口产品代征的增值税、消费税，不征收城建税。

4. 对“三税”实行先征后返、先征后退、即征即退办法的，除另有规定外，对随“三税”附征的城建税和教育费附加，一律不予退(返)还。

第五节 征收管理

一、纳税环节

城建税的纳税环节，实际就是纳税人缴纳“三税”的环节。纳税人只要发生“三税”的纳税义务，就要在同样的环节分别计算缴纳城建税。

二、纳税期限

城建税的纳税期限与“三税”的纳税期限一致。根据增值税法和消费税法的规定，增值税、消费税的纳税期限均分别为 1 日、3 日、5 日、10 日、15 日、1 个月或 1 个季度；根据营业税法的规定，营业税的纳税期限分别为 5 日、10 日、15 日、1 个月或 1 个季度。增值税、消费税、营业税的纳税人的具体纳税期限，由主管税务机关根据纳税人应纳税额的大小分别核定；不能按照固定期限纳税的，可以按次纳税。

三、纳税地点

纳税人缴纳“三税”的地点，就是该纳税人缴纳城建税的地点。但下列情况特殊：

1. 代扣代缴、代收代缴“三税”的单位和个人，同时也是城建税的代扣代缴、代收代缴义务人，其城建税的纳税地点在代扣代收地。

2. 跨省开采的油田，下属生产单位与核算单位不在同一省内的，其生产的原油在油井所在地缴纳增值税，其应纳税款由核算单位按照各油井的产量和规定税率，计算汇拨各油井缴纳。所以，各油井应缴纳的城建税，应由核算单位计算，随同增值税一并汇拨油井所在地，由油井在缴纳增值税的同时，一并缴纳城建税。

3. 对管道局输油部分的收入，由取得收入的各管道局于所在地缴纳增值税，城建税也一并缴纳。

4. 对流动经营等无固定纳税地点的单位和个人，应随同“三税”在经营地按适用税率缴纳。

附录：教育费附加

一、概念

教育费附加是对缴纳增值税、消费税、营业税的单位和个人，以其实际缴纳“三税”税额为计税依据征收的一种附加费。它是为扩大地方教育事业、扩大地方教育经费的资金来源而征收的一种专项基金。

二、征税范围与计征依据

教育费附加向缴纳增值税、消费税、营业税的单位和个人征收，以纳税人实际缴纳的增值税、消费税、营业税税额为计征依据，分别与增值税、消费税、营业税同时缴纳。

三、计征比例

教育费附加计征比例为3%。

四、计算

应纳教育费附加＝实纳增值税、消费税、营业税税额之和×征收率

五、减免规定

1. 海关对进口产品代征增值税、消费税，不征教育费附加。

2.“三税”在免征或减征时，也同时免征或减征附加费。

3. 对出口产品退还增值税、消费税的，不退还已缴纳的附加费。

4. 对于因减免增值税、消费税、营业税而发生退库的，可同时退还已征收的教育费附加。

本章关键词

城市维护建设税　　教育费附加

复习思考题

一、简答题

1. 简述城建税的特点。

2. 城建税的税率如何确定？

3. 简述城建税和教育费附加的计税依据。

二、计算题

1. 某市S企业2014年5月被查补增值税10万元、消费税2万元、所得税3万元，被加收滞纳金2 000元，被处罚款8 000元。该企业应补缴的城建税和教育费附加为多少？

2. 位于县城的某外贸公司为内资企业，2014年7月实际缴纳增值税50万元、营业税20万元、契税1万元，取得增值税出口退税20万元。该公司当月应纳城建税为多少？

3. A企业位于市区，2014年4月缴纳增值税40万元，当月委托位于县城的B企业加工应税消费品，B企业代收代缴消费税20万元。A企业当月应纳（含被代收代缴的）城建税为多少？

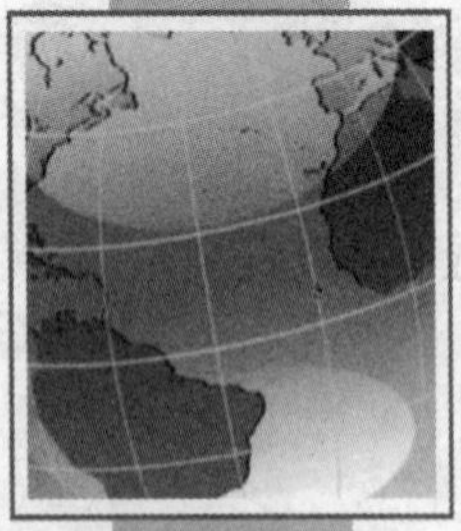

第六章 关税法

导入案例

2012年5月17日，美国商务部发表声明称，初步裁定对从中国进口的光伏产品征收31%～250%的反倾销税，而该反倾销税将会叠加在之前因为接受中国政府不公平补贴而征收的4.73%的关税之上。其中，尚德太阳能电力有限公司被处以31.22%的反倾销税，天合光能有限公司被处以31.14%的反倾销税，其他中国公司被处以31.18%～249.96%不等的反倾销税。

据一般市场数据显示，国内龙头光伏企业目前在美国销售太阳能电池(板)的成本约为0.75美元，而美国市场目前平均价格为0.97美元，税收成本增加30%便意味着中国光伏产品在美国基本无立足之地。2013年6月4日，欧盟委员会决定，将从6月6日到8月6日对产自中国的光伏产品征收11.8%的临时反倾销税，此后4个月税率将升至47.6%。此次欧盟征收的临时反倾销税将使中国光伏产品丧失价格优势。而这11.8%的税率意味着中国内地光伏组件的销价将抬高至约0.78美元/瓦，相对于中国台湾、韩国等地的产品，其价格优势将荡然无存。对于实施的一系列反倾销关税，你有何看法？

第一节　关税概述

一、关税的概念

关税是由海关依法对进出境的货物和物品征收的一种税。

所谓“境”，指关境，又称“海关境域”或“关税领域”，是国家《海关法》全面实施的领域。在通常情况下，一国的关境与国境是一致的，包括国家全部的领土、领海、领空。但是当某一国家在国境内设立了自由港、自由贸易区等，这些区域就进出口关税而言处在关境之外，这时，该国家的关境小于国境。如我国根据《中华人民共和国香港特别行政区基本法》和《中华人民共和国澳门特别行政区基本法》，香港和澳门保持自由港地位，为我国单独的关税地区，即单独关境区。单独关境区是不适用该国海关法律、法规或实施单独海关管理制度的区域。当几个国家结成关税同盟，组成一个共同的关境，实施统一的关税法令和统一的对外税则，这些国家彼此之间货物进出国境不征收关税，只对来自或运往其他国家的货物进出共同关境时征收关税，这些国家的关境大于国境，如欧盟。

二、关税的发展

关税的起源很早。随着社会生产力的发展，出现了商品的生产和交换。关税正是随着商品交换和商品流通领域的不断扩大，以及国际贸易的不断发展而产生和逐步发展的。

早在公元前5世纪，希腊的雅典就以使用港口的报酬为名，对出入的货物征收2%～5%的使用费。我国关税历史悠久，西周就有“关市之征”的记载。清朝在1685年设立关税，1753

年分为进口税、出口税、附加税、船钞、赠品等，1843 年《中英五口通商章程：海关税则》使进出口税率比过去实征税率有很大降低，1857 年《天津条约》使得税率进一步降低。鸦片战争后，我国从独立自主的封建性的关税，变为半殖民地半封建性质的“协定关税”；从完全为本国封建统治服务的关税，变为为外国侵略者服务的关税。

1950 年 1 月，当时政务院颁布了《关于关税政策和海关工作的决定》，同年 5 月颁布了《中华人民共和国暂行海关法》、《中华人民共和国进出口税则》和《中华人民共和国进出口税则暂行实施条例》，统一了新中国的关税政策，建立了完全独立自主的保护关税制度。1985～1991 年，我国关税从“全面保护”向“有区别地保护”转变。1992 年以后，我国实行适度开放与适度保护相结合的进口关税，并降低关税水平和调整关税结构。加入世贸组织以后，我国全面履行关税减让承诺，在世贸组织规则范围内，科学、精细地调整关税税率、税目和专项税收优惠政策，有效发挥关税的宏观调控职能，逐步建立起适应国内外经济发展趋势、体系较为完备的关税制度。

我国现行关税法律规范以全国人民代表大会于 2000 年 7 月修正颁布的《中华人民共和国海关法》为法律依据，以国务院于 2003 年 11 月颁布的《中华人民共和国进出口关税条例》，以及由国务院关税税则委员会审定并报国务院批准，作为条例组成部分的《中华人民共和国海关进出口税则》和《中华人民共和国海关关于入境旅客行李物品和个人邮递物品征收进口税办法》为基本法规，以负责关税政策制定和征收管理的主管部门依据基本法规拟定的管理办法和实施细则为主要内容。

三、关税的特点

(一)征税对象的特定性

关税是对进出境的货物和物品征税，在境内和境外流通的货物，不进出境的不征关税。关税不同于因商品交换或提供劳务取得收入而课征的流转税，也不同于因取得所得或拥有财产而课征的所得税或财产税，而是对特定货物和物品途经海关通道进出口征税。

(二)单一环节的价外税

关税的完税价格中不包括关税，即在征收关税时，是以实际成交价格为计税依据的，关税不包括在内。海关在代征增值税、消费税时，其计税依据包括关税在内。

(三)税率设置实行复式税则

复式税则又称多栏税则，是指一个税目设有两个或两个以上的税率，根据进口货物原产国的不同，分别适用高低不同的税率。复式税则是一个国家对外贸易政策的体现。

(四)关税政策的涉外性

关税只对进出境的货物和物品征收。因此，关税税则的制定、税率的高低，会直接影响到国际贸易的开展。随着世界经济一体化的发展，世界各国的经济联系越来越密切，贸易关系不仅反映简单经济关系，而且成为一种政治关系。这样，关税政策也往往与经济政策、外交政策紧密相关，具有涉外性。

第二节　纳税义务人与征税对象

一、纳税义务人

进口货物的收货人、出口货物的发货人、进出境物品的所有人，是关税的纳税义务人。进出口货物的收发货人是依法取得对外贸易经营权，并进口或者出口货物的法人或者其他社会团体。进出境物品的所有人包括该物品的所有人和推定为所有人的人。一般情况下，对携带进境的物品，推定其携带人为所有人；对分离运输的行李，推定相应的进出境旅客为所有人；对以邮递方式进境的物品，推定其收件人为所有人；对以邮递或其他运输方式出境的物品，推定其寄件人或托运人为所有人。

二、征税对象

关税的征税对象是准许进出境的货物和物品。货物是指贸易性商品；物品是指入境旅客随身携带的行李物品、个人邮递物品、各种运输工具上的服务人员携带进口的自用物品、馈赠物品以及以其他方式进境的个人物品。

第三节 进出口税则

一、进出口税则概况

进出口税则是一国政府根据国家关税政策和经济政策，通过一定的立法程序制定、公布、实施的进出口货物和物品应税的关税税率表。进出口税则以税率表为主体，通常还包括实施税则的法令、使用税则的有关说明和附录等。《中华人民共和国海关进出口税则》是我国海关凭以征收关税的法律依据，也是我国关税政策的具体体现。我国现行税则包括《中华人民共和国进出口关税条例》、《税率适用说明》、《中华人民共和国海关进口税则》、《中华人民共和国海关出口税则》，以及《进(出)口商品从量税、复合税、滑准税税目税率表》、《进口商品关税配额税目税率表》、《进口商品税则暂定税率表》、《出口商品税则暂定税率表》、《非全税目信息技术产品税率表》等附录。

税率表作为税则主体，包括税则商品分类目录和税率栏两大部分。税则商品分类目录是把种类繁多的商品加以综合，按照其不同特点分门别类简化成数量有限的商品类目，分别编号按序排列，称为税则号列，并逐号列出该号中应列入的商品名称。商品分类的原则即归类规则，包括归类总规则和各类、章、目的具体注释。税率栏是按商品分类目录逐项定出的税率栏目。我国现行进口税则为四栏税率，出口税则为一栏税率。按税则商品分类目录体系划分，自新中国成立以来，我国分别于 1951 年、1985 年、1992 年先后实施了三部进出口税则。1951 年 5 月公布实施的进出口税则，是我国第一部真正独立自主制定的税则，将进出口商品划分为 17 类、89 章、939 个税号。1985 年 3 月，我国实施以《海关合作理事会税则商品目录》为基础的进出口税则，将进出口商品划分为 21 类、99 章、1 011个税目。从 1992 年 1 月起，我国实施以《商品名称及编码协调制度》为基础的进出口税则，适应了国内改革开放和对外经济贸易发展的需要。

二、税则归类

税则归类，就是按照税则的规定，将每项具体进出口商品按其特性在税则中找出其最适合的某一个税号，即“对号入座”，以便确定其适用的税率，计算关税税负。税则归类错误会导致关税的多征或少征，影响关税作用的发挥。因此，税则归类关系到关税政策的正确贯彻。税则归类一般按以下步骤进行：

1. 了解需要归类的具体进出口商品的构成、材料属性、成分组成、特性、用途和功能。

2. 查找有关商品在税则中拟归的类、章及税号。对于原材料性质的货品，应首先考虑按其属性归类；对于制成品，应首先考虑按其用途归类。

3. 将考虑采用的有关类、章及税号进行比较，筛选出最为合适的税号。在比较、筛选时，首先看类、章的注释有无具体描述归类对象或其类似品，已具体描述的，按类、章的规定办理；其次是查阅《HS 注释》，确切地了解有关类、章及税号范围。

4. 通过以上方法也难以确定的税则归类商品，可运用归类总规则的有关条款来确定其税号。如遇进口地海关无法解决的税则归类问题，应报海关总署明确。

三、税率及运用

(一)进口关税税率

1. 税率设置与适用

在我国加入世界贸易组织(WTO)之前，我国进口税则设有两栏税率，即普通税率和优惠税率。对原产于与我国未订有关税互惠协议的国家或者地区的进口货物，按照普通税率征税；对原产于与我国订有关税互惠协议的国家或者地区的进口货物，按照优惠税率征税。在我国加入 WTO 之后，为履行我国在加入 WTO 关税减让谈判中承诺的有关义务，享有 WTO 成员应有的权利，自 2002 年 1 月 1 日起，我国进口税则设有最惠国税率、协定税率、特惠税率、普通税率、关税配额税率等税率。对进口货物在一定期限内可以实行暂定税率。最惠国税率适用于原产于与我国共同适用最惠国待遇条款的 WTO 成员国或地区的进口货物，或原产于与我国签订有相互给予最惠国待遇条款的双边贸易协定的国家或地区的进口货物，以及原产于我国境内的进口货物；协定税率适用于原产于我国参加的含有关税优惠条款的区域性贸易协定有关缔约方的进口货物，目前对原产于韩国、斯里兰卡和孟加拉国 3 个《曼谷协定》成员的 739 个税目进口商品实行协定税率(即曼谷协定税率)；特惠税率适用于原产于与我国签订有特殊优惠关税协定的国家或地区的进口货物，目前对原产于孟加拉国的 18 个税目进口商品实行特惠税率(即曼谷协定特惠税率)；普通税率适用于原产于上述国家或地区以外的其他国家或地区的进口货物。按照普通税率征税的进口货物，经国务院关税税则委员会特别批准，可以适用最惠国税率。适用最惠国税率、协定税率、特惠税率的国家或者地区名单，由国务院关税税则委员会决定，报国务院批准后执行。

2. 税率种类

按照征收关税的标准，可以分为从价税、从量税、复合税、选择税、滑准税。

(1)从价税。从价税是一种最常用的关税计税标准。它以货物的价格或者价值为征税标准，以应征税额占货物价格或者价值的百分比为税率，价格越高，税额越高。货物进口时，以此税率与海关审定的实际进口货物完税价格相乘计算应征税额。从价税的特点是，相对进口商品价格的高低，其税额也相应高低。从价税的优点是税负公平明确、易于实施。但是，从价税也存在着一些不足，如不同品种、规格、质量的同一货物价格有很大差异，海关估价有一定的难度，因此计征关税的手续也较繁杂。目前，我国海关计征关税标准主要是从价税。

(2)从量税。从量税是以货物的数量、重量、体积、容量等计量单位为计税标准，以每计量单位货物的应征税额为税率。从量税的特点是，每一种货物的单位应税额固定，不受该商品进口价格的影响。计税时，以货物的计量单位乘以每单位应纳税金额即可得出该货物的关税税额。从量税的优点是计算简便，通关手续快捷，并能起到抑制质次价廉商品或故意低瞒报价商品的进口。但是，由于应税额固定，物价涨落时，税额不能相应变化，因此，在物价上涨时，关税的调控作用相对减弱。我国目前对原油、啤酒、胶卷等进口商品征收从量税。

(3)复合税。复合税又称混合税，即订立从价、从量两种税率，随着完税价格和进口数量而变化，征收时两种税率合并计征。它是对某种进口货物混合使用从价税和从量税的一种关税计征标准。混合使用从价税和从量税的方法有多种，例如，对某种货物同时征收一定数额的从价税和从量税；或对低于某一价格进口的货物只按从价税计征关税，高于这一价格则混合使用从价税和从量税等。复合税既可发挥从量税抑制低价商品进口的特点，又可发挥从价税税负合理、稳定的特点。目前，我国仅对录像机、放像机、摄像机、数字照相机和摄录一体机等进口商品征收复合税。

(4)选择税。选择税是对一种进口商品同时定有从价税和从量税两种税率，但征税时选择税额较高的一种征税。有时也选择税额较低的，实行选择税大多根据产品价格高低而定。物价上涨时，使用从价税；物价下跌时，使用从量税。这样，不仅能保证国家的财政收入，还可较好地发挥保护本国产业的作用。但由于选择税通常就高不就低，征税标准摇摆不定，海关计税手续繁杂。同时，纳税人也不能预知缴纳多少税额，容易与海关发生摩擦，阻碍国际贸易的顺利进行。

(5)滑准税。滑准税是根据货物的价格不同适用不同税率的一类特殊从价关税。它是一种关税税率随进口货物价格由高到低而由低到高设置计征关税的方法。简单地讲，就是进口货物价格越高，其进口关税税率越低；进口货物价格越低，其进口关税税率越高。滑准税的特点是，可保持滑准税商品的国内市场价格的相对稳定，尽可能减少国际市场价格波动的影响。从1997年10月1日到加入世贸组织前，我国曾对进口新闻纸实行过滑准税。2003年对新闻纸实行单一的从价税，停止了滑准税。另外，我国从2005年5月开始对关税配额外棉花进口配额征收滑准税，税率滑动的范围为5%～40%，征收的目的是在大量棉花进口的情况下，减少进口棉花对国内棉花市场的冲击，确保棉农收益。这相当于为进口棉花价格设置了底线，因此对国内棉花市场价格形成支撑。2010年，我国对关税配额外进口一定数量的棉花继续实施滑准税。

3. 暂定税率与关税配额税率

根据经济发展需要，国家对部分进口原材料、零部件、农药原药和中间体、乐器及生产设备实行暂定税率。暂定税率优先适用于优惠税率或最惠国税率，按普通税率征税的进口货物不适用暂定税率。同时，对部分进口农产品和化肥产品实行关税配额，即一定数量内的上述进口商品适用税率较低的配额内税率，超出该数量的进口商品适用税率较高的配额外税率。现行税则对700多个税目进口商品实行了暂定税率，对小麦、豆油等7种农产品和尿素等3种化肥产品实行关税配额管理。

(二)出口关税税率

我国出口税则为一栏税率，即出口税率。国家仅对少数资源性产品及易于竞相杀价、盲目出口、需要规范出口秩序的半制成品征收出口关税。1992年对47种商品计征出口关税，税率为20%～40%。现行税则对100余种商品计征出口关税，主要是鳗鱼苗、部分有色金属矿砂及其精矿、生锑、磷、氟钽酸钾、苯、山羊板皮、部分铁合金、钢铁废碎料、铜和铝原料及其制品、镍锭、锌锭、锑锭。但对上述范围内的部分商品实行0～25%的暂定税率，此外，根据需要对其他200多种商品征收暂定税率。与进口暂定税率一样，出口暂定税率优先适用于出口税则中规定的出口税率。

(三)特别关税

特别关税包括报复性关税、反倾销税与反补贴税、保障性关税。征收特别关税的货物、适用国别、税率、期限和征收办法，由国务院关税税则委员会决定，海关总署负责实施。

(四)税率的运用

我国《进出口关税条例》规定，进出口货物应当依照税则规定的归类原则归入合适的税号，并按照适用的税率征税。其中：

1. 进出口货物，应当按照纳税义务人申报进口或者出口之日实施的税率征税。

2. 进口货物到达前，经海关核准先行申报的，应当按照装载此货物的运输工具申报进境之日实施的税率征税。

3. 进出口货物的补税和退税，适用该进出口货物原申报进口或者出口之日所实施的税率，但下列情况除外：

(1)按照特定减免税办法批准予以减免税的进口货物，后因情况改变经海关批准转让或出售或移作他用需予补税的，按照海关接受纳税人再次填写报关单申报办理纳税及有关手续之日实施的税率征税。

(2)加工贸易进口料件等属于保税性质的进口货物，如经批准转为内销，应按向海关申报转为内销之日实施的税率征税；如未经批准擅自转为内销的，则按海关查获日期所实施的税率征税。

(3)暂时进口货物转为正式进口需予补税时，应按其申报正式进口之日实施的税率征税。

(4)分期支付租金的租赁进口货物，分期付税时，按照海关接受纳税人再次填写报关单申报办理纳税及有关手续之日实施的税率征税。

(5)溢卸、误卸货物事后确定需征税时，应按其原运输工具申报进口日期所实施的税率征税。如原进口日期无法查明的，可按确定补税当天实施的税率征税。

(6)对由于税则归类的改变、完税价格的审定或其他工作差错而需补税的，应按原征税日期实施的税率征税。

(7)对经批准缓税进口的货物以后交税时，不论是分期或一次交清税款，都应按货物原进口之日实施的税率征税。

(8)查获的走私进口货物需补税时，应按查获日期实施的税率征税。

四、原产地规定

确定进境货物原产国的主要原因之一，是便于正确运用进口税则的各栏税率，对产自不同国家或地区的进口货物适用不同的关税税率。我国原产地规定基本上采用了“全部产地生产标准”、“实质性加工标准”两种国际上通用的原产地标准。

(一)全部产地生产标准

全部产地生产标准是指进口货物“完全在一个国家内生产或制造”，生产或制造国即为该货物的原产国。完全在一国生产或制造的进口货物包括以下几类：

1. 在该国领土或领海内开采的矿产品；

2. 在该国领土上收获或采集的植物产品；

3. 在该国领土上出生或由该国饲养的活动物及从其所得产品；

4. 在该国领土上狩猎或捕捞所得的产品；

5. 在该国的船只上卸下的海洋捕捞物，以及由该国船只在海上取得的其他产品；

6. 在该国加工船加工上述第 5 项所列物品所得的产品；

7. 在该国收集的只适用于作再加工制造的废碎料和废旧物品；

8. 在该国完全使用上述第 1 至 7 项所列产品加工成的制成品。

(二)实质性加工标准

实质性加工标准是适用于确定有两个或两个以上国家参与生产的产品的原产国的标准，其基本含义是：经过几个国家加工、制造的进口货物，以最后一个对货物进行经济上可以视为实质性加工的国家作为有关货物的原产国。“实质性加工”是指产品加工后，在进出口税则中四位数税号一级的税则归类已经有了改变，或者加工增值部分所占新产品总值的比例已超过30％及以上的。

(三)其他

对机器、仪器、器材或车辆所用零件、部件、配件、备件及工具，如与主件同时进口且数量合理的，其原产地按主件的原产地确定，分别进口的则按各自的原产地确定。

第四节 完税价格及应纳税额的计算

一、关税完税价格

我国《海关法》规定，进出口货物的完税价格，由海关以该货物的成交价格为基础审查确定。成交价格不能确定时，完税价格由海关依法估定。我国加入世界贸易组织后，我国海关已全面实施《世界贸易组织估价协定》，遵循客观、公平、统一的估价原则，并依据 2014 年 2 月 1 日起实施的《中华人民共和国海关审定进出口货物完税价格办法》(以下简称《完税价格办法》)，审定进出口货物的完税价格。

(一)一般进口货物的完税价格

1. 以成交价格为基础的完税价格

根据《海关法》规定，进口货物的完税价格包括货物的货价、货物运抵我国境内输入地点起卸前的运输及其相关费用、保险费。我国境内输入地为入境海关地，包括内陆河、江口岸，一般为第一口岸。货物的货价以成交价格为基础。进口货物的成交价格是指买方为购买该货物，并按《完税价格办法》有关规定调整后的实付或应付价格。

2. 对实付或应付价格进行调整的有关规定

“实付或应付价格”是指买方为购买进口货物直接或间接支付的总额，即作为卖方销售进口货物的条件，由买方向卖方或为履行卖方义务向第三方已经支付或将要支付的全部款项。

(1)如下列费用或者价值未包括在进口货物的实付或者应付价格中，应当计入完税价格：

①由买方负担的除购货佣金以外的佣金和经纪费。“购货佣金”是指买方为购买进口货物向自己的采购代理人支付的劳务费用。“经纪费”是指买方为购买进口货物向代表买卖双方利益的经纪人支付的劳务费用。

②由买方负担的与该货物视为一体的容器费用。

③由买方负担的包装材料和包装劳务费用。

④与该货物的生产和向中华人民共和国境内销售有关的，由买方以免费或者以低于成本的方式提供并可以按适当比例分摊的料件、工具、模具、消耗材料及类似货物的价款，以及在境外开发、设计等相关服务的费用。

⑤与该货物有关并作为卖方向我国销售该货物的一项条件，应当由买方直接或间接支付的特许权使用费。特许权使用费是指买方为获得与进口货物相关的、受著作权保护的作品、专利、商标、专有技术和其他权利的使用许可而支付的费用。但是在估定完税价格时，进口货物在境内的复制权费不得计入该货物的实付或应付价格之中。

⑥卖方直接或间接从买方对该货物进口后转售、处置或使用所得中获得的收益。

上列所述的费用或价值，应当由进口货物的收货人向海关提供客观量化的数据资料。如果没有客观量化的数据资料，完税价格由海关按《完税价格办法》规定的方法进行估定。

(2)下列费用，如能与该货物实付或者应付价格区分，不得计入完税价格：

①厂房、机械、设备等货物进口后的基建、安装、装配、维修和技术服务的费用；

②货物运抵境内输入地点之后的运输费用、保险费和其他相关费用；

③进口关税及其他国内税收。

3. 对买卖双方之间有特殊关系的规定

买卖双方之间有特殊关系的，经海关审定其特殊关系未对成交价格产生影响，或进口货物的收货人能证明其成交价格与同时或大约同时发生的下列任一价格相近，该成交价格海关应当接受：

(1)向境内无特殊关系的买方出售的相同或类似货物的成交价格；

(2)按照使用倒扣价格有关规定所确定的相同或类似货物的完税价格；

(3)按照使用计算价格有关规定所确定的相同或类似货物的完税价格。

海关在使用上述价格作比较时，应当考虑商业水平和进口数量的不同，以及实付或者应付价格的调整规定所列各项目和交易中买卖双方有无特殊关系造成的费用差异。

有下列情形之一的，应当认定买卖双方有特殊关系：买卖双方为同一家族成员；买卖双方互为商业上的高级职员或董事；一方直接或间接地受另一方控制；买卖双方都直接或间接地受第三方控制；买卖双方共同直接或间接地控制第三方；一方直接或间接地拥有、控制或持有对方5%或以上公开发行的有表决权的股票或股份；一方是另一方的雇员、高级职员或董事；买卖双方是同一合伙的成员。买卖双方在经营上相互有联系，一方是另一方的独家代理、经销或受让人，如果有上述关系的，也应当视为有特殊关系。

4. 进口货物海关估价方法

进口货物的价格不符合成交价格条件或者成交价格不能确定的，海关应当依次以相同货物成交价格方法、类似货物成交价格方法、倒扣价格方法、计算价格方法及其他合理方法确定的价格为基础，估定完税价格。如果进口货物的收货人提出要求，并提供相关资料，经海关同意，可以选择倒扣价格方法和计算价格方法的适用次序。

(1)相同或类似货物成交价格方法

相同或类似货物成交价格方法，即以与被估的进口货物同时或大约同时(在海关接受申报进口之日的前后各45天以内)进口的相同或类似货物的成交价格为基础，估定完税价格。

上述“相同货物”指与进口货物在同一国家或地区生产的，在物理性质、质量和信誉等所有方面都相同的货物，但表面的微小差异允许存在；“类似货物”指与进口货物在同一国家或地区生产的，虽然不是在所有方面都相同，却具有相似的特征、相似的组成材料、同样的功能，并且在商业中可以互换的货物。

(2)倒扣价格方法

倒扣价格方法即以被估的进口货物、相同或类似进口货物在境内销售的价格为基础，估定完税价格。按该价格销售的货物应当同时符合五个条件：在被估货物进口同时或大约同时销售；按照进口时的状态销售；在境内第一环节销售；合计的货物销售总量最大；向境内无特殊关系方的销售。

以该方法估定完税价格时，下列各项应当扣除：

①该货物的同等级或同种类货物，在境内销售时的利润和一般费用及通常支付的佣金；

②货物运抵境内输入地点之后的运费、保险费、装卸费及其他相关费用；

③进口关税、进口环节税和其他与进口或销售上述货物有关的国内税。

(3)计算价格方法

计算价格方法即按下列各项的总和计算出的价格估定完税价格。有关项为：

①生产该货物所使用的原材料价值和进行装配或其他加工的费用；

②与向境内出口销售同等级或同种类货物的利润、一般费用相符的利润和一般费用；

③货物运抵境内输入地点起卸前的运输及其相关费用、保险费。

(4)其他合理方法

使用其他合理方法时，应当根据《完税价格办法》规定的估价原则，以在境内获得的数据资料为基础估定完税价格，但不得使用以下价格：

①境内生产的货物在境内的销售价格；

②可供选择的价格中较高的价格；

③货物在出口地市场的销售价格；

④以计算价格方法规定的有关各项之外的价值或费用计算的价格；

⑤出口到第三国或地区的货物的销售价格；

⑥最低限价或武断虚构的价格。

(二)特殊进口货物的完税价格

1. 加工贸易进口料件及其制成品应当征税的，海关按照以下规定审定完税价格：

(1)进口时需征税的进料加工进口料件，以该料件申报进口时的成交价格为基础审查确定完税价格。

(2)进料加工进口料件或其制成品(包括残次品、副产品)内销时，海关以料件原进口成交价格为基础审查确定完税价格。料件原进口成交价格不能确定的，海关以接受申报内销的同时或者大约同时进口的与料件相同或者类似的货物的进口成交价格为基础审查确定完税价格。

(3)来料加工进口料件或其制成品(包括残次品、副产品)内销时，海关以接受申报内销的同时或者大约同时进口的与料件相同或者类似的货物的进口成交价格为基础审查确定完税价格。

(4)加工企业内销加工过程中产生的边角料或者副产品，以海关审查确定的内销价格作为完税价格。

加工贸易内销货物的完税价格按照前款规定仍然不能确定的，由海关按照合理的方法审查确定。

2. 出口加工区内的加工企业内销的制成品(包括残次品)，海关以接受内销申报的同时或者大约同时进口的相同或者类似的货物的进口成交价格为基础审查确定完税价格。

出口加工区内的加工企业内销加工过程中产生的边角料或者副产品，以海关审查确定的内销价格作为完税价格。

出口加工区内的加工企业内销的制成品（包括残次品）、边角料或者副产品的完税价格按照本条前两款规定不能确定的，由海关按照合理的方法审查确定。

3. 保税区内的加工企业内销的进口料件或者制成品（包括残次品），海关以接受内销申报的同时或者大约同时进口的相同或者类似的货物的进口成交价格为基础审查确定完税价格。

保税区内的加工企业内销的进料加工制成品中，如果含有从境内采购的料件，海关以制成品所含从境外购入的料件原进口成交价格为基础审查确定完税价格。料件原进口成交价格不能确定的，海关以接受内销申报的同时或者大约同时进口的与料件相同或者类似的货物的进口成交价格为基础审查确定完税价格。

保税区内的加工企业内销加工过程中产生的边角料或者副产品，以海关审查确定的内销价格作为完税价格。

保税区内的加工企业内销制成品（包括残次品）、边角料或者副产品的完税价格按照本条前款规定仍不能确定的，由海关按照合理的方法审查确定。

4. 从保税区、出口加工区、保税物流园区、保税物流中心等区域、场所进入境内，需要征税的货物，海关应当参照《完税价格办法》第二章的有关规定，以从上述区域、场所进入境内的销售价格为基础审查确定完税价格，加工贸易进口料件及其制成品除外。

如果前款所述的销售价格中未包括上述区域、场所发生的仓储、运输及其他相关费用的，应当按照客观量化的数据资料予以计入。

5. 运往境外修理的机械器具、运输工具或其他货物，出境时已向海关报明，并在海关规定期限内复运进境的，应当以境外修理费和料件费为基础审查确定完税价格。

出境修理的货物复运进境超过海关规定期限的，由海关按照《完税价格办法》第二章的规定审查确定完税价格。

6. 运往境外加工的货物，出境时已向海关报明，并在海关规定期限内复运进境的，应当以境外加工费和料件费，以及该货物复运进境的运输及其相关费用、保险费为基础审查确定完税价格。

出境加工货物复运进境超过海关规定期限的，由海关按照《完税价格办法》第二章的规定审查确定完税价格。

7. 经海关批准的暂时进境的货物，应当缴纳税款的，由海关按照《完税价格办法》第二章的规定审查确定完税价格。经海关批准留购的暂时进境货物，以海关审查确定的留购价格作为完税价格。

8. 以租赁方式进口的货物，按照下列方法审查确定完税价格：

(1)以租金方式对外支付的租赁货物，在租赁期间以海关审定的租金作为完税价格，利息应当予以计入；

(2)留购的租赁货物，以海关审定的留购价格作为完税价格；

(3)纳税义务人申请一次性缴纳税款的，可以选择申请按照《完税价格办法》第六条列明的方法确定完税价格，或者按照海关审查确定的租金总额作为完税价格。

9. 减税或免税进口的货物应当补税时，应当以海关审定的该货物原进口时的价格，扣除折旧部分价值作为完税价格，计算公式为：

$$\text{完税价格}=\frac{\text{海关审定的该货物}}{\text{原进口时的价格}}\times\left[1-\frac{\text{补税时实际已}}{\text{进口的时间(月)}}\div(\text{监管年限}\times 12)\right]$$

上述计算公式中“补税时实际已进口的时间”按月计算。不足 1 个月但是超过 15 日的，按照1个月计算;不超过15日的,不予计算。

10. 易货贸易、寄售、捐赠、赠送等不存在成交价格的进口货物,海关与纳税义务人进行价格磋商后,按照《完税价格办法》第六条列明的方法审查确定完税价格。

11. 进口载有专供数据处理设备用软件的介质,具有下列情形之一的,应当以介质本身的价值或者成本为基础审查确定完税价格:

(1)介质本身的价值或者成本与所载软件的价值分列;

(2)介质本身的价值或者成本与所载软件的价值虽未分列,但是纳税义务人能够提供介质本身的价值或者成本的证明文件,或者能提供所载软件价值的证明文件。

含有美术、摄影、声音、图像、影视、游戏、电子出版物的介质不适用前款规定。

(三)出口货物的完税价格

1. 以成交价格为基础的完税价格

出口货物的完税价格,由海关以该货物向境外销售的成交价格为基础审查确定,并应包括货物运至我国境内输出地点装载前的运输及其相关费用、保险费。但其中包含的出口关税税额,应当扣除。

出口货物的成交价格,是指该货物出口销售到我国境外时买方向卖方实付或应付的价格。出口货物的成交价格中含有支付给境外的佣金的,如果单独列明,应当扣除。

2. 出口货物海关估价方法

出口货物的成交价格不能确定时,完税价格由海关依次使用下列方法估定:

(1)同时或大约同时向同一国家或地区出口的相同货物的成交价格。

(2)同时或大约同时向同一国家或地区出口的类似货物的成交价格。

(3)根据境内生产相同或类似货物的成本、利润和一般费用,以及境内发生的运输及其相关费用、保险费计算所得的价格。

(4)按照合理方法估定的价格。

(四)进出口货物完税价格中的运输及其相关费用、保险费的计算

1. 以一般陆运、空运、海运方式进口的货物

在进口货物的运输及其相关费用、保险费的计算中,海运进口货物,计算至该货物运抵境内的卸货口岸;如果该货物的卸货口岸是内河(江)口岸,则应当计算至内河(江)口岸。陆运进口货物,计算至该货物运抵境内的第一口岸;如果运输及其相关费用、保险费支付至目的地口岸,则计算至目的地口岸。空运进口货物,计算至该货物运抵境内的第一口岸;如果该货物的目的地为境内的第一口岸外的其他口岸,则计算至目的地口岸。

陆运、空运和海运进口货物的运费和保险费,应当按照实际支付的费用计算。如果进口货物的运费无法确定或未实际发生,海关应当按照该货物进口同期运输行业公布的运费率(额)计算运费,按照"货价加运费"两者总额的3‰计算保险费。

2. 以其他方式进口的货物

邮运的进口货物,应当以邮费作为运输及其相关费用、保险费;以境外边境口岸价格条件成交的铁路或公路运输进口货物,海关应当按照货价的1%计算运输及其相关费用、保险费;作为进口货物的自驾进口的运输工具,海关在审定完税价格时,可以不另行计入运费。

3. 出口货物

出口货物的销售价格如果包括离境口岸至境外口岸之间的运费、保险费的,该运费、保险费应当扣除。

(五)完税价格的审定

1. 进出口货物的收发货人应当向海关如实申报进出口货物的成交价格，提供包括发票、合同、装箱清单及其他证明申报价格真实、完整的单证、书面资料和电子数据。海关认为必要时，还应当向海关补充申报反映买卖双方关系和成交活动的情况，以及其他与成交价格有关的资料。

2. 海关为审查申报价格的真实性和准确性，可以查阅、复制与进出口货物有关的合同、发票、账册、结付汇凭证、单据、业务函电和其他反映买卖双方关系及交易活动的书面资料和电子数据；可以向进出口货物的收发货人及与其有资金往来或有其他业务往来的公司、企业调查与进出口货物价格有关的问题；可以对进出口货物进行查验或提取货样进行检验或化验；可以进入进出口货物收发货人的生产经营场所、货物存放场所，检查与进出口活动有关的货物和生产经营情况；可以向有关金融机构或税务部门查询了解与进出口货物有关的收付汇资料或缴纳国内税的情况。

3. 海关对申报价格的真实性或准确性有疑问时，应当书面将怀疑的理由告知进出口货物的收发货人，要求其以书面形式作进一步说明，提供资料或其他证据，证明其申报价格是真实、准确的。自海关书面通知发出之日起 15 日内，进出口货物的收发货人未能提供进一步说明，或海关审核所提供的资料或证据后，仍有理由怀疑申报价格的真实性或准确性时，海关可以不接受其申报价格，并按照一般进口货物海关估价方法估定完税价格。

4. 海关有理由认为买卖双方之间的特殊关系影响成交价格时，应当书面将怀疑的理由告知进口货物的收货人，要求其以书面形式作进一步说明，提供资料或其他证据，证明双方之间的关系未影响成交价格。自海关书面通知发出之日起 15 日内，进口货物的收货人未能提供进一步说明，或海关审核所提供的资料或证据后，仍有理由认为买卖双方的关系影响成交价格时，海关可以不接受其申报价格，并按照一般进口货物海关估价方法估定完税价格。

5. 海关不接受申报价格，按照相同货物或类似货物成交价格的规定估定完税价格时，为获得合适的相同或类似进出口货物的成交价格，可以与进出口货物的纳税义务人进行价格磋商。

6. 进出口货物的收发货人可以提供书面申请，要求海关就如何确定其进出口货物的完税价格作出书面说明。

二、应纳税额的计算

(一)从价税应纳税额的计算

从价税应纳税额的计算公式如下：

关税税额＝应税进(出)口货物数量×单位完税价格×税率

(二)从量税应纳税额的计算

从量税应纳税额的计算公式如下：

关税税额＝应税进(出)口货物数量×单位货物税额

(三)复合税应纳税额的计算

我国目前实行的复合税都是先计征从量税，再计征从价税：

关税税额＝应税进(出)口货物数量×单位货物税额
＋应税进(出)口货物数量×单位完税价格×税率

(四)滑准税应纳税额的计算

滑准税应纳税额的计算公式如下：

关税税额＝应税进(出)口货物数量×单位完税价格×滑准税税率

现行税则《进(出)口商品从量税、复合税、滑准税税目税率表》后注明了滑准税税率的计算公式，该公式是一个与应税进(出)口货物完税价格相关的取整函数。

【例6－1】 某机械进出口公司2014年10月进口小轿车100辆，每辆货价10万元，该批小轿车运抵我国海港起卸前的包装、运输、保险和其他费用共计50万元，小轿车关税税率为60%。该公司10月份进口小轿车应纳关税为多少？

【解析】

完税价格＝10×100＋50＝1 050(万元)

应纳关税＝1 050×60%＝630(万元)

【例6－2】 某工艺品进出口公司2014年2月从印度进口宝石一批，到岸价格共计50万元，另外在宝石成交过程中，公司向卖方支付佣金5万元。在该批宝石成交价格中已包括宝石进口后发生的技术指导费6万元(能够单独分列)。宝石关税税率为30%。该批宝石在进口环节应纳关税为多少？

【解析】

到岸价格50万元应计入完税价格；公司向卖方支付的佣金5万元应计入完税价格；进口后发生的技术指导费6万元，由于能够单独分列，应从完税价格中扣除。

完税价格＝50＋5－6＝49(万元)

应纳关税＝49×30%＝14.7(万元)

【例6－3】 2011年8月1日，S公司由于承担国家重要项目，经批准进口一套特定的免税电子设备，该进口电子设备经海关审定完税价格折合人民币500万元。使用2年后，项目完工。2013年9月30日，S公司将设备出售给国内的另一家企业，并向海关办理申报补税手续。2011年进口时关税税率为12%，2013年海关接受纳税人再次填写报关单申请办理纳税及有关手续之日实施的税率为7%，海关规定的监管年限为5年。按规定该设备应补缴的关税为多少？

【解析】

减免税进口货物需要补税时，应当以海关审定的该货物原进口时的价格，扣除折旧部分价值作为完税价格；按照特定减免税办法批准进口的减免税货物，经批准转让或出售或移作他用需要补征关税时，适用海关接受纳税人再次填写报关单申请办理纳税及有关手续之日实施的税率。

应补缴关税＝500×[1－(2×12)÷(5×12)]×7%＝21(万元)

【例6－4】 深圳某进出口公司从日本进口应税消费品一批，货物以离岸价成交，成交价折合人民币为2 820万元(包括单独计价并经海关审查属实的向境外代理人支付的购货佣金20万元，不包括使用该货物而向境外支付的软件费70万元、向卖方支付的佣金30万元)，货物运抵深圳海港的运费、保险费合计100万元。假设该货物适用关税税率为20%、增值税税率为17%、消费税税率为10%。按规定该公司应缴纳的关税、消费税和增值税为多少？

【解析】

关税完税价格＝离岸价＋软件费＋向卖方支付的佣金－购货佣金＋运保费

＝2 820＋70＋30－20＋100＝3 000(万元)

应纳关税＝3 000×20％＝600(万元)

增值税、消费税组成计税价格＝(3 000＋600)÷(1－10％)＝4 000(万元)

进口环节海关代征消费税＝4 000×10％＝400(万元)

进口环节海关代征增值税＝4 000×17％＝680(万元)

第五节　行李和邮递物品进口税

行李和邮递物品进口税简称行邮税，是海关对入境旅客行李物品和个人邮递物品征收的进口税。由于其中包含了在进口环节征收的增值税、消费税，因而也是对个人非贸易性入境物品征收的进口关税和进口工商税收的总称。课税对象包括入境旅客、运输工具、服务人员携带的应税行李物品、个人邮递物品、馈赠物品以及以其他方式入境的个人物品等，简称进口物品。

对准许应税进口旅客行李物品、个人邮递物品以及其他个人自用物品，均应依据《入境旅客行李物品和个人邮递物品征收进口税税率表》征收行邮税。纳税人是携带应税个人自用物品入境的旅客及运输工具的服务人员、进口邮递物品的收件人，以及以其他方式进口应税个人自用物品的收件人。上述所称的应税个人自用物品，不包括汽车、摩托车及其配件、附件。对进口应税个人自用汽车、摩托车及其配件、附件，以及超过海关规定自用合理数量部分的应税物品，应按货物进口程序办理报关验放手续。

《入境旅客行李物品和个人邮递物品征收进口税税率表》由国务院关税税则委员会审定后，海关总署对外公布实施。我国行邮税税目和税率经过了多次调整，现行行邮税税率分为50％、20％、10％三个档次：属于50％税率的物品为烟、酒；属于20％税率的物品包括纺织品及其制成品，摄像机、摄录一体机、数码相机及其他电器用具、照相机，自行车，手表、钟表(含配件、附件)，化妆品；属于10％税率的物品包括书报、刊物、教育专用电影片、幻灯片、原版录音带、录像带，金、银及其制品，食品、饮料和其他商品。

进口税采用从价计征，完税价格由海关参照该项物品的境外正常零售平均价格确定。完税价格乘以进口税税率，即为应纳的进口税税额。海关按照填发税款缴纳书当日有效的税率和完税价格计算征收。纳税人应当在海关放行应税个人自用物品之前缴清税款。

第六节　税收优惠

关税减免是对某些纳税人和征税对象给予鼓励和照顾的一种特殊调节手段。正是有了这一手段，使关税政策工作兼顾了普遍性和特殊性、原则性和灵活性。因此，关税减免是贯彻国家关税政策的一项重要措施。关税减免分为法定减免税、特定减免税和临时减免税。根据《海关法》规定，除法定减免税外的其他减免税均由国务院决定。减征关税在我国加入世界贸易组织之前以税则规定税率为基准，在我国加入世界贸易组织之后以最惠国税率或者普通税率为基准。

一、法定减免税

法定减免税是税法中明确列出的减税或免税。符合税法规定可予减免税的进出口货物，纳税义务人无须提出申请，海关可按规定直接予以减免税。海关对法定减免税货物一般不进行后续管理。

我国《海关法》和《进出口关税条例》明确规定，下列货物、物品予以减免关税：

1. 关税税额在人民币50元以下的一票货物，可免征关税。

2. 无商业价值的广告品和货样，可免征关税。

3. 外国政府、国际组织无偿赠送的物资，可免征关税。

4. 进出境运输工具装载的途中必需的燃料、物料和饮食用品，可予免税。

5. 经海关核准暂时进境或者暂时出境，并在6个月内复运出境或者复运进境的货样、展览品、施工机械、工程车辆、工程船舶、供安装设备时使用的仪器和工具、电视或者电影摄制器械、盛装货物的容器以及剧团服装道具，在货物收发货人向海关缴纳相当于税款的保证金或者提供担保后，可予暂时免税。

6. 为境外厂商加工、装配成品和为制造外销产品而进口的原材料、辅料、零件、部件、配套件和包装物料，海关按照实际加工出口的成品数量免征进口关税；或者对进口料件先征进口关税，再按照实际加工出口的成品数量予以退税。

7. 因故退还的中国出口货物，经海关审查属实，可予免征进口关税，但已征收的出口关税不予退还。

8. 因故退还的境外进口货物，经海关审查属实，可予免征出口关税，但已征收的进口关税不予退还。

9. 进口货物如有以下情形，经海关查明属实，可酌情减免进口关税：

(1)在境外运输途中或者在起卸时，遭受损坏或者损失的；

(2)起卸后海关放行前，因不可抗力遭受损坏或者损失的；

(3)海关查验时已经破漏、损坏或者腐烂，经证明不是保管不慎造成的。

10. 无代价抵偿货物，即进口货物在征税放行后，发现货物残损、短少或品质不良，而由国外承运人、发货人或保险公司免费补偿或更换的同类货物，可以免税。但有残损或质量问题的原进口货物如未退运国外，其进口的无代价抵偿货物应照章征税。

11. 我国缔结或者参加的国际条约规定减征、免征关税的货物、物品，按照规定予以减免关税。

12. 法律规定减征、免征的其他货物。

二、特定减免税

特定减免税也称政策性减免税。在法定减免税之外，国家按照国际通行规则和我国实际情况，制定发布的有关进出口货物减免关税的政策，称为特定或政策性减免税。特定减免税货物一般有地区、企业和用途的限制，海关需要进行后续管理，也需要进行减免税统计。

(一)科教用品

为有利于我国科研、教育事业发展，国务院制定了《科学研究和教学用品免征进口税收暂行规定》，对科学研究机构和学校，不以营利为目的，在合理数量范围内进口国内不能生产的科学研究和教学用品，直接用于科学研究或者教学的，免征进口关税和进口环节增值税、消费税。该规定对享受该优惠的科研机构和学校资格、类别以及可以免税的物品都作了明确规定。

(二)残疾人专用品

为支持残疾人的康复工作，国务院制定了《残疾人专用品免征进口税收暂行规定》，对规定的残疾人个人专用品，免征进口关税和进口环节增值税、消费税；对康复、福利机构，假肢厂和荣誉军人康复医院进口国内不能生产的该规定明确的残疾人专用品，免征进口关税和进口环节增值税。该规定对可以免税的残疾人专用品种类和品名作了明确规定。

(三)扶贫、慈善性捐赠物资

为促进公益事业的健康发展，经国务院批准，财政部、国家税务总局、海关总署颁布了《扶贫、慈善性捐赠物资免征进口税收暂行办法》。对境外自然人、法人或者其他组织等境外捐赠人，无偿向经国务院主管部门依法批准成立的，以人道救助和发展扶贫、慈善事业为宗旨的社会团体以及国务院有关部门和各省、自治区、直辖市人民政府捐赠的，直接用于扶贫、慈善事业的物资，免征进口关税和进口环节增值税。所称扶贫、慈善事业，是指非营利的扶贫济困、慈善救助等社会慈善和福利事业。该办法对可以免税的捐赠物资种类和品名作了明确规定。

(四)加工贸易产品

1. 加工装配和补偿贸易

加工装配即来料加工、来样加工和来件装配，是指由境外客商提供全部或部分原辅料、零配件和包装物料，必要时提供设备，由我方按客商要求进行加工装配，成品交外商销售，我方收取工缴费。客商提供的作价设备价款，我方用工缴费偿还。补偿贸易是指由境外客商提供或国内单位利用国外出口信贷进口生产技术或设备，由我方生产，以返销产品方式分期偿还对方技术、设备价款或贷款本息的交易方式。因有利于较快地提高出口产品生产技术，改善我国产品质量和品种，扩大出口，增加我国外汇收入，国家给予一定的关税优惠：进境料件不予征税，准许在境内保税加工为成品后返销出口；进口外商的不作价设备和作价设备，分别比照外商投资项目和国内投资项目的免税规定执行；剩余料件或增产的产品，经批准转内销时，价值在进口料件总值2%以内，且总价值在3 000元以下的，可予免税。

2. 进料加工

经批准有权经营进出口业务的企业使用进料加工专项外汇进口料件，并在一年内加工或装配成品外销出口的业务，称为进料加工业务。对其关税优惠为：对专为加工出口商品而进口的料件，海关按实际加工复出口的数量，免征进口税；加工的成品出口，免征出口税，但内销料件及成品照章征税；对加工过程中产生的副产品、次品、边角料，海关根据其使用价值分析估价征税或者酌情减免税；剩余料件或增产的产品，经批准转内销时，价值在进口料件总值2%以内，且总价值在5 000元以下的，可予免税。

(五)边境贸易进口物资

为了鼓励我国边境地区积极发展同我国毗邻国家间的边境贸易与经济合作，国家制定了有关扶持、鼓励边境贸易和边境地区发展对外经济合作的政策措施。边境贸易有边民互市贸易和边境小额贸易两种形式。边民互市贸易是指边境地区边民在边境线20公里以内、经政府批准的开放点或指定的集市上进行的商品交换活动。边民通过互市贸易进口的商品，每人每日价值在8 000元以下的，免征进口关税和进口环节增值税。边境小额贸易是指沿陆地边境线经国家批准对外开放的边境县(旗)、边境城市辖区内经批准有边境小额贸易经营权的企业，通过国家指定的陆地边境口岸，与毗邻国家边境地区的企业或其他贸易机构之间进行的贸易活动。边境小额贸易企业通过指定边境口岸进口原产于毗邻国家的商品，除烟、酒、化妆品以及国家规定必须照章征税的其他商品外，进口关税和进口环节增值税减半征收。

(六)保税区进出口货物

为了创造完善的投资、运营环境，开展为出口贸易服务的加工整理、包装、运输、仓储、商品展出和转口贸易，国家在境内设立了保税区，即与外界隔离的全封闭方式，在海关监控管理下进行存放和加工保税货物的特定区域。保税区的主要关税优惠政策有：进口供保税区使用的机器、设备、基建物资、生产用车辆，为加工出口产品进口的原材料、零部件、元器件、包装物料，供储存的转口货物以及在保税区内加工运输出境的产品，免征进口关税和进口环节税；保税区内企业进口专为生产加工出口产品所需的原材料、零部件、包装物料，以及转口货物予以保税；从保税区运往境外的货物，一般免征出口关税等。

(七)出口加工区进出口货物

为加强与完善加工贸易管理，严格控制加工贸易产品内销，保护国内相关产业，并为出口加工企业提供更宽松的经营环境，带动国产原材料、零配件的出口，国家设立了出口加工区。出口加工区的主要关税优惠政策有：从境外进入区内生产性的基础设施建设项目所需的机器、设备和建设生产厂房，仓储设施所需的基建物资，区内企业生产所需的机器、设备、模具及其维修用零配件，区内企业和行政管理机构自用合理数量的办公用品，予以免征进口关税和进口环节税；区内企业为加工出口产品所需的原材料、零部件、元器件、包装物料及消耗性材料，予以保税；对加工区运往区外的货物，海关按照对进口货物的有关规定办理报关手续，并按照制成品征税；对从区外进入加工区的货物视同出口，可按规定办理出口退税。

(八)进口设备

为进一步扩大利用外资，引进国外先进技术和设备，促进产业结构的调整和技术进步，保持国民经济持续、快速、健康发展，国务院决定自 1998 年 1 月 1 日起，对国家鼓励发展的国内投资项目和外商投资项目进口设备，在规定范围内免征进口关税和进口环节增值税。具体为：对符合《外商投资产业指导目录》鼓励类和限制乙类，并转让技术的外商投资项目，在投资总额内进口的自用设备，以及外国政府贷款和国际金融组织贷款项目进口的自用设备、加工贸易外商提供的不作价进口设备，除《外商投资项目不予免税的进口商品目录》所列商品外，免征进口关税和进口环节增值税；对符合《当前国家重点鼓励发展的产业、产品和技术目录》的国内投资项目，在投资总额内进口的自用设备，除《国内投资项目不予免税的进口商品目录》所列商品外，免征进口关税和进口环节增值税；对符合上述规定的项目，按照合同随设备进口的技术及配套件、备件，也免征进口关税和进口环节增值税。从 2009 年起，配合国内增值税转型改革，调整为免征进口关税，照常征收进口环节增值税。

(九)特定行业或用途的减免税政策

为鼓励、支持部分行业或特定产品的发展，国家制定了部分特定行业或用途的减免税政策，这类政策一般对可减免税的商品列有具体清单。如为支持我国海洋和陆上特定地区石油、天然气开采作业，对相关项目进口国内不能生产或性能不能满足要求的，且直接用于开采作业的设备、仪器、零附件、专用工具，免征进口关税和进口环节增值税等。

三、临时减免税

临时减免税是指以上法定和特定减免税以外的其他减免税，即由国务院根据《海关法》对某个单位、某类商品、某个项目或某批进出口货物的特殊情况，给予特别照顾，一案一批，专文下达的减免税。一般有单位、品种、期限、金额或数量等限制，不能比照执行。

我国已加入世界贸易组织，为遵循统一、规范、公平、公开的原则，有利于统一税法、公平税负、平等竞争，国家严格控制减免税，一般不办理个案临时性减免税；对特定减免税也在逐步规范、清理，对不符合国际惯例的税收优惠政策将逐步予以废止。

第七节　征收管理

一、关税缴纳

进口货物自运输工具申报进境之日起14日内，出口货物在货物运抵海关监管区后装货的24小时以前，应由进出口货物的纳税义务人向货物进(出)境地海关申报，海关根据税则归类和完税价格计算应缴纳的关税和进口环节代征税，并填发税款缴款书。纳税义务人应当自海关填发税款缴款书之日起15日内，向指定银行缴纳税款。如关税缴纳期限的最后1日是周末或法定节假日，则关税缴纳期限顺延至周末或法定节假日过后的第1个工作日。为方便纳税义务人，经申请且海关同意，进(出)口货物的纳税义务人可以在设有海关的指运地(起运地)办理海关申报、纳税手续。

关税纳税义务人因不可抗力或者在国家税收政策调整的情形下，不能按期缴纳税款的，经海关总署批准，可以延期缴纳税款，但最长不得超过6个月。

二、关税的强制执行

纳税义务人未在关税缴纳期限内缴纳税款，即构成关税滞纳。为保证海关征收关税决定的有效执行和国家财政收入的及时入库，《海关法》赋予海关对滞纳关税的纳税义务人强制执行的权力。强制措施主要有两类：

一是征收关税滞纳金。滞纳金自关税缴纳期限届满滞纳之日起至纳税义务人缴纳关税之日止，按滞纳税款万分之五的比例按日征收，周末或法定节假日不予扣除。具体计算公式为：

关税滞纳金金额＝滞纳关税税额×滞纳金征收比率×滞纳天数

二是强制征收。如纳税义务人自海关填发缴款书之日起3个月仍未缴纳税款，经海关关长批准，海关可以采取强制扣缴、变价抵缴等强制措施。强制扣缴即海关从纳税义务人在开户银行或者其他金融机构的存款中直接扣缴税款。变价抵缴即海关将应税货物依法变卖，以变卖所得抵缴税款。

三、关税退还

关税退还是关税纳税义务人按海关核定的税额缴纳关税后，因某种原因的出现，海关将实际征收多于应当征收的税额(称为溢征关税)退还给原纳税义务人的一种行政行为。根据《海关法》的规定，海关多征的税款，海关发现后应当立即退还。

按规定，有下列情形之一的，进出口货物的纳税义务人可以自缴纳税款之日起1年内，书面声明理由，连同原纳税收据向海关申请退税并加算银行同期活期存款利息，逾期不予受理：

1. 因海关误征，多纳税款的；
2. 海关核准免验进口的货物，在完税后，发现有短卸情形，经海关审查认可的；
3. 已征出口关税的货物，因故未将其运出口，申报退关，经海关查验属实的。

对已征出口关税的出口货物和已征进口关税的进口货物，因货物品种或规格原因(非其他原因)原状复运进境或出境的，经海关查验属实的，也应退还已征关税。海关应当自受理退税申请之日起30日内，作出书面答复并通知退税申请人。需要强调的是，“因货物品种或规格原因，原状复运进境或出境的”。如果属于其他原因且不能以原状复运进境或出境，不能退税。

四、关税补征和追征

补征和追征是海关在关税纳税义务人按海关核定的税额缴纳关税后，发现实际征收税额少于应当征收的税额(称为短征关税)时，责令纳税义务人补缴所差税款的一种行政行为。《海关法》根据短征关税的原因，将海关征收原短征关税的行为分为补征和追征两种。由于纳税人违反海关规定造成短征关税的，称为追征；非因纳税人违反海关规定造成短征关税的，称为补征。区分关税追征和补征的目的是为了区别不同情况适用不同的征收时效，超过时效规定的期限，海关就丧失了追补关税的权力。根据《海关法》的规定，进出境货物和物品放行后，海关发现少征或者漏征税款，应当自缴纳税款或者货物、物品放行之日起 1 年内，向纳税义务人补征；因纳税义务人违反规定而造成的少征或者漏征的税款，自纳税义务人应缴纳税款之日起 3 年以内可以追征，并从缴纳税款之日起按日加收少征或者漏征税款万分之五的滞纳金。

五、关税纳税争议

为保护纳税人合法权益，我国《海关法》和《进出口关税条例》都规定了纳税义务人对海关确定的进出口货物的征税、减税、补税或者退税等有异议时，有提出申诉的权利。在纳税义务人同海关发生纳税争议时，可以向海关申请复议，但同时应当在规定期限内按海关核定的税额缴纳关税，逾期则构成滞纳，海关有权按规定采取强制执行措施。

纳税争议的内容一般为进出境货物和物品的纳税义务人对海关原产地认定、税则归类、税率或汇率适用、完税价格确定，关税减征、免征、追征、补征和退还等征税行为是否合法或适当，是否侵害了纳税义务人的合法权益，而表示异议。

纳税争议的申诉程序：纳税义务人自海关填发税款缴款书之日起 30 日内，向原征税海关的上一级海关书面申请复议。逾期申请复议的，海关不予受理。海关应当自收到复议申请之日起 60 日内作出复议决定，并以复议决定书的形式正式答复纳税义务人；纳税义务人对海关复议决定仍然不服的，可以自收到复议决定书之日起 15 日内，向人民法院提起诉讼。

本章关键词

关税　关境　进出口税则　关税完税价格　特别关税

复习思考题

一、简答题

1. 简述关税的概念和特点。
2. 简述关税的纳税人和征税对象。
3. 简述进口货物完税价格的确定。
4. 简述关税的追征和补征。

二、计算题

1. 某城建公司为修建城市地铁，从日本进口设备一批，货价 200 万元。起运后至入关前运费 10 万元，到货后调试费 8 万元。假设进口设备关税税率为 20%。该单位应纳进口关税为多少？

2. 有进出口经营权的某外贸公司，2014 年 10 月发生以下经营业务：

(1)经有关部门批准从境外进口小轿车 30 辆，每辆小轿车货价 20 万元，运抵我国海关前发生的运输费用、保险费用为 100 万元，向海关缴纳了相关税款，并取得了完税凭证。假设进口货物关税税率为 20%。

(2)月初将上月购进的库存材料(价款 40 万元)，经海关核准委托境外公司加工一批货物，月末该批加工货物在海关规定的期限内复运进境的运输费和保险费共 3 万元，并支付给境外公司 5 万元的加工费。假设进口货物关税税率为 30%。

要求计算并回答下列问题：

(1)小轿车在进口环节应纳关税为多少？

(2)加工货物在进口环节应纳关税为多少？

3. 某企业 2014 年 5 月进口一批银首饰，海关审定的货价折合人民币 8 000 万元，运输保险费无法确定，按同类货物同期同程运输费计算的运费为 50 万元，该批货物进口关税税率为 15%。

要求计算并回答下列问题：

(1)进口环节应纳关税为多少？

(2)进口环节应纳消费税为多少？

(3)进口环节应纳增值税为多少？

4. M 公司进口货物一批，CIF 成交价格为人民币 800 万元，含单独计税并经海关审核属实的进口后装配调试费用 50 万元。该货物进口关税税率为 10%，海关填发税款缴款书日期为 2014 年 3 月 10 日，该公司于 3 月 28 日缴纳税款。计算该公司应纳关税及滞纳金。

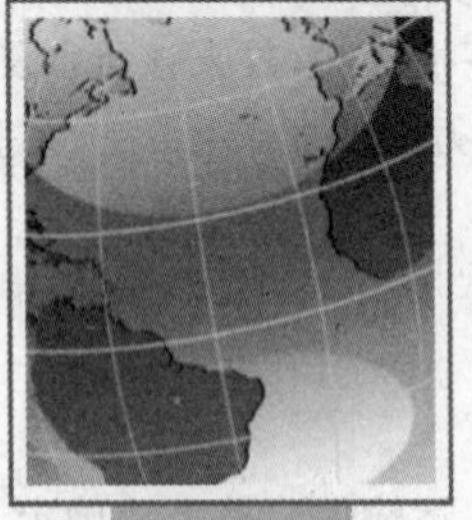

第七章
企业所得税法

导入案例

英国亚马逊网是英伦最大的网络零售商，仅是2011年在其国内的销售额就超过33亿英镑之多。作为一家拥有如此高额利润的公司，却未上缴企业所得税。英国税务机构就此展开调查。

1998年成立于英国的亚马逊公司，是英国最受欢迎的购物网站，其网站访问量超过了Argos(英国排名首位的商品零售商)、Next(英国老牌服装公司)以及Tesco(特易购，英国最大的零售商)。在英国，消费者每买四本书，就有一本来自英国亚马逊网。从亚马逊总公司向美国证券交易委员会(以下简称SEC)所递交的监管文件可以看出，对英国经营状况的税务调查重点集中于一段时间之内。这段时间正是这家卢森堡公司获得亚马逊英国业务所有权的时期。除了书籍，亚马逊销售的商品种类繁多。就在最近，该公司还荣膺英国最佳客户服务奖。据2010年对亚马逊欧盟有限责任公司的审计显示，这家卢森堡公司在当地仅有134个员工，但是其营业额却高达75亿欧元(约合65亿英镑)。而同年，其在英国的业务总共雇用了2 265个员工，上报的营业额却只有1.47亿英镑。据SEC文件显示，英国业务那一年的营业额在23亿～32亿英镑之间。亚马逊在美国地区前三年内的平均利润率为3.5%。SEC文件还显示，前三年英国业务的销售额在76亿～103亿英镑之间。若以相同利润率来计算，这里将会有2.66亿～3.6亿英镑的课税利润，并产生最高可达1亿英镑的英国企业所得税。但是，从2003年到2011年的九年里，这家在英国注册的公司(英国亚马逊)所上报的净值税费的总和仅为300万英镑——其中的190万还是2011年的税费。这并不是英国税务海关总署所征收到的实际税额，至于实际税额究竟是多少，我们不得而知，因为并没有硬性规定要求英国亚马逊提供其现金流量表。对于英国亚马逊拥有近70亿英镑销售额，却不缴纳企业所得税这一问题，你是怎么解读的?

第一节　企业所得税概述

一、企业所得税的概念

企业所得税是对我国境内的企业和其他取得收入的组织的生产、经营所得和其他所得依法征收的一种税，是国家参与企业利润分配的重要手段。在国外，企业所得税被称为“公司税”、“公司所得税”、“法人税”或“法人所得税”。

二、企业所得税的发展

对公司组织所得课征税收，最早始于1909年的英国，此后其他国家也相继开征。目前，世界上有160多个国家和地区开征了企业所得税。按照现代税收理论，所得税具有普遍征收、有利于公平和富有弹性等特性，而征收企业所得税的重要理由，更是基于其公平性与合理性。

在我国，企业所得税是仅次于增值税的第二大税种，约占每年全国税收收入总额的20%。

我国的企业所得税制度，是随着改革开放和经济体制改革的不断推进而逐步建立、完善起来的。由于历史原因,我国的企业所得税制度在2008年以前是内、外有别的,分别是1991年4月9日第七届全国人大第四次会议通过的《中华人民共和国外商投资企业和外国企业所得税法》和1993年12月13日国务院颁布的《中华人民共和国企业所得税暂行条例》。十多年中,这两个法规并行于我国的内、外资企业所得税的征收管理,对我国经济的快速发展发挥了重要的作用。但随着我国社会主义市场经济的不断完善和世界经济一体化的快速发展,两税并存的弊病日益显露并急需改革。为了进一步理顺国家与企业的分配关系和内、外资企业的税负公平,促进竞争,以及有利于促进我国经济的稳定发展,2007年3月16日第十届全国人大第五次全体会议通过了《中华人民共和国企业所得税法》(以下简称《企业所得税法》),合并了内、外资企业所得税法,与之配套的《中华人民共和国企业所得税法实施条例》(以下简称《企业所得税法实施条例》)也于同年12月6日出台,于2008年1月1日起施行。

三、企业所得税的特点

与其他税种相比,企业所得税具有如下特点:

(一)以所得额为课税对象,税源大小受企业经济效益的影响

企业所得税的课税对象是总收入扣除成本费用后的净所得额。净所得额的大小决定着税源的多少,总收入相同的纳税人,所得额不一定相同,缴纳的所得税也不一定相同。

(二)征税以量能负担为原则

企业所得税以所得额为课税对象,所得税的负担轻重与纳税人所得的多少有着内在联系,所得多、负担能力大的多征,所得少、负担能力小的少征,无所得、没有负担能力的不征,以体现税收公平的原则。

(三)税法对税基的约束力强

企业应纳税所得额的计算应严格按照《企业所得税法》及其他有关规定进行,如果企业的财务会计处理办法与国家税收法规抵触的,应当按照税法的规定计算纳税。这一规定有利于保护税基,维护国家利益。

(四)计税复杂,稽征管理难度大

由于企业所得税的课税对象是企业所得额,而应税所得额涉及核算企业的收入、成本、费用、利润等,计税复杂,稽征管理难度大,征收成本较高。因此,客观上对纳税人的要求高,要求会计核算健全,以便提高征收效率。

(五)实行按年计算、分期预缴的征收办法

企业所得税的征收一般是以全年的应纳税所得额为计税依据,实行按年计算、分月或分季预缴、年终汇算清缴的征收办法。对经营时间不足1年的企业,要将实际经营期间的所得额换算成1年的所得额计算缴纳所得税。

第二节　纳税义务人与征税对象

一、纳税义务人

企业所得税的纳税义务人是指在中华人民共和国境内的企业和其他取得收入的组织。从企业责任来讲,这里的企业是具有有限责任性质的主体,个人独资企业、合伙企业由于具有无限责任,按现行税法规定需缴纳个人所得税,所以个人独资企业、合伙企业不属于企业所得税的纳税人。

为了界定不同纳税人的纳税义务，更好地保障我国税收管辖权的行使，税法将纳税人分为居民企业和非居民企业。税收管辖权是一国政府在征税方面的主权，是国家主权的重要组成部分。根据国际上的通行做法，我国采取了地域管辖权和居民管辖权的双重标准，最大限度地维护我国的税收利益。

(一)居民企业

居民企业是指依法在中国境内成立，或者依照外国(地区)法律成立但实际管理机构在中国境内的企业。这里所称实际管理机构，是指对企业的生产经营、人员、账务、财产等实施实质性全面管理和控制的机构。一般地，符合以下条件的可认定为在中国有实际管理机构：

1. 企业负责实施日常生产经营管理运作的高层管理人员及其高层管理部门履行职责的场所主要位于中国境内；

2. 企业的财务决策(如借款、放款、融资、财务风险管理等)和人事决策(如任命、解聘和薪酬等)由位于中国境内的机构或人员决定，或需要得到位于中国境内的机构或人员批准；

3. 企业的主要财产、会计账簿、公司印章、董事会和股东会议纪要档案等位于或存放于中国境内；

4. 企业1/2以上(含1/2)有投票权的董事或高层管理人员经常居住于中国境内。

不过，在对纳税人的身份进行具体界定时，对于实际管理机构的判断，应当遵循实质重于形式的原则。

(二)非居民企业

非居民企业是指依照外国(地区)法律成立且实际管理机构不在中国境内，但在中国境内设立机构、场所的，或者在中国境内未设立机构、场所，但有来源于中国境内所得的企业。这里所称的机构、场所，是指在中国境内从事生产经营活动的机构、场所，包括：管理机构、营业机构、办事机构；工厂、农场、开采自然资源的场所；提供劳务的场所；从事建筑、安装、装配、修理、勘探等工程作业的场所；其他从事生产经营活动的机构、场所。

非居民企业委托营业代理人在中国境内从事生产经营活动的，包括委托单位或者个人经常代其签订合同，或者储存、交付货物等，该营业代理人视为非居民企业在中国境内设立的机构、场所。

非居民企业在中国境内未设立机构、场所的，或者虽设立机构、场所但取得的所得与其所设机构、场所没有实际联系的，应当就其来源于中国境内的所得应缴纳的所得税，实行源泉扣缴，以支付人为扣缴义务人。税款由扣缴义务人在每次支付或者到期应支付时，从支付或者到期应支付的款项中扣缴。支付人是指依照有关法律规定或者合同约定对非居民企业直接负有支付相关款项义务的单位或者个人。

对非居民企业在中国境内取得工程作业和劳务所得应缴纳的所得税，税务机关可以指定工程价款或者劳务费的支付人为扣缴义务人。

二、征税对象

企业所得税的征税对象是指企业的生产经营所得、其他所得和清算所得。

(一)居民企业的征税对象

居民企业应当将其来源于中国境内、境外的所得作为征税对象。所得包括销售货物所得，提供劳务所得，转让财产所得，股息、红利等权益性投资所得，利息所得，租金所得，特许权使用费所得，接受捐赠所得和其他所得。

(二)非居民企业的征税对象

非居民企业在中国境内设立机构、场所的，应当就其所设机构、场所取得的来源于中国境内的所得，以及发生在中国境外但与其所设机构、场所有实际联系的所得，缴纳企业所得税。非居民企业在中国境内未设立机构、场所的，或者虽设立机构、场所但取得的所得与其所设机构、场所没有实际联系的，应当就其来源于中国境内的所得缴纳企业所得税。

上述所称实际联系，是指非居民企业在中国境内设立的机构、场所拥有据以取得所得的股权、债权，以及拥有、管理、控制据以取得所得的财产等。

(三)所得来源的确定

所称来源于中国境内、境外的所得，按照以下原则确定：

1. 销售货物所得，按照交易活动发生地确定。
2. 提供劳务所得，按照劳务发生地确定。
3. 转让财产所得，不动产转让所得按照不动产所在地确定，动产转让所得按照转让动产的企业或者机构、场所所在地确定，权益性投资资产转让所得按照被投资企业所在地确定。
4. 股息、红利等权益性投资所得，按照分配所得的企业所在地确定。
5. 利息所得、租金所得、特许权使用费所得，按照负担、支付所得的企业或者机构、场所所在地确定，或者按照负担、支付所得的个人的住所地确定。
6. 其他所得，由国务院财政、税务主管部门确定。

第三节 税率及应纳税所得额的确定

一、税率

企业所得税的税率是体现国家与企业分配关系的核心要素。我国现行的企业所得税实行比例税率，具体分为基本税率和低税率。

(一)基本税率

基本税率(25%)适用于居民企业和在中国境内设立机构、场所且所得与机构、场所有关联的非居民企业。25%的基本税率从世界范围来看还是偏低的。据普华永道调查，世界上近160个实行企业所得税的国家(地区)平均税率为28.6%，我国周边18个国家(地区)的平均税率为26.7%。① 现行税率的确定，既考虑了我国财政承受能力和企业负担水平，又在一定程度上确保了对外商投资的吸引力。

(二)低税率

低税率(20%)适用于在中国境内未设立机构、场所的，或者虽设立机构、场所但取得的所得与其所设机构、场所没有实际联系的非居民企业，但实际征税时适用10%的税率。

此外，为了更好地体现国家产业政策和扶持中小企业发展，税法还规定了两类优惠税率。即对符合条件的小型微利企业，执行20%的税率；对国家需要重点扶持的高新技术企业、符合条件的技术性服务外包企业，执行15%的税率。相关税收优惠的具体内容见本章企业所得税税收优惠部分。

---

① 资料来源："中国新企业所得税率属中低水平不影响外资进入"，中国新闻网，2007－03－18。

二、应纳税所得额的确定

应纳税所得额是企业所得税的计税依据。按照我国《企业所得税法》的规定，应纳税所得额为企业每一纳税年度的收入总额减除不征税收入、免税收入、各项扣除及允许弥补的以前年度亏损后的余额。

企业应纳税所得额的计算以权责发生制为原则，属于当期的收入和费用，不论款项是否收付，均作为当期的收入和费用；不属于当期的收入和费用，即使款项已经在当期收付，均不作为当期的收入和费用。《企业所得税法实施条例》和国务院财政、税务主管部门另有规定的除外。

应纳税所得额的确定，要以国家有关税收规定为依据。应纳税所得额与会计利润是两个不同的概念，两者既有联系，又有区别。应纳税所得额是一个税收概念，是根据《企业所得税法》按照一定的标准确定的、纳税人在一个时期内的计税所得，即企业所得税的计税依据；而会计利润则是一个会计核算概念，反映的是企业一定时期内生产经营的财务成果。会计利润是确定应纳税所得额的基础，但是不能等同于应纳税所得额。正是由于上述区别，所以《企业所得税法》规定，纳税人在计算应纳税所得额时，其财务、会计处理办法同国家有关税收的规定有抵触的，应当按照国家有关税收的规定计算纳税。也就是说，企业的会计利润在按照国家税收制度的规定进行相应的调整后才能作为应纳税所得额，并据以计算所得税。这样，应纳税所得额的计算又可用如下公式表示：

应纳税所得额＝会计利润±纳税调整项目金额

如何进行纳税调整，是应纳税所得额确定的关键。一般而言，针对收入项目，会计作为收入而税法作为非应税收入或免税收入的，应作纳税调减处理；针对支出项目，会计可以扣除而税法不可以扣除，以及会计全额扣除而税法限额扣除的，应作纳税调增处理。如果税法对某一收入和支出项目的税务处理没有明确规定，应基于税法合规性原则，将会计处理惯例作为税务处理方法，此类项目也就不需要进行纳税调整。

《企业所得税法》对应纳税所得额的计算作了明确的规定，主要包括收入总额、扣除范围和标准、资产的税务处理、特别纳税调整、亏损弥补等内容。

(一)收入总额

企业的收入总额包括以货币形式和非货币形式从各种来源取得的收入。具体有销售货物收入，提供劳务收入，转让财产收入，股息、红利等权益性投资收益，利息收入，租金收入，特许权使用费收入，接受捐赠收入，其他收入。

企业取得收入的货币形式，包括现金、存款、应收账款、应收票据、准备持有至到期的债券投资及债务的豁免等。企业取得收入的非货币形式，包括固定资产、生物资产、无形资产、股权投资、存货、不准备持有至到期的债券投资、劳务及有关权益等。以非货币形式取得的收入，应当按照公允价值确定收入额，公允价值是指按照市场价格确定的价值。收入的具体构成如下：

1. 一般收入的确认

(1)销售货物收入。指企业销售商品、产品、原材料、包装物、低值易耗品及其他存货取得的收入。

(2)提供劳务收入。指企业从事建筑安装、修理修配、交通运输、仓储租赁、金融保险、邮电通信、咨询经纪、文化体育、科学研究、技术服务、教育培训、餐饮住宿、中介代理、卫生保健、社区服务、旅游、娱乐、加工及其他劳务服务活动取得的收入。

(3)转让财产收入。指企业转让固定资产、生物资产、无形资产、股权、债权等财产取得的收入。

(4)股息、红利等权益性投资收益。指企业因权益性投资从被投资方取得的收入。股息、红利等权益性投资收益，除国务院财政、税务主管部门另有规定外，按照被投资方做出利润分配决定的日期确认收入的实现。

(5)利息收入。指企业将资金提供他人使用但不构成权益性投资，或者因他人占用本企业资金取得的收入，包括存款利息、贷款利息、债券利息、欠款利息等收入。利息收入，按照合同约定的债务人应付利息的日期确认收入的实现。

(6)租金收入。指企业提供固定资产、包装物或者其他有形资产的使用权取得的收入。租金收入，按照合同约定的承租人应付租金的日期确认收入的实现。

(7)特许权使用费收入。指企业提供专利权、非专利技术、商标权、著作权及其他特许权的使用权取得的收入。特许权使用费收入，按照合同约定的特许权使用人应付特许权使用费的日期确认收入的实现。

(8)接受捐赠收入。指企业接受的来自其他企业、组织或者个人无偿给予的货币性资产、非货币性资产。接受捐赠收入，按照实际收到捐赠资产的日期确认收入的实现。

(9)其他收入。指企业取得的除上述规定的收入外的其他收入，包括企业资产溢余收入、逾期未退包装物押金收入、确实无法偿付的应付款项、已作坏账损失处理后又收回的应收款项、债务重组收入、补贴收入、违约金收入、汇兑收益等。

2. 收入确认的具体规定

除《企业所得税法》及《企业所得税法实施条例》另有规定外，企业销售收入的确认，必须遵循权责发生制原则和实质重于形式原则。根据有关原则和精神，具体收入确认的条件因收入项目不同而有所区别。

(1)销售货物收入的确认

①销售货物收入实现的确认。企业销售商品同时满足下列条件的，应确认收入的实现：a. 商品销售合同已经签订，企业已将商品所有权相关的主要风险和报酬转移给购货方；b. 企业对已售出的商品既没有保留通常与所有权相联系的继续管理权，也没有实施有效控制；c. 收入的金额能够可靠地计量；d. 已发生或将发生的销售方的成本能够可靠地核算。

②销售货物收入时间的确认。符合上述收入确认条件，采取下列商品销售方式的，应按以下规定确认收入实现时间：a. 采用托收承付方式销售商品的，在办妥托收手续时确认收入。b. 采取预收款方式销售商品的，在发出商品时确认收入。c. 销售商品需要安装和检验的，在购买方接受商品及安装和检验完毕时确认收入；如果安装程序比较简单，可在发出商品时确认收入。d. 采用支付手续费方式委托代销商品的，在收到代销清单时确认收入。e. 以分期收款方式销售货物的，按照合同约定的收款日期确认收入。

③销售收入金额的确定。a. 采取产品分成方式取得收入的，按照企业分得产品的日期确认收入的实现，其收入额按产品的公允价值确定。b. 采用售后回购方式销售商品的，销售的商品按售价确认收入，回购的商品作为购进商品处理。有证据表明不符合销售收入确认条件的，如以销售商品方式进行融资，收到的款项应确认为负债，回购价格大于原售价的，差额应在回购期间确认为利息费用。c. 采用以旧换新方式销售商品的，销售商品应当按照销售商品收入确认条件确认收入，回收的商品作为购进商品处理。d. 商品销售涉及商业折扣的，应当按照扣除商业折扣后的金额确定销售商品收入金额；销售商品涉及现金折扣的，应当按照扣除现金折扣前的金额确定销售商品收入金额，现金折扣在实际发生时作为财务费用扣除。企业已

经确认销售收入的售出商品发生销售折让和销售退回，应当在发生当期冲减当期销售商品收入。e. 企业以买一赠一等方式组合销售本企业商品的，不属于捐赠，应将总的销售金额按各项商品的公允价值的比例来分摊确认各项的销售收入。

(2)提供劳务收入的确认

①提供劳务收入确认的条件和方法。企业在各个纳税期末，提供劳务交易的结果能够可靠估计的，应采用完工进度（完工百分比）法确认提供劳务收入的实现。

所谓"提供劳务交易的结果能够可靠估计"，是指同时满足下列条件：a. 收入的金额能够可靠地计量；b. 交易的完工进度能够可靠地确定；c. 交易中已发生和将发生的成本能够可靠地核算。

企业提供劳务完工进度的确定，可选用下列方法：a. 已完工作的测量；b. 已提供劳务占劳务总量的比例；c. 发生成本占总成本的比例。

企业受托加工制造大型机械设备、船舶、飞机，以及从事建筑、安装、装配工程业务或者提供其他劳务等，持续时间超过12个月的，按照纳税年度内完工进度或者完成的工作量确认收入的实现。

②提供劳务收入金额的确认。企业应按照从接受劳务方已收或应收的合同或协议价款确定劳务收入总额，根据纳税期末提供劳务收入总额乘以完工进度扣除以前纳税年度累计已确认提供劳务收入后的金额，确认为当期劳务收入；同时，按照提供劳务估计总成本乘以完工进度扣除以前纳税期间累计已确认劳务成本后的金额，结转为当期劳务成本。

③具体劳务收入的确认。下列提供劳务满足收入确认条件的，应按规定确认收入：a. 安装费。应根据安装完工进度确认收入。安装工作是商品销售附带条件的，安装费在确认商品销售实现时确认收入。b. 宣传媒介的收费。应在相关的广告或商业行为出现于公众面前时确认收入。广告的制作费，应根据制作广告的完工进度确认收入。c. 软件费。为特定客户开发软件的收费，应根据开发的完工进度确认收入。d. 服务费。包含在商品售价内可区分的服务费，在提供服务的期间分期确认收入。e. 艺术表演、招待宴会和其他特殊活动的收费。在相关活动发生时确认收入。收费涉及几项活动的，预收的款项应合理分配给每项活动，分别确认收入。f. 会员费。申请入会或加入会员，只允许取得会籍，所有其他服务或商品都要另行收费的，在取得该会员费时确认收入。申请入会或加入会员后，会员在会员期内不再付费就可得到各种服务或商品，或者以低于非会员的价格销售商品或提供服务的，该会员费应在整个受益期内分期确认收入。g. 特许权费。属于提供设备和其他有形资产的特许权费，在交付资产或转移资产所有权时确认收入；属于提供初始及后续服务的特许权费，在提供服务时确认收入。h. 劳务费。长期为客户提供重复的劳务收取的劳务费，在相关劳务活动发生时确认收入。

(3)处置资产收入的确认

企业资产处置分为内部资产处置和外部资产处置。所谓内部资产处置，是指资产所有权属在形式和实质上均不发生改变的行为。如将资产用于生产、制造、加工为另一产品；改变资产形状、结构或性能；改变资产用途（如自建商品房转为自用或经营）；将资产在总机构及其分支机构之间转移；上述两种或两种以上情形的混合以及其他不改变资产所有权属的行为。由于企业资产所有权属没有改变，因此不视同销售确认收入（将资产转移至境外的除外），相关资产的计税基础延续计算。所谓外部资产处置，是指企业将自有资产用于市场推广或销售、交际应酬、职工奖励或福利、股息分配、对外捐赠以及用于其他改变资产所有权属的行为。因资产所有权属已发生改变，应视同销售货物确认收入。如发生所有权属改变的资产属于企业自制的资产，应按企业同类资产同期对外销售价格确定销售收入；属于外购的资产，可按购入时的价格确定销售收入。

(4)其他收入的确认

股息、红利等权益性投资收益，除国务院财政、税务主管部门另有规定外，按照被投资方做出利润分配决定的日期确认收入的实现；利息收入，按照合同约定的债务人应付利息的日期确认收入的实现；租金收入，按照合同约定的承租人应付租金的日期确认收入的实现；特许权使用费收入，按照合同约定的特许权使用人应付特许权使用费的日期确认收入的实现；接受捐赠收入，按照实际收到捐赠资产的日期确认收入的实现。

此外，企业将货物、财产、劳务用于捐赠、偿债、赞助、集资、广告、样品、职工福利或者利润分配等用途的，应当视同销售货物、转让财产或者提供劳务，但国务院财政、税务主管部门另有规定的除外。

(二)不征税收入和免税收入

为了扶持和鼓励某些特殊的纳税人和特定的项目，或者避免因征税影响企业的正常经营，税法对企业取得的某些收入予以不征税或免税待遇，以减轻企业的负担，促进经济的协调发展。

1. 不征税收入

《企业所得税法》规定，企业收入总额中的下列收入为不征税收入：

(1)财政拨款。财政拨款是指各级人民政府对纳入预算管理的事业单位、社会团体等组织拨付的财政资金，但国务院和国务院财政、税务主管部门另有规定的除外。

(2)依法收取并纳入财政管理的行政事业性收费、政府性基金。行政事业性收费是指依照法律法规等有关规定，按照国务院规定程序批准，在实施社会公共管理及在向公民、法人或者其他组织提供特定公共服务的过程中，向特定对象收取并纳入财政管理的费用。政府性基金是指企业依照法律、行政法规等有关规定，代政府收取的具有专项用途的财政资金。需要说明的是：企业按照规定缴纳的由国务院或财政部批准设立的政府性基金及由国务院和省、自治区、直辖市人民政府及其财政、价格主管部门批准设立的行政事业性收费，准予在计算应纳税所得额时扣除；企业缴纳的不符合上述审批管理权限设立的基金、收费，不得在计算应纳税所得额时扣除。

(3)国务院规定的其他不征税收入。国务院规定的其他不征税收入是指企业取得的由国务院财政、税务主管部门规定专项用途并经国务院批准的财政性资金。企业取得的各类财政性资金，除属于国家投资和资金使用后要求归还本金的以外，均应计入企业当年收入总额。所称财政性资金，是指企业取得的来源于政府及其有关部门的财政补助、补贴、贷款贴息，以及其他各类财政专项资金，包括直接减免的增值税和即征即退、先征后退、先征后返的各种税收，但不包括企业按规定取得的出口退税款；所称国家投资，是指国家以投资者身份投入企业并按有关规定相应增加企业实收资本（股本)的直接投资。

税法上所指不征税收入，是指从性质上和根源上不属于企业营利性活动带来的经济利益，因此不负有纳税义务。因为从企业所得税的立法精神来看，所得税的税基应是企业经营活动所产生的所得，而政府预算拨款、行政事业性收费、政府性基金等来自财政赋予的权限，是非营利性的收入；对这些收入如果征税，会导致无意义地增加政府的收入与支出成本。

需要特别注意的是：企业的不征税收入用于支出所形成的费用，不得在计算应纳税所得额时扣除；企业的不征税收入用于支出所形成的资产，其计算的折旧、摊销不得在计算应纳税所得额时扣除。

2. 免税收入

《企业所得税法》规定，企业的下列收入为免税收入：

(1)国债利息收入。指企业持有国务院财政部门发行的国债取得的利息收入。

(2)符合条件的居民企业之间的股息、红利等权益性投资收益。指居民企业直接投资于其他居民企业取得的投资收益，不包括连续持有居民企业公开发行并上市流通的股票不足12个月取得的投资收益。

(3)在中国境内设立机构、场所的非居民企业从居民企业取得与该机构、场所有实际联系的股息、红利等权益性投资收益，不包括连续持有居民企业公开发行并上市流通的股票不足12个月取得的投资收益。

根据(2)、(3)项规定，对所有来自非上市企业，以及持有上市流通股份超过12个月以上取得的股息、红利所得免税。

(4)符合条件的非营利组织的收入。符合条件的非营利组织，是指同时符合下列条件的组织：①依法履行非营利组织登记手续；②从事公益性或者非营利性活动；③取得的收入除用于与该组织有关的、合理的支出外，全部用于登记核定或者章程规定的公益性或者非营利性事业；④财产及其孳息不用于分配；⑤按照登记核定或者章程规定，该组织注销后的剩余财产用于公益性或者非营利性目的，或者由登记管理机关转赠给与该组织性质、宗旨相同的组织，并向社会公告；⑥投入人对投入该组织的财产不保留或者享有任何财产权利；⑦工作人员工资福利开支控制在规定的比例内，不变相分配该组织的财产。

符合条件的非营利组织的收入，不包括非营利组织从事营利性活动取得的收入，但国务院财政、税务主管部门另有规定的除外。根据规定，属于免税收入的主要有：接受其他单位或者个人捐赠的收入；除规定的财政拨款以外的其他政府补助收入，但不包括因政府购买服务取得的收入；按照省级以上民政、财政部门规定收取的会费；不征税收入和免税收入孳生的银行存款利息收入；财政部、国家税务总局规定的其他收入。

(三)准予扣除项目的规定

准予扣除项目是纳税人每一纳税年度发生的与取得应税收入有关的所有必要和正常的成本、费用、税金、损失和其他支出。纳税人在一个纳税年度的支出项目，从性质上讲，有的可以在税前扣除，有的不可以在税前扣除，这主要取决于支出项目是否与纳税人取得应税收入有关。可以扣除的项目，从可扣数额上讲，有的可以全额扣除，有的只能限额扣除，还有极少支出项目可以超额扣除；从扣除期限上讲，有的是一次性扣除，有的是分期扣除，这主要取决于支出项目与纳税人取得收入在时间上的对应关系。了解相关扣除的规定，对准确计算应纳税所得额十分必要。

1. 准予税前扣除应遵循的原则

企业申报的扣除项目和金额要真实、合法。真实是指能提供证明有关支出确属已经实际发生；合法是指符合国家税法的规定，如其他法规规定与税收法规规定不一致的，应以税收法规的规定为标准。除税收法规另有规定外，税前扣除一般应遵循以下原则：

(1)权责发生制原则。这是指企业费用应在发生的所属期扣除，而不是实际支付时确认扣除。

(2)配比原则。这是指企业发生的费用应当与收入配比扣除。除特殊规定外，企业发生的费用不得提前或滞后申报扣除。

(3)相关性原则。这是指企业可扣除的费用从性质和根源上必须与取得应税收入直接相关。对相关性的具体判断一般是从支出发生的根源和性质方面进行分析，而不是看费用支出的结果。如企业经理人员因个人原因发生的法律诉讼，虽然经理人员摆脱法律纠纷有利于其全身心投入企业的经营管理，结果可能确实对企业经营会有好处，但这些诉讼费用从性质和根源上分析属于经理人员的个人支出，因而不允许作为企业的支出在税前扣除。同时，相关性要求为限制取得的不征税收入所形成的支出不得扣除提供了依据。

(4)确定性原则。这是指企业可扣除的费用不论何时支付，其金额必须是确定的。

(5)合理性原则。这是指符合生产经营活动常规，应当计入当期损益或者有关资产成本的必要和正常的支出。合理性的具体判断，主要是发生的支出的计算和分配方法是否符合一般经营常规。例如，企业发生的业务招待费与所成交的业务额或业务的利润水平是否相吻合，工资水平与社会整体或同行业工资水平是否差异过大。

2. 准予扣除项目的范围

《企业所得税法》规定，企业实际发生的与取得收入有关的、合理的支出，包括成本、费用、税金、损失和其他支出，准予在计算应纳税所得额时扣除。在实际工作中，计算应纳税所得额时应注意三方面内容：一是企业发生的支出应区分收益性支出和资本性支出，收益性支出应在发生当期直接扣除，资本性支出应分期扣除或计入有关资产成本，不得在发生当期直接扣除；二是企业的不征税收入用于支出所形成的费用或财产，不得扣除或计算对应的折旧、摊销扣除；三是除《企业所得税法》及《企业所得税法实施条例》另有规定外，企业实际发生的成本、费用、税金、损失和其他支出，不得重复扣除。

(1)成本。成本是指企业在生产经营活动中发生的销售成本、销货成本、业务支出及其他耗费。即企业销售商品(产品、材料、下脚料、废料、废旧物资等)、提供劳务、转让固定资产及无形资产(包括技术转让)的成本。

企业必须将经营活动中发生的成本合理划分为直接成本和间接成本。直接成本是指可直接计入有关成本计算对象或劳务的经营成本中的直接材料、直接人工等。间接成本是指多个部门为同一成本对象提供服务的共同成本，或者同一种投入可以制造、提供两种或两种以上的产品或劳务的联合成本。直接成本可根据有关会计凭证、记录直接计入有关成本计算对象或劳务的经营成本中。间接成本必须根据与成本计算对象之间的因果关系、成本计算对象的产量等，以合理的方法分配计入有关成本计算对象中。

(2)费用。费用是指企业在生产经营活动中发生的销售费用、管理费用和财务费用，已经计入成本的有关费用除外。

销售费用是应由纳税人负担的、为销售商品而发生的费用，包括广告费、运输费、装卸费、包装费、展览费、保险费、销售佣金(能直接认定的进口佣金调整商品进价成本)、代销手续费、经营性租赁费，以及销售部门发生的差旅费、工资、福利费等费用。管理费用是纳税人的行政管理部门为管理组织经营活动提供各项支援性服务而发生的费用。财务费用是纳税人筹集经营性资金而发生的费用，包括利息净支出、汇兑净损失、金融机构手续费及其他非资本化支出。

(3)税金。税金是指企业发生的除企业所得税和允许抵扣的增值税以外的各项税金及其附加。即企业按规定缴纳的消费税、营业税、资源税、土地增值税、关税和城市维护建设税、教育费附加等产品销售税金及附加，以及发生的房产税、车船税、土地使用税、印花税等可以扣除。

以上准予税前扣除的已纳税金，其扣除的方式有两种：一是在发生当期扣除；二是在发生当期计入相关资产的成本，在以后各期分摊扣除。

(4)损失。损失是指企业在生产经营活动中发生的固定资产和存货的盘亏、毁损、报废损失，转让财产损失，呆账损失，坏账损失，自然灾害等不可抗力因素造成的损失及其他损失。

企业发生的损失，减除责任人赔偿和保险赔款后的余额，依照国务院财政、税务主管部门的规定扣除。企业已经作为损失处理的资产，在以后纳税年度又全部收回或者部分收回时，应当计入当期收入。

(5)其他支出。准予扣除的其他支出，是指除成本、费用、税金、损失外，企业在生产经营活动中发生的与生产经营活动有关的、合理的支出。从企业所得税处理的角度来看，企业经营活动中发生的支出多种多样、千差万别，有些支出可能还不能完全归集到成本、费用、税金、损失中，为保证企业经营活动中实际发生的有关的、合理的支出能够得到扣除，《企业所得税法实施条例》将“其他支出”的规定作为准予税前扣除项目的兜底条款处理。

3. 有关扣除项目的具体规定

(1)限额扣除支出项目及标准

限额扣除是相对于计算会计利润时对某些支出项目的全额扣除规定而言的，即会计在计算利润时，对某些项目进行全额扣除，而税法在计算应纳税所得额时却规定扣除条件采取限额扣除。具体项目和扣除标准如下：

①工资薪金支出

税法规定，企业发生的合理工资薪金支出，准予扣除。工资薪金是指企业每一纳税年度支付给在本企业任职或者受雇员工的所有现金形式或者非现金形式的劳动报酬，包括基本工资、奖金、津贴、补贴、年终加薪、加班工资，以及与员工任职或者受雇有关的其他支出。

从上述规定中可以看出，工资薪金要在税前扣除，必须同时具备两个条件，即实际发生和合理。“实际发生”扣除条件意味着企业只计提而不发放的工资薪金是不可以扣除的。对工资支出合理性的判断，主要包括两个方面：一是雇员实际提供了服务；二是报酬总额在数量上是合理的。实际操作中主要考虑雇员的职责、过去的报酬情况，以及雇员的业务量和复杂程度等相关因素，同时还要考虑当地同行业职工平均工资水平。税务机关在对工资薪金进行合理性确认时，可按以下原则掌握：a. 企业制定了较为规范的员工工资薪金制度；b. 企业所制定的工资薪金制度符合行业及地区水平；c. 企业在一定时期所发放的工资薪金是相对固定的，工资薪金的调整是有序进行的；d. 企业对实际发放的工资薪金，已依法履行了代扣代缴个人所得税义务；e. 有关工资薪金的安排，不以减少或逃避税款为目的。

工资薪金总额，不包括企业的职工福利费、职工教育经费、工会经费以及养老保险费、医疗保险费、失业保险费、工伤保险费、生育保险费等社会保险费和住房公积金。属于国有性质的企业，其工资薪金不得超过政府有关部门给予的限定数额；超过部分，不得计入企业工资薪金总额，也不得在计算企业应纳税所得额时扣除。

②职工福利费、工会经费、职工教育经费

企业按职工工资总额的一定比例支付给职工的职工福利费、工会经费、职工教育经费属于工资三项费用。现行税法规定，企业发生的工资三项费用，按一定的标准准予在税前扣除。具体规定为：企业发生的职工福利费支出，不超过工资薪金总额14%的部分，准予扣除。企业拨缴的工会经费支出，不超过工资薪金总额2%的部分，准予扣除。企业发生的职工教育经费支出，不超过工资薪金总额2.5%的部分，准予扣除。超过部分，准予在以后纳税年度结转扣除。

但国务院财政、税务主管部门另有规定的除外。

在此要注意的是：计算三项经费的基数“工资薪金总额”，是指企业按照规定实际发放的工资薪金总和；可税前扣除的三项费用必须是实际发生的，只提不用不得抵扣。

③社会保险费用

企业依照国务院有关主管部门或者省级人民政府规定的范围和标准为职工缴纳的基本养老保险费、基本医疗保险费、失业保险费、工伤保险费、生育保险费等基本社会保险费和住房公积金，准予扣除。

企业根据国家有关政策规定，为在本企业任职或者受雇的全体员工支付的补充养老保险费、补充医疗保险费，分别在不超过职工工资总额5%标准的部分，在计算应纳税所得额时准予扣除；超过的部分，不予扣除。

除企业依照国家有关规定为特殊工种职工支付的人身安全保险费和国务院财政、税务主管部门规定可以扣除的其他商业保险费外，企业为投资者或者职工支付的商业保险费，不得扣除。

④利息支出

企业在筹建期和正常的生产经营期间，都可能因为资金短缺而借款，相应会发生借款费用。作为企业一项正常合理的支出，原则上借款费用是可以扣除的，但在具体扣除时要区分资本化支出和费用化支出。根据收入和费用的配比原则，资本化支出不得一次性扣除；规范的费用化利息支出则可以在当期扣除。具体规定有以下几个方面：

a. 企业在生产经营活动中发生的合理的、不需要资本化的利息支出，准予扣除：非金融企业向金融企业借款的利息支出、金融企业的各项存款利息支出和同业拆借利息支出、企业经批准发行债券的利息支出；非金融企业向非金融企业借款的利息支出，不超过按照金融企业同期同类贷款利率计算的数额的部分。

b. 投资发生的筹资利息可以扣除。凡企业投资者在规定期限内未缴足其应缴资本额的，该企业对外借款所发生的利息，相当于投资者实缴资本额与在规定期限内应缴资本额的差额应计付的利息，其不属于企业合理的支出，应由企业投资者负担，不得在计算企业应纳税所得额时扣除。

c. 企业为购置、建造固定资产、无形资产和经过12个月以上的建造才能达到预定可销售状态的存货发生借款的，在有关资产购置、建造期间发生的合理的借款费用，应当作为资本性支出计入有关资产的成本，并依照规定扣除。

d. 企业从其关联方接受的债权性投资与权益性投资的比例超过规定标准而发生的利息支出，不得在计算应纳税所得额时扣除。具体而言，如果债权性投资与权益性投资比例不超过2∶1(金融企业为5∶1)，那么支付给关联方的利息支出可以税前扣除；超过的部分不能扣除。该政策实质上是对关联方借款本金额度的限制。

⑤业务招待费

企业发生的与生产经营活动有关的业务招待费支出，按照发生额的60%扣除，但最高不得超过当年销售(营业)收入的5‰。

⑥广告费和业务宣传费

企业发生的符合条件的广告费和业务宣传费支出，除国务院财政、税务主管部门另有规定外，不超过当年销售(营业)收入15%的部分，准予扣除；超过部分，准予在以后纳税年度结转扣除。

经税法授权，财政部、国家税务总局对特殊行业费用扣除做出了特别的规定：烟草企业的烟草广告费和业务宣传费支出，一律不得在计算应纳税所得额时扣除。对化妆品制造、医药制造和饮料制造(不含酒类制造)企业发生的广告费和业务宣传费支出，不超过当年销售(营业)收入30%的部分，准予扣除；超过部分，准予在以后纳税年度结转扣除。

此外，企业申报扣除的广告费支出应与赞助支出严格区分。企业申报扣除的广告费支出，必须符合下列条件：a. 广告是通过经工商部门批准的专门机构制作的；b. 已实际支付费用，并已取得相应发票；c. 通过一定的媒体传播。

⑦公益性捐赠支出

对公益性捐赠支出的规定，在按国家统一会计制度规定计算的年度会计利润总额12%以内的部分，允许扣除；超过12%的部分，不得在企业所得税前扣除。这里的"公益性捐赠"是指企业通过公益性社会团体或者县级以上人民政府及其部门，用于《公益事业捐赠法》规定的公益事业的捐赠。不符合上述条件的捐赠，包括纳税人直接向受赠人的捐赠，不得在税前扣除。年度利润总额，是指企业依照国家统一会计制度规定计算的年度会计利润。

如果纳税人捐赠的是货币性资产，应当按照实际收到的金额计算；如果是非货币性资产，应当以其公允价值计算。

公益性社会团体，是指同时符合下列条件的基金会、慈善组织等社会团体：a. 依法登记，具有法人资格；b. 以发展公益事业为宗旨，且不以营利为目的；c. 全部资产及其增值为该法人所有；d. 收益和营运结余主要用于符合该法人设立目的的事业；e. 终止后的剩余财产不归属任何个人或者营利组织；f. 不经营与其设立目的无关的业务；g. 有健全的财务会计制度；h. 捐赠者不以任何形式参与社会团体财产的分配；i. 国务院财政、税务主管部门会同国务院民政部门等登记管理部门规定的其他条件。

⑧手续费及佣金支出

现行税法对企业发生的与生产经营有关的手续费及佣金支出，采取不同行业不同限额的扣除制度：a. 财产保险企业按当年全部保费收入扣除退保金等后余额的15%(含)计算限额；b. 人身保险企业按当年全部保费收入扣除退保金等后余额的10%(含)计算限额；c. 其他企业按与具有合法经营资格的中介服务机构或个人(不含交易双方及其雇员、代理人和代表人等)所签订服务协议或合同确认的收入金额的5%计算限额。

手续费及佣金的扣除除了要符合上述量化条件外，还必须符合下列定性条件：a. 企业应与具有合法经营资格的中介服务企业或个人签订了代办协议或合同；b. 企业应按国家有关规定支付了手续费及佣金。除委托个人外，手续费及佣金支付必须采用转账方式支付才可以在税前扣除。

⑨劳动保护支出

企业发生的合理的劳动保护支出，准予扣除。省级税务机关可根据当地实际情况，确定上述费用税前扣除的最高限额，并报国家税务总局备案。

(2)超额扣除开支项目及标准

为了提高企业研究开发活动的积极性、确保鼓励残疾人就业的政策落到实处，《企业所得税法》规定了两类超额扣除政策。具体规定如下：

①研究开发费的加计扣除

研究开发费的加计扣除，是指企业为开发新技术、新产品、新工艺发生的研究开发费用，未形成无形资产计入当期损益的，在按照规定据实扣除的基础上，按照研究开发费用的50%加计扣除；形成无形资产的，按照无形资产成本的150％摊销（除法律另有规定外，摊销年限不得低于10年）。

②企业残疾人员工资支付的双倍扣除

现行《企业所得税法》规定，企业安置残疾人员就业的，在按照支付给残疾职工工资据实扣除的基础上，允许再按支付给残疾职工工资的100％加计扣除。如果工资加计扣除部分大于本年度应纳税所得额的，可准予扣除其不超过应纳税所得额的部分，超过部分不得扣除。亏损单位不适用工资加计扣除的办法。

（3）全额扣除的开支项目

①环境保护、生态恢复等方面的专项资金。企业依照法律、行政法规有关规定提取的用于环境保护、生态恢复等方面的专项资金，准予扣除。上述专项资金提取后改变用途的，不得扣除。

②保险费。企业参加财产保险，按照规定缴纳的保险费，准予扣除。

③租赁费。企业根据生产经营活动的需要租入固定资产支付的租赁费，因租赁方式不同而有不同的扣除规定：以经营租赁方式租入固定资产发生的租赁费支出，按照租赁期限均匀扣除；以融资租赁方式租入固定资产发生的租赁费支出，按照规定构成融资租入固定资产价值的部分应当提取折旧费用，分期扣除。

④有关资产的费用。企业转让各类固定资产发生的费用，允许扣除。企业按规定计算的固定资产折旧费、无形资产和递延资产的摊销费，准予扣除。企业转让资产，该项资产的净值，准予在计算应纳税所得额时扣除。

⑤存货成本。企业使用或者销售存货，按照规定计算的存货成本，准予在计算应纳税所得额时扣除。

⑥总机构分摊的费用。非居民企业在中国境内设立的机构、场所，就其中国境外总机构发生的与该机构、场所生产经营有关的费用，能够提供总机构出具的费用汇集范围、定额、分配依据和方法等证明文件并合理分摊的，准予扣除。

⑦汇兑损失。企业在货币交易中，以及纳税年度终了时将人民币以外的货币性资产、负债按照期末即期人民币汇率中间价折算为人民币时产生的汇兑损失，除已经计入有关资产成本及与向所有者进行利润分配相关的部分外，准予扣除。

企业外币货币性项目因汇率变动导致的计入当期损益的汇率差额部分，相当于公允价值变动，在未实际处置或结算时不计入当期应纳税所得额。在实际处置或结算时，处置或结算取得的价款扣除其历史成本后的差额，计入处置或结算期间的应纳税所得额。

⑧资产损失。企业在生产经营活动中实际发生的、与取得应税收入有关的资产损失，包括现金损失，存款损失，坏账损失，贷款损失，股权投资损失，固定资产和存货的盘亏、毁损、报废、被盗损失，自然灾害等不可抗力因素造成的损失以及其他损失。由企业提供清查盘存资料，经主管税务机关审核后，准予扣除。

需要特别注意的是，会计是通过计提各项资产减值准备来进行扣除的，而损失真正发生时，冲抵资产备抵科目。

⑨其他项目。依照有关法律、行政法规和国家有关税法规定准予扣除的其他项目，如会员费、合理的会议费、差旅费、违约金、诉讼费用等。

（四）不得扣除的项目

企业不仅要掌握哪些项目准予从收入总额中扣除，同样也要了解哪些项目不得从收入总额中扣除。在计算应纳税所得额时，下列项目不得从收入总额中扣除：

1. 向投资者支付的股息、红利等权益性投资收益款项。

2. 企业所得税税款。

3. 税收滞纳金。

4. 罚金、罚款和被没收财物的损失。

5. 超过规定标准的捐赠支出。

6. 赞助支出。赞助支出是指企业发生的与生产经营活动无关的各种非广告性质支出。

7. 未经核定的准备金支出。未经核定的准备金支出是指不符合国务院财政、税务主管部门规定的各项资产减值准备、风险准备等准备金支出。《企业所得税法实施条例》第55条规定，除财政部、国家税务总局核准金融企业计提的准备金可以在税前扣除外，其他行业、企业计提的各项资产减值准备、风险准备等均不得税前扣除。

8. 企业之间支付的管理费、企业内营业机构之间支付的租金和特许权使用费，以及非银行企业内营业机构之间支付的利息，不得扣除。

9. 与取得收入无关的其他支出。

从性质上讲，上述税前不得扣除项目或者是国家不鼓励企业发生的项目，或者是与企业生产经营没有直接关系的支出。

(五)亏损弥补

亏损弥补是国家对纳税人的一种税收照顾。亏损是指企业依照《企业所得税法》和《企业所得税法实施条例》的规定，将每一纳税年度的收入总额减除不征税收入、免税收入和各项扣除后小于零的数额。税法规定，企业某一纳税年度发生的亏损可以用下一年度的所得弥补，下一年度的所得不足以弥补的，可以逐年延续弥补，但最长不得超过5年。而且，企业在汇总计算缴纳企业所得税时，其境外营业机构的亏损不得抵减境内营业机构的盈利。

对亏损弥补政策的理解应注意以下几点：

1. 年度亏损是指企业当年的应纳税所得额出现负数，而不是会计利润为负数。

2. 企业某个纳税年度的亏损应由以后年度的应纳税所得额予以弥补。

3. 弥补亏损必须自亏损年度的下年起连续不间断地计算。连续发生年度亏损，也必须从第一个亏损年度算起，先亏先补，按顺序连续计算亏损弥补期，不得将每个亏损年度的连续弥补期相加，更不得断开计算。因此，企业必须设置专门账户反映亏损结转和弥补情况。这是国家为保障企业均衡发展、获得更大的经济效益而实施的一项措施，是符合国际通行做法的。

4. 居民企业在汇总计算缴纳企业所得税时，其境外营业机构的亏损不得抵减境内营业机构的盈利，但境外营业机构的盈利可以抵减境内营业机构的亏损。具体做法是：境外所得应先按规定还原成含税所得，然后用于弥补以前年度境外亏损，再减去税法规定予以免税的境外所得，余额用于弥补境内亏损。

第四节 资产的税务处理

资产是由于资本投资而形成的财产，对于资本性支出及无形资产受让、开办、开发费用，不允许作为成本、费用从纳税人的收入总额中作一次性扣除，只能采取分次计提折旧或分次摊销的方式予以扣除。即纳税人经营活动中使用的固定资产的折旧费用、无形资产和长期待摊费用的摊销费用可以扣除。税法规定，企业的各项资产，包括固定资产、生物资产、无形资产、长期待摊费用、投资资产、存货等,以历史成本为计税基础,历史成本是指企业取得该项资产时实际发生的支出。企业持有各项资产期间资产增值或者减值,除国务院财政、税务主管部门规定可以确认损益外,不得调整该资产的计税基础。

一、固定资产的税务处理

固定资产是指企业为生产产品、提供劳务、出租或者经营管理而持有的,使用时间超过12个月的非货币性资产,包括房屋、建筑物、机器、机械、运输工具及其他与生产经营活动有关的设备、器具、工具等。

(一)固定资产的计税基础

1. 外购的固定资产,以购买价款和支付的相关税费及直接归属于使该资产达到预定用途发生的其他支出为计税基础。

2. 自行建造的固定资产,以竣工结算前发生的支出为计税基础。

3. 融资租入的固定资产,以租赁合同约定的付款总额和承租人在签订租赁合同过程中发生的相关费用为计税基础。租赁合同未约定付款总额的,以该资产的公允价值和承租人在签订租赁合同过程中发生的相关费用为计税基础。

4. 盘盈的固定资产,以同类固定资产的重置完全价值为计税基础。

5. 通过捐赠、投资、非货币性资产交换、债务重组等方式取得的固定资产,以该资产的公允价值和支付的相关税费为计税基础。

6. 改建的固定资产,除已足额提取折旧的固定资产的改建支出、租入固定资产的改建支出外,以改建过程中发生的改建支出增加为计税基础。

(二)固定资产折旧的范围

在计算应纳税所得额时,企业按照规定计算的固定资产折旧,准予扣除。下列固定资产不得计算折旧扣除:

1. 房屋、建筑物以外未投入使用的固定资产。
2. 以经营租赁方式租入的固定资产。
3. 以融资租赁方式租出的固定资产。
4. 已足额提取折旧仍继续使用的固定资产。
5. 与经营活动无关的固定资产。
6. 单独估价作为固定资产入账的土地。
7. 其他不得计算折旧扣除的固定资产。

(三)固定资产折旧的计提方法

1. 固定资产按照直线法计算的折旧,准予扣除。

2. 企业应当自固定资产投入使用月份的次月起计算折旧;停止使用的固定资产,应当自停止使用月份的次月起停止计算折旧。

3. 企业应当根据固定资产的性质和使用情况,合理确定固定资产的预计净残值。固定资产的预计净残值一经确定,不得变更。

(四)固定资产折旧的计提年限

除国务院财政、税务主管部门另有规定外,固定资产计算折旧的最低年限如下:房屋、建筑物,为20年;飞机、火车、轮船、机器、机械和其他生产设备,为10年;与生产经营活动有关的器具、工具、家具等,为5年;飞机、火车、轮船以外的运输工具,为4年;电子设备,为3年。

从事开采石油、天然气等矿产资源的企业，在开始商业性生产前发生的费用和有关固定资产的折耗、折旧方法，由国务院财政、税务主管部门另行规定。

(五)固定资产的加速折旧

企业拥有并用于生产经营的主要或关键的固定资产，由于以下原因，确需加速折旧的，可以缩短折旧年限或者采取加速折旧的方法：(1)由于技术进步，产品更新换代较快的；(2)常年处于强震动、高腐蚀状态的。

采取缩短折旧年限方法的，最低折旧年限不得低于《企业所得税法实施条例》规定折旧年限的60%；采取加速折旧方法的，可以采取双倍余额递减法或者年数总和法。

对于采取缩短折旧年限的固定资产，足额计提折旧后继续使用而未进行处置(包括报废等情形)超过12个月的，今后对其更新替代、改造改建后形成的功能相同或者类似的固定资产，不得再采取缩短折旧年限的方法。

从2014年1月1日起，固定资产折旧政策又进一步完善：

1. 对生物药品制造业，专用设备制造业，铁路、船舶、航空航天和其他运输设备制造业，计算机、通信和其他电子设备制造业，仪器仪表制造业，信息传输、软件和信息技术服务业6个行业的企业2014年1月1日后新购进的固定资产，可缩短折旧年限或采取加速折旧的方法。

对上述6个行业的小型微利企业2014年1月1日后新购进的研发和生产经营共用的仪器、设备，单位价值不超过100万元的，允许一次性计入当期成本费用，在计算应纳税所得额时扣除，不再分年度计算折旧；单位价值超过100万元的，可缩短折旧年限或采取加速折旧的方法。

2. 对所有行业企业2014年1月1日后新购进的专门用于研发的仪器、设备，单位价值不超过100万元的，允许一次性计入当期成本费用，在计算应纳税所得额时扣除，不再分年度计算折旧；单位价值超过100万元的，可缩短折旧年限或采取加速折旧的方法。

3. 对所有行业企业持有的单位价值不超过5 000元的固定资产，允许一次性计入当期成本费用，在计算应纳税所得额时扣除，不再分年度计算折旧。

二、生物资产的税务处理

生物资产分为消耗性生物资产、生产性生物资产和公益性生物资产。消耗性生物资产，是指为出售而持有的或在将来收获为农产品的生物资产，包括生长中的农田作物、蔬菜、用材林以及存栏待售的牲畜等。生产性生物资产，是指为产出农产品、提供劳务或出租等目的而持有的生物资产，包括经济林、薪炭林、产畜和役畜等。公益性生物资产，是指以防护、环境保护为主要目的的生物资产，包括防风固沙林、水土保持林和水源涵养林等。这里指的是生产性生物资产的税务处理。

(一)生产性生物资产的计税基础

外购的生产性生物资产，以购买价款和支付的相关税费为计税基础；通过捐赠、投资、非货币性资产交换、债务重组等方式取得的生产性生物资产，以该资产的公允价值和支付的相关税费为计税基础。

(二)生产性生物资产的折旧方法

生产性生物资产按照直线法计算的折旧，准予扣除。企业应当自生产性生物资产投入使用月份的次月起计算折旧；停止使用的生产性生物资产，应当自停止使用月份的次月起停止计算折旧。企业应当根据生产性生物资产的性质和使用情况，合理确定生产性生物资产的预计净残值。生产性生物资产的预计净残值一经确定,不得变更。

(三)生产性生物资产的折旧年限

生产性生物资产计算折旧的最低年限如下:林木类生产性生物资产,为10年;畜类生产性生物资产,为3年。

三、无形资产的税务处理

无形资产是指企业为生产产品、提供劳务、出租或者经营管理而持有的,没有实物形态的非货币性长期资产,包括专利权、商标权、著作权、土地使用权、非专利技术、商誉等。

(一)无形资产的计税基础

外购的无形资产,以购买价款和支付的相关税费及直接归属于使该资产达到预定用途发生的其他支出为计税基础;自行开发的无形资产,以开发过程中该资产符合资本化条件后至达到预定用途前发生的支出为计税基础;通过捐赠、投资、非货币性资产交换、债务重组等方式取得的无形资产,以该资产的公允价值和支付的相关税费为计税基础。

(二)无形资产摊销的范围

在计算应纳税所得额时,企业按照规定计算的无形资产摊销费用,准予扣除。下列无形资产不得计算摊销费用扣除:

1. 自行开发的、支出已在计算应纳税所得额时扣除的无形资产;
2. 自创商誉;
3. 与经营活动无关的无形资产;
4. 其他不得计算摊销费用扣除的无形资产。

(三)无形资产的摊销方法及年限

无形资产按照直线法计算的摊销费用,准予扣除。无形资产的摊销年限不得低于10年。作为投资或者受让的无形资产,有关法律规定或者合同约定了使用年限的,可以按照规定或者约定的使用年限分期摊销。外购商誉的支出,在企业整体转让或者清算时,准予扣除。

四、长期待摊费用的税务处理

在计算应纳税所得额时,企业发生的下列支出作为长期待摊费用,按照规定摊销的,准予扣除:

1. 已足额提取折旧的固定资产的改建支出;
2. 租入固定资产的改建支出;
3. 固定资产的大修理支出;
4. 其他应当作为长期待摊费用的支出。

固定资产的改建支出是指改变房屋或者建筑物结构、延长使用年限等发生的支出。已足额提取折旧的固定资产的改建支出,按照固定资产预计尚可使用年限分期摊销;租入固定资产的改建支出,按照合同约定的剩余租赁期限分期摊销。改建的固定资产延长使用年限的,除1、2项规定外,应当适当延长折旧年限。

固定资产的大修理支出是指同时符合下列条件的支出:(1)修理支出达到取得固定资产时的计税基础50%以上;(2)修理后固定资产的使用年限延长2年以上。固定资产的大修理支出,按照固定资产尚可使用年限分期摊销。

其他应当作为长期待摊费用的支出,自支出发生月份的次月起,分期摊销,摊销年限不得低于 3 年。

五、存货的税务处理

存货是指企业持有以备出售的产品或者商品、处在生产过程中的在产品、在生产或者提供劳务过程中耗用的材料和物料等。

(一)存货的计税基础

存货按照以下方法确定成本:通过支付现金方式取得的存货,以购买价款和支付的相关税费为成本;通过支付现金以外的方式取得的存货,以该存货的公允价值和支付的相关税费为成本;生产性生物资产收获的农产品,以产出或者采收过程中发生的材料费、人工费和分摊的间接费用等必要支出为成本。

(二)存货的成本计算方法

企业使用或者销售的存货的成本计算方法,可以在先进先出法、加权平均法、个别计价法中选用一种。计价方法一经选用,不得随意变更。

企业使用或者销售存货,按照规定计算的存货成本,准予在计算应纳税所得额时扣除。

六、投资资产的税务处理

投资资产是指企业对外进行权益性投资和债权性投资形成的资产。

(一)投资资产的成本

投资资产按照以下方法确定成本:通过支付现金方式取得的投资资产,以购买价款为成本;通过支付现金以外的方式取得的投资资产,以该资产的公允价值和支付的相关税费为成本。

(二)投资资产成本的扣除方法

企业对外投资期间,投资资产的成本在计算应纳税所得额时不得扣除。企业在转让或者处置投资资产时,投资资产的成本准予扣除。

第五节　应纳税额的计算

一、居民企业应纳税额的计算

(一)计算方法

居民企业应缴纳的所得税税额等于应纳税所得额乘以适用税率。计算公式为:

应纳所得税额＝应纳税所得额×适用税率－减免税额－抵免税额

公式中的减免税额和抵免税额,是指依照《企业所得税法》和国务院的税收优惠规定减征、免征和抵免的应纳税额。在实际工作中,应纳税所得额的计算一般有两种方法。

1. 直接计算法

在直接计算法下,企业每一纳税年度的收入总额减除不征税收入、免税收入、各项扣除及允许弥补的以前年度亏损后的余额为应纳税所得额。计算公式为:

应纳税所得额＝收入总额－不征税收入－免税收入－各项扣除金额－弥补亏损

【例 7-1】　某城市一家电器生产企业(为增值税一般纳税人)2014 年度有关经营情况如下:

(1)本年实现产品销售收入 8 000 万元。

(2)本年应结转产品销售成本 4 480 万元,结转无形资产成本 20 万元。

(3)本年缴纳增值税 340 万元,城建税和教育费附加 34 万元。

(4)本年发生销售费用 900 万元(其中广告费 750 万元、业务宣传费 90 万元)、管理费用 1 000万元(其中业务招待费 80 万元、研发费用 200 万元)、财务费用 120 万元(其中向其他企业生产经营用借款 1 000 万元,借款利率为 10%,银行同期同类借款利率为 6%)。

(5)10 月末盘亏产成品 200 台,每台成本 0.3 万元(其中外购材料、辅料占 70%),已责成有关责任部门和责任人赔偿全部损失的 50%,净损失经批准准予税前扣除。

要求:根据以上资料,计算该企业 2014 年应当缴纳的企业所得税。

【解析】

(1)准予税前扣除项目为:

①销售成本 4 480 万元,结转无形资产成本 20 万元。

②城建税和教育费附加 34 万元。

③销售费用:

广告费和业务宣传费税前扣除限额=8 000×15%=1 200(万元)>750+90=840(万元)

销售费用允许全部税前扣除。

④管理费用:

业务招待费税前扣除限额=8 000×5‰=40(万元)<80×60%=48(万元)

允许税前扣除的业务招待费为 40 万元。

研发费用 200 万元允许全部扣除,并加计扣除 100 万元(200×50%)。

税前准予扣除的管理费用为:1 000-(80-40)-100=860(万元)

⑤财务费用:

不允许扣除的利息费用=1 000×(10%-6%)=40(万元)

准予税前扣除的财务费用为:120-40=80(万元)

(2)盘亏产成品不得抵扣的进项税额=200×0.3×70%×17%=7.14(万元)

财产损失共计=200×0.3+7.14=67.14(万元)

准予税前扣除的净损失=67.14×(1-50%)=33.57(万元)

(3)应纳税所得额=8 000-4 480-20-34-900-860-80-33.57=1 592.43(万元)

(4)应纳企业所得税=1 592.43×25%=398.107 5(万元)

2. 间接计算法

在间接计算法下,在企业会计利润总额的基础上加上或减除按照税法规定调整的项目金额后,即为应纳税所得额。计算公式为:

应纳税所得额=会计利润±纳税调整项目金额

纳税调整项目金额包括两个方面的内容:一是企业的财务会计处理与税法规定不一致的应予以调整的金额;二是企业按税法规定准予扣除的税收金额。

【例 7-2】 某企业为国家重点扶持的高新技术企业,某年度有关经营情况如下:

(1)全年签订销售合同 30 份,实现产品销售收入5 000万元;基建工程领用自产货物 100 万元(按同类不含税价格计算),固定资产盘盈收入 20 万元,出租店面收入 30 万元,国债利息收入 20 万元;发生成本及相关税费 200 万元。单独核算的自然科学技术转让收入 800 万元,发生成本 200 万元。

(2)该年度应结转产品销售成本3 000万元。

(3)应缴纳增值税90万元、消费税110万元。

(4)发生产品销售费用250万元(其中广告费用及业务宣传费150万元)。

(5)发生财务费用212万元,包括支付银行贷款利息102万元(其中因逾期归还银行贷款,支付银行罚息2万元,上年签订合同)和向其他企业支付借款1 000万元的本年利息110万元(本年签订合同,同期银行贷款年利率为8%)。

(6)发生管理费用802万元(不包括应计入管理费用中的税金,其中新产品研究开发费用90万元、业务招待费100万元)。

(7)9月发生意外事故,经税务机关核定库存原材料损失50万元(含货车运费1万元),11月份取得保险公司赔款10万元。

(8)发生其他营业外支出70万元(其中含通过中国慈善总会为灾区捐款20万元、因排污不当被环保部门罚款1万元、未经核定的准备金支出2万元)。

(9)全年已计入各项成本、费用中的实际发放合理工资为160万元,提取并实际发生了职工福利费20万元、职工工会经费4万元、职工教育经费8万元。

(10)3月份,企业接受关联企业赠予的机器设备一台并于当月投入使用,发票所列金额为550万元,企业自己负担的运输费、保险费和安装调试费为50万元;全年计入成本、费用的固定资产折旧为55万元,企业采用直线折旧,期限为10年,残值率为5%。

(11)本年度企业从境内联营企业分回税后利润74万元,联营企业的企业所得税税率为15%。

要求:根据上述资料,按下列序号计算并回答问题:

(1)该年应纳营业税为多少?

(2)该年应纳城建税、教育费附加和地方教育费附加为多少?

(3)该年度会计利润为多少?

(4)该年应纳所得税额为多少?

【解析】

(1)应纳营业税=30×5%=1.5(万元)

(2)应纳城建税、教育费附加和地方教育费附加=(90+110+1.5)×(7%+3%+2%)
=24.18(万元)

(3)年度会计利润=5 000+20+30+20+550+800−200−200−3 000−110−1.5−24.18−250−212−802−[(50−1)×(1+17%)+1×(1+11%)−10]−70+74=1 575.88(万元)

(4)基建工程领用自产货物属于内部资产处置,不视同企业所得税销售确认收入。

(5)国债利息收入20万元免税,调减应税所得20万元。

(6)销售费用应调整的应纳税所得额:

广告费用及业务宣传费扣除限额=(5 000+30)×15%=754.5(万元),实际发生150万元,低于限额,可以全额扣除。

销售费用应调整的应纳税所得额为0。

(7)财务费用应调整的应纳税所得额:

支付银行罚息可以税前扣除。

支付给其他企业利息允许扣除额=1 000×8%=80(万元),实际发生110万元,所以财务费用应调增的应纳税所得额为30万元。

(8)管理费用应调整的应纳税所得额：

业务招待费限额＝100×60%＝60(万元)＞(5 000＋30)×5‰＝25.15(万元)

业务招待费税前可以扣除额为25.15万元。

应调增的应纳税所得额为74.85万元(100－25.15)。

新产品研究开发费用加计扣除45万元。

(9)营业外支出应调整的应纳税所得额：

①公益性捐赠扣除限额＝1 575.88×12%＝189.105 6(万元)，实际发生额小于扣除限额，公益性捐赠可以全额扣除。

②环保部门罚款和未经核定的准备金支出均需调增应纳税所得额，所得税前不得扣除。

营业外支出应调增的应纳税所得额＝2＋1＝3(万元)

(10)工资和职工福利费、工会经费、职工教育经费应调整的应纳税所得额：

①工资是实际发放的合理工资，无须调整。

②职工福利费扣除限额＝160×14%＝22.4(万元)，实际发生20万元，按20万元扣除。

③职工教育经费扣除限额＝160×2.5%＝4(万元)，实际发生8万元，按4万元扣除。

④职工工会经费扣除限额＝160×2%＝3.2(万元)，实际发生4万元，按3.2万元扣除。

工资和职工福利费、工会经费、职工教育经费应调增的应纳税所得额＝8－4＋4－3.2＝4.8(万元)

(11)接受捐赠机器设备允许提取的折旧金额＝(550＋50)×(1－5%)÷10÷12×9＝42.75(万元)，实际提取折旧55万元。

应调增的应纳税所得额＝55－42.75＝12.25(万元)

(12)从联营企业分得利润属于免税收入，调减所得74万元。

(13)该年应纳企业所得税税额：

自然科学技术转让收入免增值税，单独核算的转让自然科学技术所得不超过500万元的部分免税，超过500万元部分按25%减半征税。

除转让自然科学技术所得外的应纳税所得额＝1 575.88＋30＋74.85＋3＋4.8＋12.25－20－90×50%－74－(800－200)＝961.78(万元)

应纳企业所得税税额＝961.78×15%＋(800－200－500)×25%×50%＝156.767(万元)

(二)核定征收企业所得税

居民企业纳税人具有下列情形之一的，核定征收企业所得税：(1)依照法律、行政法规的规定可以不设置账簿的；(2)依照法律、行政法规的规定应当设置但未设置账簿的；(3)擅自销毁账簿或者拒不提供纳税资料的；(4)虽设置账簿，但账目混乱或者成本资料、收入凭证、费用凭证残缺不全，难以查账的；(5)发生纳税义务，未按照规定的期限办理纳税申报，经税务机关责令限期申报，逾期仍不申报的；(6)申报的计税依据明显偏低，又无正当理由的。

特殊行业、特殊类型的纳税人和一定规模以上的纳税人不适用上述办法。上述特定纳税人由国家税务总局另行明确。

税务机关应根据纳税人的具体情况，对核定征收企业所得税的纳税人，核定应税所得率或者核定应纳所得税额。具有下列情形之一的，核定其应税所得率：(1)能正确核算(查实)收入总额，但不能正确核算(查实)成本费用总额的；(2)能正确核算(查实)成本费用总额，但不能正确核算(查实)收入总额的；(3)通过合理方法，能计算和推定纳税人收入总额或成本费用总额的。纳税人不属于以上情形的，核定其应纳所得税额。

税务机关采用下列方法核定征收企业所得税：(1)参照当地同类行业或者类似行业中经营规模和收入水平相近的纳税人的税负水平核定；(2)按照应税收入额或成本费用支出额定率核定；(3)按照耗用的原材料、燃料、动力等推算或测算核定；(4)按照其他合理方法核定。

采用上述所列一种方法不足以正确核定应纳税所得额或应纳税额的，可以同时采用两种以上的方法核定。采用两种以上方法测算的应纳税额不一致时，可按测算的应纳税额从高核定。

采用应税所得率方式核定征收企业所得税的，应纳所得税额计算公式如下：

应纳所得税额＝应纳税所得额×适用税率

应纳税所得额＝应税收入额×应税所得率

或

应纳税所得额＝成本(费用)支出额/(1－应税所得率)×应税所得率

实行应税所得率方式核定征收企业所得税的纳税人，经营多业的，无论其经营项目是否单独核算，均由税务机关根据其主营项目确定适用的应税所得率。主营项目应为纳税人所有经营项目中，收入总额或者成本(费用)支出额或者耗用原材料、燃料、动力数量所占比重最大的项目。应税所得率按表7－1规定的幅度标准确定。

表7－1　　应税所得率表

行　业	应税所得率(%)	行　业	应税所得率(%)
农、林、牧、渔业	3～10	交通运输业	7～15
制造业	5～15	建筑业	8～20
批发和零售贸易业	4～15	饮食业	8～25
娱乐业	15～30	其他行业	10～30

纳税人的生产经营范围、主营业务发生重大变化，或者应纳税所得额或应纳税额增减变化达到20%的，应及时向税务机关申报调整已确定的应纳税额或应税所得率。

二、境外所得抵扣税额的计算

企业取得的下列所得已在境外缴纳的所得税税额，可以从其当期应纳税额中抵免，抵免限额为该项所得依照《企业所得税法》规定计算的应纳税额；超过抵免限额的部分，可以在以后5个年度内，用每年度抵免限额抵免当年应抵税额后的余额进行抵补：

1. 居民企业来源于中国境外的应税所得。

2. 非居民企业在中国境内设立机构、场所，取得发生在中国境外但与该机构、场所有实际联系的应税所得。

居民企业从其直接或者间接控制的外国企业分得的来源于中国境外的股息、红利等权益性投资收益，外国企业在境外实际缴纳的所得税税额中属于该项所得负担的部分，可以作为该居民企业的可抵免境外所得税税额，在《企业所得税法》规定的抵免限额内抵免。

上述所称直接控制，是指居民企业直接持有外国企业20%以上股份。间接控制是指居民企业以间接持股方式持有外国企业20%以上股份。具体认定办法由国务院财政、税务主管部门另行制定。

已在境外缴纳的所得税税额，是指企业来源于中国境外的所得依照中国境外税收法律以及相关规定应当缴纳并已经实际缴纳的企业所得税性质的税款。企业依照《企业所得税法》的规定抵免企业所得税税额时，应当提供中国境外税务机关出具的税款所属年度的有关纳税凭证。

抵免限额，是指企业来源于中国境外的所得依照《企业所得税法》和《企业所得税法实施条例》的规定计算的应纳税额。除国务院财政、税务主管部门另有规定外，该抵免限额应当分国（地区）不分项计算，计算公式如下：

抵免限额＝中国境内、境外所得依照《企业所得税法》和《企业所得税法实施条例》的规定计算的应纳税总额×来源于某国（地区）的应纳税所得额÷中国境内、境外应纳税所得总额

所称5个年度，是指从企业取得的来源于中国境外的所得，已经在中国境外缴纳的企业所得税性质的税额超过抵免限额的当年的次年起连续5个纳税年度。

企业从境外取得营业利润所得以及符合境外税额间接抵免条件的股息所得，虽有所得来源国（地区）政府机关核发的具有纳税性质的凭证或证明，但因客观原因无法真实、准确地确认应当缴纳并已经实际缴纳的境外所得税税额的，除就该所得直接缴纳及间接负担的税额在所得来源国（地区）的实际有效税率低于我国《企业所得税法》第四条第一款规定税率50%以上的外，可按境外应纳税所得额的12.5%作为抵免限额。企业按该国（地区）税务机关或政府机关核发具有纳税性质凭证或证明的金额，其不超过抵免限额的部分，准予抵免；超过的部分，不得抵免。

自2010年1月1日起，以境内、境外全部生产经营活动有关的研究开发费用总额、总收入、销售收入总额、高新技术产品（服务）收入等指标申请并经认定的高新技术企业，其来源于境外的所得可以享受高新技术企业所得税优惠政策，即对其来源于境外所得可以按照15%的优惠税率缴纳企业所得税，在计算境外抵免限额时，可按照15%的优惠税率计算境内外应纳税总额。

高新技术企业境外所得税收抵免的其他事项，仍按照有关规定执行。

三、非居民企业应纳税额的计算

在中国境内未设立机构、场所的，或者虽设立机构、场所但取得的所得与其所设机构、场所没有实际联系的非居民企业，应当就其来源于中国境内的所得缴纳企业所得税。按照下列方法计算其应纳税所得额：

1. 股息、红利等权益性投资收益和利息、租金、特许权使用费所得，以收入全额为应纳税所得额。

2. 转让财产所得，以收入全额减除财产净值后的余额为应纳税所得额。财产净值，是指有关资产、财产的计税基础减除已经按照规定扣除的折旧、折耗、摊销、准备金等后的余额。

3. 其他所得，参照前两项规定的方法计算应纳税所得额。

非居民企业在我国境内从事船舶、航空等国际运输业务的，以其在中国境内起运客货收入总额的5%为应纳税所得额；纳税人的应纳税额，按照每次从中国境内起运旅客、货物出境取

得的收入总额，依照1.25%的计征率计算征收企业所得税。调整后的综合计征率为4.25%，其中营业税为3%、企业所得税为1.25%。

此外，该类非居民企业取得下列所得免征企业所得税：(1)外国政府向中国政府提供贷款取得的利息所得；(2)国际金融组织向中国政府和居民企业提供优惠贷款取得的利息所得；(3)经国务院批准的其他所得。

第六节　税收优惠

为了照顾扶持和鼓励特定地区、行业、企业的发展，现行《企业所得税法》根据国民经济和社会发展的需要，借鉴国际经验，按照"简税制、宽税基、低税率、严征管"的要求，遵循"以产业优惠为主、区域优惠为辅"的税收优惠原则，规定了一系列的税收优惠政策。其优惠方式包括免税、减税、加计扣除、加速折旧、减计收入、税额抵免等。

一、免征与减征优惠

(一)对农、林、牧、渔业项目所得的减免优惠

农业是弱势产业，对其给予一定的税收优惠，对提高农业综合生产能力和增值能力，促进农业产业结构、产品结构和区域布局的优化，引导社会向农业的投资、加强农业基础建设、增加农民收入等具有积极作用。现行税法对农业的优惠有减税和免税两种方式。

1. 企业从事下列项目的所得，免征企业所得税：

(1)蔬菜、谷物、薯类、油料、豆类、棉花、麻类、糖料、水果、坚果的种植；

(2)农作物新品种的选育；

(3)中药材的种植；

(4)林木的培育和种植；

(5)牲畜、家禽的饲养；

(6)林产品的采集；

(7)灌溉、农产品初加工、兽医、农技推广、农机作业和维修等服务业项目；

(8)远洋捕捞。

2. 企业从事下列项目的所得，减半征收企业所得税：

(1)花卉、茶以及其他饮料作物和香料作物的种植；

(2)海水养殖、内陆养殖。

自2010年1月1日起，对以"公司＋农户"经营模式从事上述农、林、牧、渔业项目生产的企业(即公司与农户签订委托养殖合同，向农户提供畜禽苗、饲料、兽药及疫苗等，所有权或产权仍属于公司，农户将畜禽养大成为成品后交付公司回收)，享受减免企业所得税优惠政策。

(二)对国家重点扶持的公共基础设施项目投资所得的定期优惠

国家重点扶持的公共基础设施项目，是指《公共基础设施项目企业所得税优惠目录》规定的港口码头、机场、铁路、公路、城市公共交通、电力、水利等项目。

企业从事国家重点扶持的公共基础设施项目的投资经营的所得，自项目取得第一笔生产经营收入所属纳税年度起，第一年至第三年免征企业所得税，第四年至第六年减半(按25%税率)征收企业所得税。

上述第一笔生产经营收入，是指公共基础设施项目已建成并投入运营后所取得的第一笔收入。

此外，企业同时从事不在《公共基础设施项目企业所得税优惠目录》范围内的项目取得的所得，应与享受优惠的公共基础设施项目所得分开核算，并合理分摊期间费用；没有分开核算的，不得享受上述企业所得税优惠政策。企业承包经营、承包建设和内部自建自用以上项目，也不得享受上述企业所得税优惠。

（三）对符合条件的环境保护、节能节水项目所得的定期优惠

为了更好地实现资源节约、环境保护目标，现行税法规定，企业从事公共污水处理、公共垃圾处理、沼气综合开发利用、节能减排技术改造、海水淡化等项目的所得，自项目取得第一笔生产经营收入所属纳税年度起，第一年至第三年免征企业所得税，第四年至第六年减半（按25%税率）征收企业所得税。

上述两项享受"三免三减半"减免税优惠的项目，在减免税期限内转让的，受让方自受让之日起，可以在剩余期限内享受规定的减免税优惠；减免税期限届满后转让的，受让方不得就该项目重复享受减免税优惠。

对企业实施的将温室气体减排量转让收入的65%上缴给国家的HFC和PFC类CDM项目，以及将温室气体减排量转让收入的30%上缴给国家的N_2O类CDM项目，其实施该类CDM项目的所得，自项目取得第一笔减排量转让收入所属纳税年度起，第一年至第三年免征企业所得税，第四年至第六年减半征收企业所得税。

（四）鼓励节能服务产业发展的优惠政策

1. 对符合条件的节能服务公司实施合同能源管理项目，符合《企业所得税法》有关规定的，自项目取得第一笔生产经营收入所属纳税年度起，第一年至第三年免征企业所得税，第四年至第六年按照25%的法定税率减半征收企业所得税。

2. 对符合条件的节能服务公司，以及与其签订节能效益分享型合同的用能企业，实施合同能源管理项目有关资产的企业所得税税务处理按以下规定执行：

（1）用能企业按照能源管理合同实际支付给节能服务公司的合理支出，均可以在计算当期应纳税所得额时扣除，不再区分服务费用和资产价款进行税务处理。

（2）能源管理合同期满后，节能服务公司转让给用能企业的因实施合同能源管理项目形成的资产，按折旧或摊销期满的资产进行税务处理，用能企业从节能服务公司接受有关资产的计税基础也应按折旧或摊销期满的资产进行税务处理。

（3）能源管理合同期满后，节能服务公司与用能企业办理有关资产的权属转移时，用能企业已支付的资产价款，不再另行计入节能服务公司的收入。

3. 所称"符合条件"，是指同时满足以下条件：

（1）具有独立法人资格，注册资金不低于100万元，且能够单独提供用能状况诊断、节能项目设计、融资、改造（包括施工、设备安装、调试、验收等）、运行管理、人员培训等服务的专业化节能服务公司。

（2）节能服务公司实施合同能源管理项目的相关技术应符合国家质量监督检验检疫总局和国家标准化管理委员会发布的《合同能源管理技术通则》（GB/T24915－2010）规定的技术要求。

（3）节能服务公司与用能企业签订节能效益分享型合同，其合同格式和内容符合《合同法》以及国家质量监督检验检疫总局和国家标准化管理委员会发布的《合同能源管理技术通则》

(GB/T24915－2010)的规定。

(4)节能服务公司实施合同能源管理的项目符合《财政部 国家税务总局 国家发展改革委关于公布环境保护节能节水项目企业所得税优惠目录(试行)的通知》(财税〔2009〕166 号)"4. 节能减排技术改造"类中第一项至第八项规定的项目和条件。

(5)节能服务公司投资额不低于实施合同能源管理项目投资总额的 70%。

(6)节能服务公司拥有匹配的专职技术人员和合同能源管理人才，具有保障项目顺利实施和稳定运行的能力。

4. 节能服务公司与用能企业之间的业务往来，应当按照独立企业之间的业务往来收取或者支付价款、费用。不按照独立企业之间的业务往来收取或者支付价款、费用，而减少其应纳税所得额的，税务机关有权进行合理调整。

5. 用能企业对从节能服务公司取得的与实施合同能源管理项目有关的资产，应与企业其他资产分开核算，并建立辅助账或明细账。

6. 节能服务公司同时从事适用不同税收政策待遇项目的，其享受税收优惠项目应当单独计算收入、扣除，并合理分摊企业的期间费用；没有单独计算的，不得享受税收优惠政策。

(五)对符合条件的技术转让所得的减免优惠

为了促进技术创新和科技进步，税法规定，一个纳税年度内，居民企业转让技术所有权所得不超过 500 万元的部分，免征企业所得税；超过 500 万元的部分，减半(按 25%税率)征收企业所得税。

符合条件技术转让是指以下几种情况：

1. 享受优惠的技术转让主体是《企业所得税法》规定的居民企业；
2. 技术转让属于财政部、国家税务总局规定的范围；
3. 境内技术转让经省级以上科技部门认定；
4. 向境外转让技术经省级以上商务部门认定；
5. 国务院税务主管部门规定的其他条件。

企业应单独计算技术转让所得，并合理分摊企业的期间费用；没有单独计算的，不得享受技术转让所得企业所得税优惠。

二、高新技术企业优惠

《企业所得税法》对国家需要重点扶持的高新技术企业减按 15%的优惠税率计税。

高新技术企业是指拥有核心自主知识产权，并同时符合下列 6 个条件的企业：

1. 在中国境内(不含港、澳、台地区)注册的企业，近 3 年内通过自主研发、受让、受赠、并购等方式，或通过 5 年以上的独占许可方式，对其主要产品(服务)的核心技术拥有自主知识产权。

2. 产品(服务)属于《国家重点支持的高新技术领域》规定的范围。

3. 具有大学专科以上学历的科技人员占企业当年职工总数的 30%以上，其中研发人员占企业当年职工总数的 10%以上。

4. 研究开发费用占销售收入的比例不低于规定比例。近 3 个会计年度研究开发费用总额占销售收入总额的比例符合如下要求：最近一年销售收入小于 5 000 万元的企业，比例不低于 6%；最近一年销售收入在 5 000 万元至 20 000 万元的企业，比例不低于 4%；最近一年销售收入在 20 000 万元以上的企业，比例不低于 3%。

5. 新技术产品(服务)收入占企业当年总收入的 60%以上。

6. 企业研究开发组织管理水平、科技成果转化能力、自主知识产权数量、销售与总资产成长性等指标符合《高新技术企业认定管理工作指引》的要求。

企业取得高新技术企业资格后,应依照规定到主管税务机关办理减税、免税手续。享受减税、免税优惠的高新技术企业,减税、免税条件发生变化的,应当自发生变化之日起 15 日内向主管税务机关报告。

三、技术先进型服务企业优惠

自 2010 年 7 月 1 日起至 2018 年 12 月 31 日止,在北京、天津、上海、重庆、大连、深圳、广州、武汉、哈尔滨、成都、南京、西安、济南、杭州、合肥、南昌、长沙、大庆、苏州、无锡、厦门 21 个中国服务外包示范城市的经认定的技术先进型服务企业,减按 15%的税率征收企业所得税。此外,职工教育经费支出,不超过工资薪金总额 8%的部分,准予在计算应纳税所得额时扣除;超过部分,准予在以后纳税年度结转扣除。

技术先进型服务企业必须同时符合以下条件:

1. 从事《技术先进型服务业务认定范围(试行)》中的一种或多种技术先进型服务业务,采用先进技术或具备较强的研发能力;

2. 企业的注册地及生产经营地在示范城市(含所辖区、县、县级市等全部行政区划)内;

3. 企业具有法人资格,近两年在进出口业务管理、财务管理、税收管理、外汇管理、海关管理等方面无违法行为;

4. 具有大专以上学历的员工占企业职工总数的 50%以上;

5. 从事《技术先进型服务业务认定范围(试行)》中的技术先进型服务业务取得的收入占企业当年总收入的 50%以上;

6. 从事离岸服务外包业务取得的收入不低于企业当年总收入的 50%。从事离岸服务外包业务取得的收入,是指企业根据境外单位与其签订的委托合同,由本企业或其直接转包的企业为境外单位提供《技术先进型服务业务认定范围(试行)》中所规定的信息技术外包服务(ITO)、技术性业务流程外包服务(BPO)和技术性知识流程外包服务(KPO),而从上述境外单位取得的收入。

四、小型微利企业优惠

为更好地发挥小企业在自主创新、吸纳就业等方面的优势,利用税收政策鼓励、支持和引导小企业的发展,现行税法给予符合规定条件的小型微利企业以 20%的优惠税率。

小型微利企业是指从事国家非限制和禁止行业,并符合下列条件的企业:

1. 工业企业,年度应纳税所得额不超过 30 万元,从业人数不超过 100 人,资产总额不超过 3 000 万元;

2. 其他企业,年度应纳税所得额不超过 30 万元,从业人数不超过 80 人,资产总额不超过 1 000 万元。

小型微利企业是指企业的全部生产经营活动产生的所得均负有我国企业所得税纳税义务的企业,因此,仅就来源于我国所得负有我国纳税义务的非居民企业,不适用该政策。

自 2014 年 1 月 1 日起至 2016 年 12 月 31 日止,对年应纳税所得额低于 10 万元(含)的小型微利企业,其所得减按 50%计入应纳税所得额,按 20%的税率缴纳企业所得税。

【知识链接】

1 000 万户次"小微"受益税收优惠

为扶持中小企业特别是小微企业发展，近年来，国家先后出台了一系列税收优惠政策。据统计，目前，直接从税收优惠中受益的小微企业已近 1 000 万户次。

这些政策具体包括：对符合条件的小型微利企业给予减按 20%的税率征收企业所得税；多次调整小型微利企业，其所得减按 50%计入应纳税所得额的标准；在全面实施增值税改革的基础上，降低增值税小规模纳税人的征收率（自 6%和 4%统一降至 3%）；统一并两次提高了增值税和营业税的起征点；实施了金融企业中小企业贷款损失准备金税前扣除政策和符合条件的农村金融机构营业税优惠政策；免征了金融机构对小微企业贷款的印花税；将符合条件的国家中小企业公共技术服务示范平台纳入现行科技开发用品进口税收优惠政策的享受主体范围；等等。

五、创业投资企业优惠

创业投资企业从事国家需要重点扶持和鼓励的创业投资，可以按投资额的一定比例抵扣应纳税所得额。

抵扣应纳税所得额是指创业投资企业采取股权投资方式投资于未上市的中小高新技术企业 2 年（24 个月）以上，凡符合以下条件的，可以按照其对中小高新技术企业投资额的 70%，在股权持有满 2 年的当年抵扣该创业投资企业的应纳税所得额；当年不足抵扣的，可以在以后纳税年度结转抵扣。

1. 经营范围符合《创业投资企业管理暂行办法》（以下简称《暂行办法》）规定，且工商登记为"创业投资有限责任公司"、"创业投资股份有限公司"等专业性法人创业投资企业。

2. 按照《暂行办法》规定的条件和程序完成备案，经备案管理部门年度检查核实，投资运作符合《暂行办法》的有关规定。

3. 创业投资企业投资的中小高新技术企业，除应按照科技部、财政部、国家税务总局《关于印发〈高新技术企业认定管理办法〉的通知》（国科发火〔2008〕172 号）和《关于印发〈高新技术企业认定管理工作指引〉的通知》（国科发火〔2008〕362 号）的规定，通过高新技术企业认定以外，还应符合职工人数不超过 500 人、年销售（营业）额不超过 2 亿元、资产总额不超过 2 亿元的条件。

4. 财政部、国家税务总局规定的其他条件。

六、减计收入优惠

企业以《资源综合利用企业所得税优惠目录》规定的资源作为主要原材料并符合规定比例，生产国家非限制和禁止并符合国家和行业相关标准的产品取得的收入，减按 90%计入收入总额。

七、投资抵免优惠

企业购置并实际使用《环境保护专用设备企业所得税优惠目录》、《节能节水专用设备企业所得税优惠目录》和《安全生产专用设备企业所得税优惠目录》规定的环境保护、节能节水、安全生产等专用设备的，该专用设备投资额的 10%可以从企业当年的应纳税额中抵免；当年不足抵免的,可以在以后5个纳税年度结转抵免。

专用设备投资额是指企业利用自筹资金和银行贷款购买专用设备发票价税合计价格,但不包括按有关规定退还的增值税税款及设备运输、安装和调试等费用。企业利用财政拨款购置专用设备的投资额,不得抵免企业应纳所得税额。

当年应纳税额是指企业当年的应纳税所得额乘以适用税率,扣除依照《企业所得税法》和国务院有关税收优惠规定及税收过渡优惠规定减征、免征税额后的余额。

企业购置并实际投入使用、已开始享受税收优惠的专用设备,如从购置之日起5个纳税年度内转让、出租的,应在该专用设备停止使用当月停止享受企业所得税优惠,并补缴已经抵免的企业所得税税款。转让的受让方可以按照该专用设备投资额的10%抵免当年企业所得税应纳税额;当年应纳税额不足抵免的,可以在以后5个纳税年度结转抵免。

八、特殊行业的税收优惠

(一)鼓励软件产业和集成电路产业发展的优惠政策

1. 软件生产企业实行增值税即征即退政策所退还的税款,由企业用于研究开发软件产品和扩大再生产,不作为企业所得税应税收入,不予征收企业所得税。

2. 我国境内新办的集成电路设计企业和符合条件的软件企业,经认定后,在2017年12月31日前自获利年度起计算优惠期,第一年和第二年免征企业所得税,第三年至第五年减半征收企业所得税。

3. 国家规划布局内的重点软件生产企业,如当年未享受免税优惠的,减按10%的税率征收企业所得税。

4. 软件生产企业的职工培训费用,可按实际发生额在计算应纳税所得额时扣除。

5. 企事业单位购进软件,凡符合固定资产或无形资产确认条件的,可以按照固定资产或无形资产进行核算,经主管税务机关核准,其折旧或摊销年限可以适当缩短,最短可为2年。

6. 集成电路设计企业视同软件企业,享受上述软件企业的有关企业所得税政策。

7. 集成电路生产企业的生产性设备,经主管税务机关核准,其折旧年限可以适当缩短,最短可为3年。

8. 投资额超过80亿元人民币或集成电路线宽小于0.25微米的集成电路生产企业,可以减按15%的税率缴纳企业所得税。其中经营期在15年以上的,在2017年12月31日前自开始获利的年度起计算优惠期,第一年至第五年免征企业所得税,第六年至第十年减半征收企业所得税。

9. 对生产线宽小于0.8微米(含0.8微米)的集成电路产品的生产企业,经认定后,在2017年12月31日前自获利年度起计算优惠期,第一年和第二年免征企业所得税,第三年至第五年减半征收企业所得税。已经享受自获利年度起企业所得税"两免三减半"优惠政策的企业,不再重复执行本条规定。

(二)鼓励证券投资基金发展的优惠政策

1. 对证券投资基金从证券市场中取得的收入,包括买卖股票、债券的差价收入,股权的股息、红利收入,债券的利息收入及其他收入,暂不征收企业所得税。

2. 对投资者从证券投资基金分配中取得的收入,暂不征收企业所得税。

3. 对证券投资基金管理人运用基金买卖股票、债券的差价收入,暂不征收企业所得税。

需要指出的是,企业同时从事适用不同企业所得税待遇的项目的,其优惠项目应当单独计算所得并合理分摊企业的期间费用;没有单独计算的,不得享受企业所得税优惠。

九、特殊地区税收优惠

(一)民族自治地方优惠

民族自治地方的自治机关对本民族自治地方的企业应缴纳的企业所得税中属于地方分享的部分,可以决定减征或者免征。自治州、自治县决定减征或者免征的,须报省、自治区、直辖市人民政府批准。

对民族自治地方内国家限制和禁止行业的企业,不得减征、免征企业所得税。

(二)西部大开发优惠

1. 自2011年1月1日至2020年12月31日,对设在西部地区以《西部地区鼓励类产业目录》中规定的产业项目为主营业务,且其当年度主营业务收入占企业收入总额70%以上的企业,经企业申请,主管税务机关审核确认后,减按15%的税率缴纳企业所得税。

上述所称收入总额,是指《企业所得税法》第六条规定的收入总额。

2. 2010年12月31日前新办的交通、电力、水利、邮政、广播电视企业,凡已经按照《国家税务总局关于落实西部大开发有关税收政策具体实施意见的通知》(国税发〔2002〕47号)第二条第二款规定,取得税务机关审核批准的,其享受的企业所得税"两免三减半"优惠可以继续享受到期满为止;凡符合享受原西部大开发税收优惠规定条件,但由于尚未取得收入或尚未进入获利年度等原因,2010年12月31日前尚未完成税务机关审核确认手续的,履行相关手续后可享受原税收优惠。

3. 企业既符合西部大开发15%优惠税率条件,又符合《企业所得税法》规定的各项税收优惠条件的,可以同时享受。在涉及定期减免税的减半期内,可以按照企业适用税率计算的应纳税额减半征税。

十、非居民企业优惠

非居民企业下列所得可以免征企业所得税:外国政府向中国政府提供贷款取得的利息所得;国际金融组织向中国政府和居民企业提供优惠贷款取得的利息所得;经国务院批准的其他所得。

第七节 特别纳税调整

一、特别纳税调整的概念及意义

特别纳税调整是相对于一般纳税调整而言的。一般纳税调整是指在计算应纳税所得额时,因会计处理方法同税法规定的不一致,依照税法规定重新计算纳税而作的税务调整。如国债利息收入,会计上作为收益处理,而税法规定其为免税收入,在计算缴纳企业所得税时需作纳税调整。特别纳税调整是指税务机关出于反避税目的而对纳税人特定纳税事项所作的税务调整,包括对纳税人转让定价、资本弱化、避税港避税及其他避税情况所进行的税务调整。

相对于以往的关联方交易的纳税调整,现行的特别纳税调整对关联交易的税收处理和其他避税措施都做出了明确规定,在内容上进一步丰富和扩展了原有税法对反避税的规定,构建了体系化的反避税制度。这有利于税务机关加强国际税收管理,防止和制止避税行为,促进企业尤其是跨国企业遵循独立交易原则，维护国家税收利益。

二、关联方交易基本规范

关联方交易是企业避税的基本载体，为了加强对关联方交易的管理，尽可能降低关联方避税的可能性，现行税法对关联方及交易的认定、关联方交易规则等有一个较为系统的界定。

(一)关联方及关联关系的认定

《企业所得税法实施条例》中明确了关联方的含义，即与企业有下列关联关系之一的企业、其他组织或者个人：(1)在资金、经营、购销等方面存在直接或者间接的控制关系；(2)直接或者间接地同为第三者控制；(3)在利益上具有相关联的其他关系。

进一步地，《企业所得税法实施条例》第 109 条及《税收征收管理法实施细则》第 51 条又对关联方进行了具体的界定。所谓关联关系，主要是指企业与其他企业、组织或个人具有下列之一关系：

1. 一方直接或间接持有另一方的股份总和达到 25%以上，或者双方直接或间接同为第三方所持有的股份达到 25%以上。若一方通过中间方对另一方间接持有股份，只要一方对中间方持股比例达到 25%以上，则一方对另一方的持股比例按照中间方对另一方的持股比例计算。

2. 一方与另一方(独立金融机构除外)之间借贷资金占一方实收资本 50%以上，或者一方借贷资金总额的 10%以上是由另一方(独立金融机构除外)担保。

3. 一方半数以上的高级管理人员(包括董事会成员和经理)或至少一名可以控制董事会的董事会高级成员是由另一方委派，或者双方半数以上的高级管理人员(包括董事会成员和经理)或至少一名可以控制董事会的董事会高级成员同为第三方委派。

4. 一方半数以上的高级管理人员(包括董事会成员和经理)同时担任另一方的高级管理人员(包括董事会成员和经理)，或者一方至少一名可以控制董事会的董事会高级成员同时担任另一方的董事会高级成员。

5. 一方的生产经营活动必须由另一方提供的工业产权、专有技术等特许权才能正常进行。

6. 一方的购买或销售活动主要由另一方控制。

7. 一方接受或提供劳务主要由另一方控制。

8. 一方对另一方的生产经营、交易具有实质控制，或者双方在利益上具有相关联的其他关系，包括虽未达到上述第 1 项持股比例，但一方与另一方的主要持股方享受基本相同的经济利益，以及家族、亲属关系等。

(二)关联企业之间关联业务的税务处理

1. 企业与其关联方共同开发、受让无形资产，或者共同提供、接受劳务发生的成本，在计算应纳税所得额时应当按照独立交易原则进行分摊。

2. 企业与其关联方分摊成本时，应当按照成本与预期收益相配比的原则进行分摊，并在税务机关规定的期限内按照税务机关的要求报送有关资料。

3. 企业与其关联方分摊成本时违反第 1、2 项规定的，其自行分摊的成本不得在计算应纳税所得额时扣除。

4. 企业可以向税务机关提出与其关联方之间业务往来的定价原则和计算方法，税务机关与企业协商、确认后，达成预约定价安排。

预约定价安排，是指企业就其未来年度关联交易的定价原则和计算方法，向税务机关提出申请，与税务机关按照独立交易原则协商、确认后达成的协议。

三、转让定价管理

关联方企业之间利用转移定价进行避税是企业集团特别是跨国公司规避税收的常用手段。针对这一主要避税行为，税法规定了不同的纳税调整方法。

(一)纳税调整方法

企业与其关联方之间的业务往来，如果不符合独立交易原则而减少了企业或其关联方的应纳税收入或所得额的，税务机关可以按照合理方法进行调整。具体方法包括以下几项：

1. 可比非受控价格法，指按照没有关联关系的交易各方进行相同或者类似业务往来的价格进行定价的方法。

2. 再销售价格法，指按照从关联方购进商品再销售给没有关联关系的交易方的价格，减除相同或者类似业务的销售毛利进行定价的方法。

3. 成本加成法，指按照成本加合理的费用和利润进行定价的方法。

4. 交易净利润法，指按照没有关联关系的交易各方进行相同或者类似业务往来取得的净利润水平确定利润的方法。

5. 利润分割法，指将企业与其关联方的合并利润或者亏损在各方之间采用合理标准进行分配的方法。

6. 其他符合独立交易原则的方法。

(二)核定征收

上述纳税调整方法，以税务机关关联方调查获得的资料为前提。假如企业不提供与其关联方之间的业务往来资料，或者提供虚假、不完整资料，未能真实反映其关联业务往来情况的，税务机关有权依法核定其应纳税所得额，核定方法包括：

1. 参照同类或者类似企业的利润率水平核定；

2. 按照企业成本加合理的费用和利润的方法核定；

3. 按照关联企业集团整体利润的合理比例核定；

4. 按照其他合理方法核定。

企业对税务机关按照前款规定的方法核定的应纳税所得额有异议的，应当提供相关证据，经税务机关认定后，调整核定的应纳税所得额。

四、受控外国企业管理

(一)受控外国企业情形

受控外国企业是指由居民企业，或者由居民企业和中国居民控制的设立在实际税负明显低于《企业所得税法》规定的25％税率水平的国家(地区)，并非由于合理的经营需要而对利润不作分配或者减少分配的外国企业。

上述所称控制，是指在股份、资金、经营、购销等方面构成实质控制。其中，股份控制是指由中国居民股东在纳税年度任何一天单层直接或多层间接单一持有外国企业10％以上有表决权股份，且共同持有该外国企业50％以上股份。

中国居民股东多层间接持有股份按各层持股比例相乘计算，中间层持有股份超过50％的，按100％计算。

(二)受控外国企业纳税调整方法

发生上述受控外国企业情形的，外国企业不作利润分配或减少利润分配的数额中应归属于境内居民企业的部分，应当计入该居民企业的当期收入，计算缴纳企业所得税。

计入中国居民企业股东当期的视同受控外国企业股息分配的所得，应按以下公式计算：

$$\text{中国居民企业股东当期所得}=\text{视同股息分配额}\times\text{实际持股天数}\div\text{受控外国企业纳税年度天数}\times\text{股东持股比例}$$

中国居民股东多层间接持有股份的，股东持股比例按各层持股比例相乘计算。

五、资本弱化管理

资本弱化是指企业为了达到避税或节税目的，在企业融资方式的选择上，降低从其关联方接受的权益性投资的比重，提高债权性投资的比重，以债权性资本替代权益性资本进行融资，权益性资本相对弱化的现象。资本弱化在税收上的主要结果是增加借款方利息的税前扣除，同时减少股息的所得税。

为此，现行税法规定企业实际支付给关联方的利息支出，除符合下列规定外，其接受关联方债权性投资与其权益性投资比例：金融企业为 5∶1，其他企业为 2∶1。

1. 企业如果能够按照税法及其实施条例的有关规定提供相关资料，并证明相关交易活动符合独立交易原则的，或者该企业的实际税负不高于境内关联方的，其实际支付给境内关联方的利息支出在计算应纳税所得额时准予扣除。

2. 企业同时从事金融业务和非金融业务，其实际支付给关联方的利息支出应按照合理方法分开计算；没有按照合理方法分开计算的，一律按有关其他企业的比例计算准予税前扣除的利息支出。

企业自关联方取得的不符合规定的利息收入，应按照有关规定缴纳企业所得税。

第八节　征收管理

一、征管范围

以 2008 年为基年，2008 年底之前国家税务局、地方税务局各自管理的企业所得税纳税人不作调整。

2009 年起新增企业所得税纳税人中，应缴纳增值税的企业，其企业所得税由国家税务局管理；应缴纳营业税的企业，其企业所得税由地方税务局管理。

二、纳税地点

除税收法律、行政法规另有规定外，居民企业以企业登记注册地为纳税地点；但登记注册地在境外的，以实际管理机构所在地为纳税地点。

居民企业在中国境内设立不具有法人资格的营业机构的，应当汇总计算并缴纳企业所得税。企业汇总计算并缴纳企业所得税时，应当统一核算应纳税所得额，具体办法由国务院财政、税务主管部门另行制定。

非居民企业在中国境内设立机构、场所的，应当就其所设机构、场所取得的来源于中国境内的所得，以及发生在中国境外但与其所设机构、场所有实际联系的所得缴纳企业所得税，以机构、场所所在地为纳税地点。非居民企业在中国境内设立两个或者两个以上机构、场所的，经税务机关审核批准，可以选择由其主要机构、场所汇总缴纳企业所得税。主要机构、场所，应当同时符合下列条件：对其他各机构、场所的生产经营活动负有监督管理责任；设有完整的账簿、凭证，能够准确反映各机构、场所的收入、成本、费用和盈亏情况。经税务机关审核批准，是指经各机构、场所所在地税务机关的共同上级税务机关审核批准。

非居民企业经批准汇总缴纳企业所得税后需要增设、合并、迁移、关闭机构、场所或者停止机构、场所业务的，应当事先由负责汇总申报缴纳企业所得税的主要机构、场所向其所在地税务机关报告；需要变更汇总缴纳企业所得税的主要机构、场所的，依照前款规定办理。

非居民企业在中国境内未设立机构、场所的，或者虽设立机构、场所但取得的所得与其所设机构、场所没有实际联系的，应当就其来源于中国境内的所得，以扣缴义务人所在地为纳税地点。

除国务院另有规定外，企业之间不得合并缴纳企业所得税。

三、纳税期限

企业所得税按年计征，分月或者分季预缴，年度汇算清缴，多退少补。

分月或者分季预缴是指企业先按照月份或者季度的实际利润额预缴对应时期的企业所得税；按照月份或者季度的实际利润额预缴有困难的，可以按上一纳税年度应纳税所得额的月份或者季度平均额预缴，或者按照经税务机关认可的其他方法预缴。预缴方法一经确定，该纳税年度内不得随意变更。

汇算清缴是指在年度终了后，对全年应纳税所得额进行结算。如果全年应纳所得税税款大于预缴总数，少缴的予以补缴；如果小于预缴总数，多缴的予以退还。因此，需要计算预缴税额、全年应纳税额和年终清缴应补(退)税额。

企业所得税按纳税年度计算，纳税年度自公历 1 月 1 日起至 12 月 31 日止。企业在一个纳税年度中间开业，或者终止经营活动，使该纳税年度的实际经营期不足 12 个月的，应当以其实际经营期为一个纳税年度。企业依法清算时，应当以清算期间作为一个纳税年度。

企业应当自月份或者季度终了之日起 15 日内，向税务机关报送预缴企业所得税纳税申报表，预缴税款。企业应当自年度终了之日起 5 个月内，向税务机关报送年度企业所得税纳税申报表，并汇算清缴，结清应缴应退税款。

企业在年度中间终止经营活动的，应当自实际经营终止之日起 60 日内，向税务机关办理当期企业所得税汇算清缴。

四、纳税申报

企业在报送企业所得税纳税申报表时，应当按照规定附送财务会计报告和其他有关资料。企业在纳税年度内无论盈利或者亏损，都应当依照规定的期限，向税务机关报送预缴企业所得税纳税申报表、年度企业所得税纳税申报表、财务会计报告和税务机关规定应当报送的其他有关资料。

企业应当在办理注销登记前，就其清算所得向税务机关申报并依法缴纳企业所得税。

依照税法规定缴纳的企业所得税以人民币计算。所得以人民币以外的货币计算的，应当折合成人民币计算并缴纳税款。企业所得以人民币以外的货币计算的，预缴企业所得税时，应当按照月份或者季度最后一日的人民币汇率中间价，折合成人民币计算应纳税所得额。年度终了汇算清缴时，对已经按照月份或者季度预缴税款的，不再重新折合计算，只就该纳税年度内未缴纳企业所得税的部分，按照纳税年度最后一日的人民币汇率中间价，折合成人民币计算应纳税所得额。经税务机关检查确认,企业少计或者多计前款规定的所得的,应当按照检查确认补税或者退税时的上一个月最后一日的人民币汇率中间价,将少计或者多计的所得折合成人民币计算应纳税所得额,再计算应补缴或者应退的税款。

五、跨地区经营汇总纳税企业所得税征收管理

按现行《企业所得税法》的规定,居民企业以企业登记注册地为纳税地点。居民企业在中国境内跨地区(指跨省、自治区、直辖市和计划单列市,下同)设立不具有法人资格的营业机构、场所,从事跨地区经营的,其企业所得税自然就应汇总到总机构缴纳,这必然形成对分支机构所在地政府的不公平。为了协调总分机构的税收利益关系,财政部、国家税务总局、中国人民银行《关于印发〈跨省市总分机构企业所得税分配及预算管理暂行办法〉的通知》(财预〔2008〕10 号)规定了跨地区经营汇总纳税企业所得税征收管理办法:统一计算、分级管理、就地预缴、汇总清算、财政调库。

六、非居民企业的源泉扣缴

非居民企业在中国境内未设立机构、场所的,或者虽设立机构、场所但取得的所得与其所设机构、场所没有实际联系的,应当就其来源于中国境内的所得应缴纳的所得税,实行源泉扣缴,以支付人为扣缴义务人。

扣缴义务人扣缴税款时,按非居民企业计算方法计算税款。

应当扣缴的所得税,扣缴义务人未依法扣缴或者无法履行扣缴义务的,由纳税人在所得发生地缴纳。纳税人未依法缴纳的,税务机关可以从该纳税人在中国境内其他收入项目的支付人应付的款项中追缴该纳税人的应纳税款。

上述所称所得发生地,是指依照《企业所得税法实施条例》规定的原则确定的所得发生地。在中国境内存在多处所得发生地的,由纳税人选择其中之一申报缴纳企业所得税。该纳税人在中国境内其他收入,是指该纳税人在中国境内取得的其他各种来源的收入。

税务机关在追缴该纳税人的应纳税款时,应当将追缴理由、追缴数额、缴纳期限和缴纳方式等告知该纳税人。

扣缴义务人每次代扣的税款,应当自代扣之日起 7 日内缴入国库,并向所在地的税务机关报送扣缴企业所得税报告表。

本章关键词

企业所得税　应纳税所得额　居民企业　非居民企业　收入　成本　税前扣除　查账征收　核定征收　独立交易原则

复习思考题

一、简答题

1. 简述企业所得税的纳税人及征税对象。
2. 简述企业所得税的不征税收入和免税收入。

3. 简述企业所得税的不得扣除项目。

4. 简述税法规定与会计规定差异的处理。

5. 简述境外所得已纳税额的抵扣。

6. 简述特别纳税调整方法。

二、计算题

1. 某中型工业企业执行现行财会制度和税收法规，假设某年度企业会计报表利润为 200 000 元，未作任何项目调整，已按 25%的所得税税率计算缴纳所得税 50 000 元。税务检查人员对该企业进行所得税纳税审查，经查阅有关账证资料，发现如下问题：

(1)企业该年有正式职工 100 人，实际列支工资、津贴、补贴、奖金为 1 200 000 元。

(2)企业“长期借款”账户中记载：年初向中国银行借款 100 000 元，年利率为 5%；向其他企业借周转金 200 000 元，年利率为 10%。上述借款均用于生产经营。

(3)全年销售收入 60 000 000 元，企业列支业务招待费 250 000 元。

(4)该企业当年在税前共计提取并发生职工福利费 168 000 元，计提并拨缴工会经费 24 000 元，发生教育经费支出 38 000 元。

(5)6 月 5 日“管理费用”科目列支厂部办公室使用的空调器一台，价款 6 000 元(折旧年限按 6 年计算，不考虑残值)。

(6)其他经核实均无问题，符合现行会计制度及税法规定。

要求：计算该企业应补缴企业所得税额。

2. 某市一化工机械制造有限公司(居民企业)于 2014 年 1 月注册成立进行生产经营，系增值税一般纳税人，该企业采用《企业会计制度》进行会计核算。2014 年度生产经营情况如下：

(1)取得销售产品收入 4 000 万元。

(2)发生产品销售成本 2 600 万元。

(3)发生销售费用 770 万元(其中广告费 650 万元)、财务费用 60 万元、管理费用 480 万元(其中业务招待费 25 万元、新产品研究开发费 40 万元)。

(4)销售税金 40 万元(不含增值税)。

(5)营业外收入 80 万元，营业外支出 50 万元(含通过公益性社会团体向贫困山区捐款 30 万元、支付税收滞纳金 6 万元)。

(6)全年提取并实际支付工资支出共计 200 万元；拨缴职工工会经费 5 万元、发生职工教育经费 7 万元、全年列支职工福利性支出 31 万元。

要求：计算该公司 2014 年应缴纳的企业所得税。

3. 某工业企业为居民企业，某年发生经营业务如下：

(1)全年取得产品销售收入 5 600 万元，发生产品销售成本 4 000 万元。

(2)其他业务收入 800 万元，其他业务成本 694 万元。

(3)取得购买国债的利息收入 40 万元。

(4)缴纳非增值税销售税金及附加 300 万元。

(5)发生管理费用 760 万元，其中新技术研究开发费用 60 万元、业务招待费用 70 万元。

(6)发生财务费用 200 万元。

(7)取得直接投资其他居民企业的权益性收益 34 万元(已在投资方所在地按 15%的税率缴纳了所得税)。

(8)取得营业外收入 100 万元，发生营业外支出 250 万元(其中含公益性捐赠 38 万元)。

要求：计算企业该年应纳企业所得税。

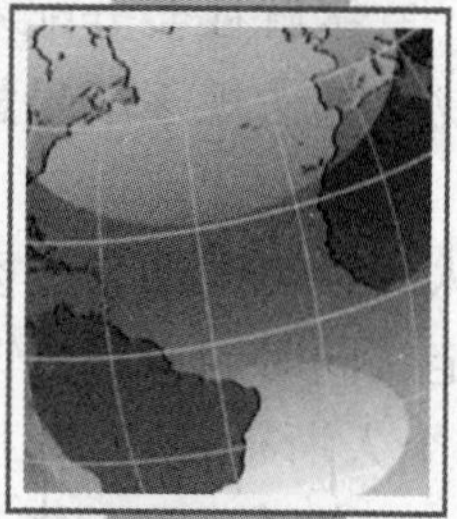

第八章 个人所得税法

导入案例

近几年来,人们热议的一个话题是:单位发的福利月饼也难逃缴税。每当中秋佳节临近,不少人在品尝月饼时,会感觉不那么“甜蜜”了。这是因为,以往很多人没有留心到的“月饼税”被媒体曝出,很多人第一次了解到,原来以为是单位“纯福利”的月饼,也要缴税,收入正好在临界点上的职工,可能为一盒300元的月饼要多掏几十元的个税,感觉当然“不爽”。专家表示,税务部门对月饼等单位发放的实物征税是依法办事,如果市民觉得发月饼缴税不值,单位不如直接发钱来得实惠。

除去月饼外,单位所发的大部分福利其实都是需要缴税的,消费者对月饼也需征税的普遍反感,背后是对减轻个人税负、确保员工福利的渴求。退一万步说,中秋节期间赠送月饼,已经成了一项节日传统。但有调查表明,大部分月饼转送来转送去,成了不少职工的“人情负担”,很多人节日期间真正吃不了一块半块的月饼。从这个意义上讲,谁也不愿为单位派发的月饼买个人税收的“税单”。那么,上述“月饼税”是否合理合法呢?你是怎么看的?

第一节 个人所得税概述

一、个人所得税的概念

个人所得税是对个人(自然人)取得的各类应税所得征收的一种税,是政府利用税收对个人收入进行调节的一种手段。个人所得税的征税对象不仅包括个人,还包括具有自然人性质的企业。

二、个人所得税的发展

自新中国成立以来,我国的个人所得税经历了一个不断完善和发展的过程。1950年,当时政务院颁布的《全国税政实施要则》中列举了对个人所得征税的税种,即薪给报酬所得税和存款利息所得税。前者实际并没有开征,后者于1950年开征、1959年取消。在此后20多年的时间里,我国对个人所得是不征税的。

1978年党的十一届三中全会以后,随着改革开放和对外交流的不断扩大,来我国工作的外籍人员日益增多。根据国际惯例,也为了维护我国的税收权益,需要制定相应的对个人所得征税的法律和法规。为此,1980年9月10日,第五届全国人民代表大会第三次会议审议通过了《中华人民共和国个人所得税法》,并同时颁布实施。同年12月14日,经国务院批准,财政部颁布了《中华人民共和国个人所得税法实施条例》。由于免征额高,我国居民收入低,该税主要是对境内的外籍人员征收。

1986年,根据我国社会经济发展状况,为了有效调节社会成员收入水平的差距,国务院先后颁布了《中华人民共和国城乡个体工商户所得税暂行条例》和《中华人民共和国个人收入调节税暂行条例》，从而形成了我国对个人所得课税三个税收法律、法规并存的状况。这些税收法律、法规的施行，对于促进对外经济技术合作与交流、调节个人收入水平、缓解社会分配不公、增加国家财政收入等起到了积极作用。但随着形势的发展，这些税收法律、法规逐渐暴露出一些矛盾和问题。

为了统一税收、公平税负、规范税制，1993 年 10 月 31 日第八届全国人民代表大会常务委员会第四次会议通过了《关于修改〈中华人民共和国个人所得税法〉的决定》，同时颁布了修改后的《个人所得税法》，从 1994 年 1 月 1 日起施行。后几经修改，现行的《个人所得税法》根据 2011 年 6 月 30 日第十一届全国人民代表大会常务委员会第二十一次会议通过的《关于修改〈中华人民共和国个人所得税法〉的决定》修正，自 2011 年 9 月 1 日起施行。

2000 年 9 月，财政部、国家税务总局根据《国务院关于个人独资企业和合伙企业征收所得税问题的通知》有关"对个人独资企业和合伙企业停征企业所得税，只对其投资者的经营所得征收个人所得税"的规定，制定了《关于个人独资企业和合伙企业投资者征收个人所得税的规定》。该规定明确从 2000 年 1 月 1 日起，个人独资企业和合伙企业投资者将依法缴纳个人所得税。

三、个人所得税的特点

(一)在征收制度上实行分类征收制

世界各国的个人所得税制分为三种类型：分类所得税制、综合所得税制和混合所得税制。我国现行个人所得税采用的是分类所得税制，即将个人取得的各种所得划分为 11 类，分别适用不同的费用减除规定、不同的税率和不同的计税方法。实行分类课征制度，可以加强源泉控管，简化纳税手续，方便征纳双方。同时，还可以对不同所得实行不同的征税方法，便于体现国家的政策。但由于对纳税人整体所得掌握得不一定全面，容易导致实际税负的不公平。

(二)在税率上累进税率与比例税率并用

现行的个人所得税在税率上，根据不同的应税项目分别实行超额累进税率和比例税率两种形式。对工资、薪金所得，对个体工商户的生产、经营所得，对企事业单位的承包经营、承租经营所得，采用超额累进税率，实行量能负担；对除前三种应税所得外的应税所得采用比例税率，实行等比负担。采用累进税率与比例税率并用的方法，有利于合理调节个人收入差距。

(三)在费用扣除上采取定额与定率相结合的方法

各国的个人所得税均有费用扣除的规定，只是扣除的方法不尽相同。我国本着费用扣除从宽、从简的原则，对个人不同的所得项目，采取了定额与定率相结合的方法。比如对工资、薪金所得，每月减除费用3 500元。对劳务报酬等所得，每次收入不超过4 000元的，减除 800 元；每次收入4 000元以上的，减除 20%的费用。按照这样的标准减除费用。

(四)在申报缴纳上采用代扣代缴和自行申报两种方法

现行的个人所得税在申报缴纳上，对纳税人的应纳税额分别采取由支付单位代扣代缴和纳税人自行申报纳税两种方法。对凡是可以在应税所得的支付环节扣缴个人所得税的，均由扣缴义务人履行代扣代缴义务；对于没有扣缴义务人的，以及个人在两处以上取得工资、薪金所得的，由纳税人自行申报纳税。此外，对其他不便于扣缴税款的，也规定由纳税人自行申报纳税。这样有利于防止个人所得税税款的流失，也便于个人所得税的征管。

第二节　纳税义务人与征税对象

一、纳税义务人

个人所得税的纳税人包括中国公民、个体工商业户以及在中国有所得的外籍人员(包括无国籍人员,下同)和香港、澳门、台湾同胞。现行个人所得税按照国际通行做法,依据住所和居住时间两个标准,将纳税人区分为居民纳税人和非居民纳税人,并以此确定其承担不同的纳税义务。

(一)居民纳税人

凡在中国境内有住所,或者无住所而在境内居住满 1 年的个人,为居民纳税人。居民纳税人承担无限纳税义务,不论是来源于中国境内还是境外任何地方的应税所得,均应按税法规定缴纳个人所得税。

上述在中国境内有住所的个人,是指因户籍、家庭、经济利益关系而在中国境内习惯性居住的个人。习惯性居住是判定纳税人是居民纳税人还是非居民纳税人的一个重要依据。它是指个人因学习、工作、探亲等原因消除之后,没有理由在其他地方继续居留时,所要回到的地方,而不是指实际居住地或在某一特定时期内的居住地。

所说的在境内居住满 1 年,是指在一个纳税年度(公历 1 月 1 日起至 12 月 31 日止,下同)在中国境内居住满 365 日。临时离境的,不得扣减其在境内居住的天数。所谓临时离境,是指在一个纳税年度,一次不超过 30 日或者多次累计不超过 90 日的离境。

因此,个人所得税的居民纳税人包括以下两类:一类是在中国境内定居的中国公民和外国侨民。但不包括虽具有中国国籍,却并没有在中国大陆定居,而是侨居海外的华侨和居住在香港、澳门、台湾地区的同胞。另一类是从公历 1 月 1 日起到 12 月 31 日止,居住在中国境内的外国人、海外侨胞和香港、澳门、台湾同胞。对临时离境的,应视同全年在中国境内居住,仍属于居民纳税人。

现行税法中关于"中国境内"的概念,是指中国大陆地区,目前还不包括香港、澳门和台湾地区。

(二)非居民纳税人

凡在中国境内无住所又不居住,或者无住所且居住不满 1 年的个人,为非居民纳税人。非居民纳税人承担有限纳税义务,即仅就其来源于中国境内的应税所得,按税法规定缴纳个人所得税。

在中国境内无住所的个人,是指习惯性居住地不在中国境内的个人,这些个人只有外籍人员、华侨或香港、澳门和台湾同胞。因此,个人所得税的非居民纳税人主要包括在一个纳税年度内,不在中国境内居住,或者在中国境内居住不满 1 年的外籍人员、华侨或香港、澳门和台湾同胞。

自 2004 年 7 月 1 日起,对境内居住的天数和境内实际工作期间按以下规定为准:

1. 判定纳税义务及计算在中国境内居住的天数

对在中国境内无住所的个人,需要计算确定其在中国境内居住天数,以便依照税法和协定或安排的规定判定其在华负有何种纳税义务时,均应以该个人实际在华逗留天数计算。上述个人入境、离境、往返或多次往返境内外的当日,均按 1 天计算其在华实际逗留天数。

2. 对个人入境、离境当日如何计算在中国境内实际工作期间

对在中国境内、境外机构同时担任职务或仅在境外机构任职的境内无住所个人，在按《国家税务总局关于在中国境内无住所的个人计算缴纳个人所得税若干具体问题的通知》（国税函发〔1995〕125 号）第一条的规定计算其境内工作期间时，对其入境、离境、往返或多次往返境内外的当日，均按半天计算为在华实际工作天数。

二、所得来源地的确定

所得来源地的确定，是判断某项所得是否应该征收个人所得税的重要依据。就非居民纳税人而言，因只就其来源于我国境内的所得课税，所以判断其所得来源地就显得十分重要。

（一）确认所得来源地的具体规定

我国的个人所得税，依据所得来源地的确定应反映经济活动的实质，要遵循方便税务机关实行有效征管的原则，具体规定如下：

1. 工资、薪金所得，以纳税人任职、受雇的公司、企业、事业单位、机关、社会团体、部队、学校等单位的所在地，作为所得来源地。

2. 生产、经营所得，以生产、经营活动实现地，作为所得来源地。

3. 劳务报酬所得，以纳税人实际提供劳务的地点，作为所得来源地。

4. 不动产转让所得，以不动产坐落地为所得来源地；动产转让所得，以实现转让的地点为所得来源地。

5. 财产租赁所得，以被租赁财产的使用地，作为所得来源地。

6. 利息、股息、红利所得，以支付利息、股息、红利所得的企业、机构、组织的所在地，作为所得来源地。

7. 特许权使用费所得，以特许权的使用地，作为所得来源地。

（二）来源于中国境内的各类所得

所得的来源地与所得的支付地并不是同一概念，有时两者是一致的，有时却是不相同的。根据上述原则和方法，来源于中国境内的所得有以下几个方面：

1. 在中国境内的公司、企业、事业单位、机关、社会团体、部队、学校等单位或经济组织中任职、受雇而取得的工资、薪金所得。

2. 在中国境内提供各种劳务而取得的劳务报酬所得。

3. 在中国境内从事生产、经营活动而取得的所得。

4. 个人出租的财产，被承租人在中国境内使用而取得的财产租赁所得。

5. 转让中国境内的房屋、建筑物、土地使用权，以及在中国境内转让其他财产而取得的财产转让所得。

6. 提供在中国境内使用的专利权、专有技术、商标权、著作权，以及其他各种特许权利而取得的特许权使用费所得。

7. 因持有中国的各种债券、股票、股权而从中国境内的公司、企业或其他经济组织以及个人取得的利息、股息、红利所得。

8. 在中国境内参加各种竞赛活动取得名次的奖金所得；参加中国境内有关部门和单位组织的有奖活动而取得的中奖所得；购买中国境内有关部门和单位发行的彩票取得的中彩所得。

9. 在中国境内以图书、报刊方式出版、发表作品而取得的稿酬所得。

三、征税对象

确定征税对象可以使纳税人掌握自己有哪些收入要缴纳个人所得税。下列各项个人所得,应纳个人所得税。

(一)工资、薪金所得

工资、薪金所得是指个人因任职或者受雇而取得的工资、薪金、奖金、年终加薪、劳动分红、津贴、补贴以及与任职或受雇有关的其他所得。

根据我国目前个人收入的构成情况,规定对于一些不属于工资、薪金性质的补贴、津贴或者不属于纳税人本人的工资、薪金所得项目的收入,不予征税。这些项目包括:

1. 独生子女补贴。

2. 执行公务员工资制度未纳入基本工资总额的补贴、津贴差额和家属成员的副食品补贴。

3. 托儿补助费。

4. 差旅费津贴、误餐补助。其中,误餐补助是指按财政部规定,个人因公在城区、郊区工作,不能在工作单位或返回就餐的,根据实际误餐顿数,按规定的标准领取的误餐费。单位以误餐补助名义发给职工的补助、津贴不能包括在内。

公司职工取得的用于购买企业国有股权的劳动分红,按"工资、薪金所得"项目计征个人所得税。

出租汽车经营单位对出租车驾驶员采取单车承包或承租方式运营,出租车驾驶员从事客货营运取得的收入,按"工资、薪金所得"项目征收个人所得税。

(二)个体工商户的生产、经营所得

个体工商户的生产、经营所得是指以下几项:

1. 个体工商户从事工业、手工业、建筑业、交通运输业、商业、饮食业、服务业、修理业以及其他行业生产、经营取得的所得。

2. 个人经政府有关部门批准,取得执照,从事办学、医疗、咨询以及其他有偿服务活动取得的所得。

3. 上述个体工商户和个人取得的与生产、经营有关的各项应税所得。

4. 个人因从事彩票代销业务而取得的所得,按"个体工商户的生产、经营所得"项目缴纳个人所得税。

5. 从事个体出租车运营的出租车驾驶员取得的收入,按"个体工商户的生产、经营所得"项目缴纳个人所得税。

出租车属于个人所有,但挂靠出租汽车经营单位或企事业单位,驾驶员向挂靠单位缴纳管理费的,或出租汽车经营单位将出租车所有权转移给驾驶员的,出租车驾驶员从事客货营运取得的收入,比照"个体工商户的生产、经营所得"项目征税。

6. 个人独资企业和合伙企业的个人投资者以企业资金为本人、家庭成员及其相关人员支付与企业生产、经营无关的消费性支出及购买汽车、住房等财产性支出,视为企业对个人投资者利润分配,并入投资者个人的生产、经营所得,依照"个体工商户的生产、经营所得"项目计征个人所得税。

7. 其他个人从事个体工商业生产、经营取得的所得。

(三)对企事业单位的承包经营、承租经营所得

对企事业单位的承包经营、承租经营所得，是指个人承包经营、承租经营以及转包、转租取得的所得。承包项目可分多种，如生产经营、采购、销售、建筑安装等各种承包。转包包括全部转包和部分转包。

(四)劳务报酬所得

劳务报酬所得是指个人独立从事各种非雇佣的劳务所取得的所得。内容包括设计、装潢、安装、制图、化验、测试、医疗、法律、会计、咨询、讲学、新闻、广播、翻译、审稿、书画、雕刻、影视、录音、录像、演出、表演、广告、展览、技术服务、介绍服务、经纪服务、代办服务以及其他劳务取得的所得。

劳务报酬是个人独立从事各种技艺、提供各项劳务取得的报酬，它与工资、薪金等属于非独立个人劳务取得的报酬是不同的，但如果其所得是以工资、薪金形式领取的，如演员从剧团领取的工资，则属于工资、薪金所得范围。

自 2004 年 1 月 20 日起，对商品营销活动中，企业和单位对其营销业绩突出的非雇员以培训班、研讨会、工作考察等名义组织旅游活动，通过免收差旅费、旅游费对个人实行的营销业绩奖励(包括实物、有价证券等)，应根据所发生费用的全额并入其当期的劳务收入，按"劳务报酬所得"项目征收个人所得税，并由提供上述费用的企业和单位代扣代缴。

(五)稿酬所得

稿酬所得是指个人因其作品以图书、报刊形式出版、发表而取得的所得。

(六)特许权使用费所得

特许权使用费所得是指个人提供专利权、商标权、著作权、非专利技术以及其他特许权的使用权取得的所得。提供著作权的使用权所得，不包括稿酬所得。

(七)利息、股息、红利所得

利息、股息、红利所得是指个人拥有债权、股权而取得的利息、股息、红利所得。

除个人独资企业、合伙企业以外的其他企业的个人投资者，以企业资金为本人、家庭成员及其相关人员支付与企业生产、经营无关的消费性支出及购买汽车、住房等财产性支出，视为企业对个人投资者红利分配，依照"利息、股息、红利所得"项目计征个人所得税。

个人在个人银行结算账户的存款自 2003 年 9 月 1 日起孳生的利息，应按"利息、股息、红利所得"项目计征个人所得税，税款由办理个人银行结算账户业务的储蓄机构在结付利息时代扣代缴。自 2008 年 10 月 9 日起，个人银行结算账户的利息视同储蓄存款利息，暂免个人所得税。

(八)财产租赁所得

财产租赁所得是指个人出租建筑物、土地使用权、机器设备、车船及其他财产取得的所得。个人取得的财产转租收入，属于"财产租赁所得"的征税范围。

(九)财产转让所得

财产转让所得是指个人因转让有价证券、股权、建筑物、土地使用权、机器设备、车船以及其他财产取得的所得。

1. 股票转让所得暂不征收个人所得税。

2. 集体所有制企业在改制为股份合作制企业时，对职工个人以股份形式取得的拥有所有权的企业量化资产，暂缓征收个人所得税；待个人将股份转让时，就其转让收入额，减除个人取得该股份时实际支付的费用支出和合理转让费用后的余额，按"财产转让所得"项目计征个人所得税。

(十)偶然所得

偶然所得是指个人得奖、中奖、中彩以及其他偶然性质的所得。

(十一)经国务院财政部门确定征税的其他所得

除上述列举的各项应税所得外,其他确有必要征税的个人所得,由国务院财政部门确定。个人取得的所得,难以界定应税所得项目的,由主管税务机关确定。

第三节　税率及应纳税所得额的确定

一、税率

依据公平税负和对不同性质的个人所得项目区别征税的原则,现行个人所得税税率根据不同类别的所得项目分别实行超额累进税率和比例税率的办法。具体规定如下:

(一)工资、薪金所得

工资、薪金所得,适用七级超额累进税率,税率为 3%～45%,见表 8—1。

表 8—1　工资、薪金所得个人所得税税率及速算扣除数表

级数	全月应纳税所得额	税率(%)	速算扣除数
1	不超过 1 500 元的	3	0
2	超过 1 500 元至 4 500 元的部分	10	105
3	超过 4 500 元至 9 000 元的部分	20	555
4	超过 9 000 元至 35 000 元的部分	25	1 005
5	超过 35 000 元至 55 000 元的部分	30	2 755
6	超过 55 000 元至 80 000 元的部分	35	5 505
7	超过 80 000 元的部分	45	13 505

注:本表所称全月应纳税所得额是指依照税法的规定,以每月收入额减除费用 3 500 元后的余额或者再减除附加减除费用后的余额。

(二)个体工商户的生产、经营所得和对企事业单位的承包经营、承租经营所得

个体工商户的生产、经营所得和对企事业单位的承包经营、承租经营所得,适用五级超额累进税率,税率为 5%～35%,见表 8—2。

表 8—2　个体工商户的生产、经营所得和对企事业单位的承包经营、承租经营所得个人所得税税率及速算扣除数表

级数	全年应纳税所得额	税率(%)	速算扣除数
1	不超过 15 000 元的	5	0
2	超过 15 000 元至 30 000 元的部分	10	750
3	超过 30 000 元至 60 000 元的部分	20	3 750
4	超过 60 000 元至 100 000 元的部分	30	9 750

续表

级数	全年应纳税所得额	税率(%)	速算扣除数
5	超过 100 000 元的部分	35	14 750

注:本表所称全年应纳税所得额,对个体工商户的生产、经营所得来源,是指以每一纳税年度的收入总额减除成本、费用以及损失后的余额;对企事业单位的承包经营、承租经营所得来源,是指以每一纳税年度的收入总额,减除必要费用后的余额。

根据国家税务总局 1994 年 8 月 1 日发布的《关于个人对企事业单位实行承包经营、承租经营取得所得征税问题的通知》规定,其适用税率分为以下两种情况:

1. 承包、承租人对企业经营成果不拥有所有权,仅是按合同(协议)规定取得一定所得的,其所得按"工资、薪金所得"项目征税。

2. 承包、承租人按合同(协议)规定只向发包、出租方交纳一定费用后,企业经营成果归其所有的,承包、承租人取得的所得,按"对企事业单位的承包经营、承租经营所得"项目征税。

(三)劳务报酬所得

劳务报酬所得,适用比例税率,税率为 20%。对劳务报酬所得一次收入畸高的,可以实行加成征收,具体办法由国务院规定。

上述的"劳务报酬所得一次收入畸高",是指个人一次取得劳务报酬,其应纳税所得额超过 20 000 元。对应纳税所得额超过 20 000 元至 50 000 元的部分,依照税法规定计算应纳税额后再按照应纳税额加征五成;超过 50 000 元的部分,加征十成。因此,劳务报酬所得实际上适用 20%、30%、40%的三级超额累进税率,见表 8－3。

表 8－3 劳务报酬所得个人所得税税率及速算扣除数表

级数	每次应纳税所得额	税率(%)	速算扣除数
1	不超过 20 000 元的部分	20	0
2	超过 20 000 元至 50 000 元的部分	30	2 000
3	超过 50 000 元的部分	40	7 000

注:本表所称每次应纳税所得额,是指每次收入额减除费用 800 元(每次收入额不超过 4 000 元时)或者减除 20%的费用(每次收入额超过 4 000 元时)后的余额。

(四)稿酬所得

稿酬所得适用比例税率,税率为 20%,并按应纳税额减征 30%,故其实际税负为 14%。

(五)特许权使用费所得,利息、股息、红利所得,财产租赁所得,财产转让所得,偶然所得和其他所得

特许权使用费所得,利息、股息、红利所得,财产租赁所得,财产转让所得,偶然所得和其他所得,适用比例税率,税率为 20%。

经国务院批准,财政部、国家税务总局联合下发了《关于储蓄存款利息所得有关个人所得税政策的通知》(财税〔2008〕132 号),自 2008 年 10 月 9 日起暂免征收储蓄存款利息所得个人所得税(以下简称"利息税")。利息税实行分段计算征免,居民储蓄存款在 1999 年 10 月 31 日前孳生的利息,不征收个人所得税;1999 年 11 月 1 日至 2007 年 8 月 14 日孳生的利息,按照 20%的税率征税;2007 年 8 月 15 日至 2008 年 10 月 8 日孳生的利息,按照 5%的税率征税;2008 年 10 月 9 日(含 10 月 9 日)起孳生的利息,实行暂免征收个人所得税的规定。

对个人出租住房取得的所得，减按10%的税率征收个人所得税。

二、应纳税所得额的确定

个人所得税是以应纳税所得额为计税依据。根据税法规定，计算应纳税所得额，必须按不同应税项目分项计算，以某项应税项目的收入额减去税法规定的该项目费用减除标准后的余额，为该项目应纳税所得额。

(一)费用减除标准

1. 工资、薪金所得，以每月收入额减除费用3 500元后的余额，为应纳税所得额。

2. 个体工商户的生产、经营所得，以每一纳税年度的收入总额，减除成本、费用以及损失后的余额，为应纳税所得额。这里所说的成本、费用，是指纳税人从事生产、经营所发生的各项直接支出和分配计入成本的间接费用以及销售费用、管理费用、财务费用；所说的损失，是指纳税人在生产、经营过程中所发生的各项营业外支出。

从事生产、经营的纳税人未提供完整、准确的纳税资料，不能正确计算应纳税所得额的，由主管税务机关核定其应纳税所得额。

个人独资企业的投资者以全部生产、经营所得为应纳税所得额。合伙企业的投资者按照合伙企业的全部生产、经营所得和合伙协议约定的分配比例，确定应纳税所得额；合伙协议没有约定分配比例的，以全部生产、经营所得和合伙人数量平均计算每个投资者的应纳税所得额。

3. 对企事业单位的承包经营、承租经营所得，以每一纳税年度的收入总额，减除必要费用后的余额，为应纳税所得额。这里所说的每一纳税年度的收入总额，是指纳税义务人按照承包经营、承租经营合同规定分得的经营利润和工资、薪金性质的所得；所说的减除必要费用，是指按月减除3 500元。

4. 劳务报酬所得、稿酬所得、特许权使用费所得、财产租赁所得，每次收入不超过4 000元的，减除费用800元；4 000元以上的，减除20%的费用。其余额为应纳税所得额。

5. 财产转让所得，以转让财产的收入额减除财产原值和合理费用后的余额，为应纳税所得额。财产原值是指：

(1)有价证券，为买入价以及买入时按规定交纳的有关费用；

(2)建筑物，为建造费或者购进价格以及其他有关费用；

(3)土地使用权，为取得土地使用权所支付的金额、开发土地的费用以及其他有关费用；

(4)机器设备、车船，为购进价格、运输费、安装费以及其他有关费用；

(5)其他财产，参照以上方法确定。

纳税人未提供完整、准确的财产原值凭证，不能正确计算财产原值的，由主管税务机关核定其财产原值。

合理费用是指卖出财产时按照规定支付的有关费用。

6. 利息、股息、红利所得，偶然所得和其他所得，以每次收入额为应纳税所得额。

按照财政部、国家税务总局、证监会《关于实施上市公司股息红利差别化个人所得税政策有关问题的通知》(财税〔2012〕85号)规定，自2013年1月1日起，个人从公开发行和转让市场取得的上市公司股票，持股期限在1个月以内(含1个月)的，其股息红利所得全额计入应纳税所得额；持股期限在1个月以上至1年(含1年)的，暂减按50%计入应纳税所得额；持股期限超过1年的，暂减按25%计入应纳税所得额。上述所得统一适用20%的税率计征个人所得税。

所称上市公司是指在上海证券交易所、深圳证券交易所挂牌交易的上市公司；持股期限是指个人从公开发行和转让市场取得上市公司股票之日至转让交割该股票之日前一日的持有时间。

(二)附加减除费用适用范围和标准

税法规定，对在中国境内无住所而在中国境内取得工资、薪金所得的纳税人和在中国境内有住所而在中国境外取得工资、薪金所得的纳税人，可以根据其收入水平、生活水平以及汇率变化情况确定附加减除费用。附加减除费用适用范围和标准由国务院规定。现行附加减除费用标准为对符合规定条件的纳税人，其每月工资、薪金所得在减除 3 500 元费用的基础上，再减除 1 300 元。

附加减除费用的范围包括：

1. 在中国境内的外商投资企业和外国企业中工作取得工资、薪金所得的外籍人员；

2. 应聘在中国境内的企业、事业单位、社会团体、国家机关工作取得工资、薪金所得的外籍专家；

3. 在中国境内有住所而在中国境外任职或者受雇取得工资、薪金所得的个人；

4. 国务院财政、税务主管部门确定的其他人员。

华侨和香港、澳门、台湾同胞参照上述附加减除费用标准执行。

(三)每次收入的确定

《个人所得税法》对纳税义务人取得的劳务报酬所得，稿酬所得，特许权使用费所得，利息、股息、红利所得，财产租赁所得，偶然所得，其他所得 7 项所得，都明确应该按次计算征税。由于扣除费用依据每次应纳税所得额的大小，分别规定了定额和定率两种标准，因此准确划分“次”，显得十分重要。

1. 劳务报酬所得，根据不同劳务项目的特点，分别规定为：

(1)只有一次性收入的，以取得该项收入为一次。

(2)同一项目连续取得收入的，以一个月内取得的收入为一次。

2. 稿酬所得，以每次出版、发表取得的收入为一次。具体细分为：

(1)同一作品出版、发表后，因添加印数而追加稿酬的，应与以前出版、发表时取得的稿酬合并计算为一次，计征个人所得税。

(2)同一作品再版取得的所得，应视作另一次稿酬所得，计征个人所得税。

(3)同一作品出版、发表时，以预付稿酬或分次支付稿酬等形式取得的收入，应合并计算为一次，计征个人所得税。

(4)同一作品在报刊上连载取得收入的，以连载完成后取得的所有收入合并为一次，计征个人所得税。

(5)同一作品先在报刊上连载，然后再出版，或先出版，再在报刊上连载的，应视为两次稿酬所得征税。

3. 特许权使用费所得，以某项特许权的一次许可使用所取得的收入为一次。

4. 财产租赁所得，以一个月内取得的收入为一次。

5. 利息、股息、红利所得，以支付利息、股息、红利时取得的收入为一次。

6. 偶然所得，以每次收入为一次。

7. 其他所得，以每次收入为一次。

(四)应纳税所得额的其他规定

1. 个人将其所得通过中国境内非营利的社会团体、国家机关向教育和其他社会公益事业以及遭受严重自然灾害地区、贫困地区捐赠，捐赠额未超过纳税人申报的应纳税所得额30%的部分，可以从其应纳税所得额中扣除。

个人通过非营利的社会团体和国家机关向农村义务教育的捐赠，准予在缴纳个人所得税前的应纳税所得额中全额扣除。

2. 个人的所得(不含偶然所得和经国务院财政部门确定征税的其他所得)用于资助非关联的科研机构和高等学校研究开发新产品、新技术、新工艺所发生的研究开发经费，经主管税务机关确定，可以全额在下月(工资、薪金所得)或下次(按次计征的所得)或当年(按年计征的所得)计征个人所得税时，从应纳税所得额中扣除；不足抵扣的，不得结转抵扣。

3. 个人取得的所得，包括现金、实物和有价证券。所得为实物时，应当按照取得的凭证上所注明的价格计算应纳税所得额；无凭证的实物或者凭证上所注明的价格明显偏低的，由主管税务机关参照当地的市场价格核定应纳税所得额。所得为有价证券的，由主管税务机关根据票面价格或市场价格核定应纳税所得额。

第四节　应纳税额的计算

一、应纳税额计算中的一般问题

现行个人所得税实行分项计税办法，所以各项所得的应纳税额应分别计算。

(一)工资、薪金所得应纳税额的计算

工资、薪金所得应纳税额的计算公式为：

应纳税额＝应纳税所得额×适用税率－速算扣除数

＝(每月收入额－3 500元或4 800元)×适用税率－速算扣除数

【例8－1】　王某供职于国内一家企业，2014年3月领取工资5 000元，王某3月份应纳个人所得税为多少？

【解析】

应纳个人所得税＝(5 000－3 500)×3%＝45(元)

【例8－2】　在某外商投资企业工作的美国专家皮特(假设为非居民纳税人)，2014年7月份取得由该企业发放的工资8 000元人民币。皮特2014年7月份应纳个人所得税为多少？

【解析】

应纳个人所得税＝(8 000－4 800)×10%－105＝215(元)

【例8－3】　刘某2014年6月份达到法定退休年龄而退休，每月领取退休工资2 500元，8月份被一家公司聘用，月工资6 000元。2014年8月份刘某应纳个人所得税为多少？

【解析】

法定退休工资免纳个人所得说，再任职收入按照工资、薪金所得纳税。

应纳个人所得税＝(6 000－3 500)×10%－105＝145(元)

(二)个体工商户的生产、经营所得应纳税额的计算

个体工商户的生产、经营所得应纳税额的计算公式为：

应纳税额＝应纳税所得额×适用税率－速算扣除数

＝(全年收入总额－成本、费用以及损失)×适用税率－速算扣除数

1. 对实行查账征收的个体工商户个人所得税计算征收规定

(1)对个体工商户业主的生产、经营所得依法计征个人所得税时，个体工商户业主本人的费用扣除标准统一确定为42 000元/年(3 500元/月)。

(2)个体工商户向其从业人员实际支付的合理的工资、薪金支出，允许在税前据实扣除。个体工商户业主的工资不得扣除。

(3)个体工商户拨缴的工会经费、发生的职工福利费、职工教育经费支出分别在工资、薪金总额2%、14%、2.5%的标准内据实扣除。

(4)个体工商户每一纳税年度发生的广告费和业务宣传费用不超过当年销售(营业)收入15%的部分，可据实扣除；超过部分，准予在以后纳税年度结转扣除。

(5)个体工商户每一纳税年度发生的与其生产、经营业务直接相关的业务招待费支出，按照发生额的60%扣除，但最高不得超过当年销售(营业)收入的5‰。

(6)个体工商户在生产、经营过程中的借款利息支出，未超过按中国人民银行规定的同类同期贷款利率计算的数额部分，准予扣除。

(7)个体工商户发生的与其生产、经营有关的财产保险、运输保险以及从业人员的养老、医疗及其他保险费用支出，按国家有关规定的标准计算扣除。

(8)个体工商户在生产、经营过程中发生与家庭生活混用的费用，由主管税务机关核定分摊比例，据此计算确定的属于生产、经营过程中发生的费用，准予扣除。用于个人和家庭的支出不得扣除。

(9)个体工商户研究开发新产品、新技术、新工艺所发生的开发费用，以及研究开发新产品、新技术而购置单台价值在5万元以下的测试仪器和试验性装置的购置费准予扣除；单台价值在5万元以上的测试仪器和试验性装置，以及购置费达到固定资产标准的其他设备，按固定资产管理，不得在当期扣除。

(10)个体工商户将其所得通过中国境内的社会团体、国家机关向教育和其他社会公益事业以及遭受严重自然灾害地区、贫困地区的捐赠，捐赠额不超过其应纳税所得额30%的部分，可以据实扣除。纳税人直接给受益人的捐赠不得扣除。

(11)个体工商户的年度经营亏损，经申报主管税务机关审核后，允许用下一年度的经营所得弥补；下一年度所得不足弥补的，允许逐年延续弥补，但最长不得超过5年。

2. 对个人独资企业和合伙企业生产、经营所得个人所得税计算征收规定

(1)实行查账征收

①对个人独资企业和合伙企业投资者的生产、经营所得依法计征个人所得税时，个人独资企业和合伙企业投资者本人的费用扣除标准统一确定为42 000元/年(3 500元/月)。

②个人独资企业和合伙企业向其从业人员实际支付的合理的工资、薪金支出，允许在税前据实扣除。

③投资者及其家庭发生的生活费用不允许在税前扣除。投资者及其家庭发生的生活费用与企业生产、经营费用混合在一起，并且难以划分的，全部视为投资者个人及其家庭发生的生活费用，不允许在税前扣除。

④企业生产、经营和投资者及其家庭生活共用的固定资产，难以划分的，由主管税务机关根据企业的生产、经营类型与规模等具体情况，核定准予在税前扣除的折旧费用的数额或

比例。

⑤个人独资企业和合伙企业拨缴的工会经费、发生的职工福利费、职工教育经费支出分别在工资、薪金总额2%、14%、2.5%的标准内据实扣除。

⑥个人独资企业和合伙企业每一纳税年度发生的广告费和业务宣传费用不超过当年销售(营业)收入15%的部分,可据实扣除;超过部分,准予在以后纳税年度结转扣除。

⑦个人独资企业和合伙企业每一纳税年度发生的与其生产、经营业务直接相关的业务招待费支出,按照发生额的60%扣除,但最高不得超过当年销售(营业)收入的5‰。

⑧企业计提的各种准备金不得扣除。

⑨投资者兴办两个或两个以上企业,并且企业性质全部是独资的,年度终了后,汇算清缴时,应纳税款的计算按以下方法进行:汇总其投资兴办的所有企业的经营所得作为应纳税所得额,以此确定适用税率,计算出全年经营所得的应纳税额;再根据每个企业的经营所得占所有企业经营所得的比例,分别计算出每个企业的应纳税额和应补缴税额。计算公式如下:

$$应纳税所得额=\sum 各个企业的经营所得$$

$$应纳税额=应纳税所得额\times 税率-速算扣除数$$

$$本企业应纳税额=应纳税额\times 本企业的经营所得\div \sum 各个企业的经营所得$$

$$本企业应补缴的税额=本企业应纳税额-本企业预缴的税额$$

(2)实行核定征收

核定征收方式,包括定额征收、核定应税所得率征收以及其他合理的征收方式。有下列情形之一的,主管税务机关应采取核定征收方式征收个人所得税:

① 企业依照国家有关规定应当设置但未设置账簿的;

② 企业虽设置账簿,但账目混乱或者成本资料、收入凭证、费用凭证残缺不全,难以查账的;

③ 纳税人发生纳税义务,未按照规定的期限办理纳税申报,经税务机关责令限期申报,逾期仍不申报的。

实行核定应税所得率征收方式的,应纳所得税额的计算公式如下:

$$应纳所得税额=应纳税所得额\times 适用税率$$

$$应纳税所得额=收入总额\times 应税所得率$$

或

$$应纳税所得额=成本费用支出额\div(1-应税所得率)\times 应税所得率$$

应税所得率应按表8—4规定的标准执行。

表8—4 应税所得率表

行 业	应税所得率(%)
工业、交通运输业、商业	5～20
建筑业、房地产开发业	7～20
饮食服务业	7～25
娱乐业	20～40
其他行业	10～30

企业经营多业的,无论其经营项目是否单独核算,均应根据其主营项目确定其适用的应税

所得率。

实行核定征收的投资者，不能享受个人所得税的优惠政策。

【例 8—4】 陈某 2013 年承包加工厂，根据协议变更登记为个体工商户，2014 年加工厂取得年收入总额为 70 万元，准予扣除的成本费用及相关的支出合计 60 万元(不含生计费)。陈某 2014 年应纳个人所得税为多少？

【解析】

年应纳税所得额＝(70－60－0.35×12)×10 000＝58 000(元)

应纳个人所得税＝58 000×20%－3 750＝7 850(元)

(三)对企事业单位的承包经营、承租经营所得应纳税额的计算

对企事业单位的承包经营、承租经营所得应纳税额的计算公式为：

应纳税额＝应纳税所得额×适用税率－速算扣除数

＝(纳税年度收入总额－必要费用)×适用税率－速算扣除数

【例 8—5】 假定 2014 年 9 月 1 日，孙某承包经营一招待所，承包期为 5 年。承包合同规定孙某每月取得工资 3 500 元，年终从企业所得税税后利润中上缴承包费 60 000 元，其余的经营成果归孙某所得，2014 年末税后利润为 105 000 元。当年孙某应纳个人所得税为多少？

【解析】

年收入总额＝3 500×4＋(105 000－60 000)＝59 000(元)

年应纳税所得额＝59 000－3 500×4＝45 000(元)

应纳个人所得税＝45 000×20%－3 750＝5 250(元)

(四)劳务报酬所得应纳税额的计算

1. 劳务报酬所得应纳税额的计算公式

(1)每次收入不超过 4 000 元的：

应纳税额＝应纳税所得额×适用税率

＝(每次收入额－800)×20%

(2)每次收入超过 4 000 元、不超过 20 000 元的：

应纳税额＝应纳税所得额×适用税率

＝每次收入额×(1－20%)×20%

(3)每次收入的应纳税所得额超过 20 000 元的：

应纳税额＝应纳税所得额×适用税率－速算扣除数

＝每次收入额×(1－20%)×适用税率－速算扣除数

【例 8—6】 我国居民谭某为某大学的教授，2014 年 7 月在本职工作之余为 A 单位提供咨询服务取得收入 5 000 元，该项收入谭某应缴纳的个人所得税为多少？

【解析】

应纳个人所得税＝5 000×(1－20%)×20%＝800(元)

2. 为纳税义务人代付税款的计算

单位或个人为纳税义务人负担个人所得税税款的，应将纳税义务人取得的不含税收入额换算为应纳税所得额，计算征收个人所得税。计算公式明确如下：

(1)不含税收入额为 3 360 元(即含税收入额 4 000 元)以下的：

应纳税所得额＝(不含税收入额－800)÷(1－税率)　　(8—1)

应纳税额＝应纳税所得额×适用税率　　(8—2)

(2)不含税收入额为 3 360 元(即含税收入额 4 000 元)以上的：

应纳税所得额＝[(不含税收入额－速算扣除数)×(1－20%)]÷[1－税率×(1－20%)]　(8－3)

或

应纳税所得额＝[(不含税收入额－速算扣除数)×(1－20%)]÷当级换算系数

应纳税额＝应纳税所得额×适用税率－速算扣除数　(8－4)

公式(8－1)和公式(8－3)中的税率，是指不含税劳务报酬收入按不含税级距对应的税率(见表 8－5)；公式(8－2)和公式(8－4)中的税率，是指应纳税所得额按含税级距对应的税率(见表 8－3)。

表 8－5　不含税劳务报酬收入适用税率表

级数	不含税劳务报酬收入额	税率(%)	速算扣除数(元)	换算系数
1	未超过 3 360 元的部分	20	0	0
2	超过 3 360 元至 21 000 元的部分	20	0	84
3	超过 21 000 元至 49 500 元的部分	30	2 000	76
4	超过 49 500 元的部分	40	7 000	68

【例 8－7】　高级工程师杨某为 S 公司进行一项工程设计，按照合同规定，公司应支付杨某的劳务报酬为 50 000 元，与其报酬相关的个人所得税由公司代付。不考虑其他税收的情况下，计算公司应代付的个人所得税税额。

【解析】

应纳税所得额＝[(50 000－2 000)×(1－20%)]÷76%＝50 526.32(元)

应代付个人所得税＝50 526.32×30%－2 000＝13 157.90(元)

(五)稿酬所得应纳税额的计算

稿酬所得应纳税额的计算公式为：

1. 每次收入不超过 4 000 元的：

应纳税额＝应纳税所得额×适用税率×(1－30%)
＝(每次收入额－800)×20%×(1－30%)

2. 每次收入超过 4 000 元的：

应纳税额＝应纳税所得额×适用税率×(1－30%)
＝每次收入额×(1－20%)×20%×(1－30%)

【例 8－8】　作家赵某 2014 年 3 月取得含税的稿酬收入 10 000 元，赵某 3 月应缴纳的个人所得税为多少？

【解析】

应纳个人所得税＝10 000×(1－20%)×20%×(1－30%)＝1 120(元)

【例 8－9】　我国居民钱某 2014 年 5 月有两篇论文在相关专业期刊上发表，分别取得稿酬 3 200 元和 4 500 元。钱某 5 月发表论文取得稿酬应缴纳的个人所得税为多少？

【解析】

应纳个人所得税＝(3 200－800)×20%×(1－30%)＋4 500×(1－20%)×20%×(1－30%)
＝840(元)

(六)特许权使用费所得应纳税额的计算

特许权使用费所得应纳税额的计算公式为：

1. 每次收入不超过4 000元的：

应纳税额＝应纳税所得额×适用税率

＝(每次收入额－800)×20％

2. 每次收入超过4 000元的：

应纳税额＝应纳税所得额×适用税率

＝每次收入额×(1－20％)×20％

【例8－10】 唐某发明一种节能设备，并获得专利。某月，唐某将该专利权转让给某公司，获人民币50万元，唐某应纳个人所得税为多少？

【解析】

应纳个人所得税＝500 000×(1－20％)×20％＝80 000(元)

【例8－11】 张某2014年7月将自己的长篇小说手稿的著作权拍卖取得收入10万元，张某应纳个人所得税为多少？

【解析】

应纳个人所得税＝100 000×(1－20％)×20％＝16 000(元)

(七)利息、股息、红利所得应纳税额的计算

利息、股息、红利所得应纳税额的计算公式为：

应纳税额＝应纳税所得额×适用税率

＝每次收入额×20％

【例8－12】 张先生6月2日因购物获得一张发票，中奖2 000元；6月10日又因购物取得发票，中奖300元。张先生6月因发票中奖应纳个人所得税为多少？

【解析】

个人取得单张有奖发票所得不超过800元(含800元)的，暂免征收个人所得税；超过800元的，应全额按"偶然所得"项目征收个人所得税。

应纳个人所得税＝2 000×20％＝400(元)

【例8－13】 程某2014年11月购买了某公司的股票，取得股息1 000元；购买某公司的债券，获债券利息2 000元；获工商银行的存款利息800元。程某11月份应纳个人所得税为多少？

【解析】

应纳个人所得税＝(1 000＋2 000)×20％＝600(元)

(八)财产租赁所得应纳税额的计算

在确定财产租赁所得应纳税所得额时，纳税人在出租财产过程中缴纳的税金和教育费附加，可持完税(缴款)凭证，从其财产租赁收入中扣除。准予扣除的项目除了规定费用和有关税费外，还准予扣除能够提供有效、准确凭证，证明由纳税人负担的该出租财产实际开支的修缮费用。允许扣除的修缮费用，以每次800元为限；一次扣除不完的，准予在下一次继续扣除，直到扣完为止。

个人出租财产取得的财产租赁收入，在计算缴纳个人所得税时，应依次扣除以下费用：(1)财产租赁过程中缴纳的税费；(2)由纳税人负担的该出租财产实际开支的修缮费用；(3)税法规定的费用扣除标准。

应纳税额的计算公式为：

应纳税额＝应纳税所得额×适用税率

1. 每次(月)收入不超过 4 000 元的：

应纳税所得额＝每次(月)收入额－准予扣除项目－修缮费用(以 800 元为限)－800

2. 每次(月)收入超过 4 000 元的：

应纳税所得额＝[每次(月)收入额－准予扣除项目－修缮费用(以 800 元为限)]×(1－20%)

【例 8－14】 周某于 2014 年 1 月将其自有的面积为 120 平方米的房屋出租给张某全家居住，租期 1 年。周某每月取得租金收入 3 000 元，全年租金收入 36 000 元。周某全年租金收入应缴纳的个人所得税为多少(暂不考虑相关税费)？

【解析】

个人按市场价格出租的居民住房取得的所得，减按 10%的税率征收个人所得税。

应纳个人所得税＝(3 000－800)×10%×12＝2 640(元)

【例 8－15】 周某于 2014 年 1 月将其自有的面积为 120 平方米的房屋出租给张某全家居住，租期 1 年。周某每月取得租金收入 5 000 元，全年租金收入 60 000 元。当年 3 月份因下水道堵塞找人修理，发生修理费用 600 元，有维修部门的正式收据。周某全年租金收入应缴纳的个人所得税为多少(暂不考虑相关税费)？

【解析】

个人按市场价格出租的居民住房取得的所得，减按 10%的税率征收个人所得税。

3 月份应纳个人所得税＝(5 000－600)×(1－20%)×10%＝352(元)

除 3 月份外其他月份应纳个人所得税＝5 000×(1－20%)×10%＝400(元)

全年应纳个人所得税＝400×11＋352＝4 752(元)

(九)财产转让所得应纳税额的计算

财产转让所得应纳税额的计算公式为：

应纳税额＝应纳税所得额×适用税率
＝(收入总额－财产原值－合理费用)×20%

【例 8－16】 某人建房一幢，造价 100 000 元，支付费用 20 000 元。该人转让房屋，售价 150 000 元，在卖房过程中按规定支付交易费等有关费用 10 000 元。转让房屋应缴纳的个人所得税为多少？

【解析】

应纳税所得额＝150 000－(100 000＋20 000)－10 000＝20 000(元)

应纳税额＝20 000×20%＝4 000(元)

(十)偶然所得应纳税额的计算

偶然所得应纳税额的计算公式为：

应纳税额＝应纳税所得额×适用税率
＝每次收入额×20%

(十一)其他所得应纳税额的计算

其他所得应纳税额的计算公式为：

应纳税额＝应纳税所得额×适用税率
＝每次收入额×20%

二、应纳税额计算中的特殊问题

(一)对个人取得全年一次性奖金等计算征收个人所得税的方法

全年一次性奖金是指行政机关、企事业单位等扣缴义务人根据其全年经济效益和对雇员全年工作业绩的综合考核情况,向雇员发放的一次性奖金。一次性奖金也包括年终加薪、实行年薪制和绩效工资办法的单位根据考核情况兑现的年薪和绩效工资。

根据《关于调整个人取得全年一次性奖金等计算征收个人所得税方法问题的通知》(国税发〔2005〕9号)的规定,纳税人取得一次性奖金,单独作为一个月工资、薪金所得计算纳税,自2005年1月1日起按以下计税方法,由扣缴义务人发放时代扣代缴:

1. 先将雇员当月内取得的全年一次性奖金,除以12个月,按其商数确定适用税率和速算扣除数。

如果在发放年终一次性奖金的当月,雇员当月工资、薪金低于税法规定的费用扣除数,应将全年一次性奖金减除"雇员当月工资、薪金所得与费用扣除数的差额"后的余额,按上述办法确定全年一次性奖金的适用税率和速算扣除数。

2. 将雇员当月内取得的全年一次性奖金,按上述第1条确定的适用税率和速算扣除数计算征税,计算公式如下:

(1)如果雇员当月工资、薪金所得高于(或等于)税法规定的费用扣除数的,适用公式为:

应纳税额=雇员当月取得全年一次性奖金×适用税率-速算扣除数

(2)如果雇员当月工资、薪金所得低于税法规定的费用扣除数的,适用公式为:

应纳税额=(雇员当月取得全年一次性奖金-雇员当月工资、薪金所得与费用扣除数的差额)×适用税率-速算扣除数

3. 在一个纳税年度内,对每一个纳税人,该计税办法只允许采用一次。

4. 实行年薪制和绩效工资的单位,个人取得年终兑现的年薪和绩效工资按上述第2条、第3条规定执行。

5. 雇员当月取得全年一次性奖金以外的其他各种名目奖金,如半年奖、季度奖、加班奖、先进奖、考勤奖等,一律与当月工资、薪金合并,按税法规定缴纳个人所得税。

6. 对无住所的个人取得上述第5条所述的各种名目奖金,如果该个人当月在我国境内没有纳税义务,或者该个人由于出入境原因导致当月在我国工作时间不满一个月的,仍按照《国家税务总局关于在中国境内无住所的个人取得奖金征税问题的通知》计算纳税额。

【例8-17】 中国公民肖某2014年在我国境内每月的绩效工资为4 000元,12月31日又一次性领取年终奖金(兑现的绩效工资)36 000元。计算肖某取得该笔奖金应缴纳的个人所得税。

【解析】

每月奖金=36 000÷12=3 000(元)

适用的税率和速算扣除数分别为10%、105。

应纳个人所得税=36 000×10%-105=3 495(元)

(二)特定行业职工取得的工资、薪金所得的计税问题

特定行业是指采掘业、远洋运输业、远洋捕捞业以及国务院财政、税务主管部门确定的其他行业。为了照顾采掘业、远洋运输业、远洋捕捞业等行业因季节、产量等因素的影响,职工的工资、薪金收入呈现较大幅度波动的实际情况,对这三个特定行业的职工取得的工资、薪金所

得，可按月预缴，年度终了后30日内，合计其全年工资、薪金所得，再按12个月平均并计算实际应纳税款，多退少补。用公式表示为：

应纳所得税额＝[（全年工资、薪金收入÷12－费用扣除标准）×税率－速算扣除数]×12

（三）关于个人取得公务交通、通信补贴收入的征税问题

个人因公务用车和通信制度改革而取得的公务用车、通信补贴收入，扣除一定标准的公务费用后，按照工资、薪金所得项目计征个人所得税。按月发放的，并入当月工资、薪金所得计征个人所得税；不按月发放的，分解到所属月份并与该月份工资、薪金所得合并后计征个人所得税。

公务费用扣除标准，由省级地方税务局根据纳税人公务交通、通信费用实际发生情况调查测算，报经省级人民政府批准后确定，并报国家税务总局备案。

（四）关于失业保险费（金）的征税问题

城镇企事业单位及其职工个人按《失业保险条例》规定的比例，实际缴付的失业保险费，均不计入职工个人当期工资、薪金收入，免征个人所得税；超过《失业保险条例》规定的比例缴付的失业保险费，应将其超过规定比例缴付的部分计入职工个人当期的工资、薪金收入，依法计征个人所得税。

具备《失业保险条例》规定条件的失业人员，领取的失业保险金，免予征收个人所得税。

（五）在外商投资企业、外国企业和外国驻华机构工作的中方人员取得的工资、薪金所得的征税问题

1. 在外商投资企业、外国企业和外国驻华机构工作的中方人员取得的工资、薪金收入，凡是由雇佣单位和派遣单位分别支付的，支付单位应按税法规定代扣代缴个人所得税。即只由雇佣单位在支付工资、薪金时，按规定减除费用，计算扣缴个人所得税；派遣单位支付工资、薪金时不再减除费用，以支付金额直接确定适用税率，计算扣缴个人所得税。

上述纳税义务人，应持两处支付单位提供的原始明细工资、薪金单（书）和完税凭证原件，选择并固定到一地税务机关申报每月工资、薪金收入，汇算清缴其工资、薪金收入的个人所得税，多退少补。

2. 对外商投资企业、外国企业和外国驻华机构发给中方工作人员的工资、薪金所得，应全额征税，但对可以提供有效合同或有关凭证，能够证明其工资、薪金所得的一部分按照有关规定上缴派遣（介绍）单位的，可扣除其实际上缴的部分，按其余额计征个人所得税。

【例8－18】　某中国公民2014年每月取得B企业支付的工资、薪金收入6 000元，同时每月从其派遣单位A取得工资收入2 000元，该公民每月应申报补缴的个人所得税为多少？

【解析】

（1）A单位每月代扣代缴税额＝2 000×10%－105＝95（元）

（2）B单位每月代扣代缴税额＝（6 000－3 500）×10%－105＝145（元）

（3）该公民每月应纳税额＝（8 000－3 500）×10%－105＝345（元）

（4）该公民每月应补缴税额＝ 345－95－145＝105（元）

（六）个人因解除劳动关系取得的一次性补偿收入征免个人所得税的方法

1. 企业依照国家有关法律规定宣告破产，企业职工从该破产企业取得的一次性安置费收入，免征个人所得税。

2. 个人因与用人单位解除劳动关系而取得的一次性补偿收入（包括用人单位发放的经济补偿金、生活补助费和其他补助费用），其收入在当地上年职工平均工资3倍数额以内的部分，免征个人所得税;超过部分的一次性经济补偿收入,可视为一次取得数月的工资、薪金收入,允许在一定期限内进行平均。具体平均办法为:以个人取得的一次性经济补偿收入,除以个人在本企业的工作年限数,以其商数作为个人的月工资、薪金收入,按照税法规定计算缴纳个人所得税。个人在本企业的工作年限数按实际工作年限数计算,超过12年的按12年计算。

个人在解除劳动合同后又再次任职、受雇的,对个人已缴纳个人所得税的一次性经济补偿收入,不再与再次任职、受雇的工资、薪金所得合并计算补缴个人所得税。

3. 个人领取一次性补偿收入时按照国家和地方政府规定的比例实际缴纳的住房公积金、医疗保险费、基本养老保险费、失业保险费,可以在计征其一次性补偿收入的个人所得税时予以扣除。

(七)关于企业减员增效和行政事业单位、社会团体在机构改革过程中实行内部退养办法人员取得收入的征税问题

在企业减员增效和行政事业单位、社会团体在机构改革中,未达到离退休年龄提前离岗且未办理离退休手续(内部退养)的职工,从原任职单位取得的工资、薪金,不属于离退休工资,应按工资、薪金所得计算缴纳个人所得税。

个人在办理内部退养手续后从原任职单位取得的一次性收入,应按办理内部退养手续后至法定离退休年龄之间的所属月份进行平均,并与领取当月的工资、薪金所得合并,减去当月费用扣除标准后,以余额为基数确定适用税率和对应的速算扣除数,然后再将当月工资、薪金所得加上取得的一次性收入,减去费用扣除标准,按照已确定的税率计算缴纳个人所得税。计算公式为:

应纳个人所得税税额=[(当月工资、薪金所得+一次性内部退养收入)-费用扣除标准]×适用税率-速算扣除数

(八)个人提前退休取得补贴收入征收个人所得税的规定

自2011年1月1日起,个人提前退休取得一次性补贴收入征收个人所得税按以下规定执行:

1. 机关、企事业单位对未达到法定退休年龄、正式办理提前退休手续的个人,按照统一标准向提前退休工作人员支付一次性补贴,不属于免税的离退休工资收入,应按照"工资、薪金所得"项目征收个人所得税。

2. 个人因办理提前退休手续而取得的一次性补贴收入,应按照办理提前退休手续至法定退休年龄之间所属月份平均分摊计算个人所得税。计算公式为:

应纳税额=[(一次性补贴收入÷办理提前退休手续至法定退休年龄的实际月份数-费用扣除标准)×适用税率-速算扣除数]×提前办理退休手续至法定退休年龄的实际月份数

(九)企业年金和职业年金个人所得税有关问题的处理

为促进我国多层次养老保险体系的发展,根据《个人所得税法》的相关规定,《财政部 人力资源和社会保障部 国家税务总局关于企业年金 职业年金个人所得税有关问题的通知》(财税〔2013〕103号)就企业年金和职业年金个人所得税有关问题作出了有关规定:

1. 企业年金和职业年金缴费的个人所得税处理

(1)企业和事业单位(以下统称单位)根据国家有关政策规定的办法和标准,为在本单位任职或者受雇的全体职工缴付的企业年金或职业年金(以下统称年金)单位缴费部分,在计入个人账户时,个人暂不缴纳个人所得税。

(2)个人根据国家有关政策规定缴付的年金个人缴费部分，在不超过本人缴费工资计税基数的4%标准内的部分，暂从个人当期的应纳税所得额中扣除。

(3)超过上述第(1)项和第(2)项规定标准缴付的年金单位缴费和个人缴费部分，应并入个人当期的工资、薪金所得，依法计征个人所得税。税款由建立年金的单位代扣代缴，并向主管税务机关申报解缴。

(4)企业年金个人缴费工资计税基数为本人上一年度月平均工资。月平均工资按国家统计局规定列入工资总额统计的项目计算。月平均工资超过职工工作地所在设区城市上一年度职工月平均工资300%以上的部分，不计入个人缴费工资计税基数。

职业年金个人缴费工资计税基数为职工岗位工资与薪级工资之和。职工岗位工资与薪级工资之和超过职工工作地所在设区城市上一年度职工月平均工资300%以上的部分，不计入个人缴费工资计税基数。

2. 年金基金投资运营收益的个人所得税处理

年金基金投资运营收益分配计入个人账户时，个人暂不缴纳个人所得税。

3. 领取年金的个人所得税处理

(1)个人达到国家规定的退休年龄，在2014年1月1日之后按月领取的年金，全额按照“工资、薪金所得”项目适用的税率，计征个人所得税；在2014年1月1日之后按年或按季领取的年金，平均分摊计入各月，每月领取额全额按照“工资、薪金所得”项目适用的税率，计征个人所得税。

(2)对单位和个人在2014年1月1日之前开始缴付年金缴费，个人在2014年1月1日之后领取年金的，允许其从领取的年金中减除在2014年1月1日之前缴付的年金单位缴费和个人缴费且已经缴纳个人所得税的部分，就其余额按照上述第(1)项的规定征税。在个人分期领取年金的情况下，可按2014年1月1日之前缴付的年金缴费金额占全部缴费金额的百分比减计当期的应纳税所得额，减计后的余额，按照上述第(1)项的规定，计算缴纳个人所得税。

【例8－19】　2014年12月，杨某当月工资为5 500元，企业年金企业缴费部分是工资的5%，于12月31日计入了王某的个人账户，该年金的计提符合国家有关政策规定的标准。杨某12月应纳个人所得税为多少？

【解析】

从2014年1月1日起，企业和事业单位根据国家有关政策规定的办法和标准，为在本单位任职或者受雇的全体职工缴付的企业年金或职业年金单位缴费部分，在计入个人账户时，个人暂不缴纳个人所得税，则杨某仅就工资、薪金所得缴纳个人所得税。

应纳个人所得税＝(5 500－3 500)×10%－105＝95(元)

(3)对个人因出境定居而一次性领取的年金个人账户资金，或个人死亡后，其指定的受益人或法定继承人一次性领取的年金个人账户余额，允许领取人将一次性领取的年金个人账户资金或余额按12个月分摊到各月，就其每月分摊额，按照上述第(1)项和第(2)项的规定，计算缴纳个人所得税。对个人除上述特殊原因外一次性领取年金个人账户资金或余额的，则不允许采取分摊的方法，而是就其一次性领取的总额，单独作为一个月的工资、薪金所得，按照上述第(1)项和第(2)项的规定，计算缴纳个人所得税。

(4)个人领取年金时，其应纳税款由受托人代表委托人委托托管人代扣代缴。年金账户管理人应及时向托管人提供个人年金缴费及对应的个人所得税纳税明细。托管人根据受托人指令及账户管理人提供的资料，按照规定计算扣缴个人当期领取年金待遇的应纳税款，并向托管人所在地主管税务机关申报解缴。

(5)建立年金计划的单位、年金托管人,应按照《个人所得税法》和《税收征收管理法》的有关规定,实行全员全额扣缴明细申报。受托人有责任协调相关管理人依法向税务机关办理扣缴申报、提供相关资料。

(十)办理补充养老保险退保和提供担保个人所得税的征税方法

1. 关于单位为个人办理补充养老保险退保后个人所得税的处理问题。单位为职工个人购买商业性补充养老保险等,在办理投保手续时应作为个人所得税的"工资、薪金所得"项目,按税法规定缴纳个人所得税;因各种原因退保,个人未取得实际收入的,已缴纳的个人所得税应予以退回。

2. 关于个人提供担保取得收入征收个人所得税问题。个人为单位或他人提供担保获得报酬,应按照"其他所得"项目缴纳个人所得税,税款由支付所得的单位或个人代扣代缴。

(十一)个人兼职和退休人员再任职取得收入个人所得税的征税方法

个人兼职取得的收入应按照"劳务报酬所得"应税项目缴纳个人所得税;退休人员再任职取得的收入,在减除按《个人所得税法》规定的费用扣除标准后,按"工资、薪金所得"应税项目缴纳个人所得税。

(十二)两个以上的纳税人共同取得同一项所得的计税问题

两个或两个以上的纳税义务人共同取得同一项所得的(如共同写作了一部著作而取得的稿酬所得),可以对每个人分得的收入分别减去费用,并计算各自应纳税款。

(十三)个人取得拍卖收入征收个人所得税的规定

1. 自 2007 年 5 月 1 日起,个人通过拍卖市场拍卖个人财产,对其取得的所得按以下规定征税:

(1)作者将自己的文字作品手稿原件或复印件拍卖取得的所得,应以其转让收入额减除 800 元(转让收入额 4 000 元以下)或者 20%(转让收入额 4 000 元以上)后的余额为应纳税所得额,按照"特许权使用费所得"项目适用 20%税率缴纳个人所得税。

(2)个人拍卖除文字作品原稿及复印件外的其他财产,应以其转让收入额减除财产原值和合理费用后的余额为应纳税所得额,按照"财产转让所得"项目适用 20%税率缴纳个人所得税。

2. 对个人财产拍卖所得征收个人所得税时,以该项财产最终拍卖成交价格为其转让收入额。个人财产拍卖所得适用"财产转让所得"项目计算应纳税所得额时,纳税人凭合法有效凭证(税务机关监制的正式发票、相关境外交易单据或海关报关单据、完税证明等),从其转让收入额中减除相应的财产原值、拍卖财产过程中缴纳的税金及有关合理费用。

(1)财产原值是指售出方个人取得该拍卖品的价格(以合法有效凭证为准)。具体为:通过商店、画廊等途径购买的,为购买该拍卖品时实际支付的价款;通过拍卖行拍得的,为拍得该拍卖品实际支付的价款及缴纳的相关税费;通过祖传收藏的,为其收藏该拍卖品而发生的费用;通过赠送取得的,为其受赠该拍卖品时发生的相关税费;通过其他形式取得的,参照以上原则确定财产原值。

(2)拍卖财产过程中缴纳的税金,是指在拍卖财产时纳税人实际缴纳的相关税金及附加。

(3)有关合理费用,是指拍卖财产时纳税人按照规定实际支付的拍卖费(佣金)、鉴定费、评估费、图录费、证书费等费用。

3. 纳税人如不能提供合法、完整、准确的财产原值凭证,不能正确计算财产原值的,按转让收入额的3%征收率计算缴纳个人所得税；拍卖品为经文物部门认定是海外回流文物的，按转让收入额的2%征收率计算缴纳个人所得税。

4. 纳税人的财产原值凭证内容填写不规范，或者一份财产原值凭证包括多件拍卖品且无法确认每件拍卖品一一对应的原值的，不得将其作为扣除财产原值的计算依据，应视为不能提供合法、完整、准确的财产原值凭证，并按上述规定的征收率计算缴纳个人所得税。

5. 纳税人能够提供合法、完整、准确的财产原值凭证，但不能提供有关税费凭证的，不得按征收率计算纳税，应当就财产原值凭证上注明的金额据实扣除，并按照税法规定计算缴纳个人所得税。

6. 个人财产拍卖所得应缴纳的个人所得税税款，由拍卖单位负责代扣代缴，并按规定向拍卖单位所在地主管税务机关办理纳税申报。

7. 拍卖单位代扣代缴个人财产拍卖所得应缴纳的个人所得税税款时，应给纳税人填开完税凭证，并详细标明每件拍卖品的名称、拍卖成交价格、扣缴税款额。

8. 主管税务机关应加强对个人财产拍卖所得的税收征管工作，在拍卖单位举行拍卖活动期间派工作人员进入拍卖现场，了解拍卖的有关情况，宣传辅导有关税收政策，审核鉴定原值凭证和费用凭证，督促拍卖单位依法代扣代缴个人所得税。

(十四)个人转让住房的个人所得税的征税方法

为完善征收管理制度并加强征管，根据《个人所得税法》和《税收征收管理法》的有关规定精神，《国家税务总局关于个人住房转让所得征收个人所得税有关问题的通知》(国税发〔2006〕108号)文件进一步明确了个人住房转让的征收管理规定。自2006年8月1日起，个人转让住房所得应纳个人所得税的计算具体规定如下：

1. 对住房转让所得征收个人所得税时，以实际成交价格为转让收入。纳税人申报的住房成交价格明显低于市场价格且无正当理由的，征收机关依法有权根据有关信息核定其转让收入，但必须保证各税种计税价格一致。

2. 对转让住房收入计算个人所得税应纳税所得额时，纳税人可凭原购房合同、发票等有效凭证，经税务机关审核后，允许从其转让收入中减除房屋原值、转让住房过程中缴纳的税金及有关合理费用。

3. 纳税人未提供完整、准确的房屋原值凭证，不能正确计算房屋原值和应纳税额的，税务机关可根据《中华人民共和国税收征收管理法》第三十五条的规定，对其实行核定征税，即按纳税人住房转让收入的一定比例核定应纳个人所得税额。具体比例由省级地方税务局或者省级地方税务局授权的地市级地方税务局根据纳税人出售住房的所处区域、地理位置、建造时间、房屋类型、住房平均价格水平等因素，在住房转让收入1%～3%的幅度内确定。

4. 为方便出售住房的个人依法履行纳税义务，加强税收征管，主管税务机关要在房地产交易场所设置税收征收窗口，个人转让住房应缴纳的个人所得税，应与转让环节应缴纳的营业税、契税、土地增值税等税收一并办理；地方税务机关暂没有条件在房地产交易场所设置税收征收窗口的，应委托契税征收部门一并征收个人所得税等税收。

(十五)关于企业改组改制过程中个人取得的量化资产征税的问题

1. 对职工个人以股份形式取得的仅作为分红依据、不拥有所有权的企业量化资产，不征收个人所得税。

2. 对职工个人以股份形式取得的拥有所有权的企业量化资产，暂缓征收个人所得税；待个人将股份转让时，就其转让收入额，减除个人取得该股份时实际支付的费用支出和合理转让费用后的余额，按“财产转让所得”项目计征个人所得税。

3. 对职工个人以股份形式取得的企业量化资产参与企业分配而获得的股息、红利，应按“利息、股息、红利所得”项目征收个人所得税。

(十六)企业资金为个人购房个人所得税的征税方法

个人取得以下情形的房屋或其他财产，不论所有权人是否将财产无偿或有偿交付企业使用，其实质均为企业对个人进行了实物性质的分配，应依法计征个人所得税。

1. 企业出资购买房屋及其他财产，将所有权登记为投资者个人、投资者家庭成员或企业其他人员的；

2. 企业投资者个人、投资者家庭成员或企业其他人员向企业借款用于购买房屋及其他财产，将所有权登记为投资者个人、投资者家庭成员或企业其他人员，且借款年度终了后未归还借款的。

对个人独资企业、合伙企业的个人投资者或其家庭成员取得的上述所得，视为企业对个人投资者的利润分配，按照“个体工商户的生产、经营所得”项目计征个人所得税；对除个人独资企业、合伙企业以外其他企业的个人投资者或其家庭成员取得的上述所得，视为企业对个人投资者的红利分配，按照“利息、股息、红利所得”项目计征个人所得税；对企业其他人员取得的上述所得，按照“工资、薪金所得”项目计征个人所得税。

(十七)企业为股东个人购买汽车个人所得税的征税方法

1. 企业为股东购买车辆并将车辆所有权办到股东个人名下，其实质为企业对股东进行了红利性质的实物分配，应按照“利息、股息、红利所得”项目征收个人所得税。考虑到该股东个人名下的车辆同时也为企业经营使用的实际情况，允许合理减除部分所得；减除的具体数额由主管税务机关根据车辆的实际使用情况合理确定。

2. 依据《中华人民共和国企业所得税法》以及有关规定，上述企业为个人股东购买的车辆，不属于企业的资产，不得在企业所得税前扣除折旧。

(十八)个人取得有奖发票奖金征免个人所得税的规定

个人取得单张有奖发票奖金所得不超过800元(含800元)的，暂免征收个人所得税；个人取得单张有奖发票奖金所得超过800元的，应全额按照《个人所得税法》规定的“偶然所得”项目征收个人所得税。税务机关或其指定的有奖发票兑奖机构，是有奖发票奖金所得个人所得税的扣缴义务人，应依法认真做好个人所得税代扣代缴工作。

(十九)房屋赠与个人所得税的计算方法

以下情形的房屋产权无偿赠与，对当事双方不征收个人所得税：

1. 房屋产权所有人将房屋产权无偿赠与配偶、父母、子女、祖父母、外祖父母、孙子女、外孙子女、兄弟姐妹；

2. 房屋产权所有人将房屋产权无偿赠与对其承担直接抚养或者赡养义务的抚养人或者赡养人；

3. 房屋产权所有人死亡，依法取得房屋产权的法定继承人、遗嘱继承人或者受遗赠人。

除上述情形以外，房屋产权所有人将房屋产权无偿赠与他人的，受赠人因无偿受赠房屋取得的受赠所得，按照“经国务院财政部门确定征税的其他所得”项目缴纳个人所得税，税率为20%。

对受赠人无偿受赠房屋计征个人所得税时，其应纳税所得额为房地产赠与合同上标明的赠与房屋价值减除赠与过程中受赠人支付的相关税费后的余额。赠与合同标明的房屋价值明显低于市场价格，或房地产赠与合同未标明赠与房屋价值的，税务机关可依据受赠房屋的市场评估价格或采取其他合理方式确定受赠人的应纳税所得额。

受赠人转让受赠房屋的，以其转让受赠房屋的收入减除原捐赠人取得该房屋的实际购置成本以及赠与和转让过程中受赠人支付的相关税费后的余额，为受赠人的应纳税所得额，依法计征个人所得税。受赠人转让受赠房屋价格明显偏低且无正当理由的，税务机关可以依据该房屋的市场评估价格或其他合理方式确定的价格核定其转让收入。

（二十）企业促销展业赠送礼品个人所得税的规定

自2011年6月9日起，企业和单位（包括企业、事业单位、社会团体、个人独资企业、合伙企业和个体工商户等，以下简称企业）在营销活动中以折扣折让、赠品、抽奖等方式，向个人赠送现金、消费券、物品、服务等（以下简称礼品）有关个人所得税的具体规定如下：

1. 企业在销售商品（产品）和提供服务过程中向个人赠送礼品，属于下列情形之一的，不征收个人所得税：

（1）企业通过价格折扣、折让方式向个人销售商品（产品）和提供服务。

（2）企业在向个人销售商品（产品）和提供服务的同时给予赠品，如通信企业对个人购买手机赠话费、入网费，或者购话费赠手机等。

（3）企业对累计消费达到一定额度的个人按消费积分反馈礼品。

2. 企业向个人赠送礼品，属于下列情形之一的，取得该项所得的个人应依法缴纳个人所得税，税款由赠送礼品的企业代扣代缴：

（1）企业在业务宣传、广告等活动中，随机向本单位以外的个人赠送礼品，对个人取得的礼品所得，按照“其他所得”项目，全额适用20%的税率缴纳个人所得税。

（2）企业在年会、座谈会、庆典以及其他活动中，向本单位以外的个人赠送礼品，对个人取得的礼品所得，按照“其他所得”项目，全额适用20%的税率缴纳个人所得税。

（3）企业对累计消费达到一定额度的顾客，给予额外抽奖机会，个人的获奖所得，按照“偶然所得”项目，全额适用20%的税率缴纳个人所得税。

3. 企业赠送的礼品是自产产品（服务）的，按该产品（服务）的市场销售价格确定个人的应税所得；是外购商品（服务）的，按该商品（服务）的实际购置价格确定个人的应税所得。

三、境外所得的税额扣除

在对纳税人的境外所得征税时，会存在其境外所得已在来源国家或者地区缴税的实际情况。基于国家之间对同一所得应避免双重征税的原则，我国在对纳税人的境外所得行使税收管辖权时，对该所得在境外已纳税额采取了分不同情况从应征税额中予以扣除的做法。

税法规定，纳税人从中国境外取得的所得，准予其在应纳税额中扣除已在境外缴纳的个人所得税税额，但扣除额不得超过该纳税人境外所得依照我国税法规定计算的应纳税额。

这里需要说明的是：

1. 所说的已在境外缴纳的个人所得税税额，是指纳税人从中国境外取得的所得，依照该所得来源国家或者地区的法律应当缴纳并且实际已经缴纳的税额。

2. 所说的依照我国税法规定计算的应纳税额，是指纳税人从中国境外取得的所得，依照我国税法规定的费用减除标准和适用税率计算的应纳税额。同一国家或者地区内不同应税项目，依照我国税法规定计算的应纳税额之和，为该国家或者地区的扣除限额。

纳税人在中国境外一个国家或者地区实际已经缴纳的个人所得税税额，低于按上述规定计算的该国家或者地区的扣除限额的，应当在中国缴纳其差额部分的税款；超过该国家或者地区的扣除限额的，其超过部分不得在本纳税年度的应纳税额中扣除，但是可以在以后纳税年度的该国家或者地区扣除限额的余额中补扣，补扣期限最长不得超过5年。

3. 纳税义务人依照税法的规定申请扣除已在境外缴纳的个人所得税税额时，应当提供境外税务机关填发的完税凭证原件。

4. 为了保证正确计算扣除限额及合理扣除境外已纳税额，税法规定：在中国境内有住所，或者无住所而在境内居住满1年的个人，从中国境内和境外取得的所得，应当分别计算应纳税额。

【例8-20】 2014年中国公民周某在境外C国取得劳务报酬收入50 000元，按照C国的税法规定缴纳了个人所得税8 000元；取得偶然所得10 000元，按照C国的税法规定缴纳了个人所得税3 000元。周某需要在中国补缴多少个人所得税？

【解析】

同一国家或地区内不同应税项目，依照我国税法计算的应纳税额之和，为该国家或地区的抵免限额。

(1)劳务报酬收入在我国应纳税额＝50 000×(1－20％)×30％－2 000＝10 000(元)

(2)偶然所得在我国应纳税额＝10 000×20％＝2 000(元)

(3)周某C国所得的抵免限额＝10 000＋2 000＝12 000(元)

(4)应补缴的个人所得税＝12 000－8 000－3 000＝1 000(元)

【例8-21】 张某在2014年度从A、B两国取得应税收入。其中：在A国一公司任职，取得工资、薪金收入81 600元(平均每月6 800元)，因提供一项专利技术使用权，一次取得特许权使用费收入50 000元，该两项收入在A国缴纳个人所得税8 000元；因在B国出版著作，获得稿酬收入(版税)15 000元，并在B国缴纳该项收入的个人所得税2 000元。张某需要在中国补缴多少个人所得税？

【解析】

(1)A国所纳个人所得税的抵免限额

①工资、薪金所得

每月应纳税额＝(6 800－4 800)×10％－105＝95(元)

全年应纳税额＝95×12＝1 140(元)

②特许权使用费所得

应纳税额＝50 000×(1－20％)×20％＝ 8 000(元)

张某A国所得的抵免限额＝1 140＋8 000＝9 140(元)

张某A国应补缴的个人所得税＝9 140－8 000＝1 140(元)

(2)B国所纳个人所得税的抵免限额

15 000×(1－20％)×20％×(1－30％)＝1 680(元)

即其在B国所得的抵免限额为1 680元。张某的稿酬所得在B国实际缴纳个人所得税2 000元，超出抵免限额320元，不能在本年度扣除，但可在以后5个纳税年度的该国抵免限额的余额中补扣。

第五节 税收优惠

《个人所得税法》及其实施条例以及财政部、国家税务总局的若干规定等，都对个人所得项目给予了减税免税的优惠。

一、免税项目

1. 省级人民政府、国务院部委和中国人民解放军军以上单位，以及外国组织、国际组织颁发的科学、教育、技术、文化、卫生、体育、环保等方面的奖金。

2. 国债（指个人持有的中华人民共和国财政部发行的债券）和国家发行的金融债券（指个人持有的经国务院批准发行的金融债券）利息。

3. 按照国家统一规定发给的补贴、津贴（指按照国务院规定发给的政府特殊津贴、院士津贴、资深院士津贴，以及国务院规定免纳个人所得税的其他补贴、津贴）。

4. 福利费（指根据国家有关规定，从企业、事业单位、国家机关、社会团体提留的福利费或者从工会经费中支付给个人的生活补助费）、抚恤金、救济金（指国家民政部门支付给个人的生活困难补助费）。

5. 保险赔款。

6. 军人转业费、复员费。

7. 按照国家统一规定发给干部、职工的安家费、退职费（指符合《国务院关于工人退休、退职的暂行办法》规定的退职条件，并按该办法规定的退职费标准所领取的退职费）、退休工资、离休工资、离休生活补助费。

离退休人员除按规定领取离退休工资或养老金外，另从原任职单位取得的各类补贴、奖金、实物，不属于税法规定可以免税的退休工资、离休工资、离休生活补助费。根据规定，离退休人员从原任职单位取得的各类补贴、奖金、实物，应在减除费用扣除标准后，按“工资、薪金所得”应税项目缴纳个人所得税。

8. 依照我国有关法律规定应予免税的各国驻华使馆、领事馆的外交代表、领事官员和其他人员所得（指依照《中华人民共和国外交特权与豁免条例》和《中华人民共和国领事特权与豁免条例》规定免税的所得）。

9. 中国政府参加的国际公约、签订的协议中规定免税的所得。

10. 对乡、镇（含乡、镇）以上人民政府或经县以上人民政府主管单位部门批准成立的有机构、有章程的见义勇为基金或类似性质组织，奖励见义勇为者的奖金或奖品，经主管税务机关核准，免征个人所得税。

11. 企事业单位按照国家或省（自治区、直辖市）人民政府规定的缴费比例或办法实际缴付的基本养老保险费、基本医疗保险费和失业保险费，免征个人所得税；个人按照国家或省（自治区、直辖市）人民政府规定的缴费比例或办法实际缴付的基本养老保险费、基本医疗保险费和失业保险费，允许在个人应纳税所得额中扣除。

12. 单位和个人分别在不超过职工本人上一年度月平均工资12%的幅度内，其实际缴存的住房公积金，允许在个人应纳税所得额中扣除。

13. 对个人取得的教育储蓄存款利息所得以及国务院财政部门确定的其他专项储蓄存款或者储蓄性专项基金存款利息所得，免征个人所得税。

14. 对被拆迁人按照国家有关城镇房屋拆迁管理办法规定的标准取得的拆迁补偿款，免征个人所得税。

15. 经国务院财政部门批准免税的所得。

二、减税项目

1. 残疾、孤老人员和烈属的所得。

2. 因严重自然灾害造成重大损失的。

3. 其他经国务院财政部门批准减税的。

三、暂免征收个人所得税的所得

1. 外籍个人以非现金形式或实报实销形式取得的住房补贴、伙食补贴、搬迁费、洗衣费。

2. 外籍个人按合理标准取得的境内、外出差补贴。

3. 外籍个人取得的探亲费、语言训练费、子女教育费等，经当地税务机关审核批准为合理的部分。可以享受免征个人所得税优惠的探亲费，仅限于外籍个人在我国的受雇地与其家庭所在地(包括配偶或父母居住地)之间搭乘交通工具，且每年不超过两次的费用。

4. 个人举报、协查各种违法、犯罪行为而获得的奖金。

5. 个人办理代扣代缴税款手续，按规定取得的扣缴手续费。

6. 个人转让自用达5年以上并且是唯一的家庭居住用房取得的所得。

7. 对按国家规定达到离休、退休年龄，但确因工作需要，适当延长离休、退休年龄的高级专家，其在延长离休、退休期间的工资、薪金所得，视同退休工资、离休工资免征个人所得税。

高级专家延长离休、退休期间取得的工资、薪金所得，其免征个人所得税政策口径按下列标准执行：对高级专家从其劳动人事关系所在单位取得的，单位按国家有关规定向职工统一发放的工资、薪金、奖金、津贴、补贴等收入，视同离休、退休工资，免征个人所得税；除上述收入以外各种名目的津补贴收入等，以及高级专家从其劳动人事关系所在单位之外的其他地方取得的培训费、讲课费、顾问费、稿酬等各种收入，依法计征个人所得税。

此外，高级专家从两处以上取得应税工资、薪金所得以及具有税法规定应当自行纳税申报的其他情形的，应在税法规定的期限内自行向主管税务机关办理纳税申报。

延长离休、退休年龄的高级专家是指享受国家发放的政府特殊津贴的专家、学者，以及中国科学院、中国工程院院士。

8. 外籍个人从外商投资企业取得的股息、红利所得。

9. 凡符合下列条件之一的外籍专家取得的工资、薪金所得，可免征个人所得税：

(1)根据世界银行专项贷款协议由世界银行直接派往我国工作的外国专家；

(2)联合国组织直接派往我国工作的专家；

(3)为联合国援助项目来华工作的专家；

(4)援助国派往我国专为该国无偿援助项目工作的专家；

(5)根据两国政府签订文化交流项目来华工作2年以内的文教专家，其工资、薪金所得由该国负担的；

(6)根据我国大专院校国际交流项目来华工作2年以内的文教专家，其工资、薪金所得由该国负担的；

(7)通过民间科研协定来华工作的专家，其工资、薪金所得由该国政府机构负担的。

10. 股权分置改革中非流通股股东通过对价方式向流通股股东支付的股份、现金等收入，暂免征收流通股股东应缴纳的个人所得税。

11. 对个人购买福利彩票、赈灾彩票、体育彩票，一次中奖收入在1万元以下的(含1万元），暂免征收个人所得税；超过1万元的，全额征收个人所得税。

第六节　征收管理

个人所得税主要采取自行申报纳税和代扣代缴两种纳税方法。

一、自行申报纳税

自行申报纳税，是由纳税人自行在税法规定的纳税期限内，向税务机关申报取得应税所得项目和数额，如实填写个人所得税纳税申报表，并按照税法规定计算应纳税额，据此缴纳个人所得税的一种方法。

（一）自行申报纳税的纳税义务人

纳税义务人有下列情形之一的，应当按照规定到主管税务机关办理纳税申报：

1. 年所得12万元以上的；
2. 从中国境内两处或者两处以上取得工资、薪金所得的；
3. 从中国境外取得所得的；
4. 取得应纳税所得，没有扣缴义务人的；
5. 国务院规定的其他情形。

（二）自行申报纳税的纳税期限

除特殊情况外，纳税人应在取得应纳税所得的次月15日内向主管税务机关申报所得并缴纳税款。

1. 年所得12万元以上的纳税义务人，在年度终了后3个月内到主管税务机关办理纳税申报。

2. 账册健全的个体工商户的生产、经营所得应纳的税款，按年计算，分月预缴，由纳税人在次月15日内预缴，年度终了后3个月内汇算清缴，多退少补。账册不健全的个体工商户的生产、经营所得应纳的税款，由各地税务机关依据《中华人民共和国税收征收管理法》及其实施细则的有关规定，自行确定征收方式。

3. 纳税人年终一次性取得承包经营、承租经营所得的，自取得收入之日起30日内申报纳税；在1年内分次取得承包经营、承租经营所得的，应在取得收入后的15日内申报预缴，年度终了后3个月内汇算清缴，多退少补。

4. 劳务报酬所得，稿酬所得，特许权使用费所得，利息、股息、红利所得，财产租赁所得，财产转让所得和偶然所得等，按次计征。取得所得的纳税人应当在次月15日内将应纳税款缴入国库，并向税务机关报送个人所得税纳税申报表。

5. 从中国境外取得所得的纳税人，其来源于中国境外的应纳税所得，如在境外以纳税年度计算缴纳个人所得税的，应在所得来源国的纳税年度终了、结清税款后的30日内，向中国主管税务机关申报纳税；如在取得境外所得时结清税款的，或者在境外按所得来源国税法规定免于缴纳个人所得税的，应在次年1月1日起30日内向中国主管税务机关申报纳税。

6. 个人独资企业和合伙企业投资者应纳的个人所得税税款，按年计算，分月或者分季预缴，由投资者在每月或每季度终了后15日内预缴，年度终了后3个月内汇算清缴，多退少补。

7. 个人独资企业和合伙企业在年度中间合并、分立、终止时，投资者应当在停止生产、经营之日起60日内，向主管税务机关办理当期个人所得税汇算清缴。在纳税年度中间开业，或者由于合并、关闭等原因，使该纳税年度的实际经营期不足 12 个月的，应当以其实际经营期为一个纳税年度。

（三）自行申报纳税的申报方式

纳税人可以由本人或委托他人或采用邮寄方式在规定的纳税期限内申报纳税。邮寄申报纳税的，以寄出地的邮戳日期为实际申报日期。

纳税人确有困难，不能按期办理纳税申报的，经主管税务机关核准，可以延期申报。

（四）自行申报纳税的申报地点

申报地点一般应为收入来源地的主管税务机关。纳税人从两处或两处以上取得工资、薪金所得的，可选择并固定在其中一地税务机关申报纳税；从境外取得所得的，应向境内户籍所在地或经常居住地税务机关申报纳税。纳税人要求变更申报纳税地点的，须经原主管税务机关批准。

个人独资企业和合伙企业投资者应向企业实际经营管理所在地主管税务机关申报缴纳个人所得税。投资者从合伙企业取得的生产、经营所得，由合伙企业向企业实际经营管理所在地主管税务机关申报缴纳投资者应纳的个人所得税，并将个人所得税申报表抄送投资者。

投资者变更个人所得税汇算清缴地点的，根据国税发〔2004〕81 号文件规定，需符合以下相关条件：

1. 在上一次选择汇算清缴地点满 5 年；

2. 上一次选择汇算清缴地点未满 5 年，但汇算清缴地所办企业终止经营或者投资者终止投资；

3. 投资者在汇算清缴地点变更前 5 日内，已向原主管税务机关说明汇算清缴地点变更原因、新的汇算清缴地点等变更情况。

二、代扣代缴

代扣代缴是指按照税法规定负有扣缴税款义务的单位和个人，在向个人支付应纳税所得时，应计算应纳税额，从其所得中扣除并缴入国库，同时向税务机关报送扣缴个人所得税报告表。这种方法有利于控制税源、防止税收流失。

（一）扣缴义务人和全员全额扣缴申报

凡支付个人应纳税所得的企业（公司）、事业单位、机关、社团组织、军队、驻华机构、个体户等单位或者个人，为个人所得税的扣缴义务人。

这里所说的驻华机构，不包括外国驻华领事馆和联合国及其他依法享有外交特权和豁免的国际组织驻华机构。

扣缴义务人应当按照国家规定办理全员全额扣缴申报。

全员全额扣缴申报，是指扣缴义务人在代扣税款的次月内，向主管税务机关报送其支付所得个人的基本信息、支付所得数额、扣缴税款的具体数额和总额以及其他相关涉税信息。

1. 实行个人所得税全员全额扣缴申报的应税所得

（1）工资、薪金所得；

（2）劳务报酬所得；

（3）稿酬所得；

（4）特许权使用费所得；

（5）利息、股息、红利所得；

(6)财产租赁所得；

(7)财产转让所得；

(8)偶然所得；

(9)经国务院财政部门确定征税的其他所得。

2. 扣缴义务人应向主管税务机关报送的个人信息

扣缴义务人应向主管税务机关报送个人的以下基础信息：姓名、身份证照类型及号码、职务、户籍所在地、有效联系电话、有效通信地址及邮政编码等。

对下列个人，扣缴义务人还应加报有关信息：

(1)非雇员(不含股东、投资者)：工作单位名称等；

(2)股东、投资者：公司股本(投资)总额、个人股本(投资)额等；

(3)在中国境内无住所的个人(含雇员和非雇员)：外文姓名、国籍或地区、出生地(中、外文)、居留许可号码(或台胞证号码、回乡证号码)、劳动就业证号码、职业、境内职务、境外职务、入境时间、任职期限、预计在华时间、预计离境时间、境内任职单位名称及税务登记证号码、境内任职单位地址和邮政编码及联系电话、境外派遣单位名称(中、外文)、境外派遣单位地址(中、外文)、支付地(包括境内支付和境外支付)等。

储蓄机构向储户支付的储蓄存款利息所得、证券兑付机构向企业债券持有人兑付的企业债券利息所得，以及上市公司向股民支付的股息、红利所得，可暂报送以下信息：姓名、身份证照类型及号码、支付的利息(股息、红利)所得、扣缴税款等。

扣缴义务人在进行初次扣缴申报时，应报送个人的基础信息。个人及基础信息发生变化时，扣缴义务人应在次月扣缴申报时，将变更信息报送主管税务机关。

扣缴义务人可以直接到税务机关办理扣缴申报，也可以按照规定采取邮寄、数据电文或者其他方式办理扣缴申报。

(二)代扣代缴期限

扣缴义务人每月所扣缴的税款，应当在次月15日内缴入国库。扣缴义务人在税法规定的期限内解缴代扣税款时，应向主管税务机关报送扣缴个人所得税报告表、支付个人收入明细表和个人基础信息。但同时报送有困难的，应最迟在扣缴税款的次月底前报送。

本章关键词

个人所得税　应纳税所得额　超额累进税率　居民纳税人　非居民纳税人　分类所得税制　自行申报纳税　代扣代缴

复习思考题

一、简答题

1. 简述居民纳税人和非居民纳税人的划分标准。
2. 简述个人所得来源地的判定原则。
3. 简述个人所得税的应税项目。
4. 简述个人所得在哪些情况下按照20%比例扣除。
5. 纳税人有哪些情形需自行申报纳税？

二、计算题

1. 某从事教学的王老师在 2014 年度月工资为 4 500 元，同年 7 月份校外讲课取得报酬 4 000 元，在教学之外，王老师还在一家公司兼职会计工作，月工资 1 500 元。王老师 7 月份应纳个人所得税为多少？

2. 方小姐为 S 公司职员，S 公司派其到 A 公司工作。在 A 公司工作期间，A 公司每月支付方小姐工资 3 800元，S 公司每月支付工资 2 000 元。雇佣方和派遣方应如何代扣代缴个人所得税？方小姐应纳个人所得税为多少？

3. 高级工程师王某供职于国内一家企业，2014 年取得如下收入：

(1)1 月，领取工资 5 000 元，另取得地区津贴 2 000 元，差旅费津贴 1 500 元，独生子女津贴 500 元。

(2)3 月，王某为 S 公司进行一项工程设计，按照合同规定，公司应支付王某劳务报酬 20 000 元。

(3)5 月，有篇论文在相关专业期刊上发表，取得稿酬 6 000 元。

(4)7 月，王某将自己的一套房产转让。房产购买时价格为 500 000 元，支付相关费用为 10 000 元；转让房屋时价格为 600 000 元，在卖房过程中按规定支付有关费用共计 5 000 元。

(5)10 月，在某奢侈品店获得该店按积分反馈的价值 500 元的礼品，并同时参加抽奖活动，抽中的奖品价值 1 000 元。

要求计算：

(1)王某 1 月取得的工资、津贴等收入应缴纳的个人所得税。

(2)王某 3 月取得的劳务报酬应缴纳的个人所得税。

(3)王某 5 月发表论文取得稿酬应缴纳的个人所得税。

(4)王某 7 月转让房产应缴纳的个人所得税。

(5)王某 10 月获得礼品和抽奖所得应缴纳的个人所得税。

4. 中国公民丁某系自由职业者，2014 年收入情况如下：

(1)出版中篇小说一部，取得稿酬 30 000 元，后因小说加印取得出版社稿酬 10 000 元。

(2)受托对一电影剧本进行审核，取得审稿收入 3 000 元。

(3)临时担任会议翻译，取得收入 5 000 元，从中拿出 2 000 元通过国家机关捐给贫困地区。

(4)在 A 国讲学取得收入 20 000 元，A 国存款利息收入 2 000 元，已分别按收入来源国税法规定缴纳了个人所得税 2 800 元、200 元。

按下列顺序计算并回答问题，每问均为共计金额：

(1)出版小说、小说加印应纳个人所得税为多少？

(2)审稿收入应纳个人所得税为多少？

(3)翻译收入应纳个人所得税为多少？

(4)A 国收入在我国应纳个人所得税为多少？

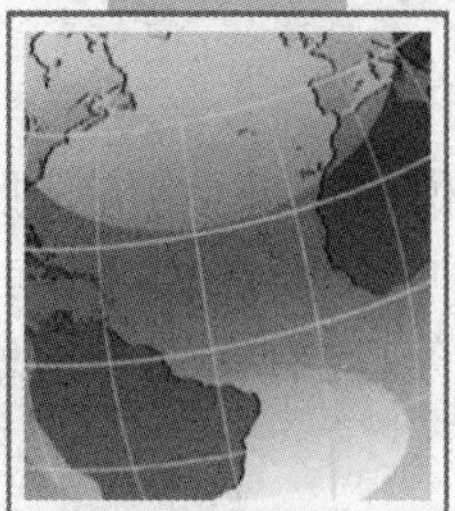

第九章 土地增值税法

导入案例

2014年10月，广州站前路某商铺一宗1 100平方米商场交易的业主方爆料，该商场于2012年6月签约出售，交易价是1.5万元/平方米，总价1 652多万元，各付各税，2012年7月31日前完成交易过户。当时在中介代理人“指点”下，为减轻税费，双方于7月14日签订了一份用于办理网签的《存量房买卖合同》，该合同约定的总成交价为1 000万元，7月17日双方及中介人员到房产交易中心办理网签。而荔湾区地税评估出来的价格比双方的真实价格还要高，递件完税时双方只报1万元/平方米，但地税评估价为2.2万元/平方米，之后双方分别提起诉讼，经过一审、二审，法院最终依然维持双方履行合同的决定，为此买方申请执行判决递件过户。2014年8月地税评估价格居然飙升到5.6万元/平方米，按此评估价计算，业主方承担的土地增值税已超过该交易真实价格。据了解，本次交易所产生的税费最重一项是由业主承担的土地增值税，按土地增值税四级累进税率计算，增值额在200%以上，适用税率为60%，本次交易应纳土地增值税就达2 422万元，比交易价1 652多万元还高。对于这一事件，你怎么看？

第一节 土地增值税概述

一、土地增值税的概念

土地增值税是对有偿转让国有土地使用权、地上建筑物及其附着物并取得收入的单位和个人，就其转让房地产所取得的增值额征收的一种税。

二、土地增值税的发展

为抑制炒买炒卖房地产投机获取暴利，国务院于1993年12月13日制定颁布了《中华人民共和国土地增值税暂行条例》，并于1994年1月1日起施行。财政部颁布了《中华人民共和国土地增值税暂行条例实施细则》，明确从1995年1月27日起施行，对1994年1月1日至1995年1月27日期间的土地增值税参照该实施细则的规定计算征收。

开征土地增值税是调节和合理分配土地增值收益的客观需要，也是抑制房地产投资过热，促进产业结构、经济结构协调发展的客观需要，更是规范商品房功能、确保中低收入者居有其屋的客观需要。

三、土地增值税的特点

（一）以转让房地产的增值额为计税依据

增值额为纳税人转让房地产的收入，减除税法规定的准予扣除项目金额后的余额。土地增值税的增值额与增值税的增值额有所不同：土地增值税的增值额为征税对象的全部销售收入额扣除与其相关的成本、费用、税金及其他项目金额后的余额，与会计核算中计算会计利润的方法基本相似；增值税的增值额只是扣除与其销售额直接相关的进货成本价格。

(二)征税面比较广

凡在我国境内转让房地产并取得收入的单位和个人，除税法规定免税的以外，均应依照《土地增值税暂行条例》规定缴纳土地增值税。换言之，凡发生应税行为的单位和个人，不论其经济性质，也不分内、外资企业或中、外籍人员，无论专营或兼营房地产业务，均有缴纳土地增值税的义务。

(三)实行超率累进税率

土地增值税的税率是以转让房地产增值率的高低为依据来确认的，按照累进原则设计，实行分级计税。增值率是以收入总额扣除相关项目金额后的余额再除以扣除项目合计金额。增值率高的，税率高、多纳税；增值率低的，税率低、少纳税。

(四)实行按次征收

土地增值税在房地产发生转让的环节，实行按次征收，每发生一次转让行为，就应根据每次取得的增值额征一次税。

第二节 纳税义务人与征税范围

一、纳税义务人

土地增值税的纳税义务人为转让国有土地使用权、地上的建筑物及其附着物(以下简称转让房地产)并取得收入的单位和个人。单位包括各类企业、事业单位、国家机关和社会团体及其他组织，个人包括个体经营者。概括起来，《土地增值税暂行条例》对纳税人的规定主要有以下四个特点：

第一，不论法人与自然人。即不论是企业、事业单位、国家机关、社会团体及其他组织，还是个人，只要有偿转让房地产，都是土地增值税的纳税人。

第二，不论经济性质。即不论是全民所有制企业、集体企业、私营企业、个体经营者，还是联营企业、合资企业、合作企业、外商独资企业等，只要有偿转让房地产，都是土地增值税的纳税人。

第三，不论内资与外资企业、中国公民与外籍个人。根据 1993 年 12 月 29 日第八届全国人民代表大会常务委员会第五次会议通过的《全国人民代表大会常务委员会关于外商投资企业和外国企业适用增值税、消费税、营业税等税收暂行条例的决定》和《国务院关于外商投资企业和外国企业适用增值税、消费税、营业税等税收暂行条例有关问题的通知》，以及《国家税务总局关于外商投资企业和外国企业及外籍个人适用税种问题的通知》(国税发〔1994〕123 号)等的规定，土地增值税适用于涉外企业和个人。因此，不论是内资企业还是外商投资企业、外国驻华机构，也不论是中国公民还是外国公民，只要有偿转让房地产，都是土地增值税的纳税人。

第四，不论部门。即不论工业、农业、商业、学校、机关等，只要有偿转让房地产，都是土地增值税的纳税人。

二、征税范围

(一)征税范围的一般规定

根据《土地增值税暂行条例》及其实施细则的规定，土地增值税的征税范围包括以下几个方面：

1. 转让国有土地使用权。这里所说的“国有土地”，是指按国家法律规定属于国家所有的土地。

2. 地上的建筑物及其附着物连同国有土地使用权一并转让。这里所说的“地上的建筑物”，是指建于土地上的一切建筑物，包括地上、地下的各种附属设施。这里所说的“附着物”，是指附着于土地上的不能移动或一经移动即遭损坏的物品。

(二)征税范围的界定

准确界定土地增值税的征税范围十分重要。在实际工作中，我们可以通过以下几条标准来判定：

1. 土地增值税是对转让国有土地使用权及其地上建筑物和附着物的行为征税。在这里，转让的土地，其使用权是否为国家所有，是判定是否属于土地增值税征税范围的标准之一。

根据《中华人民共和国宪法》和《中华人民共和国土地管理法》(以下简称《土地管理法》)的规定，城市的土地属于国家所有。农村和城市郊区的土地除由法律规定属于国家所有的以外，属于集体所有。国家为了公共利益，可以依照法律规定对集体土地实行征用，依法被征用后的土地属于国家所有。对于上述法律规定属于国家所有的土地，其土地使用权在转让时，按照《土地增值税暂行条例》规定，属于土地增值税的征税范围。而农村集体所有的土地，根据《土地管理法》、《城市房地产管理法》及国家其他有关规定，是不得自行转让的，只有根据有关法律规定，由国家征用以后变为国家所有时，才能进行转让。故集体土地的自行转让是一种违法行为，应由有关部门来处理。对于目前违法将集体土地转让给其他单位和个人的情况，应在有关部门处理、补办土地征用或出让手续变为国家所有之后，再纳入土地增值税的征税范围。

2. 土地增值税是对国有土地使用权及其地上的建筑物和附着物的转让行为征税。在这里，土地使用权、地上的建筑物及其附着物的产权是否发生转让，是判定是否属于土地增值税征税范围的标准之二。

这里有两层意思：

一是土地增值税的征税范围不包括国有土地使用权出让行为。国有土地使用权出让，是指国家以土地所有者的身份将土地使用权在一定年限内让与土地使用者，并由土地使用者向国家支付土地使用权出让金的行为。这种行为属于土地买卖的一级市场。土地使用权出让的出让方是国家，国家凭借土地的所有权向土地使用者收取土地的租金。出让的目的是实行国有土地的有偿使用制度，合理开发、利用、经营土地，因此，土地使用权的出让不属于土地增值税的征税范围。而国有土地使用权的转让是指土地使用者通过出让等形式取得土地使用权后，将土地使用权再转让的行为，包括出售、交换和赠与。它属于土地买卖的二级市场。土地使用权转让，其地上的建筑物、其他附着物的所有权随之转让。土地使用权的转让，属于土地增值税的征税范围。

二是土地增值税的征税范围不包括未转让土地使用权、房产产权的行为。是否发生房地产权属(指土地使用权和房产产权)的变更，是确定是否纳入征税范围的一个标准，凡土地使用权、房产产权未转让的(如房地产的出租)，不征收土地增值税。

3. 土地增值税是对转让房地产并取得收入的行为征税。在这里，是否取得收入，是判定是否属于土地增值税征税范围的标准之三。

土地增值税的征税范围不包括房地产的权属虽转让，但未取得收入的行为。如房地产的继承，尽管房地产的权属发生了变更，但权属人并没有取得收入，因此也不征收土地增值税。

需要强调的是，无论是单独转让国有土地使用权，还是房屋产权与国有土地使用权一并转让的，只要取得收入，均属于土地增值税的征税范围，应对之征收土地增值税。

三、征税范围的具体规定

根据以上三条判定标准，我们就可对以下若干具体情况是否属于土地增值税的征税范围进行判定。

(一)以出售方式转让国有土地使用权、地上的建筑物及附着物

这种情况因其同时符合上述三个标准，所以属于土地增值税的征税范围。这里又分为三种情况：

1. 出售国有土地使用权的

这种情况是指土地使用者通过出让方式，向政府缴纳了土地出让金，有偿受让土地使用权后，仅对土地进行通水、通电、通路和平整地面等土地开发，不进行房产开发，即所谓“将生地变熟地”，然后直接将空地出售出去。这属于国有土地使用权的有偿转让，应纳入土地增值税的征税范围。

2. 取得国有土地使用权后进行房屋开发建造然后出售的

这种情况即是一般所说的房地产开发。虽然这种行为通常被称作卖房，但按照国家有关房地产法律和法规的规定，卖房的同时，土地使用权也随之发生转让。由于这种情况既发生了产权的转让，又取得了收入，所以应纳入土地增值税的征税范围。

3. 存量房地产的买卖

这种情况是指已经建成并已投入使用的房地产，其房屋所有人将房屋产权和土地使用权一并转让给其他单位和个人。这种行为按照国家有关的房地产法律和法规，应当到有关部门办理房产产权和土地使用权的转移变更手续；原土地使用权属于无偿划拨的，还应到土地管理部门补交土地出让金。这种情况既发生了产权的转让，又取得了收入，应纳入土地增值税的征税范围。

(二)以继承、赠与方式转让房地产

这种情况因其只发生房地产产权的转让，没有取得相应的收入，属于无偿转让房地产的行为，所以不能将其纳入土地增值税的征税范围。这里又可分为两种情况：

1. 房地产的继承

房地产的继承是指房产的原产权所有人、依照法律规定取得土地使用权的土地使用人死亡以后，由其继承人依法承受死者房产产权和土地使用权的民事法律行为。这种行为虽然发生了房地产的权属变更，但作为房产产权、土地使用权的原所有人(即被继承人)并没有因为权属的变更而取得任何收入，因此，这种房地产的继承不属于土地增值税的征税范围。

2. 房地产的赠与

房地产的赠与是指房产所有人、土地使用权所有人将自己所拥有的房地产无偿地交给其他人的民事法律行为。但这里的“赠与”仅指以下情况：

(1)房产所有人、土地使用权所有人将房屋产权、土地使用权赠与直系亲属或承担直接赡养义务人的。

(2)房产所有人、土地使用权所有人通过中国境内非营利的社会团体、国家机关将房屋产权、土地使用权赠与教育、民政和其他社会福利、公益事业的。

上述社会团体是指中国青少年发展基金会、希望工程基金会、宋庆龄基金会、减灾委员会、中国红十字会、中国残疾人联合会、全国老年基金会、老区建设促进会以及经民政部门批准成立的其他非营利的公益性组织。

房地产的赠与虽发生了房地产的权属变更,但作为房产所有人、土地使用权所有人并没有因为权属的变更而取得任何收入,因此,房地产的赠与不属于土地增值税的征税范围。

(三)房地产的出租

房地产的出租是指房产的产权所有人、依照法律规定取得土地使用权的土地使用人,将房产、土地使用权租赁给承租人使用,由承租人向出租人支付租金的行为。房地产的出租,出租人虽取得了收入,但没有发生房产产权、土地使用权的转让,因此,不属于土地增值税的征税范围。

(四)房地产的抵押

房地产的抵押是指房地产的产权所有人、依法取得土地使用权的土地使用人作为债务人或第三人,向债权人提供不动产作为清偿债务的担保而不转移权属的法律行为。这种情况由于房产的产权、土地使用权在抵押期间并没有发生权属的变更,房产的产权所有人、土地使用权人仍能对房地产行使占有、使用、收益等权利,房产的产权所有人、土地使用权人虽然在抵押期间取得了一定的抵押贷款,但实际上这些贷款在抵押期满后是要连本带利偿还给债权人的,因此,对房地产的抵押,在抵押期间不征收土地增值税。待抵押期满后,视该房地产是否转移占有而确定是否征收土地增值税,对于以房地产抵债而发生房地产权属转让的,应列入土地增值税的征税范围。

(五)房地产的交换

这种情况是指一方以房地产与另一方的房地产进行交换的行为。由于这种行为既发生了房产产权、土地使用权的转移,交换双方又取得了实物形态的收入,按《土地增值税暂行条例》规定,它属于土地增值税的征税范围。但对个人之间互换自有居住用房地产的,经当地税务机关核实,可以免征土地增值税。

(六)以房地产进行投资、联营

对于以房地产进行投资、联营的,投资、联营的一方以土地(房地产)作价入股进行投资或作为联营条件,将房地产转让到所投资、联营的企业中时,暂免征收土地增值税。对投资、联营企业将上述房地产再转让的,应征收土地增值税。

此外,对于以土地(房地产)作价入股进行投资或联营的,凡所投资、联营的企业从事房地产开发的,或者房地产开发企业以其建造的商品房进行投资和联营的,也应征收土地增值税。

(七)合作建房

对于一方出地、一方出资金,双方合作建房,建成后按比例分房自用的,暂免征收土地增值税;建成后转让的,应征收土地增值税。

(八)企业兼并转让房地产

在企业兼并中,对被兼并企业将房地产转让到兼并企业中的,暂免征收土地增值税。

(九)房地产的代建房行为

这种情况是指房地产开发公司代客户进行房地产的开发,开发完成后向客户收取代建收入的行为。对于房地产开发公司而言，虽然取得了收入，但没有发生房地产权属的转移，其收入属于劳务收入性质，故不属于土地增值税的征税范围。

(十)房地产的重新评估

这主要是指国有企业在清产核资时对房地产进行重新评估而使其升值的情况。这种情况房地产虽然有增值，但其既没有发生房地产权属的转移，房产产权所有人、土地使用权人也未取得收入，所以不属于土地增值税的征税范围。

第三节　计税依据与税率

《土地增值税暂行条例》规定，土地增值税按照纳税人转让房地产所取得的增值额和规定的税率计算征收。

一、计税依据

土地增值税的计税依据与其课税对象是一致的，即以纳税人转让房地产取得的增值额为该税的计税依据。取得的增值额为纳税人转让房地产所取得的收入减除规定的扣除项目金额后的余额，其计算公式为：

土地增值额＝房地产转让收入－扣除项目金额

(一)房地产转让收入的确定

纳税人转让房地产取得的应税收入，应包括转让房地产的全部价款及有关的经济收益。从收入的形式来看，包括货币收入、实物收入和其他收入。

1. 货币收入

货币收入是指纳税人转让房地产而取得的现金、银行存款和支票、银行本票、汇票等各种信用票据，以及国库券、金融债券、企业债券、股票等有价证券。这些类型的收入的实质都是转让方因转让土地使用权、房屋产权而向取得方收取的价款。货币收入一般较容易确定。

2. 实物收入

实物收入是指纳税人转让房地产而取得的各种实物形态的收入，如钢材、水泥等建材，房屋、土地等不动产等。实物收入的价值不太容易确定，一般要对这些实物形态的财产进行评估。

3. 其他收入

其他收入是指纳税人转让房地产而取得的无形资产收入或具有财产价值的权利，如专利权、商标权、著作权、专有技术使用权、土地使用权、商誉权等。这种类型的收入比较少见，其价值需要进行专门的评估。

(二)扣除项目金额的确定

税法规定准予从房地产转让收入中减除的扣除项目金额包括：

1. 取得土地使用权所支付的金额

取得土地使用权所支付的金额包括两方面的内容：

(1)纳税人为取得土地使用权所支付的地价款。如果是以协议、招标、拍卖等出让方式取得土地使用权的，地价款为纳税人所支付的土地出让金；如果是以行政划拨方式取得土地使用权的，地价款为按照国家有关规定补交的土地出让金；如果是以转让方式取得土地使用权的，地价款为向原土地使用权人实际支付的地价款。

(2)纳税人在取得土地使用权时按国家统一规定缴纳的有关费用。它是指纳税人在取得土地使用权过程中为办理有关手续，按国家统一规定缴纳的有关登记、过户手续费等。

2. 房地产开发成本

房地产开发成本是指纳税人房地产开发项目实际发生的成本。包括土地征用及拆迁补偿费、前期工程费、建筑安装工程费、基础设施费、公共配套设施费、开发间接费用等。

(1)土地征用及拆迁补偿费。包括土地征用费，耕地占用税，劳动力安置费及有关地上、地下附着物拆迁补偿的净支出(即扣除拆迁旧建筑物等回收的残值)，安置动迁用房支出等。

(2)前期工程费。包括规划、设计、项目可行性研究和水文、地质、勘察、测绘、"三通一平"等支出。

(3)建筑安装工程费。指以出包方式支付给承包单位的建筑安装工程费、以自营方式发生的建筑安装工程费。

(4)基础设施费。包括开发小区内道路、供水、供电、供气、排污、排洪、通信、照明、环卫、绿化等工程发生的支出。

(5)公共配套设施费。包括不能有偿转让的开发小区内公共配套设施发生的支出。

(6)开发间接费用。指直接组织、管理开发项目发生的费用，包括工资、职工福利费、折旧费、修理费、办公费、水电费、劳动保护费、周转房摊销等。

3. 房地产开发费用

房地产开发费用是指与房地产开发项目有关的销售费用、管理费用和财务费用。根据现行财务会计制度的规定，这三项费用作为期间费用，直接计入当期损益，不按成本核算对象进行分摊。故作为土地增值税扣除项目的房地产开发费用，不按纳税人房地产开发项目实际发生的费用进行扣除，而按《土地增值税暂行条例实施细则》的标准进行扣除。

《土地增值税暂行条例实施细则》规定，财务费用中的利息支出，凡能够按转让房地产项目计算分摊并提供金融机构证明的，允许据实扣除，但最高不能超过按商业银行同类同期贷款利率计算的金额。其他房地产开发费用，按上述1、2项规定(即取得土地使用权所支付的金额和房地产开发成本，下同)计算的金额之和的5%以内计算扣除。凡不能按转让房地产项目计算分摊利息支出或不能提供金融机构证明的，房地产开发费用按上述1、2项规定计算的金额之和的10%以内计算扣除。计算扣除的具体比例，由各省、自治区、直辖市人民政府规定。

上述规定的具体含义是：

(1)纳税人能够按转让房地产项目计算分摊利息支出，并能提供金融机构的贷款证明的，其允许扣除的房地产开发费用为：利息+(取得土地使用权所支付的金额+房地产开发成本)×5%以内。

(注：利息最高不能超过按商业银行同类同期贷款利率计算的金额。)

(2)纳税人不能按转让房地产项目计算分摊利息支出或不能提供金融机构证明的，其允许扣除的房地产开发费用为：(取得土地使用权所支付的金额+房地产开发成本)×10%以内。

(3)房地产开发企业既向金融机构借款，又有其他借款的，其房地产开发费用计算扣除时，不能同时使用以上(1)、(2)项所述的两种办法。

(4)土地增值税清算时，已经计入房地产开发成本的利息支出，应调整至财务费用中计算扣除。

此外，财政部、国家税务总局还对扣除项目金额中利息支出的计算问题作了两点专门规定：一是利息的上浮幅度按国家的有关规定执行，超过上浮幅度的部分不允许扣除；二是对于超过贷款期限的利息部分和加罚的利息不允许扣除。

4. 与转让房地产有关的税金

与转让房地产有关的税金是指在转让房地产时缴纳的营业税、城市维护建设税、印花税。因转让房地产缴纳的教育费附加，也可视同税金予以扣除。需要明确的是：房地产开发企业按照《施工、房地产开发企业财务制度》有关规定，其在转让时缴纳的印花税因列入管理费用中，故在此不允许扣除；其他纳税人缴纳的印花税（按产权转移书据所载金额的0.5‰贴花）允许在此扣除。

5. 旧房及建筑物的评估价格

旧房及建筑物的评估价格是指在转让已使用的房屋及建筑物时，由政府批准设立的房地产评估机构评定的重置成本价乘以成新度折扣率后的价格。评估价格须经当地税务机关确认。

重置成本价的含义是：对旧房及建筑物，按转让时的建材价格及人工费用计算，建造同样面积、同样层次、同样结构、同样建设标准的新房及建筑物所花费的成本费用。成新度折扣率的含义是：按旧房的新旧程度作一定比例的折扣。

例如，一幢房屋已使用近10年，建造时的造价为1 000万元，按转让时的建材价格及人工费用计算，建同样的新房需花费4 000万元，该房有六成新，则该房的评估价格为2 400万元（4 000×60%）。

此外，转让旧房的，应按房屋及建筑物的评估价格、取得土地使用权所支付的地价款和按国家统一规定缴纳的有关费用及在转让环节缴纳的税金作为扣除项目金额计征土地增值税。对取得土地使用权时未支付地价款或不能提供已支付的地价款凭据的，在计征土地增值税时不允许扣除。

纳税人转让旧房屋及建筑物，凡不能取得评估价格，但能提供购房发票的，经当地税务部门确认，根据《土地增值税暂行条例》第六条第（一）、（三）项规定的扣除项目的金额（即取得土地使用权所支付的金额，新建房及配套设施的成本、费用，或者旧房及建筑物的评估价格），可按发票所载金额并从购买年度起至转让年度止每年加计5%计算扣除。计算扣除项目时“每年”按从购房发票所载日期起至售房发票开具之日止，每满12个月计1年；超过1年，未满12个月但超过6个月的，可以视同1年。

对纳税人购房时缴纳的契税，凡能提供契税完税凭证的，准予作为“与转让房地产有关的税金”予以扣除，但不作为加计5%的基数。

对于转让旧房及建筑物，既没有评估价格，又不能提供购房发票的，地方税务机关可以根据《中华人民共和国税收征收管理法》第三十五条的规定，实行核定征收。

6. 其他扣除项目

对从事房地产开发的纳税人按上述1、2项规定计算的金额之和，加计20%的扣除。在此，应特别指出的是：此条优惠只适用于从事房地产开发的纳税人，除此之外的其他纳税人不适用。这样规定，目的是为了抑制炒买炒卖房地产的投机行为，保护正常开发投资者的积极性。

（三）计税依据的特殊规定

土地增值税纳税人转让房地产所取得的收入减除规定的扣除项目金额后的余额，为增值额。由于计算土地增值税是以增值额与扣除项目金额的比率大小按相适用的税率累进计算征收的，增值额与扣除项目金额的比率越大，适用的税率越高，缴纳的税款越多，因此，准确核算增值额是很重要的。当然，准确核算增值额还需要准确的房地产转让收入额和扣除项目金额。在实际房地产交易活动中，有些纳税人由于不能准确提供房地产转让价格或扣除项目金额，致使增值额不准确，直接影响应纳税额的计算和缴纳。因此，纳税人有下列情形之一的，按照房地产评估价格计算征收：

1. 隐瞒、虚报房地产成交价格的；

2. 提供扣除项目金额不实的；

3. 转让房地产的成交价格低于房地产评估价格，又无正当理由的。

这里所说的“房地产评估价格”，是指由政府批准设立的房地产评估机构根据相同地段、同类房地产进行综合评定的价格。

这里所说的“隐瞒、虚报房地产成交价格”，是指纳税人不报或有意低报转让土地使用权、地上建筑物及其附着物价款的行为。

这里所说的“提供扣除项目金额不实的”，是指纳税人在纳税申报时不据实提供扣除项目金额的行为。

这里所说的“转让房地产的成交价格低于房地产评估价格，又无正当理由的”，是指纳税人申报的转让房地产的实际成交价低于房地产评估机构评定的交易价，纳税人又不能提供凭据或无正当理由的行为。

隐瞒、虚报房地产成交价格，应由评估机构参照同类房地产的市场交易价格进行评估。税务机关根据评估价格确定转让房地产的收入。提供扣除项目金额不实的，应由评估机构按照房屋重置成本价乘以成新度折扣率计算的房屋成本价和取得土地使用权时的基准地价进行评估。税务机关根据评估价格确定扣除项目金额。转让房地产的成交价格低于房地产评估价格，又无正当理由的，由税务机关参照房地产评估价格确定转让房地产的收入。

二、税率

土地增值税实行四级超率累进税率，具体设置为：

1. 增值额未超过扣除项目金额50％的部分，税率为30％。

2. 增值额超过扣除项目金额50％、未超过扣除项目金额100％的部分，税率为40％。

3. 增值额超过扣除项目金额100％、未超过扣除项目金额200％的部分，税率为50％。

4. 增值额超过扣除项目金额200％的部分，税率为60％。

上述所列四级超率累进税率，每级“增值额未超过扣除项目金额”的比例，均包括本比例数。

第四节　应纳税额的计算

土地增值税按照纳税人转让房地产所取得的增值额和规定的税率计算征收，即各级次增值额与其适用税率的乘积之和。计算公式可表示为：

应纳税额＝∑(每级距的土地增值额×适用税率)

但在实际工作中，分步计算比较烦琐，一般可以采用速算扣除法计算。即计算土地增值税税额，可按增值额乘以适用的税率减去扣除项目金额乘以速算扣除系数的简便方法计算。

各级次应缴纳土地增值税的计算如下：

1. 增值额未超过扣除项目金额50％

土地增值税税额＝增值额×30％

2. 增值额超过扣除项目金额50%、未超过100%

土地增值税税额=增值额×40%-扣除项目金额×5%

3. 增值额超过扣除项目金额100%、未超过200%

土地增值税税额=增值额×50%-扣除项目金额×15%

4. 增值额超过扣除项目金额200%

土地增值税税额=增值额×60%-扣除项目金额×35%

公式中的5%、15%、35%分别为二、三、四级的速算扣除系数。

【例9-1】 某房地产开发公司出售一幢写字楼，收入总额为5 000万元。开发该写字楼有关支出如下：支付地价款及各种费用500万元；房地产开发成本1 500万元；财务费用中的利息支出为250万元(可按转让项目计算分摊并提供金融机构证明)，但其中有25万元属加罚的利息；转让环节缴纳的有关税费共计为300万元。该单位所在地政府规定的其他房地产开发费用计算扣除比例为5%。该房地产开发公司应纳土地增值税为多少？

【解析】

(1)取得土地使用权支付的地价款及有关费用为500万元。

(2)房地产开发成本为1 500万元。

(3)房地产开发费用=250-25+(500+1 500)×5%=325(万元)

(4)允许扣除的税费为300万元。

(5)从事房地产开发的纳税人加计扣除20%。

加计扣除额=(500+1 500)×20%=400(万元)

(6)允许扣除项目金额合计=500+1 500+325+300+400=3 025(万元)

(7)增值额=5 000-3 025=1 975(万元)

(8)增值率=1 975÷3 025×100%=65.29%

(9)应纳土地增值税=1 975×40%-3 025×5%=638.75(万元)

【例9-2】 某房地产开发公司出售一幢写字楼，收入总额为5 000万元。开发该写字楼有关支出如下：支付地价款及各种费用500万元；房地产开发成本1 500万元；财务费用中的利息支出为250万元(不能按项目计算分摊利息支出，也不能提供金融机构证明)；转让环节缴纳的有关税费共计为300万元。该单位所在地政府规定的房地产开发费用计算扣除比例为10%。则该房地产开发公司应纳土地增值税为多少？

【解析】

(1)取得土地使用权支付的地价款及有关费用为500万元。

(2)房地产开发成本为1 500万元。

(3)房地产开发费用=(500+1 500)×10%=200(万元)

(4)允许扣除的税费为300万元。

(5)从事房地产开发的纳税人加计扣除20%。

加计扣除额=(500+1 500)×20%=400(万元)

(6)允许扣除的项目金额合计=500+1 500+200+300+400=2 900(万元)

(7)增值额=5 000-2 900=2 100(万元)

(8)增值率=2 100÷2 900×100%=72.41%

(9)应纳土地增值税=2 100×40%-2 900×5%=695(万元)

第五节　税收优惠

为了加强土地增值税的经济调控作用，土地增值税在普遍征收的基础上还规定了一些减免税政策。

一、对建造普通标准住宅的税收优惠

纳税人建造普通标准住宅出售，增值额未超过扣除项目金额20%的，免征土地增值税。

这里所说的“普通标准住宅”，是指按所在地一般民用住宅标准建筑的居住用住宅。高级公寓、别墅、度假村等不属于普通标准住宅。普通标准住宅与其他住宅的具体划分界限，2005年5月31日以前由各省、自治区、直辖市人民政府规定。自2005年6月1日起，普通标准住宅应同时满足：(1)住宅小区建筑容积率在1.0以上；(2)单套建筑面积在120平方米以下；(3)实际成交价格低于同级别土地上住房平均交易价格1.2倍以下。各省、自治区、直辖市要根据实际情况，制定本地区享受优惠政策普通住房的具体标准。允许单套建筑面积和价格标准适当浮动，但向上浮动的比例不得超过上述标准的20%。纳税人建造普通标准住宅出售，增值额未超过扣除项目金额20%的，免征土地增值税；增值额超过扣除项目金额20%的，应就其全部增值额按规定计税。

对于纳税人既建造普通标准住宅，又从事其他房地产开发的，应分别核算增值额；不分别核算增值额或不能准确核算增值额的，其建造的普通标准住宅不能适用这一免税规定。

二、对国家征用、收回的房地产的税收优惠

因国家建设需要依法征用、收回的房地产，免征土地增值税。

这里所说的“因国家建设需要依法征用、收回的房地产”，是指因城市实施规划、国家建设的需要而被政府批准征用的房产或收回的土地使用权。

三、因城市实施规划、国家建设的需要而搬迁，由纳税人自行转让原房地产的税收优惠

因城市实施规划、国家建设的需要而搬迁，由纳税人自行转让原房地产的，免征土地增值税。

因“城市实施规划”而搬迁，是指因旧城改造或因企业污染、扰民(指产生过量废气、废水、废渣和噪声，使城市居民生活受到一定危害)，而由政府或政府有关主管部门根据已审批通过的城市规划确定进行搬迁的情况。因“国家建设的需要”而搬迁，是指因实施国务院、省级人民政府、国务院有关部委批准的建设项目而进行搬迁的情况。

四、对个人转让房地产的税收优惠

个人因工作调动或改善居住条件而转让原自用住房，经向税务机关申报核准，凡居住满5年或5年以上的，免予征收土地增值税；居住满3年未满5年的，减半征收土地增值税；居住未满3年的，按规定计征土地增值税。

根据《财政部 国家税务总局关于调整房地产交易环节税收政策的通知》(财税〔2008〕137号)规定，自2008年11月1日起，对个人销售住房暂免征收土地增值税。

第六节 征收管理

一、纳税期限

土地增值税的纳税人应在转让房地产合同签订后的 7 日内，到房地产所在地主管税务机关办理纳税申报，并向税务机关提交房屋及建筑物产权、土地使用权证书，土地转让、房产买卖合同，房地产评估报告及其他与转让房地产有关的资料。纳税人因经常发生房地产转让而难以在每次转让后申报的，经税务机关审核同意后，可以定期进行纳税申报，具体期限由税务机关根据有关规定确定。

二、纳税地点

土地增值税的纳税人应向房地产所在地主管税务机关办理纳税申报，并在税务机关核定的期限内缴纳土地增值税。

这里所说的"房地产所在地"，是指房地产的坐落地。纳税人转让的房地产坐落在两个或两个以上地区的，应按房地产所在地分别申报纳税。

在实际工作中，纳税地点的确定又可分为以下两种情况：

第一，纳税人是法人的。当转让的房地产坐落地与其机构所在地或经营所在地一致时，则在办理税务登记的原管辖税务机关申报纳税即可；如果转让的房地产坐落地与其机构所在地或经营所在地不一致时，则应在房地产坐落地所管辖的税务机关申报纳税。

第二，纳税人是自然人的。当转让的房地产坐落地与其居住所在地一致时，则在住所所在地税务机关申报纳税；当转让的房地产坐落地与其居住所在地不一致时，在办理过户手续所在地的税务机关申报纳税。

本章关键词

土地增值税　增值额　超率累进税率

复习思考题

一、简答题

1. 简述土地增值税的概念和特点。
2. 简述土地增值税的纳税人和征税范围。
3. 简述土地增值税的扣除项目。

二、计算题

1. A 房地产开发公司在 2014 年 3 月初建造销售了一栋普通住宅，收入总额为 200 万元，发生如下费用：(1)取得土地使用权所支付的金额为 90 万元；(2)房地产开发成本为 30 万元；(3)其他扣除额为 50 万元。

同时，该公司转让另一房地产取得收入 600 万元，共发生以下费用：(1)取得土地使用权所支付的金额为 70 万元；(2)房地产开发成本为 30 万元；(3)房地产开发费用为 15 万元；(4)与房地产有关的税金为 25 万元。

试计算该房地产开发公司应纳土地增值税为多少？

2. 某工业企业在2014年5月转让一栋厂房，取得销售收入2 400万元，该办公楼原值1 400万元，已计提折旧800万元。经房地产评估机构评估，该厂房的重置成本为2 000万元，该厂房为七成新，转让时支付有关税费共计50万元。计算该企业转让旧房应纳土地增值税为多少？

3. 某市房地产开发企业开发一栋写字楼，已知为开发该写字楼取得土地使用权所支付的地价款和相关税费共计2 100万元，发生房地产开发成本1 500万元，销售费用480万元，管理费用520万元，财务费用650万元（其中含利息费用300万元，但不能提供金融机构贷款证明）。该写字楼竣工验收后，将总建筑面积的1/3对外销售，签订销售合同，取得销售收入5 000万元；将总建筑面积的1/3对外出租，当年取得租金收入100万元；剩余1/3的建筑面积企业留给自己使用。已知当地省级人民政府规定，房地产开发费用扣除比例为10%。该企业应纳土地增值税为多少？

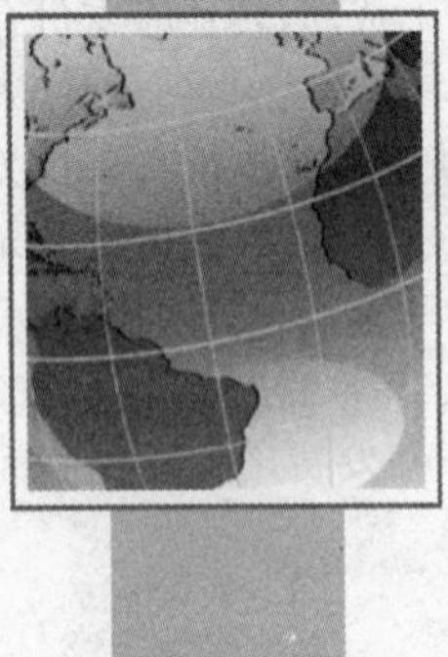

第十章 资源税法

导入案例

2015年1月21日，在商务部举行的例行新闻发布会上，新闻发言人沈丹阳对外表示，经国务院批准，商务部决定从2015年1月1日开始取消稀土出口配额管理，并保留出口关税，直到2015年5月2日。即从今年5月2日开始，我国将取消稀土出口关税。

虽然业界早有预测会取消稀土出口关税，但是没想到速度这么快。对于稀土出口配额的取消与稀土出口关税即将取消，沈丹阳表示，这是统筹国内与国外两个市场、两种资源的一项具体贸易政策选择，是配合国内稀土等资源类产品管理制度改革的一项措施，同时也是综合考虑世贸组织相关裁决执行所进行的一项政策调整。

值得注意的是，既然出口配额已经取消，出口关税即将取消，我国的稀土资源是否会出现大量流失的情况呢？对此，业界普遍认为，如果出口关税取消的话，稀土资源税势必进行调整，稀土资源税计征方式将由"从量计征"改为"从价计征"，国家很可能通过资源税改革来抵消关税取消带来的影响。

不过，虽然稀土资源税代替出口关税可能是大方向，但国内资源税替代关税将是一个循序渐进的过程。中国稀土行业协会副秘书长陈占恒认为，短期来看，政策放开之后稀土价格并不会受到太大影响。

随着调结构、转方式的不断深入和节能减排要求的提高，加快我国资源税改革的呼声越来越迫切。资源税计税方式的改革自2010年6月1日从新疆的原油和天然气资源开始实施，到2011年11月1日已扩展到全国，2014年12月1日又扩展到煤炭资源。而稀土资源税的从价计征试点工作也正在酝酿中。随着资源税改革的全面推进和深化，促进我国从"高投入、高耗能、高污染"的粗放型经济增长方式的转变，推动资源节约型和环境友好型社会的建设。你认为资源税的改革方向是什么？

第一节 资源税概述

一、资源税的概念

资源税是为了保护和促进自然资源的合理开发与利用，适当调节自然资源级差收入，以各种自然资源为课税对象的一种税。我国现行资源税是对在我国境内从事应税矿产品开采和生产盐的单位和个人课税的一种税，属于对自然资源占用课税的范畴。

对资源占用行为课税不仅为当今许多国家所广泛采用，而且具有十分悠久的历史。我国对资源占有课税的历史至少可以追溯到周代，当时的"山泽之赋"就是对伐木、采矿、狩猎、捕鱼、煮盐等开发、利用自然资源的生产活动课征的赋税。此后，我国历代政府一直延续了对矿冶资源、盐业资源等自然资源开发、利用课税的制度。

二、资源税的发展

新中国成立后，1950年颁布的《全国税政实施要则》明确了我国对盐的生产、运销征收盐税。但是，对矿产资源的开采如何课税并没有规定，所以在长达 30 多年的时间内我国实行的是资源无偿开采的制度。

1984 年 10 月 1 日，《资源税条例（草案）》开始施行，我国开始对自然资源征税，征收范围仅为原油、天然气、煤炭和铁矿石。1986 年 10 月 1 日，《矿产资源法》开始施行，明确国家对矿产资源实行有偿开采，开采矿产资源必须按照国家有关规定缴纳资源税和资源补偿费。

1993 年 12 月 25 日，国务院颁布《中华人民共和国资源税暂行条例》，把盐税并到资源税中，并将资源税征收范围扩大为原油、天然气、煤炭、其他非金属矿原矿、黑色金属矿原矿、有色金属矿原矿和盐 7 种，按照"普遍征收、级差调节"的原则，就资源赋税情况、开采条件、资源等级、地理位置等客观条件的差异规定了幅度税额，于 1994 年 1 月 1 日开始实施。

随着资源产品销售价格的不断上涨，资源税总体税负越来越轻，绝大部分产品的实际税负率小于 1%，使资源税保护环境的作用难以有效发挥出来，资源乱采滥伐，环境不断被破坏，与科学发展观背道而驰。2010 年 6 月 1 日，我国在新疆地区率先实施资源税改革试点，将原油和天然气两种资源产品的计税方式由从量计征改为从价计征。自 2010 年 12 月 1 日起，从价征收的范围扩大到西部地区 12 个省、自治区、直辖市。自 2011 年 11 月 1 日起，按照修订后的《资源税暂行条例》及其实施细则，原油、天然气从价征收的范围扩大到全国。自 2014 年 12 月 1 日起，将煤炭的资源税由从量计征改为从价计征，税率由省级政府在规定幅度内确定。自 2015 年 5 月 1 日起，实施稀土、钨、钼资源税清费立税、从价计征改革。

三、资源税的特点

资源税与其他税种相比，具有以下特点：

（一）征税范围较窄

自然资源是生产资料或生活资料的天然来源，它包括的范围很广，如矿产资源、土地资源、水资源、动植物资源等。目前我国的资源税征税范围较窄，仅选择了部分级差收入差异较大、资源较为普遍、易于征收管理的矿产品和盐列为征税范围。

（二）实行差别税额从量征收

我国现行资源税实行从量定额征收，税收收入不受产品价格、成本和利润变化的影响，按照"资源条件好、收入多的多征；资源条件差、收入少的少征"的原则，根据矿产资源等级分别确定不同的税额，有效地调节资源级差收入。

（三）实行源泉课征

不论采掘或生产单位是否属于独立核算，资源税均规定在采掘或生产地源泉控制征收，这与其他税种由独立核算的单位统一缴纳不同。这样既照顾了采掘地的利益，又避免了税款的流失。

第二节　纳税义务人与扣缴义务人

一、纳税义务人

资源税的纳税义务人是指在中华人民共和国领域及管辖海域开采应税资源的矿产品或者生产盐的单位和个人。单位是指企业、行政单位、事业单位、军事单位、社会团体及其他单位。

个人是指个体工商户和其他个人，包括中国公民和在中国境内的外籍人员。

二、扣缴义务人

为了加强资源税的征管，避免税款流失，针对税源少、零星、分散、不定期开采等情况，税法还规定由扣缴义务人在收购未税矿产品时代扣代缴资源税。扣缴义务人是指独立矿山、联合企业及其他收购未税矿产品的单位。独立矿山是指只有采矿或只有采矿和选矿、独立核算、自负盈亏的单位，其生产的原矿和精矿主要用于对外销售。联合企业是指采矿、选矿、冶炼（或加工）连续生产的企业，其采矿单位，一般是该企业的二级或二级以下核算单位。其他单位也包括收购未税矿产品的个体户在内。盐资源税以运销单位或收购单位为扣缴义务人。

第三节 税目与税率

一、税目

现行资源税的征税范围包括矿产品资源和盐资源。具体来讲，资源税的征收范围按照资源税应税产品和纳税人开采资源的行业特点不同设置了七个税目，在税目下面又设置了若干子目：

1. 原油。指开采的天然原油，不包括人造石油。

2. 天然气。指专门开采的天然气和与原油同时开采的天然气，不包括煤炭生产的天然气。

3. 煤炭。包括原煤和以未税原煤加工的洗选煤。

4. 其他非金属矿原矿。指原油、天然气、煤炭和井矿盐以外的非金属矿原矿，包括宝石、金刚石、玉石、膨润土、石墨、石英砂、萤石、重晶石、毒重石、蛭石、长石、沸石、滑石、白云石、硅灰石、凹凸棒石粘土、高岭土、耐火粘土、云母、大理石、花岗石、石灰石、菱镁矿、天然碱、石膏、硅线石、工业用金刚石、石棉、硫铁矿、自然硫、磷铁矿等。

5. 黑色金属矿原矿。指纳税人开采后自用、销售的，用于直接入炉冶炼或作为主产品先入选精矿，制造人工矿，再最终入炉冶炼的黑色金属矿石原矿，包括铁矿石、锰矿石和铬矿石。

6. 有色金属矿原矿。包括铜矿石、铅锌矿石、铝土矿石、钨矿石、锡矿石、锑矿石、钼矿石、镍矿石、黄金矿石等。

7. 盐。一是固体盐，包括海盐原盐、湖盐原盐和井矿盐；二是液体盐（卤水），是指氯化钠含量达到一定浓度的溶液，是用于生产碱和其他产品的原料。

二、税额、税率

现行资源税实行普遍征收、级差调节的征收原则，即对所有应税资源都实行有幅度的定额税率或比例税率，对因资源储存状况、开采条件、资源优劣、地理位置等客观条件差别而产生的级差收入，通过实施差别税额、税率标准进行调节。

具体税目、税率标准见表10—1。

表 10-1 资源税税目税率表

税目		税率
一、原油		销售额的 5%～10%
二、天然气		销售额的 5%～10%
三、煤炭		销售额的 2%～10%
四、其他非金属矿原矿	普通非金属矿原矿	每吨或者每立方米 0.5～20 元
	贵重非金属矿原矿	每千克或者每克拉 0.5～20 元
五、黑色金属矿原矿		每吨 2～30 元
六、有色金属矿原矿	轻稀土矿	内蒙古:销售额的 11.5%;四川:销售额的 9.5%;山东:销售额的 7.5%
	中重稀土矿	销售额的 27%
	钨矿石	销售额的 6.5%
	钼矿石	销售额的 11%
	其他有色金属矿原矿	每吨 0.4～30 元
七、盐	固体盐	每吨 10～60 元
	液体盐	每吨 2～10 元

资源税税目、税率的部分调整,由国务院决定。煤炭的具体适用税率由省级财税部门在上述幅度内,根据本地区清理收费基金、企业承受能力、煤炭资源条件等因素提出建议,报省级人民政府拟定。跨省煤田的适用税率由财政部、国家税务总局确定。

矿产品等级的划分,按《资源税暂行条例实施细则》所附《几个主要品种的矿山资源等级表》执行。

纳税人在开采主矿产品的过程中伴采的其他应税矿产品,凡未单独规定适用税额的,一律按主矿产品或视同主矿产品税目征收资源税。

纳税人具体适用的税率,在《资源税暂行条例》所附《资源税税目税率表》规定的税率幅度内,根据纳税人所开采或者生产应税产品的资源品位、开采条件等情况,由财政部商国务院有关部门确定;财政部未列举名称且未确定具体适用税率的其他非金属矿原矿和有色金属矿原矿,由省、自治区、直辖市人民政府根据实际情况确定,报财政部和国家税务总局备案。

扣缴义务人适用的税额、税率按以下标准确定:

1. 独立矿山、联合企业收购未税矿产品的单位,按照本单位应税产品税额标准,依据收购的数量代扣代缴资源税。

2. 其他收购单位收购的未税矿产品,按税务机关核定的应税产品税额标准,依据收购的数量代扣代缴资源税。

对于划分资源等级的应税产品,在《几个主要品种的矿山资源等级表》中未列举企业或矿山名称的纳税人适用的税额,由省、自治区、直辖市人民政府根据纳税人的资源状况,参照《资源税税目税率明细表》和《几个主要品种的矿山资源等级表》中确定的邻近矿山的税额标准,在浮动 30%的幅度内核定,并报财政部和国家税务总局备案。

此外,纳税人经核定执行单位税额,根据价格、资源和开采条件等因素的变化情况,在《资源税税目税率表》所规定的幅度范围内,应每隔一定时期调整一次,具体税额的调整由财政部决定。

第四节 计税依据及应纳税额的计算

一、计税依据

(一)销售额

销售额为纳税人销售应税产品向购买方收取的全部价款和价外费用,但不包括收取的增值税销项税额。

价外费用,包括价外向购买方收取的手续费、补贴、基金、集资费、返还利润、奖励费、违约金、滞纳金、延期付款利息、赔偿金、代收款项、代垫款项、包装费、包装物租金、储备费、优质费、运输装卸费以及其他各种性质的价外收费。但下列项目不包括在内:

1. 同时符合以下条件的代垫运输费用:

(1)承运部门的运输费用发票开具给购买方的;

(2)纳税人将该项发票转交给购买方的。

2. 同时符合以下条件代为收取的政府性基金或者行政事业性收费:

(1)由国务院或者财政部批准设立的政府性基金,由国务院或者省级人民政府及其财政、价格主管部门批准设立的行政事业性收费;

(2)收取时开具省级以上财政部门印制的财政票据;

(3)所收款项全额上缴财政。

3. 原煤销售额不含从坑口到车站、码头等的运输费用。

纳税人将其开采的原煤,自用于连续生产洗选煤的,在原煤移送使用环节不缴纳资源税;自用于其他方面的,视同销售原煤,依照《中华人民共和国资源税暂行条例实施细则》第七条和《财政部 国家税务总局关于实施煤炭资源税改革的通知》的有关规定确定销售额,计算缴纳资源税。

纳税人将其开采的原煤加工为洗选煤销售的,以洗选煤销售额乘以折算率作为应税煤炭销售额计算缴纳资源税。

洗选煤应纳税额=洗选煤销售额×折算率×适用税率

洗选煤销售额包括洗选副产品的销售额,不包括洗选煤从洗选煤厂到车站、码头等的运输费用。

折算率可通过洗选煤销售额扣除洗选环节成本、利润计算,也可通过洗选煤市场价格与其所用同类原煤市场价格的差额及综合回收率计算。折算率由省、自治区、直辖市财税部门或其授权地市级财税部门确定。

纳税人将其开采的原煤加工为洗选煤自用的,视同销售洗选煤,依照资源税条例有关规定确定销售额,计算缴纳资源税。

纳税人同时销售(包括视同销售)应税原煤和洗选煤的,应当分别核算原煤和洗选煤的销售额;未分别核算或者不能准确提供原煤和洗选煤销售额的,一并视同销售原煤计算缴纳资源税。

纳税人同时以自采未税原煤和外购已税原煤加工洗选煤的,应当分别核算;未分别核算的,按洗选煤销售额乘以折算率作为应税煤炭销售额计算缴纳资源税。

纳税人以人民币以外的货币结算销售额的,应当折合成人民币计算。其销售额的人民币折合率可以选择销售额发生的当天或者当月1日的人民币汇率中间价。纳税人应在事先确定采用何种折合率计算方法,确定后1年内不得变更。

纳税人申报的应税产品销售额明显偏低并且无正当理由的、有视同销售应税产品行为而无销售额的,除财政部、国家税务总局另有规定外,按下列顺序确定销售额:(1)按纳税人最近时期同类产品的平均销售价格确定;(2)按其他纳税人最近时期同类产品的平均销售价格确定;(3)按组成计税价格确定。组成计税价格为:

组成计税价格＝成本×(1＋成本利润率)÷(1－税率)

公式中的成本是指应税产品的实际生产成本。公式中的成本利润率由省、自治区、直辖市税务机关确定。

(二)销售数量

1. 确定资源税课税数量的基本方法

销售数量,包括纳税人开采或者生产应税产品的实际销售数量和视同销售的自用数量。

(1)纳税人开采或者生产应税产品销售的,以实际销售数量为销售数量。

(2)纳税人开采或者生产应税产品自用的,以自用(非生产)数量为视同销售数量。

2. 特殊情况销售数量的确定

(1)纳税人不能准确提供应税产品销售数量的,以应税产品的产量或者主管税务机关确定的折算比换算成的数量为计征资源税的销售数量。

(2)原油中的稠油、高凝油、稀油划分不清或不易划分的,一律按原油的数量课税。

(3)金属和非金属矿产品原矿,因无法准确掌握纳税人移送使用原矿数量的,可将其精矿按选矿比折算成原矿数量,以此作为课税数量。

选矿比＝精矿数量÷耗用原矿数量

(4)纳税人以自产的液体盐加工成固体盐,按固体盐税额征税,以加工的固体盐数量为课税数量。纳税人以外购的液体盐加工成固体盐,其加工固体盐所耗用液体盐的已纳税额准予抵扣。

纳税人开采或者生产应税产品,自用于连续生产应税产品的,不缴纳资源税;自用于其他方面的,视同销售,依照《资源税暂行条例》缴纳资源税。

纳税人开采或者生产不同税目应税产品的,应当分别核算不同税目应税产品的销售额或者销售数量;未分别核算或者不能准确提供不同税目应税产品的销售额或者销售数量的,从高适用税率。

二、应纳税额的计算

资源税的应纳税额,按照从价定率或者从量定额的办法,分别以应税产品的销售额乘以纳税人具体适用的比例税率或者以应税产品的销售数量乘以纳税人具体适用的定额税率计算。具体计算公式为:

1. 石油、天然气、煤炭:

应纳税额＝销售额×适用税率

2. 其他应税产品:

应纳税额＝销售数量×单位税额

【例10－1】 某铜矿企业2014年3月开采铜矿原矿50 000吨,对外直接销售30 000吨,部分原矿入选的精矿5 000吨,当月全部售出,选矿比1∶2.2,铜矿资源税税额每吨1.3元。该企业当月应纳资源税为多少？

【解析】

这里给出的是非百分比形式的选矿比，体现 1 吨精矿由多少原矿选出。

该企业当月应纳资源税＝(30 000＋5 000×2.2)×1.3＝53 300(元)

【例 10－2】 某油田原油价格每吨6 000元(不含增值税，下同)，天然气每立方米 2 元。2014年 12 月，该油田生产原油 25 万吨，当月销售 20 万吨，加热、修井用 2 万吨，将 3 万吨原油赠送给协作单位；开采天然气 700 万立方米，当月销售 600 万立方米，待售 100 万立方米。原油、天然气的资源税税率均为 5%。该油田2014年 12 月应纳资源税为多少？

【解析】

开采原油过程中，用于加热、修井的原油免税。

该油田2014年 12 月应纳资源税＝(20＋3)×6 000×5%＋600×2×5%＝6 960(万元)

【例 10－3】 甲省一独立核算的煤炭企业，下属一生产单位在乙省。2014年该企业开采原煤 340 万吨(其中含乙省生产单位开采的 60 万吨)，当年销售原煤 300 万吨(其中含乙省生产单位开采的 50万吨)，每吨原煤销售价格 400 元。已知原煤资源税为销售额的 5%。2014年该企业在甲省应缴纳的资源税为多少？

【解析】

本题需注意两点：一是资源税计税依据为销售数量或自用数量，而非开采数量；二是纳税人跨省开采应税资源，其下属生产单位与核算单位不在同一省、自治区、直辖市的，对其开采的矿产品一律在开采地纳税。

企业在甲省应缴纳的资源税＝(300－50)×400×5%＝5 000(万元)

第五节 税收优惠

一、减免税规定

有下列情形之一的，减征或者免征资源税：

1. 开采原油过程中用于加热、修井的原油，免税。

2. 纳税人开采或生产应税产品过程中，因意外事故或自然灾害等原因遭受重大损失的，由省、自治区、直辖市人民政府酌情决定减税或免税。

3. 国务院规定的其他减税、免税项目。

纳税人的减税、免税项目，应当单独核算销售额或者销售数量；未单独核算或者不能准确提供销售额或者销售数量的，不予减税或者免税。

4. 原油、天然气资源税优惠政策。

(1)对油田范围内运输稠油过程中用于加热的原油、天然气免征资源税。

(2)对稠油、高凝油和高含硫天然气资源税减征 40%。

(3)对三次采油资源税减征 30%。

(4)对低丰度油气田资源税暂减征 20%。

(5)对深水油气田资源税减征 30%。

符合上述减免税规定的原油、天然气划分不清的，一律不予减免资源税；同时符合上述两项及两项以上减税规定的，只能选择其中一项执行，不能叠加适用。

5. 煤炭资源税优惠政策。

(1)对衰竭期煤矿开采的煤炭,资源税减征 30%。

衰竭期煤矿,是指剩余可采储量下降到原设计可采储量的 20%(含)以下,或者剩余服务年限不超过 5 年的煤矿。

(2)对充填开采置换出来的煤炭,资源税减征 50%。

纳税人开采的煤炭,同时符合上述减税情形的,纳税人只能选择其中一项执行,不能叠加适用。

纳税人在资源税纳税申报时,除财政部、国家税务总局另有规定外,应当将其应税和减免税项目分别计算和报送。

二、出口应税产品不退(免)资源税的规定

资源税规定仅对中国境内开采或生产应税产品的单位和个人征收,进口的矿产品和盐不征收资源税。由于对进口应税产品不征收资源税,相应地,对出口应税产品也不免征或退还已纳资源税。

第六节　征收管理

一、纳税义务发生时间

纳税人销售应税产品,纳税义务发生时间为收讫销售款或者取得索取销售款凭据的当天;自产自用应税产品,纳税义务发生时间为移送使用的当天。资源税纳税义务发生时间具体规定如下:

1. 纳税人销售应税产品,其纳税义务发生时间是:

(1)纳税人采取分期收款结算方式的,其纳税义务发生时间,为销售合同规定的收款日期的当天;

(2)纳税人采取预收货款结算方式的,其纳税义务发生时间,为发出应税产品的当天;

(3)纳税人采取其他结算方式的,其纳税义务发生时间,为收讫销售款或者取得索取销售款凭据的当天。

2. 纳税人自产自用应税产品的纳税义务发生时间,为移送使用应税产品的当天。

3. 扣缴义务人代扣代缴税款的纳税义务发生时间,为支付货款的当天。

二、纳税期限

纳税期限是纳税人发生纳税义务后缴纳税款的期限。资源税的纳税期限为 1 日、3 日、5 日、10 日、15 日或者 1 个月,由主管税务机关根据实际情况具体核定。不能按固定期限计算纳税的,可以按次计算纳税。

纳税人以 1 个月为一期纳税的,自期满之日起 10 日内申报纳税;以 1 日、3 日、5 日、10 日或者 15 日为一期纳税的,自期满之日起 5 日内预缴税款,于次月 1 日起 10 日内申报纳税并结清上月税款。

扣缴义务人的解缴税款期限,比照前两款的规定执行。

三、纳税地点

1. 纳税人应缴纳的资源税，应当向应税产品的开采或者生产所在地主管税务机关缴纳。

2. 纳税人在本省、自治区、直辖市范围内开采或者生产应税产品，其纳税地点需要调整的，由省、自治区、直辖市税务机关决定。

3. 跨省、自治区、直辖市开采或者生产资源税应税产品的纳税人，其下属生产单位与核算单位不在同一省、自治区、直辖市的，对其开采或者生产的应税产品，一律在开采地或者生产地纳税。实行从量计征的应税产品，其应纳税款一律由独立核算的单位按照每个开采地或者生产地的销售量及适用税率计算划拨；实行从价计征的应税产品，其应纳税款一律由独立核算的单位按照每个开采地或者生产地的销售量、单位销售价格及适用税率计算划拨。

4. 扣缴义务人代扣代缴的资源税，应当向收购地主管税务机关缴纳。

本章关键词

资源税　销售额　销售数量　选矿比　应税矿产品　比例税率　定额税率

复习思考题

一、简答题

1. 简述资源税的课税范围。

2. 简述资源税的销售额和销售数量如何确定。

3. 简述资源税的纳税地点。

二、计算题

1. 某产盐企业 2014 年 5 月份以外购液体盐3 000吨加工成固体盐 600 吨，以自产液体盐5 000吨加工成固体盐1 000吨，当月销售固体盐1 500吨，取得销售收入 300 万元。已知液体盐每吨单位税额 5 元、固体盐每吨单位税额 40 元。计算该产盐企业 5 月份应缴纳的资源税。

2. 某矿山(增值税一般纳税人)2014 年 3 月开采铜矿石 80 万吨，收购邻县小矿山开采的铜矿石 20 万吨并代扣代缴了资源税。2014 年 4 月发生下列业务：

(1)销售自采铜矿石 45 万吨，销售收购铜矿石 20 万吨，销售以自产铜矿石入选的铜矿石精矿 6 万吨，共取得不含增值税销售收入 50 万元。

(2)将自采铜矿石 2 万吨按市场含税价 2 万元换取同等含税价的生产动力用天然气，双方互开了增值税专用发票。

(3)当月购买劳保服装取得增值税专用发票，注明增值税税额 0.5 万元；购买开采机械取得增值税专用发票，注明增值税税额 3 万元。

该矿山铜矿石资源税税额为 1.2 元/吨，精矿选矿比 60%，相关发票均经过认证并在当月抵扣。

要求计算：

(1)该矿山 2014 年 4 月应缴纳的资源税。

(2)该矿山 2014 年 4 月可以抵扣的增值税进项税额。

(3)该矿山 2014 年 4 月应缴纳的增值税。

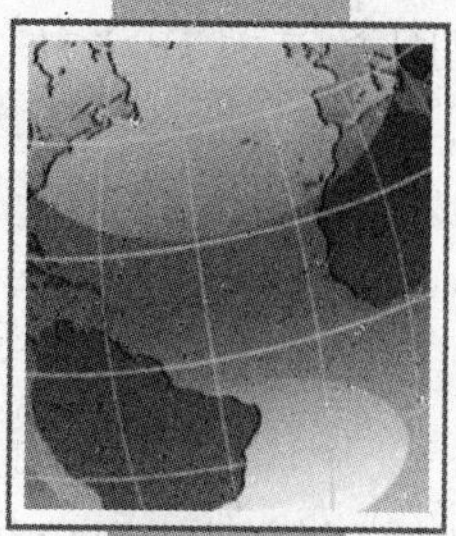

第十一章 印花税法

导入案例

2007年,长期受着熊市折磨的中国资本市场终于开始出现了一轮牛市行情,从这一年年初到4月份,沪深两地股指都已出现了80%以上的涨幅,其中仅4月份的涨幅就高达30%。2006年底上市股票的平均股价还在5元左右,但4个月后的平均股价已经达到12元,5元以下的股价全部被消灭。于是,在5月29日深夜,财政部发布一项新政,将股票交易印花税税率由原来的1‰上调至3‰。而财政部作出决定已经在深夜,投资者将其称为"半夜鸡叫",这一消息犹如给正处于狂热的股市当头浇下了一盆冷水。5月30日沪深两地股市开盘后,股指瞬间出现大暴跌,以后连续几个交易日,沪深两地市场一直处于暴跌之中。2008年4月24日,经国务院批准,财政部、国家税务总局决定调整证券(股票)交易印花税税率,由3‰调整为1‰。2008年9月19日,财政部决定对证券交易印花税政策进行调整,由双边征收改为单边征收,税率保持1‰。你认为这几次印花税调整的动机是什么?

第一节 印花税概述

一、印花税的概念

印花税是对经济活动和经济交往中书立、使用、领受具有法律效力凭证的单位和个人征收的一种税。它是一种具有行为税性质的凭证税,凡发生书立、使用、领受应税凭证的行为,就必须依照印花税法的有关规定履行纳税义务。

二、印花税的发展

印花税是一个很古老的税种。公元1624年,荷兰政府发生经济危机,财政困难。当时执掌政权的统治者摩里斯(Maurs)为了解决财政上的需要,拟提出用增加税收的办法来解决支出的困难,但又怕人民反对,便要求政府的大臣们出谋献策。众大臣议来议去,就是想不出两全其美的妙法来。于是,荷兰的统治阶级就采用公开招标办法,以重赏来寻求新税设计方案,谋求敛财之妙策。印花税就是从千万个应征者设计的方案中精选出来的"杰作"。可见,印花税的产生较其他税种,更具有传奇色彩。印花税的设计者可谓独具匠心。他观察到人们在日常生活中使用契约、借贷凭证之类的单据很多,连绵不断,所以,一旦征税,税源将很大;而且人们还有一个心理,认为凭证单据上由政府盖个印,就成为合法凭证,在诉讼时可以有法律保障,因而对缴纳印花税也乐于接受。正是这样,印花税被资产阶级经济学家誉为税负轻微、税源畅旺、手续简便、成本低廉的"良税"。英国的哥尔柏(Kolebe)说过:"税收这种技术,就是拔最多的鹅毛,听最少的鹅叫。"印花税就是具有"听最少鹅叫"作用的税种。

由于印花税"取微用宏",简便易行,欧美各国竞相效法。丹麦在1660年、法国在1665年、美国在1671年、奥地利在1686年、英国在1694年先后开征了印花税。它在不长的时间内,就成为世界上普遍采用的一个税种,在国际上盛行。我国自清代光绪年间征收印花税,印制和使用印花税票的历史已逾百年,现行的《中华人民共和国印花税暂行条例》由国务院于1988年8月6日颁布,并于同年10月1日起施行至今。

三、印花税的特点

印花税同其他税种相比,具有以下特点:

(一)征收面广、税源广泛

随着市场经济的建立和发展,人们之间的经济交往频繁,书立、领受和使用凭证的现象越来越普遍,因而对书立、领受的凭证征税,其税源广泛。

(二)税率低、税负轻

印花税税负轻,比例税率中最高税率为1‰,最低税率为0.5‰。

(三)纳税人自行完税,征收简便

印花税实行由纳税人自行计税,自行纳花、贴花、销花的办法,税务机关只负责检查等工作。因此,征收比较简便而且征收费用少。

第二节 征税范围与纳税义务人

一、征税范围

印花税的征税范围,在印花税法中已明确规定了应当纳税的项目,即税目。一般来说,列入税目的就要征税,未列入税目的就不征税。印花税共有13个税目,具体包括以下内容:

1. 购销合同。包括供应、预购、采购、购销结合及协作、调剂、补偿、易货等合同。此外,还包括出版单位与发行单位之间订立的图书、报纸、期刊和音像制品的应税凭证,例如订购单、订数单等。

2. 加工承揽合同。包括加工、定做、修缮、修理、印刷、广告、测绘、测试等合同。

3. 建设工程勘察设计合同。包括勘察、设计合同。

4. 建筑安装工程承包合同。包括建筑、安装工程承包合同。承包合同,包括总承包合同、分包合同和转包合同。

5. 财产租赁合同。包括租赁房屋、船舶、飞机、机动车辆、机械、器具、设备等合同,还包括企业、个人出租门店、柜台等签订的合同。

6. 货物运输合同。包括民用航空、铁路运输、海上运输、内河运输、公路运输和联运合同,以及作为合同使用的单据。

7. 仓储保管合同。包括仓储、保管合同,以及作为合同使用的仓单、栈单等。

8. 借款合同。包括银行及其他金融组织与借款人(不包括银行同业拆借)所签订的合同,以及只填开借据并作为合同使用、取得银行借款的借据。银行及其他金融机构经营的融资租赁业务,是一种以融物方式达到融资目的的业务,实际上是分期偿还的固定资金借款,因此融资租赁合同也属于借款合同。

9. 财产保险合同。包括财产、责任、保证、信用等保险合同,以及作为合同使用的单据。财产保险合同,分为企业财产保险、机动车辆保险、货物运输保险、家庭财产保险和农牧业保险五大类。“家庭财产两全保险”属于家庭财产保险性质，其合同在财产保险合同之列，应照章纳税。

10. 技术合同。包括技术开发、转让、咨询、服务等合同，以及作为合同使用的单据。

11. 产权转移书据。包括财产所有权和版权、商标专用权、专利权、专有技术使用权等转移书据。所称产权转移书据，是指单位和个人产权的买卖、继承、赠与、交换、分割等所立的书据。“财产所有权”转移书据的征税范围，是指经政府管理机关登记注册的动产、不动产的所有权转移所立的书据，以及企业股权转让所立的书据。

12. 营业账簿。指单位或者个人记载生产经营活动的财务会计核算账簿。营业账簿按其反映内容的不同，可分为记载资金的账簿和其他账簿。记载资金的账簿是指反映生产经营单位资本金数额增减变化的账簿。其他账簿是指除上述账簿以外的有关其他生产经营活动内容的账簿，包括日记账簿和各明细分类账簿。

13. 权利、许可证照。包括政府部门发给的房屋产权证、工商营业执照、商标注册证、专利证、土地使用证。

二、纳税义务人

印花税的纳税义务人是在我国境内书立、使用、领受印花税法所列举的凭证并应依法履行纳税义务的单位和个人。

所称单位和个人，是指国内各类企业、事业单位、机关、团体、部队以及中外合资企业、合作企业、外资企业、外国公司和其他经济组织及其在华机构等单位和个人。

印花税的纳税人按照书立、使用、领受应税凭证的不同可分为五种，又可以分别确定为立合同人、立据人、立账簿人、领受人和使用人五种。

1. 立合同人。指合同的当事人，即对凭证有直接权利义务关系的单位和个人，但不包括合同的担保人、证人、鉴定人。

2. 立据人。产权转移书据的纳税人是立据人。如果所立书据是以合同方式签订的，则合同双方均为纳税人。

3. 立账簿人。营业账簿的纳税人是立账簿人。所谓立账簿人，是指设立并使用营业账簿的单位和个人。

4. 领受人。权利、许可证照的纳税人是领受人。所谓领受人，是指领取或接受并持有该项凭证的单位和个人。

5. 使用人。在国外书立、领受，但在国内使用的应税凭证，其纳税人是使用人。

在确定纳税人时应注意，如果同一凭证由两方或两方以上当事人共同签订并各执一份的，其当事人各方都是印花税的纳税人，并由各方就所持有的一份各自按全额贴花。

第三节 税率、计税依据及应纳税额的计算

一、税率

印花税的税率设计，遵循税负从轻、共同负担的原则，所以税率比较低。凭证的当事人，即对凭证有直接权利义务关系的单位和个人均应就其所持凭证依法纳税。

印花税的税率有两种形式，即比例税率和定额税率。

(一)比例税率

在印花税的13个税目中，各类合同以及具有合同性质的凭证、产权转移书据、营业账簿中记载资金的账簿，适用比例税率。

印花税的比例税率分为4个档次：万分之零点五(0.05‰)、万分之三(0.3‰)、万分之五(0.5‰)、千分之一(1‰)。

1. 适用0.05‰税率的为“借款合同”；

2. 适用0.3‰税率的为“购销合同”、“建筑安装工程承包合同”、“技术合同”；

3. 适用0.5‰税率的为“加工承揽合同”、“建设工程勘察设计合同”、“货物运输合同”、“产权转移书据”、“营业账簿”税目中记载资金的账簿；

4. 适用1‰税率的为“财产租赁合同”、“仓储保管合同”、“财产保险合同”；

5. 适用1‰税率的还有“股权转让书据”，对A股和B股的卖方征收，买方不缴纳。

【知识链接】

我国证券交易印花税调整历程

开征：国家税务总局和原国家体改委联合下发《关于股份制试点企业有关税收问题的暂行规定》，明确规定了股份制试点企业向社会发行的股票，因购买、继承、赠与所书立的股权转让书据，均依书立时成交金额，由立据双方当事人按3‰缴纳印花税。

第二次调整印花税：1997年5月10日，印花税率由3‰提高到5‰。

第三次调整印花税：1998年6月12日，印花税率由5‰降低到4‰。

第四次调整印花税：1999年6月1日，B股印花税率由4‰降低到3‰。

第五次调整印花税：2001年11月16日，印花税率由3‰降低到2‰。

第六次调整印花税：2005年1月24日，印花税率由2‰降低到1‰。

第七次调整印花税：2007年5月30日，印花税率由1‰提高到3‰。

第八次调整印花税：2008年4月24日，印花税率由3‰降低到1‰。

第九次调整印花税：2008年9月19日，印花税改为单边征收，税率1‰，由卖方缴纳，对买方不再征收。

(二)定额税率

适用于无法记载金额或者虽载有金额，但作为计税依据明显不合理的凭证，在印花税的13个税目中，只有“权利、许可证照”和“营业账簿”税目中的其他账簿采用定额税率，均为按件贴花，税额5元。

印花税税目税率见表11-1。

表11-1　印花税税目税率表

税目	范围	税率	纳税人	说明
1. 购销合同	包括供应、预购、采购、购销结合及协作、调剂、补偿、易货等合同	按购销金额0.3‰贴花	立合同人	
2. 加工承揽合同	包括加工、定做、修缮、修理、印刷、广告、测绘、测试等合同	按加工或承揽收入0.5‰贴花	立合同人	
3. 建设工程勘察设计合同	包括勘察、设计合同	按收取费用0.5‰贴花	立合同人	

续表

税　目	范　围	税　率	纳税人	说　明
4. 建筑安装工程承包合同	包括建筑、安装工程承包合同	按承包金额 0.3‰贴花	立合同人	
5. 财产租赁合同	包括租赁房屋、船舶、飞机、机动车辆、机械、器具、设备等合同	按租赁金额 1‰贴花；税额不足 1 元的，按 1 元贴花	立合同人	
6. 货物运输合同	包括民用航空、铁路运输、海上运输、内河运输、公路运输和联运合同	按运输费用 0.5‰贴花	立合同人	单据作为合同使用的，按合同贴花
7. 仓储保管合同	包括仓储、保管合同	按仓储保管费用 1‰贴花	立合同人	仓单或栈单作为合同使用的，按合同贴花
8. 借款合同	包括银行及其他金融组织与借款人(不包括银行同业拆借)所签订的借款合同	按借款金额 0.05‰贴花	立合同人	单据作为合同使用的，按合同贴花
9. 财产保险合同	包括财产、责任、保证、信用等保险合同	按收取的保险费收入 1‰贴花	立合同人	单据作为合同使用的，按合同贴花
10. 技术合同	包括技术开发、转让、咨询、服务等合同	按所载金额 0.3‰贴花	立合同人	
11. 产权转移书据	包括财产所有权和版权、商标专用权、专利权、专有技术使用权等转移书据	按所载金额 0.5‰贴花	立据人	
12. 营业账簿	生产经营用账册	记载资金的账簿，按实收资本和资本公积的合计金额 0.5‰贴花；其他账簿按件贴花 5 元	立账簿人	
13. 权利、许可证照	包括政府部门发给的房屋产权证、工商营业执照、商标注册证、专利证、土地使用证	按件贴花 5 元	领受人	

二、计税依据

(一)计税依据的一般规定

印花税的计税依据是指计算印花税税额的依据，有应税凭证所载金额和应税凭证的件数，即计税金额和应税凭证件数。具体有以下几项：

1. 购销合同的计税依据为合同记载的购销金额。

2. 加工承揽合同的计税依据为加工或承揽收入的金额，这里的加工或承揽收入额是指合同中规定的受托方的加工费收入与提供的辅助材料金额之和。

3. 建设工程勘察设计合同的计税依据为收取的费用。

4. 建筑安装工程承包合同的计税依据为承包金额。

5. 财产租赁合同的计税依据为租赁金额；经计算，税额不足 1 元的，按 1 元贴花。

6. 货物运输合同的计税依据为取得的运输费金额(即运费收入)，不包括所运货物的金额、装卸费和保险费等。

7. 仓储保管合同的计税依据为收取的仓储保管费用。

8. 借款合同的计税依据为借款金额。根据不同的借款形式具体规定如下：

(1)凡一项信贷业务既签订借款合同，又一次或分次填开借据的，只就借款合同按所载借款金额计税贴花；凡只填开借据并作为合同使用的，应按照借据所载借款金额计税，在借据上贴花。

(2)借贷双方签订的流动资金周转性借款合同，一般按年(期)签订，规定最高限额，借款人在规定的期限和最高限额内随借随还。为此，在签订流动资金周转性借款合同时，应按合同规定的最高借款限额计税贴花。以后，只要在限额内随借随还，不再签新合同的，就不另贴印花。

(3)借款方以财产作抵押，与贷款方签订的抵押借款合同，属于资金信贷业务，借贷双方应按“借款合同”计税贴花。因借款方无力偿还借款而将抵押财产转移给贷款方，应就双方书立的产权转移书据，按“产权转移书据”计税贴花。

(4)银行及其他金融机构经营的融资租赁业务，是一种以融物方式达到融资目的的业务，实际上是分期偿还的固定资金借款。因此，对融资租赁合同，可据合同所载的租金总额暂按“借款合同”计税贴花。

(5)在有的信贷业务中，贷方是由若干银行组成的银团，银团各方均承担一定的贷款数额，借款合同由借款方与银团各方共同书立，各执一份合同正本。对这类借款合同，借款方与贷款银团各方应分别在所执合同正本上按各自的借贷金额计税贴花。

(6)对基建贷款中，先签订分合同、后签订总合同的贴花问题。有些基本建设贷款，先按年度用款计划分年签订借款分合同，在最后一年按总概算签订借款总合同，总合同的借款金额中包括各分合同的借款金额。对这类基建借款合同，应按分合同分别贴花，最后签订的总合同只就借款总额扣除分合同借款金额后的余额计税贴花。

9. 财产保险合同的计税依据为支付(收取)的保险费，不包括所保财产的金额。

10. 技术合同的计税依据为合同所载的金额。

11. 产权转移书据的计税依据为所载金额。

12. 营业账簿税目中记载资金的账簿的计税依据为“实收资本”与“资本公积”两项的合计金额。其他账簿的计税依据为应税凭证件数。

13. 权利、许可证照的计税依据为应税凭证件数。

(二)计税依据的特殊规定

在计算应纳税额时，应按规定处理以下问题：

1. 应税凭证以金额、收入、费用作为计税依据的，以全额计，不得作任何扣除。

2. 同一凭证载有两个或两个以上经济事项而适用不同税目税率，如分别记载金额的，应分别计算应纳税额，相加后按合计税额贴花；如未分别记载金额的，按税率高的计税贴花。

3. 按金额比例贴花的应税凭证，未标明金额的，应按照凭证所载数量及国家牌价计算金额；没有国家牌价的，按市场价格计算金额，然后按规定税率计算应纳税额。

4. 应税凭证所载金额为外国货币的，应按照凭证书立当日国家外汇管理局公布的外汇牌价折合成人民币，然后计算应纳税额。

5. 应纳税额不足1角的，免纳印花税；1角以上的，其税额尾数不满5分的不计，满5分的按1角计算。

6. 有些合同，在签订时无法确定计税金额，如技术转让合同中的转让收入，是按销售收入的一定比例收取或是按实现利润分成的；财产租赁合同，只是规定了月(天)租金标准而无租赁期限的。对这类合同，可在签订时按定额5元贴花，以后结算时再按实际金额计税，补贴印花。

7. 应税合同在签订时纳税义务即已产生，应计算应纳税额并贴花。所以，不论合同是否兑现或是否按期兑现，均应贴花。

对已履行并贴花的合同，所载金额与合同履行后实际结算金额不一致的，只要双方未修改合同金额，一般不再办理完税手续。

8. 对有经营收入的单位，凡属由国家财政部门拨付事业经费、实行差额预算管理的单位，其记载经营业务的账簿，按其他账簿定额贴花，不记载经营业务的账簿不贴花；凡属经费来源实行自收自支的单位，其营业账簿应对记载资金的账簿和其他账簿分别计算应纳税额。

跨地区经营的分支机构使用的营业账簿，应由各分支机构于其所在地计算贴花。对上级单位核拨资金的分支机构，其记载资金的账簿按核拨的账面资金数额计税贴花，其他账簿按定额贴花；对上级单位不核拨资金的分支机构，只就其他账簿按件定额贴花。为避免对同一资金重复计税贴花，上级单位记载资金的账簿，应按扣除拨给下属机构资金数额后的其余部分计税贴花。

9. 商品购销活动中，采用以货换货方式进行商品交易签订的合同，是反映既购又销双重经济行为的合同。对此，应按合同所载的购、销合计金额计税贴花。合同未列明金额的，应按合同所载购、销数量依照国家牌价或者市场价格计算应纳税额。

10. 施工单位将自己承包的建设项目，分包或者转包给其他施工单位所签订的分包或转包合同，应按新的分包或转包合同所载金额计算应纳税额。

11. 对股票交易征收印花税。现行印花税法规定，股份制试点企业向社会公开发行的股票，因购买、继承、赠与所书立的股权转让书据，均依书立时证券市场当日实际成交价格计算的金额，由立据双方当事人分别按 1‰的税率缴纳印花税。

12. 对国内各种形式的货物联运，凡在起运地统一结算全程运费的，应以全程运费作为计税依据，由起运地运费结算双方缴纳印花税；凡分程结算运费的，应以分程的运费作为计税依据，分别由办理运费结算的各方缴纳印花税。

对国际货运，凡由我国运输企业运输的，不论在我国境内、境外起运或中转分程运输，我国运输企业所持的一份运费结算凭证，均按本程运费计算应纳税额；托运方所持的一份运费结算凭证，按全程运费计算应纳税额。由外国运输企业运输进出口货物的，外国运输企业所持的一份运费结算凭证免纳印花税；托运方所持的一份运费结算凭证应缴纳印花税。国际货运运费结算凭证在国外办理的，应在凭证转回我国境内时按规定缴纳印花税。

13. 为了贯彻落实《国务院关于推进资本市场改革开放和稳定发展的若干意见》（国发〔2004〕3 号），支持扩大直接融资比重，改进银行资产负债结构，促进金融创新，经报国务院批准，就我国银行业开展信贷资产证券化业务试点中的有关税收政策问题规定如下：

(1)信贷资产证券化的发起机构[指通过设立特定目的的信托项目（以下简称信托项目）转让信贷资产的金融机构，下同]将实施资产证券化的信贷资产信托予受托机构（指因承诺信托而负责管理信托项目财产并发售资产支持证券的机构，下同）时，双方签订的信托合同暂不征收印花税。

(2)受托机构委托贷款服务机构（指接受受托机构的委托，负责管理贷款的机构，下同）管理信贷资产时，双方签订的委托管理合同暂不征收印花税。

(3)发起机构、受托机构在信贷资产证券化过程中，与资金保管机构（指接受受托机构的委托，负责保管信托项目财产账户资金的机构，下同）、证券登记托管机构（指中央国债登记结算有限责任公司）以及其他为证券化交易提供服务的机构签订的其他应税合同，暂免征收发起机构、受托机构应缴纳的印花税。

(4)受托机构发售信贷资产支持证券以及投资者买卖信贷资产支持证券暂免征收印花税。

(5)发起机构、受托机构因开展信贷资产证券化业务而专门设立的资金账簿暂免征收印花税。

三、应纳税额的计算

纳税人印花税应纳税额，根据应税凭证的性质，分别按比例税率或者定额税率计算，其计算公式如下：

应纳税额＝应税凭证计税金额(或应税凭证件数)×适用税率

【例 11－1】 某企业某年度有关资料如下：

(1)实收资本比上年增加 100 万元。

(2)与银行签订 1 年期借款合同，借款金额 300 万元，年利率 8%。

(3)与甲公司签订易货合同，本企业的货物价值 350 万元，甲公司的货物价值 450 万元。

(4)与乙公司签订受托加工合同，乙公司提供价值 80 万元的原材料，本企业提供价值 15 万元的辅助材料并收加工费 20 万元。

(5)与丙公司签订技术转让合同，转让收入由丙公司按转让之日起 4 年实现利润的 30% 支付。

(6)与货运公司签订运输合同，载明运输费用 8 万元(其中含装载费 0.5 万元)。

(7)与铁路部门签订运输合同，载明运输费及保管费共计 20 万元。

要求：逐项计算企业该年应缴纳的印花税。

【解析】

(1)实收资本增加应纳印花税＝100×0.5‰＝0.05(万元)

(2)借款合同应纳印花税＝300×0.05‰＝0.015(万元)

(3)易货合同应纳印花税＝(350＋450)×0.3‰＝0.24(万元)

(4)加工合同应纳印花税＝(15＋20)×0.5‰＝0.017 5(万元)

(5)技术合同应纳印花税先按 5 元计税，实际支付时再按 0.3‰计算。

(6)货运合同应纳印花税＝(8－0.5)×0.5‰＝0.003 75(万元)

(7)铁路运输合同应纳印花税＝20×0.5‰＝0.01(万元)

企业该年应缴纳的印花税合计 3 367.5 元。

第四节 税收优惠

一、对已缴纳印花税的凭证的副本或者抄本免税

凭证的正式签署本已按规定缴纳了印花税，其副本或者抄本对外不发生权利义务关系，只是留存备查。但以副本或者抄本视同正本使用的，则应另贴印花。

二、对财产所有人将财产赠给政府、社会福利单位、学校所立的书据免税

所谓社会福利单位，是指抚养孤老伤残的社会福利单位。对上述书据免税，旨在鼓励财产所有人这种有利于发展文化教育事业、造福社会的捐赠行为。

三、对农副产品收购合同免税

对国家指定的收购部门与村民委员会、农民个人书立的农副产品收购合同免税。

由于我国农副产品种类繁多，地区之间差异很大，随着经济发展，国家指定的收购部门也会有所变化，对此，印花税法授权省、自治区、直辖市主管税务机关根据当地实际情况，具体划定本地区"收购部门"和"农副产品"的范围。

四、对无息、贴息贷款合同免税

无息、贴息贷款合同，是指我国的各专业银行按照国家金融政策发放的无息贷款，以及由各专业银行发放并按有关规定由财政部门或中国人民银行给予贴息的贷款项目所签订贷款合同。

一般情况下，无息、贴息贷款体现国家政策，满足特定时期的某种需要，其利息全部或者部分是由国家财政负担的，对这类合同征收印花税没有财政意义。

五、对外国政府或者国际金融组织向我国政府及国家金融机构提供优惠贷款所书立的合同免税

该类合同是就具有援助性质的优惠贷款而成立的政府间协议，对其免税有利于引进外资、利用外资，推动我国经济与社会的快速发展。

六、对用于生活居住的租赁合同免税

对房地产管理部门与个人签订的用于生活居住的租赁合同免税。

七、对个人销售或购买住房暂免征税

为了降低个人销售或购买住房税费，从 2008 年 11 月 1 日起，对个人买卖住房暂免征收印花税，以鼓励住房消费。

八、对农牧业保险合同免税

对该类合同免税，是为了支持农村保险事业的发展，减轻农牧业生产的负担。

九、对特殊货运凭证免税

这类凭证有：

1. 军事物资运输凭证，即附有军事运输命令或使用专用的军事物资运费结算凭证。

2. 抢险救灾物资运输凭证，即附有县级以上（含县级）人民政府抢险救灾物资运输证明文件的运费结算凭证。

3. 新建铁路的工程临管线运输凭证，即为新建铁路运输施工所需物料，使用工程临管线专用的运费结算凭证。

十、企业改制过程中有关印花税征免规定

（一）资金账簿的印花税

1. 实行公司制改造的企业在改制过程中成立的新企业（重新办理法人登记的），其新启用

的资金账簿记载的资金或因企业建立资本纽带关系而增加的资金，凡原已贴花的部分可不再贴花，未贴花的部分和以后新增加的资金按规定贴花。

公司制改造包括：国有企业依《公司法》整体改造成国有独资有限责任公司；企业通过增资扩股或者转让部分产权，实现他人对企业的参股，将企业改造成有限责任公司或股份有限公司；企业以其部分财产和相应债务与他人组建新公司；企业将债务留在原企业，而以其优质财产与他人组建的新公司。

2. 以合并或分立方式成立的新企业，其新启用的资金账簿记载的资金，凡原已贴花的部分可不再贴花，未贴花的部分和以后新增加的资金按规定贴花。

合并包括吸收合并和新设合并。分立包括存续分立和新设分立。

3. 企业债权转股权新增加的资金按规定贴花。

4. 企业改制中经评估增加的资金按规定贴花。

5. 企业其他会计科目记载的资金转为实收资本或资本公积的资金按规定贴花。

(二)各类应税合同的印花税

企业改制前签订但尚未履行完的各类应税合同，改制后需要变更执行主体的，对仅改变执行主体、其余条款未作变动且改制前已贴花的，不再贴花。

(三)产权转移书据的印花税

企业因改制签订的产权转移书据免予贴花。

(四)股权分置试点改革转让的印花税

股权分置改革过程中因非流通股股东向流通股股东支付对价而发生的股权转让，暂免征收印花税。

第五节　征收管理

一、纳税方法

印花税由税务机关负责征收管理。

印花税为有价证券，其票面金额以人民币为单位，分为1角、2角、5角、1元、2元、5元、10元、50元、100元九种。

根据税额大小、贴花次数以及税收征收管理的需要，印花税分别采用三种纳税方法。

(一)自行贴花办法

即纳税人在书立、领受或者使用应税凭证时，应根据应税凭证的性质和适用的税目税率，自行计算应纳税额，自行购买印花税票，自行在应税凭证上一次贴足印花税票并加以注销或划销。这种办法一般适用于应税凭证较少或贴花次数较少的纳税人。

对已贴花的凭证，修改后所载金额增加的，其增加部分应当补贴印花税票。凡多贴印花税票者，不得申请退税或者抵用。

(二)汇贴或汇缴办法

这种办法一般适用于应纳税额较大或者贴花次数频繁的纳税人。

一份凭证应纳税额超过500元的，应向当地税务机关申请填写缴款书或者完税证，将其中一联粘贴在凭证上或者由税务机关在凭证上加注完税标记代替贴花。这就是通常所说的“汇贴”办法。

同一类应税凭证,需频繁贴花的,纳税人可以根据实际情况自行决定是否采用按期汇总缴纳印花税的方式,汇总缴纳的期限为一个月。采用按期汇总缴纳方式的纳税人应事先告知主管税务机关。缴纳方式一经选定,一年内不得改变。主管税务机关接到纳税人要求按期汇总缴纳印花税的告知后,应及时登记,制定相应的管理办法,防止出现管理漏洞。对采用按期汇总缴纳方式缴纳印花税的纳税人,应加强日常监督检查。

(三)委托代征办法

即通过税务机关委托,经由发放或办理应税凭证的单位代为征收印花税税款的办法。税务机关应与代征单位签订代征委托书。所谓发放或者办理应税凭证的单位,是指发放权利、许可证照的单位和办理凭证的鉴证、公证及其他有关事项的单位。这些单位负有监督纳税人依法纳税的义务,具体是指对以下纳税事项监督:

1. 应税凭证是否已粘贴印花;
2. 粘贴的印花是否足额;
3. 粘贴的印花是否按规定注销。

对未完成以上纳税手续的,应督促纳税人当场完成。

二、纳税环节

印花税应当在书立或领受时贴花。具体是指,在合同签订时、账簿启用时和证照领受时贴花。如果合同是在国外签订,并且不便在国外贴花的,应在将合同带入境时办理贴花纳税手续。

三、纳税地点

印花税一般实行就地纳税。在全国性商品物资订货会(包括展销会、交易会等)上所签合同应当缴纳的印花税,由纳税人回其所在地后即时办理贴花完税手续。对此类合同的贴花完税情况,各地税务机关要加强监督检查,并相应建立必要的纳税管理办法。对地方主办、不涉及省际关系的订货会、展销会上所签合同的印花税纳税地点,由各省、自治区、直辖市税务局自行确定。

本章关键词

印花税　合同　权证　账簿　贴花

复习思考题

一、简答题

1. 简述印花税的特点及纳税人。
2. 简述印花税的征税范围和计税依据。
3. 简述印花税的纳税方法。
4. 简述印花税的税收优惠。

二、计算题

某企业 2014 年 10 月签订以下合同：

(1)与某工厂签订加工承揽合同，受托加工一批专用电子部件。合同规定，工厂(委托方)提供价值 70 万元的原材料，电子企业(受托方)提供价值 15 万元的辅助材料，另收加工费 20 万元。

(2)与铁路部门签订运输合同，所载运输费及保管费共计 2 万元。

(3)与某开发公司签订技术转让合同，规定按开发产品销售收入的 2%提取转让收入，每季度结算一次。

(4)与某农机站签订租赁合同，将本企业 3 台闲置设备出租，总价值 21 万元，租期 1 年，每年每台租金 2 万元。

该电子企业 2014 年 10 月共应缴纳多少印花税？

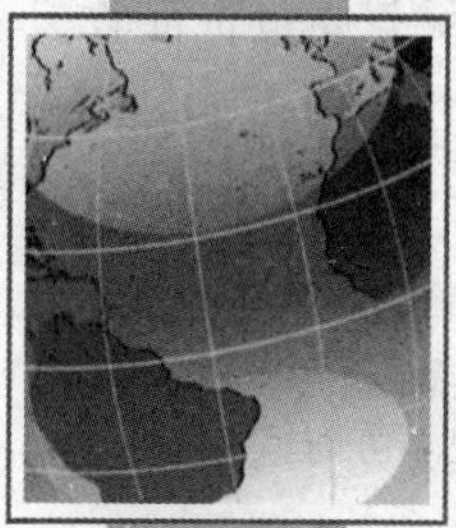

第十二章 车辆购置税法

导入案例

据中央人民广播电台经济之声《央广财经评论》报道，汽车需求量越来越大，有关汽车的税费也持续受到各界的关注。在2013年中国汽车产业发展国际论坛上，发改委产业协调司机械装备处处长李钢提出："汽车消费税制要改革，改革的方向是取消车辆购置税。"他认为，车辆购置税应当逐步取消转换为燃油税，变成地方和中央共享税，这使得我们买车进入的门槛降低、使用的门槛升高。

对于车辆购置税的去留问题，中国农业银行首席经济学家向松祚指出，车辆购置税确实是影响我国现在汽车产业结构和消费结构的非常重要的一个因素，车辆购置税的调整方向应该是两个：一是车辆购置的税率应该适当地下调，现在是10%，这个确实比较高，可以考虑把它下调到比如说5%；二是车辆购置税也要有一个档次，比如说根据排量的不同，税率是不是要有所不同，鼓励大家购买小排量、低能耗的汽车。你认同上述观点吗？为什么？

第一节 车辆购置税概述

一、车辆购置税的概念

车辆购置税是以在中国境内购置规定车辆为课税对象，在特定的环节向车辆购置者征收的一种税。就其性质而言，属于直接税的范畴。

二、车辆购置税的发展

车辆购置税是由原交通部门征收的车辆购置附加费，通过"费改税"方式演变而来的。车辆购置附加费从1985年5月1日开征，其间历时15年，它对推进我国公路建设的发展做出了重大贡献。15年来，全国累计征收车辆购置附加费3 000多亿元。2001年1月1日，车辆购置附加费改为车辆购置税，由交通部门代征4年。在2005年1月1日，由国家税务局负责征收。

车辆购置税的演变，大体经历了五个阶段：

1. 车辆生产厂家、海关代征：1985年5月1日至1993年。在这一阶段，车辆购置附加费由车辆生产（组装）厂和海关代征。

2. 落籍地交通征稽部门征收：1994年至1996年。此时，车辆购置附加费改由落籍地交通征稽部门直接向负有缴费义务的单位或个人征收，并将费率统一调整为10%。原交通部设立了车辆价格信息总中心，收集汽车销售价格，为各地征稽部门提供征费依据。

3. 作为政府性基金，纳入财政预算管理：1997年至2000年底。国家将车辆购置附加费作为政府性基金纳入财政预算管理。

4. 税费改革，由交通部门代征：2001 年至 2004 年底。开征车辆购置税取代车辆购置附加费，同时车辆购置税成了整个税费改革的突破口。

5. 国税部门负责征收：2005 年 1 月 1 日及以后。车辆购置税由国家税务局负责征收。

三、车辆购置税的特点

车辆购置税基本保留了原车辆购置附加费的特点。与其他税种相比，具有以下特点：

(一)征收范围较窄

车辆购置税是以购置的特定车辆为课税对象，而不是对所有车辆征税，范围较窄。

(二)征收环节单一

车辆购置税实行一次课征制，它不是在生产、经营和消费的每一环节实行道道征收，而只是在退出流通进入消费领域的特定环节征收。

(三)征收方法简便

车辆购置税实行统一的比例税率，根据纳税人购置应税车辆的计税价格实行从价计征，以价格为计税标准，课税与价值直接发生关系，价值高者多征税，价值低者少征税，这种征收方式更简便易行。

(四)征税具有特定目的

车辆购置税具有专门用途，由中央财政根据国家交通建设投资计划，统筹安排，属于特定目的税。

(五)价外征收，税负不发生转嫁

车辆购置税的计税依据中不包含车辆购置税税额，车辆购置税税额是附加在价格之外的，且纳税人即为负税人，税负不发生转嫁。

第二节　纳税义务人与征税范围

一、纳税义务人

车辆购置税的纳税人是指在我国境内购置应税车辆的单位和个人。

所称购置，包括购买(包括购买自用的国产应税车辆和购买自用的进口应税车辆)、进口、自产、受赠、获奖或者以其他方式取得并自用应税车辆的行为。

所称单位，包括国有企业、集体企业、私营企业、股份制企业、外商投资企业、外国企业以及其他企业和事业单位、社会团体、国家机关、部队以及其他单位；所称个人，包括个体工商户以及其他个人，既包括中国公民，又包括外国公民。

二、征税范围

车辆购置税仅对列举的车辆征税，未列举的车辆不征税。其征税范围包括汽车、摩托车、电车、挂车、农用运输车，具体规定如下：

1. 汽车

2. 摩托车

(1)轻便摩托车：最高设计车速不超过 50km/h、发动机气缸总排量不超过 $50cm^3$ 的两个或三个车轮的机动车。

(2)二轮摩托车：最高设计车速超过50km/h或发动机气缸总排量超过50cm³的两个车轮的机动车。

(3)三轮摩托车：最高设计车速超过50km/h、发动机气缸总排量超过50cm³、空车质量不大于400kg的三个车轮的机动车。

3. 电车

(1)无轨电车：以电能为动力、由专用输电电缆供电的轮式公共车辆。

(2)有轨电车：以电能为动力、在轨道上行驶的公共车辆。

4. 挂车

(1)全挂车：无动力设备、独立承载、由牵引车辆牵引行驶的车辆。

(2)半挂车：无动力设备、由牵引车共同承载、由牵引车辆牵引行驶的车辆。

5. 农用运输车

(1)三轮农用运输车：使用柴油发动机、功率不大于7.4kW、载重量不大于500kg、最高设计车速不大于40km/h的三个车轮的机动车。

(2)四轮农用运输车：使用柴油发动机、功率不大于28kW、载重量不大于1 500kg、最高设计车速不大于50km/h的四个车轮的机动车。

为了体现税法的统一性、固定性、强制性和法律的严肃性特征，车辆购置税征收范围的调整由国务院决定，其他任何部门、单位和个人无权擅自扩大或缩小车辆购置税的征税范围。

第三节　税率、计税依据及应纳税额的计算

一、税率

车辆购置税实行统一的比例税率，税率为10%。

二、计税依据

车辆购置税以应税车辆的价格即计税价格作为计税依据。由于应税车辆购置的来源不同，计税价格的组成也就不一样。车辆购置税的计税依据有以下几种情况：

1. 纳税人购买自用的应税车辆的计税价格，为纳税人购买应税车辆而支付给销售者的全部价款和价外费用，不包括增值税税款。

价外费用是指销售方价外向购买方收取的手续费、基金、违约金、包装费、运输费、保管费、代收款项、代垫款项以及其他各种性质的价外收费，但不包括增值税税款。

2. 纳税人进口自用的应税车辆的计税价格为组成计税价格，计算公式为：

组成计税价格＝关税完税价格＋关税＋消费税

3. 纳税人自产、受赠、获奖或者以其他方式取得并自用的应税车辆的计税价格，由主管税务机关参照规定的最低计税价格核定。国家税务总局参照应税车辆市场平均交易价格，规定不同类型应税车辆的最低计税价格。

4. 纳税人购买自用或者进口自用应税车辆，申报的计税价格低于同类型应税车辆的最低计税价格，又无正当理由的，按照最低计税价格征收车辆购置税。

5. 几种特殊情形应税车辆的最低计税价格规定问题：

(1)对已缴纳并办理了登记注册手续的车辆，其底盘和发动机同时发生更换，其最低计税

价格按同类型新车最低计税价格的70%计算。

(2)免税、减税条件消失的车辆，其最低计税价格的确定方法为：

最低计税价格＝同类型新车最低计税价格×[1－(已使用年限÷规定使用年限)]×100%

其中，规定使用年限为：国产车辆按10年计算；进口车辆按15年计算。超过使用年限的车辆，不再征收车辆购置税。

(3)非贸易渠道进口车辆的最低计税价格，为同类型新车最低计税价格。

三、应纳税额的计算

车辆购置税实行从价定率的办法计算应纳税额。应纳税额的计算公式为：

应纳税额＝计税价格×税率

1. 购买自用：

应纳税额＝支付的不含增值税价款×10%

【例12－1】 A公司于2014年3月份购进2辆汽车自用，每辆不含税成交价为12万元，则A公司应纳车辆购置税为多少？

【解析】

A公司应纳车辆购置税＝2×12×10%＝2.4(万元)

【例12－2】 B公司于2015年3月份购进4辆汽车自用。其中2辆为上牌照的新车，每辆不含税成交价为12万元；另外2辆是从某企业购入的已使用3年的汽车(可取得完税证明)，不含税成交价为7万元。B公司应纳车辆购置税为多少？

【解析】

车辆购置税采用的是一次课征制，纳税人在购买新车自用时需缴纳；对于购买已缴纳过车辆购置税的汽车自用时，不需要再缴纳车辆购置税。

B公司应纳车辆购置税＝2×12×10%＝2.4(万元)

2. 进口自用：

组成计税价格＝关税完税价格＋关税＋消费税

应纳税额＝组成计税价格×10%

【例12－3】 某汽车贸易公司于2014年10月份进口2辆小轿车自用，海关审定的关税完税价格为25万元/辆。该公司应纳车辆购置税为多少？(小轿车关税税率为28%，消费税税率为9%。)

【解析】

应纳车辆购置税＝2×(25＋25×28%)÷(1－9%)×10%＝7.03(万元)

3. 其他自用。凡不能或不能准确提供车辆价格的，以国家税务总局核定的最低计税价格为计税依据：

应纳税额＝最低计税价格×10%

【例12－4】 B公司于2014年7月份接受捐赠5辆小汽车并自用，经税务机关审核，国家税务总局规定的同类型应税车辆的最低计税价格为10万元/辆，小汽车的成本为8万元/辆，成本利润率为8%，小汽车的消费税税率为9%，车辆购置税税率为10%。该公司应纳车辆购置税为多少？

【解析】

接受捐赠的小汽车，凡不能取得该类型车辆的购置价格，或者低于最低计税价格的，以国家税务总局核定的最低计税价格为计税依据。

应纳车辆购置税＝10×5×10%＝5(万元)

【例 12—5】 某汽车厂将排量为 1.9 升的自产 C 型汽车 4 辆转作固定资产，C 型汽车不含税价格为 20 万元/辆，国家税务总局核定的最低计税价格为 17 万元/辆；另外 1 辆已缴纳车辆购置税并办理登记注册手续的汽车，因交通事故需要更换底盘，国家税务总局核定此类新车最低计税价格为 30 万元/辆。该汽车厂应纳车辆购置税为多少？

【解析】

自产自用的车辆需要缴纳车辆购置税，已缴纳车辆购置税并办理登记注册手续的车辆，底盘更换时需再次缴纳车辆购置税，其最低计税价格按同类型新车最低计税价格的 70%计算。

应纳车辆购置税＝20×4×10%＋30×70%×10%＝10.1(万元)

4. 申报的计税价格低于同类型应税车辆的最低计税价格，又无正当理由的，以最低计税价格作为计税依据。

纳税人以外汇结算应税车辆价款的，按照申报纳税之日中国人民银行公布的人民币基准汇价，折合成人民币计算应纳税额。

第四节　税收优惠

一、法定减免

1. 外国驻华使馆、领事馆和国际组织驻华机构及其外交人员自用车辆免税。

2. 中国人民解放军和中国人民武装警察部队列入军队武器装备订货计划的车辆免税。

3. 设有固定装置的非运输车辆免税。

4. 对城市公交企业自 2012 年 1 月 1 日起至 2015 年 12 月 31 日止购置的公共汽电车辆，免征车辆购置税。

上述城市公交企业是指由县级以上(含县级)人民政府交通运输主管部门认定的，依法取得城市公交经营资格、为公众提供公交出行服务的企业。

上述公共汽电车辆是指由县级以上(含县级)人民政府交通运输主管部门按照车辆实际经营范围和用途等界定的，在城市中按照核定的线路、站点、票价和时刻表营运，供公众乘坐的经营性客运汽车和无轨电车。

免税车辆因转让、改变用途等原因不再属于免税范围的，应按照《中华人民共和国车辆购置税暂行条例》第十五条的规定补缴车辆购置税。

城市公交企业在办理车辆购置税纳税申报时，需向所在地主管税务机关提供所在地县级以上(含县级)交通运输主管部门出具的城市公交企业和公共汽电车辆认定证明，主管税务机关依据证明文件为企业办理免税手续。

城市公交企业办理免税手续的截止日期为 2016 年 3 月 31 日，逾期不办理的，不予免税。

城市公交企业 2012 年 1 月 1 日后购置的公共汽电车辆，在《财政部 国家税务总局关于城市公交企业购置公共汽电车辆免征车辆购置税的通知》下发前已缴纳车辆购置税的，主管税务机关按规定退还已征税款。

5. 自 2004 年 10 月 1 日起，对农用三轮运输车免征车辆购置税。

二、国务院规定予以免税或者减税的其他情形的，按照规定免税或减税

1. 防汛部门和森林消防部门用于指挥、检查、调度、报汛(警)、联络的设有固定装置的指定型号的车辆。

2. 回国服务的留学人员用现汇购买 1 辆自用国产小汽车。

3. 长期来华定居专家进口 1 辆自用小汽车。

三、退税

纳税人已经缴纳车辆购置税但在办理车辆登记手续前，因下列原因需要办理退还车辆购置税的，由纳税人申请，征收机构审查后办理退还车辆购置税手续。

1. 公安机关车辆管理机构不予办理车辆登记注册手续的，凭公安机关车辆管理机构出具的证明办理退税手续。

2. 因质量等原因发生退回所购车辆的，凭经销商的退货证明办理退税手续。

第五节　征收管理

一、纳税环节

车辆购置税的纳税环节为使用环节，即最终消费环节。具体而言，纳税人应当在向公安机关等车辆管理机构办理车辆登记注册手续前，缴纳车辆购置税。

购买二手车时，购买者应当向原车主索要车辆购置税完税证明。购买已经办理车辆购置税免税手续的二手车，购买者应当到税务机关重新办理申报缴税或免税手续。未按规定办理的，按《税收征收管理法》的规定处理。

二、纳税地点

纳税人购置应税车辆，应当向车辆登记注册地的主管税务机关申报纳税；购置不需办理车辆登记注册手续的应税车辆，应当向纳税人所在地主管税务机关申报纳税。车辆登记注册地是指车辆的上牌落籍地或落户地。

三、纳税期限

1. 购买自用的应税车辆，自购买之日起 60 日内申报纳税；

2. 进口自用的应税车辆，应当自报关进口的当天起 60 日内申报纳税；

3. 自产、受赠、获奖和以其他方式取得并自用的应税车辆，应当自取得之日起 60 日内申报纳税。

上述的“购买之日”是指纳税人购车发票上注明的销售日期；“进口之日”是指纳税人报关进口的当天。

本章关键词

车辆购置税　比例税率　应税车辆

复习思考题

一、简答题

1. 简述车辆购置税的概念和特点。

2. 简述车辆购置税的纳税人和征税范围。

3. 简述车辆购置税的计税依据。

二、计算题

1. 方某于2015年2月从某销售公司(增值税一般纳税人)购入汽车一辆供自己使用,支付含增值税价款442 000元,另外支付购置工具件和零配件价款2 000元、车辆装饰费8 000元,销售公司代收保险费16 000元,支付的各项价款均由销售公司统一开具普通发票。方某应纳车辆购置税为多少?

2. 某汽车贸易公司于2014年10月份进口10辆小汽车,海关审定的关税完税价格为25万元/辆。当月销售7辆,取得含税销售额为210万元;1辆用于抵偿债务,合同约定的含税价格为30万元;2辆企业自用。该公司应纳车辆购置税为多少?(小汽车关税税率为28%,消费税税率为9%。)

3. 某汽车制造厂于2015年2月将自产轿车12辆向某汽车租赁公司进行投资,双方协议投资作价15万元/辆;将自产轿车3辆转作本企业固定资产;将自产轿车5辆奖励给对企业发展有突出贡献的员工。该企业生产的上述轿车售价为20万元/辆(不含增值税),国家税务总局对同类轿车核定的最低计税价格为18万元/辆。该汽车制造厂应纳车辆购置税为多少?

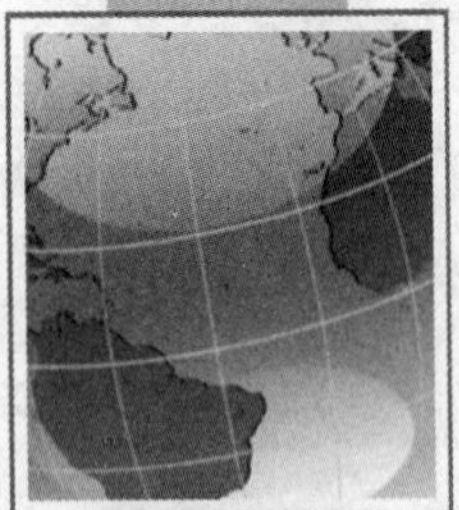

第十三章 车船税法

导入案例

2011年2月25日，第十一届全国人民代表大会常务委员会第十九次会议通过了《中华人民共和国车船税法》，于2012年1月1日起施行，其中最大的变化是将乘用车车船税按照排气量划分为7个档次。但是，新《车船税法》颁布后，在征收标准上，引起了激烈的争议。一种观点认为，新《车船税法》改变了以往“一刀切”的征税方式，在降低小排量车税额的同时，对大排量车亮出“重拳”。而且汽车排气量和价值之间有着正相关关系，相关度高达97%，也就是说，一般排气量越大的车价值越高。另一种观点认为，按照车价来征收更合理，大量低排量、同排量汽车价值区别很大，不同排量、不同价值、不同用途的车辆在所有人财产关系方面的体现也截然不同，以排量为标准不能够体现公平和公正。尽管有些国家也是按汽车排量征收车船税，但这并不能成为中国也可据此办理的理由，毕竟很多国家也不是按此征税的。那么，你认为哪种观点更为合理？

第一节 车船税概述

一、车船税的概念

车船税是以车船为征税对象，向拥有车船的单位和个人征收的一种税。我国的车船税是指对在中华人民共和国境内的车辆、船舶(以下简称车船)的所有人或者管理人按照《中华人民共和国车船税法》征收的一种税。

二、车船税的发展

我国对车船税课税历史悠久，早在公元前129年(汉武帝元光六年)，我国就开征了“算商车”。1945年6月，当时国民政府颁布了《使用牌照税法》，在全国统一开征车船使用牌照税。新中国成立后，当时政务院于1951年9月颁布了《车船使用牌照税暂行条例》，在全国部分地区开征。1973年简化税制、合并税种时，把对国有企业和集体企业征收的车船使用牌照税并入工商税。从那时起，车船使用牌照税只对不缴纳工商税的单位、个人及外侨征收，征税范围大大缩小。1984年10月，国务院决定恢复对车船征税；1986年9月15日，国务院颁布了《中华人民共和国车船使用税暂行条例》，决定从1986年10月1日起在全国施行。各省、自治区、直辖市人民政府根据《车船使用税暂行条例》规定，先后制定了施行细则。2006年12月29日，国务院颁布了《中华人民共和国车船税暂行条例》，并于2007年1月1日实施。现行的车船税法是2011年2月25日中华人民共和国第十一届全国人民代表大会常务委员会第十九次会议通过的《中华人民共和国车船税法》，自2012年1月1日起施行。

三、车船税的特点

车船税与其他税种相比，具有以下三个特点：

(一)税源流动性强

车船税由地方税务机关负责征收，各地区的征收标准不同。由于跨省、自治区、直辖市使用的车船的存在，导致了车船税的税源流动性较强，加大了税务机关的征管难度。

(二)属于财产税中的个别财产税

财产税分为一般财产税和个别财产税两大类。其中，一般财产税是对纳税人所拥有的全部财产，按其综合计算的价值进行课征的一种财产税；而个别财产税是指对纳税人拥有或支配的某种特定财产单独课征的一种财产税。车船税是以车船为征税对象向拥有车船的单位和个人征收的一种税，属于财产税的范畴；同时车船属于特定财产，故车船税属于财产税中的个别财产税。

(三)根据税目不同划分税额档次

车船税税目税额表根据税目不同划分了不同的税额档次，比如乘用车按发动机汽缸容量的不同适用不同的税率，其他车辆部分根据车辆类别适用不同的税率，还有根据车辆重量从量征收或者根据核定载客人数定额征收，以及根据游艇艇身长度计税等。

第二节　纳税义务人与征税范围

一、纳税义务人

在中华人民共和国境内，车船的所有人或者管理人为车船税的纳税人。

二、征税范围

车船税的征税范围是依法应当在车船管理部门登记的机动车辆和船舶以及依法不需要在车船管理部门登记的在单位内部场所行驶或者作业的机动车辆和船舶。

第三节　税目与税率

车船税实行定额税率。车船的适用税额，依照《车船税法》所附的《车船税税目税额表》执行(见表13－1)。即乘用车的年税额为每辆60～5 400元；商用客车的年税额为每辆480～1 440元；商用货车、专用作业车、轮式专用机械车的年税额为整备质量每吨16～120元；摩托车的年税额为每辆36～180元；机动船舶的年税额为净吨位每吨3～6元；游艇的年税额为艇身长度每米600～2 000元。

表 13－1　　车船税税目税额表

税目		计税单位	年基准税额	备注
乘用车[按发动机汽缸容量(排气量)分档]	1.0 升(含)以下的	每辆	60 元至 360 元	核定载客人数 9 人(含)以下
	1.0 升以上至 1.6 升(含)的		300 元至 540 元	
	1.6 升以上至 2.0 升(含)的		360 元至 660 元	
	2.0 升以上至 2.5 升(含)的		660 元至 1 200 元	
	2.5 升以上至 3.0 升(含)的		1 200 元至 2 400 元	
	3.0 升以上至 4.0 升(含)的		2 400 元至 3 600 元	
	4.0 升以上的		3 600 元至 5 400 元	
商用车	客车	每辆	480 元至 1 440 元	核定载客人数 9 人以上，包括电车
	货车	整备质量每吨	16 元至 120 元	包括半挂牵引车、三轮汽车和低速载货汽车等
挂车		整备质量每吨	按照货车税额的 50%计算	
其他车辆	专用作业车	整备质量每吨	16 元至 120 元	不包括拖拉机
	轮式专用机械车		16 元至 120 元	
摩托车		每辆	36 元至 180 元	
船舶	机动船舶	净吨位每吨	3 元至 6 元	拖船、非机动驳船分别按照机动船舶税额的 50%计算
	游艇	艇身长度每米	600 元至 2 000 元	

注：每年税额由国务院财政部门、税务主管部门参照本表确定。

国务院财政部门、税务主管部门可以根据实际情况，在《车船税税目税额表》规定的税目范围和税额幅度内，划分子税目，并明确车辆的子税目税额幅度和船舶的具体适用税额。车辆的具体适用税额由省、自治区、直辖市人民政府依照《车船税法》所附《车船税税目税额表》规定的税额幅度和国务院的规定确定。船舶的具体适用税额由国务院在《车船税法》所附《车船税税目税额表》规定的税额幅度内确定。

一、船舶

船舶是指各类机动、非机动船舶以及其他水上移动装置，但是船舶上装备的救生艇筏和长度小于 5 米的艇筏除外。

机动船舶具体适用税额为：

1. 净吨位不超过 200 吨的，每吨 3 元；
2. 净吨位超过 200 吨但不超过 2 000 吨的，每吨 4 元；
3. 净吨位超过 2 000 吨但不超过 10 000 吨的，每吨 5 元；
4. 净吨位超过 10 000 吨的，每吨 6 元。

拖船是指专门用于拖(推)动运输船舶的专业作业船舶。拖船按照发动机功率每 1 千瓦折合净吨位 0.67 吨计算征收车船税。

二、游艇

游艇是指具备内置机械推进动力装置，长度在 90 米以下，主要用于游览观光、休闲娱乐、水上体育运动等活动，并应当具有船舶检验证书和适航证书的船舶。

游艇的具体适用税额为：

1. 艇身长度不超过 10 米的游艇，每米 600 元；

2. 艇身长度超过 10 米但不超过 18 米的游艇，每米 900 元；

3. 艇身长度超过 18 米但不超过 30 米的游艇，每米 1 300 元；

4. 艇身长度超过 30 米的游艇，每米 2 000 元；

5. 辅助动力帆艇，每米 600 元。

游艇艇身长度是指游艇的总长。

第四节　计税依据及应纳税额的计算

一、计税依据

1. 纳税人在购买机动车交通事故责任强制保险时，应当向扣缴义务人提供地方税务机关出具的本年度车船税的完税凭证或者减免税证明。不能提供完税凭证或者减免税证明的，应当在购买保险时按照当地的车船税税额标准计算缴纳车船税。

2. 挂车按照货车税额的 50%计算。

3. 拖船和非机动驳船分别按机动船舶税额的 50%计算。

4. 所涉及的排气量、整备质量、核定载客人数、净吨位、千瓦、艇身长度，以车船登记管理部门核发的车船登记证书或者行驶证所载数据为准。

依法不需要办理登记的车船和依法应当登记而未办理登记或者不能提供车船登记证书、行驶证的车船，以车船出厂合格证明或者进口凭证标注的技术参数、数据为准；不能提供车船出厂合格证明或者进口凭证的，由主管税务机关参照国家相关标准核定，没有国家相关标准的，参照同类车船核定。

5. 车辆自重尾数在 0.5 吨以下(含 0.5 吨)的，按照 0.5 吨计算；超过 0.5 吨的，按照 1 吨计算。船舶净吨位尾数在 0.5 吨以下(含 0.5 吨)的，不予计算；超过 0.5 吨的，按照 1 吨计算。1 吨以下的小型车船，一律按照 1 吨计算。所称的自重，是指机动车的整备质量。

二、应纳税额的计算

乘用车、商用客车、摩托车的应纳税额＝车辆数×适用单位税额

商用货车、挂车、专用作业车、轮式专用机械车的应纳税额＝整备质量数×适用单位税额

船舶的应纳税额＝净吨位数×适用单位税额

游艇的应纳税额＝游艇艇身长度×适用单位税额

购置的新车船，购置当年的应纳税额自纳税义务发生的当月起按月计算。计算公式为：

应纳税额＝(年应纳税额÷12)×应纳税月份数

【例 13－1】　某公司拥有载货汽车 50 辆(每辆整备质量为 10 吨)、客车(通勤用大客车)2 辆，该企业所在省规定载货汽车年纳税额每吨 70 元，大客车年纳税额每辆 500 元。该企业应纳车船税为多少？

【解析】

应纳车船税＝50×10×70＋2×500＝36 000(元)

【例 13－2】　某海运公司拥有机动船 30 艘(其中净吨位为 600 吨的 10 艘、2 000 吨的 10 艘、5 000 吨的 10 艘)，600 吨的单位税额为 4 元，2 000 吨的单位税额为 4 元，5 000 吨的单位税额为 5 元。该公司应纳车船税为多少？

【解析】

应纳车船税＝10×600×4＋10×2 000×4＋10×5 000×5＝354 000(元)

【例 13－3】 某船舶公司拥有机动货船，其中2艘出租给国内某运输公司，其余3艘自用，5艘机动货船的净吨位都是2 000吨，已知201～2 000吨之间税额为4元/吨。该公司当年应纳车船税为多少?

【解析】

车船税的纳税人是车船的所有人或管理人，该公司的货船无论是自用还是出租，都应缴纳车船税。

应纳车船税＝5×2 000×4＝40 000(元)

【例 13－4】 个体工商户杨某2014年4月12日购买小轿车1辆并取得购置发票，至当年12月31日未到车辆管理部门登记。已知小轿车年单位税额为640元。该个体工商户2014年应纳车船税为多少?

【解析】

纳税人未按照规定到车船管理部门办理应税车船登记手续的，以车船购置发票所载开具时间的当月作为车船税的纳税义务发生时间。

应纳车船税＝640×9÷12＝480(元)

三、保险机构代收代缴

1. 从事机动车第三者责任强制保险业务的保险机构为机动车车船税的扣缴义务人，应当在收取保险费时依法代收车船税，并出具代收税款凭证。

2. 保险机构在销售交强险时，要严格按照有关规定代收代缴车船税，并将相关信息据实录入交强险业务系统中。不得擅自多收、少收或不收机动车车船税，不得以任何形式擅自减免、赠送机动车车船税，不得遗漏应录入的信息或录入虚假信息。各保险机构不得将代收代缴的机动车车船税计入交强险保费收入，不得向保险中介机构支付代收车船税的手续费。

3. 保险机构在代收代缴机动车车船税时，应向投保人开具注明已收税款信息的交强险保险单和保费发票，作为代收税款凭证。纳税人需要另外开具完税凭证的，保险机构应告知纳税人凭交强险保单到保险机构所在地的税务机关开具。

第五节 税收优惠

一、法定减免

1. 捕捞、养殖渔船。所称的捕捞、养殖渔船，是指在渔业船舶登记管理部门登记为捕捞船或者养殖船的渔业船舶。

2. 军队、武装警察部队专用的车船。所称的军队、武装警察部队专用的车船，是指按照规定在军队、武警部队车船登记管理部门登记，并领取军队、武警牌照的车船。

3. 警用车船。所称的警用车船，是指公安机关、国家安全机关、监狱、劳动教养管理机关和人民法院、人民检察院领取警用牌照的车辆和执行警务的专用船舶。

4. 依照法律规定应当予以免税的外国驻华使领馆、国际组织驻华机构及其有关人员的车船。

5. 对节约能源、使用新能源的车船可以减征或者免征车船税；对受严重自然灾害影响纳税困难以及有其他特殊原因确需减税、免税的，可以减征或者免征车船税。具体办法由国务院规定，并报全国人民代表大会常务委员会备案。

6. 省、自治区、直辖市人民政府根据当地实际情况，可以对公共交通车船，农村居民拥有并主要在农村地区使用的摩托车、三轮汽车和低速载货汽车定期减征或者免征车船税。

二、特定减免

1. 经批准临时入境的外国车船和香港特别行政区、澳门特别行政区、台湾地区的车船，不征收车船税。

2. 按照规定缴纳船舶吨税的机动船舶，自《车船税法》实施之日起5年内免征车船税。

3. 依法不需要在车船登记管理部门登记的机场、港口、铁路站场内部行驶或作业的车船，自《车船税法》实施之日起5年内免征车船税。

4. 自2012年1月1日起，对节约能源的车船，减半征收车船税；对使用新能源的车船，免征车船税。

第六节　征收管理

一、纳税义务发生时间

车船税的纳税义务发生时间为取得车船所有权或者管理权的当月，即购买车船的发票或其他证明文件所载日期的当月。对未办理车船登记手续且无法提供车船购置发票的，由主管地方税务机关核定纳税义务发生时间。

二、纳税期限

车船税按年申报，分月计算，一次性缴纳。纳税年度为公历1月1日至12月31日。

三、纳税地点

车船税的纳税地点为车船的登记地或者车船税扣缴义务人所在地。

依法不需要办理登记的车船，车船税的纳税地点为车船的所有人或者管理人所在地。

四、纳税申报

1. 税务机关可以在车船登记管理部门、车船检验机构的办公场所集中办理车船税征收事宜。

2. 公安机关交通管理部门在办理车辆相关登记和定期检验手续时，经核查，对没有提供依法纳税或者免税证明的，不予办理相关手续。

3. 纳税人没有按照规定期限缴纳车船税的，扣缴义务人在代收代缴税款时，可以一并代收代缴欠缴税款的滞纳金。

4. 扣缴义务人已代收代缴车船税的，纳税人不再向车船登记地的主管税务机关申报缴纳车船税。没有扣缴义务人的，纳税人应当向主管税务机关自行申报缴纳车船税。

5. 机动车车船税扣缴义务人在代收车船税时，应当在机动车交通事故责任强制保险的保险单以及保费发票上注明已收税款的信息，作为代收税款凭证。

6. 扣缴义务人应当及时解缴代收代缴的税款和滞纳金，并向主管税务机关申报。扣缴义务人向税务机关解缴税款和滞纳金时，应当同时报送明细的税款和滞纳金扣缴报告。扣缴义务人解缴税款和滞纳金的具体期限，由省、自治区、直辖市地方税务机关依照法律、行政法规的规定确定。

7. 在一个纳税年度内，已完税的车船被盗抢、报废、灭失的，纳税人可以凭有关管理机关出具的证明和完税凭证，向纳税所在地的主管税务机关申请退还自被盗抢、报废、灭失月份起至该纳税年度终了期间的税款。

8. 已办理退税的被盗抢车船失而复得的，纳税人应当从公安机关出具相关证明的当月起计算缴纳车船税。

9. 已缴纳车船税的车船在同一纳税年度内办理转让过户的，不另纳税，也不退税。

10. 车辆所有人或者管理人在申请办理车辆相关登记、定期检验手续时，应当向公安机关交通管理部门提交依法纳税或者免税证明。公安机关交通管理部门核查后办理相关手续。

11. 公安、交通运输、农业、渔业等车船登记管理部门、船舶检验机构和车船税扣缴义务人的行业主管部门应当在提供车船有关信息等方面，协助税务机关加强车船税的征收管理。

本章关键词

车船税　车辆　船舶

复习思考题

一、简答题

1. 简述车船税的概念和特点。
2. 简述车船税的纳税人和征税范围。

二、计算题

1. 某渔业公司 2014 年拥有捕捞船 10 艘，每艘净吨位 21 吨；非机动驳船 2 艘，每艘净吨位 10 吨；机动补给船 1 艘，净吨位为 15 吨；机动运输船 10 艘，每艘净吨位 7 吨。机动船舶净吨位小于等于 200 吨的，车船税适用年税率为每吨 3 元。该公司 2014 年应缴纳的车船税为多少？

2. 某船运公司 2014 年拥有旧机动船 10 艘，每艘净吨位 1 500 吨；拥有拖船 2 艘，每艘发动机功率为 500 千瓦；当年 8 月新购置机动船 4 艘，每艘净吨位 2 000 吨。该公司机动船舶适用的税率为每吨 4 元。该公司 2014 年应缴纳的车船税为多少？

3. A 单位一辆货车整备质量为 10 吨，当地人民政府确定该地区货车的车船税年税额为整备质量每吨 75 元，则 A 单位这辆载货汽车每年应纳车船税为多少？

4. 2014 年某运输公司拥有载客人数 9 人以下的小汽车 30 辆、载客人数 9 人以上的客车 15 辆、载货汽车 20 辆（每辆整备质量 8 吨），另有纯电动汽车 7 辆。小汽车适用的车船税年税额为每辆 600 元，客车适用的车船税年税额为每辆 1 000 元，货车适用的车船税年税额为整备质量每吨 60 元。该运输公司 2014 年应纳车船税为多少？

第十四章 房产税法

导入案例

自2011年1月以来，重庆和上海已率先开启对个人房产征收房产税试点改革。但试点以来，包括试点城市在内的全国城市房价依然坚挺，居高不下。中国指数研究院2013年9月发布的“百城价格指数”显示，8月全国100个城市(新建)住宅平均价格为10 442元/平方米，环比上涨0.92%，是自2012年6月以来连续第15个月环比上涨；同比上涨8.61%，连续第9个月上涨。在房价依然不断上涨的背景下，2013年5月发布的《关于2013年深化经济体制改革重点工作的意见》提出，扩大个人住房房产税改革试点范围。2014年8月8日举办的2014博鳌房地产论坛上，财政部财政科学研究所所长贾康表示，当前财税改革已经拉开帷幕，房产税作为重点之一，或将在2016年前实现加快立法，在2017年实施。应当说，房产税未来在全国范围内实施的方向是明确的。那么，房产税的改革如何定位？应如何继续推进房产税改革呢？

第一节 房产税概述

一、房产税的概念

房产税是以房产为征税对象，按房产的计税余值或租金收入为计税依据，向产权所有人征收的一种财产税。

二、房产税的发展

对房屋征税，我国自古有之。周朝的“廛布”，唐朝的“间架税”，清朝初期的“市廛输钞”、“计檩输钞”，清末和民国时期的“房捐”等，都是对房屋征税。新中国成立后，1950年1月，当时政务院颁布了《全国税政实施要则》，规定全国统一征收房产税和地产税。1950年6月，将房产税和地产税合并为城市房地产税。1951年8月，当时政务院颁布《城市房地产税暂行条例》。1973年进行税制改革，在简化税制的原则下，把试行工商税的企业缴纳的城市房地产税并入了工商税，但保留城市房地产税这一税种，只对居民个人和房产管理部门以及外侨的房屋继续征收。1984年10月，全面改革工商税制时，确定对企业恢复征收城市房地产税。同时，鉴于中国城市的土地属于国有、使用者没有土地产权的实际情况，将城市房地产税分为房产税和城镇土地使用税。对在中国有房产的外商投资企业、外国企业和外籍人员仍征收城市房地产税。1986年9月15日，国务院正式颁布了《房产税暂行条例》，从当年10月1日起开始施行。各省、自治区、直辖市人民政府根据暂行条例规定，先后制定了实施细则，至此，房产税又在全国范围内全面征收。2009年1月1日取消城市房地产税，内外统一征收房产税。2011年1月28日，上海、重庆作为试点城市实施了由国务院制定并颁布的房产税改革试点办法，正式开始对个人部分住房征收房产税。

三、房产税的特点

与其他税种相比，房产税具有以下特点：

(一)房产税属于财产税中的个别财产税

财产税按征收方式分类，可分为一般财产税和个别财产税。其中，一般财产税也称"综合财产税"，是对纳税人所拥有的财产综合课征的税收。个别财产税也称"单项财产税"，是指对纳税人拥有的土地、房屋、资本或其他财产分别课征的税收。因此，以房屋为征税对象的房产税属于财产税中的个别财产税。

(二)限于征收范围内的经营性房屋

房产税是在城市、县城、建制镇和工矿区范围内征收，不涉及农村。农村的房屋，大部分是农民居住用房，为了不增加农民负担，对坐落在农村的房屋没有纳入征税范围。另外，对某些拥有房屋但其自身没有纳税能力的单位，如国家拨付行政经费、事业经费和国防经费的单位自用的房产，税法规定予以免税。

(三)区别房屋的经营使用方式规定征税办法

拥有房屋的单位和个人，既可以将房屋用于经营自用和出典，又可以把房屋用于出租。房产税根据纳税人经营形式不同，对前一类房屋按房产计税余值征税，对后一类房屋按租金收入征税，使其符合纳税人的经营特点，便于平衡税收负担和征收管理。

第二节 纳税义务人与征税范围

一、纳税义务人

《房产税暂行条例》规定，房产税以在征收范围的房屋产权所有人为纳税人。具体如下：

1. 产权属国家所有的，由经营管理单位纳税；产权属集体和个人所有的，由集体单位和个人纳税。

2. 产权出典的，由承典人纳税。所谓产权出典，是指产权所有人将房屋、生产资料等的产权，在一定期限内典当给他人使用，而取得资金的一种融资业务。这种业务大多发生于出典人急需用款，但又想保留产权回赎权的情况。承典人向出典人交付一定的典价之后，在质典期内即获抵押物品的支配权，并可转典。产权的典价一般要低于卖价。出典人在规定期间内须归还典价的本金和利息，方可赎回出典房屋等的产权。由于在房屋出典期间，产权所有人已无权支配房屋，因此，税法规定由对房屋具有支配权的承典人为纳税人。

3. 产权所有人、承典人不在房屋所在地的，或者产权未确定及租典纠纷未解决的，由房产代管人或者使用人纳税。

所谓租典纠纷，是指产权所有人在房产出典和租赁关系上，与承典人、租赁人发生各种争议，特别是权利和义务的争议悬而未决的。此外还有一些产权归属不清的问题，也都属于租典纠纷。对租典纠纷尚未解决的房产，规定由代管人或使用人为纳税人，主要目的在于加强征收管理，保证房产税及时入库。

4. 无租使用其他房产的问题。纳税单位和个人无租使用房产管理部门、免税单位及纳税单位的房产，应由使用人代为缴纳房产税。

5. 自 2009 年 1 月 1 日起，外商投资企业、外国企业和组织以及外籍个人，依照《中华人民共和国房产税暂行条例》缴纳房产税。

二、征税范围

房产税的征税范围是指开征房产税的地理区域。《房产税暂行条例》规定，房产税的征税范围为城市、县城、建制镇和工矿区。

1. 城市是指国务院批准设立的市。

2. 县城是指县人民政府所在地。

3. 建制镇是指经省、自治区、直辖市人民政府批准设立的建制镇。

4. 工矿区是指工商业比较发达、人口比较集中、符合国务院规定的建制镇标准但尚未设立建制镇标准的大中型工矿企业所在地。开征房产税的工矿区须经省、自治区、直辖市人民政府批准。

房产税的征税范围不包括农村，这主要是为了减轻农民的负担。因为农村的房屋，除农副业生产用房外，大部分是农民居住用房。对农村房屋不纳入房产税征税范围，有利于农业发展，繁荣农村经济，促进社会稳定。

三、征税对象

房产税的征税对象是房产。所谓房产，是指有屋面和围护结构(有墙或两边有柱)，能够遮风避雨，可供人们在其中生产、学习、工作、娱乐、居住或储藏物资的场所。

房地产开发企业建造的商品房，在出售前，不征收房产税；但对出售前房地产开发企业已使用或出租、出借的商品房，应按规定征收房产税。

第三节 税率、计税依据及应纳税额的计算

一、税率

房产税采用比例税率。由于房产税的计税依据分为从价计征和从租计征两种形式，所以房产税的税率也有两种：一种是按房产原值一次减除 10%～30%后的余值计征的，税率为 1.2%；另一种是按房产出租的租金收入计征的，税率为 12%。

从 2001 年 1 月 1 日起，对个人按市场价格出租的居民住房，用于居住的，可暂减按 4%的税率征收房产税；从 2008 年 3 月 1 日起，对个人出租住房，不区分实际用途，均按 4%的税率征收房产税。

对企事业单位、社会团体以及其他组织按市场价格向个人出租用于居住的住房，减按 4%的税率征收房产税。

二、计税依据

房产税的计税依据为房产的计税余值或房产的租金收入。按房产计税余值征收的，称为从价计征；按房产租金收入计征的，称为从租计征。

(一)从价计征

房产税从价计征是指以房产余值为计税依据。房产余值是房产的原值减除规定比例后的

剩余价值。《房产税暂行条例》规定，房产税依照房产原值一次减除10%～30%后的余值计算缴纳。各地扣除比例由当地省、自治区、直辖市人民政府确定。

1. 房产原值是指纳税人按照会计制度规定，在账簿"固定资产"科目中记载的房屋原价。因此，凡按会计制度规定在账簿中记载有房屋原价的，原价按规定减除一定比例后作为房产余值计征房产税；没有记载房屋原价的，按照上述原则，并参照同类房屋，确定房产原值，按规定计征房产税。

自2009年1月1日起，对依照房产原值计税的房产，不论是否记载在会计账簿"固定资产"科目中，均应按照房屋原价计算缴纳房产税。房屋原价应根据国家有关会计制度规定进行核算。对纳税人未按国家会计制度规定核算并记载的，应按规定予以调整或重新评估。

自2010年12月21日起，对按照房产原值计税的房产，无论会计上如何核算，房产原值均应包含地价，包括为取得土地使用权支付的价款、开发土地发生的成本费用等。宗地容积率低于0.5的，按房产建筑面积的2倍计算土地面积，并据此确定计入房产原值的地价。

2. 房产原值应包括与房屋不可分割的各种附属设备或一般不单独计算价值的配套设施。主要有：暖气、卫生、通风、照明、煤气等设备；各种管线，如蒸汽、压缩空气、石油、给排水等管道及电力、电信、电缆导线；电梯、升降机、过道、晒台等。属于房屋附属设备的水管、下水道、暖气管、煤气管等应从最近的探视井或三通管起，计算原值；电灯网、照明线从进线盒连接管起，计算原值。

自2006年1月1日起，为了维持和增加房屋的使用功能或使房屋满足设计要求，凡以房屋为载体，不可随意移动的附属设备和配套设施，如给排水、采暖、消防、中央空调、电气及智能化楼宇设备等，无论在会计核算中是否单独记账与核算，都应计入房产原值，计征房产税。对于更换房屋附属设备和配套设施的，在将其价值计入房产原值时，可扣减原来相应设备和设施的价值；对附属设备和配套设施中易损坏、需要经常更换的零配件，更新后不再计入房产原值。

3. 纳税人对原有房屋进行改建、扩建的，要相应增加房屋的原值。

(二)从租计征

从租计征是指以房屋出租取得的租金收入为计税依据。《房产税暂行条例》规定，房产出租的，以房产租金收入为房产税的计税依据。

租金收入是房屋产权所有人出租房产使用权所得的报酬，包括货币收入和实物收入。如果是以劳务或者其他形式为报酬抵付房租收入的，应根据当地同类房产的租金水平，确定一个标准租金额从租计征。

对于出租房屋的租金收入申报不实或申报数与同一地段同类房屋的租金收入相比明显不合理的，税务部门可以按照《中华人民共和国税收征收管理法》的有关规定，采取科学合理的方法核定其应纳税款。具体办法由省、自治区、直辖市地方税务机关结合当地实际情况制定。

此外，还应注意以下几个问题：

1. 对投资联营的房产，在计征房产税时应予以区别对待。对于以房产投资联营，投资者参与投资利润分红、共担风险的，按房产余值作为计税依据计征房产税；对以房产投资，收取固定收入，不承担联营风险的，实际是以联营名义取得房产租金，应根据《房产税暂行条例》的有关规定由出租方按租金收入计缴房产税。

2. 对融资租赁房屋的情况，由于租赁费包括购进房屋的价款、手续费、借款利息等，与一般房屋出租的"租金"内涵不同，且租赁期满后，当承租方偿还最后一笔租赁费时，房屋产权要转移到承租方。这实际是一种变相的分期付款购买固定资产的形式，所以在计征房产税时应以房产余值计算征收，至于租赁期内房产税的纳税人，由当地税务机关根据实际情况确定。

3. 自2006年1月1日起，对具备房屋功能的地下建筑（是指有屋面和围护结构，能够遮风避雨，可供人们在其中生产、经营、工作、学习、娱乐、居住或储藏物资的场所）的房产税政策明确如下：

(1)凡在房产税征收范围内的具备房屋功能的地下建筑，包括与地上房屋相连的地下建筑以及完全建在地面以下的建筑、地下人防设施等，均应当依照有关规定征收房产税。

(2)自用的地下建筑，按以下方式计税：

①工业用途房产，以房屋原价的50%～60%作为应税房产原值。

②商业和其他用途房产，以房屋原价的70%～80%作为应税房产原值。

房屋原价折算为应税房产原值的具体比例，由各省、自治区、直辖市和计划单列市财政和地方税务部门在上述幅度内自行确定。

③对于与地上房屋相连的地下建筑，如房屋的地下室、地下停车场、商场的地下部分等，应将地下部分与地上房屋视为一个整体，按照地上房屋建筑的有关规定计算征收房产税。

(3)出租的地下建筑，按照出租地上房屋建筑的有关规定计算征收房产税。

三、应纳税额的计算

房产税的计税依据有两种，与之相适应的应纳税额的计算也分为两种，即从价计征和从租计征的计算。

(一)从价计征的计算

从价计征是按房产的原值减除一定比例后的余值计征，其公式为：

应纳税额＝应税房产原值×(1－扣除比例)×1.2%

【例14－1】 A企业2014年房产原值共计4 000万元，当地政府确定计算房产余值的扣除比例为25%，该企业2014年应缴纳的房产税为多少？

【解析】

应纳房产税＝4 000×(1－25%)×1.2%＝36(万元)

【例14－2】 B企业2014年房产原值共计5 000万元，其中企业所属的幼儿园和子弟学校用房原值分别为300万元、700万元。当地政府确定计算房产余值的扣除比例为25%，该企业2014年应缴纳的房产税为多少？

【解析】

企业办的各类学校、医院、托儿所、幼儿园自用房产，免征房产税。

应纳房产税＝(5 000－300－700)×(1－25%)×1.2%＝36(万元)

【例14－3】 某市一商贸企业2013年12月建成办公楼一栋，为建造办公楼新征一块土地，面积为50 000平方米，土地单价为每平方米400元，房产建筑面积为20 000平方米，建筑成本为3 000万元，该办公楼使用年限为50年，当地政府规定计算房产余值的扣除比例为20%。该商贸企业2014年应纳房产税为多少？

【解析】

该地的容积率＝20 000÷50 000＝0.4，税法规定，容积率低于0.5的，按房产建筑面积的2倍计算土地面积，并据此确定计入房产原值的地价。

该房产的原值＝3 000＋(20 000×2×400)÷10 000＝4 600(万元)

应纳房产税＝4 600×(1－20%)×1.2%＝44.16(万元)

(二)从租计征的计算

凡从租计征的,以房产租金收入为计税依据。其公式为:

应纳税额=租金收入×12%(或4%)

【例14—4】 C公司2014年1月1日将闲置办公大楼对外出租,全年租金为1 000万元。2014年该公司出租的房屋应纳房产税为多少?

【解析】

应纳房产税=1 000×12%=120(万元)

【例14—5】 赵某2014年拥有2套房产,其中一处自己居住,该房产原值50万元;另一处按市场价格租赁给别人居住,取得年租金3万元,该房产原值35万元。假设当地税务机关核定该类房产的房产税原值扣减比例为10%。则赵某应纳房产税为多少?

【解析】

个人按市场价格出租的居民住房(出租户无论是否用于居住)按4%的税率征收房产税。

应纳房产税=30 000×4%=1 200(元)

第四节 税收优惠

为贯彻国家有关政策,照顾纳税人的实际情况和负担能力,对房产税有一些税收优惠措施。但由于房产税属于地方税,因此给予地方一定的减免权限。

目前,房产税的税收优惠政策主要有以下各项:

1. 国家机关、人民团体、军队自用的房产免征房产税。但上述免税单位出租的房产以及非自身业务使用的生产、经营性房产,不属于免税范围。

国家机关、人民团体、军队自用的房产,是指这些单位本身的办公用房和公务用房。

2. 由国家财政部门拨付事业经费的单位的房产,如学校、医疗卫生单位、托儿所、幼儿园、敬老院、文化、体育、艺术这些实行全额或差额预算管理的事业单位所有的,本身业务范围内使用的房产免征房产税。

为了鼓励事业单位经济自立,由国家财政部门拨付事业经费的单位,其经费来源实行自收自支后,从事业单位实行自收自支的年度起,免征房产税3年。

事业单位自用的房产,是指这些单位本身的业务用房。

上述单位所属的附属工厂、商店、招待所等不属于单位公务、业务的用房,应照章纳税。

3. 宗教寺庙、公园、名胜古迹自用的房产免征房产税。

宗教寺庙自用的房产,是指举行宗教仪式等的房屋和宗教人员使用的生活用房屋。

公园、名胜古迹自用的房产,是指供公共参观游览的房屋及其管理单位的办公用房屋。

但宗教寺庙、公园、名胜古迹中附设的营业单位,如影剧院、饮食部、茶社、照相馆等所使用的房产及出租的房产,不属于免税范围,应照章纳税。

4. 个人所有非营业用的房产免征房产税。

个人所有的非营业用房,主要是居民住房,不分面积多少,一律免征房产税。

对个人拥有的营业用房或者出租的房产,不属于免税房产,应照章纳税。

5. 经财政部批准免税的其他房产。

财政部批准的免税房产,是根据实际情况确定的,主要有以下各项:

(1)经有关部门鉴定,对毁坏不能继续使用的房屋和危险房屋,在停止使用后免征房产税。

(2)纳税人因房屋大修导致连续停用半年以上的,在房屋大修期间免征房产税。免征税额由纳税人在申报缴纳房产税时自行计算扣除,并在申报表附表或备注栏中作相应说明。

纳税人房屋大修停用半年以上需要免征房产税的,应在房屋大修前向主管税务机关报送相关的证明材料,包括大修房屋的名称、坐落地点、产权证编号、房产原值、用途、房屋大修的原因、大修合同及大修的起止时间等信息和资料,以备税务机关查验。具体报送材料由各省、自治区、直辖市和计划单列市地方税务局确定。

(3)在基建工地建造的为基建工地服务的各种工棚、材料棚、休息棚和办公室、食堂、茶炉房、汽车房等临时性房屋,在施工期间一律免征房产税。但在基建工程结束后施工企业将这种临时性房屋交还或估价转让给基建单位使用的,应当从基建单位接收的次月起,照章纳税。

(4)政府部门和企业、事业单位、社会团体、个人投资兴办的福利性、非营利性老年服务机构自用的房产,可以免征房产税。

(5)非营利性医疗机构、疾病控制机构和妇幼保健机构等卫生机构自用的房产,免征房产税。对营利性医疗机构自用的房产,3 年内免征房产税,3 年免征期满后恢复征税。

(6)对高校学生公寓免征房产税。

(7)从 2001 年 1 月 1 日起,对按政府规定价格出租的公有住房和廉租住房,包括企业和自收自支事业单位向职工出租的单位自有住房、房管部门向居民出租的公有住房、落实私房政策中带户发还产权并以政府规定租金标准向居民出租的私有住房等,暂免征收房产税。

(8)对邮政部门坐落在城市、县城、建制镇、工矿区范围内的房产,应当依法征收房产税;对邮政部门坐落在城市、县城、建制镇、工矿区范围以外的尚在县邮政局内核算的房产,在单位财务账中划分清楚的,从 2001 年 1 月 1 日起不再征收房产税。

(9)自 2013 年 1 月 1 日至 2015 年 12 月 31 日,对专门经营农产品的农产品批发市场、农贸市场使用的房产,暂免征收房产税。对同时经营其他产品的农产品批发市场和农贸市场使用的房产,按其他产品与农产品交易场地面积的比例确定征免房产税。

农产品批发市场和农贸市场,是指经工商登记注册,供买卖双方进行农产品及其初加工品现货批发或零售交易的场所。农产品包括粮油、肉禽蛋、蔬菜、干鲜果品、水产品、调味品、棉麻、活畜、可食用的林产品,以及由省、自治区、直辖市财税部门确定的其他可食用的农产品。

(10)自 2013 年 1 月 1 日至 2015 年 12 月 31 日,为支持国家商品储备业务发展,对商品储备管理公司及其直属库承担商品储备业务自用的房产,免征房产税。

第五节 征收管理

一、纳税义务发生时间

1. 纳税人将原有房产用于生产经营,从生产经营之月起,缴纳房产税。

2. 纳税人自行新建房屋用于生产经营,从建成之次月起,缴纳房产税。

3. 纳税人委托施工企业建设的房屋,从办理验收手续之次月起,缴纳房产税。

4. 纳税人购置新建商品房,自房屋交付使用之次月起,缴纳房产税。

5. 纳税人购置存量房,自办理房屋权属转移、变更登记手续,房地产权属登记机关签发房屋权属证书之次月起,缴纳房产税。

6. 纳税人出租、出借房产,自交付出租、出借房产之次月起,缴纳房产税。

7. 房地产开发企业自用、出租、出借本企业建造的商品房，自房屋使用或交付之次月起，缴纳房产税。

二、纳税期限

房产税实行按年计算、分期缴纳的征收方法，具体纳税期限由省、自治区、直辖市人民政府确定。目前各地一般规定每个季度缴纳一次或者半年缴纳一次，并在规定的期限内缴纳。

三、纳税地点

房产税由纳税人向房产所在地的税务机关缴纳。房产不在同一地方的纳税人，应按房产的坐落地点，分别向房产所在地的税务机关缴纳房产税。

本章关键词

房产税　从价计征　从租计征　房产余值

复习思考题

一、简答题

1. 简述房产税的概念和特点。
2. 简述房产税的纳税人和征税对象。
3. 简述房产税的计税依据。

二、计算题

1. 某企业有一栋厂房原值 200 万元，2014 年初对该厂房进行扩建，2014 年 8 月底完工并办理验收手续，增加房产原值 35 万元，另外对厂房安装了 15 万元的排水设备并单独作为固定资产核算。已知当地政府规定计算房产余值的扣除比例为 20%，2014 年度该企业应纳房产税为多少？

2. F 公司 2013 年购进一处房产，2014 年 5 月 1 日用于投资联营（收取固定收入，不承担联营风险），投资期为 3 年，2014 年取得固定收入为 200 万元，该房产原值为 3 000 万元，当地政府规定的减除幅度为 30%。F 公司 2014 年应纳房产税为多少？

3. 李先生拥有一栋旧楼房，共 10 间，其中用于生活居住的有 3 间，用于经营餐馆的有 5 间（房屋原值为 80 000 元），剩余 2 间出租给个人，当年收取租金 5 000 元，税务机关核定该类房产的房产税原值扣减比例为 10%。李先生当年应纳房产税为多少？

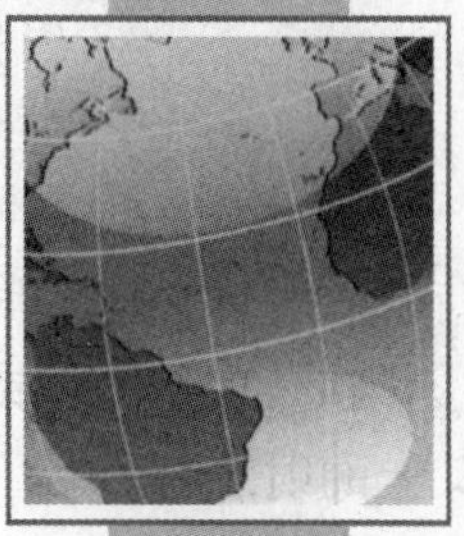

第十五章 城镇土地使用税法

导入案例

2011年,某房地产公司与某市国土资源局签订《国有建设用地使用权出让合同》。合同约定:该公司依照法定程序取得位于某县陈村的一宗土地用于房地产开发,面积为16.7万多平方米;出让人同意在2011年6月14日前将出让土地交付给该公司。签订出让合同时,该宗土地为尚未拆迁的“毛地”。合同约定,该宗土地享受政府有关优惠政策并由某房地产企业负责拆迁补偿。合同附则约定:“本合同项下土地出让方案已经市人民政府批准,本合同自双方签订之日起生效。”该房地产公司在2011年6月14日按照合同约定支付了6.6亿多元的土地出让金,但在缴纳了相应契税及印花税后,未取得拆迁许可证,也未开展拆迁工作。

2014年5月,某市地税局稽查局按照检查计划,对该房地产公司2011～2013年涉税情况进行税收检查,发现该公司2011年按合同取得陈村该地块时,并未缴纳城镇土地使用税。但是该公司认为,根据税法,城镇土地使用税以实际占用为纳税义务发生的前提条件,截至检查日,该宗土地并未实际交付企业使用,该公司没有实际取得、占用该宗土地,因此不应缴纳城镇土地使用税。你认为该房地产公司是否应缴纳城镇土地使用税?

第一节 城镇土地使用税概述

一、城镇土地使用税的概念

城镇土地使用税是以国有土地或集体土地为征税对象,以实际占用的土地面积为计税依据,按规定税额对拥有土地使用权的单位和个人征收的一种税。

二、城镇土地使用税的发展

土地是人类赖以生存、从事生产活动必不可少的物质条件。我国人多地少,珍惜土地、节约用地是一项基本国策。早在新中国成立初期,就开征了地产税。1951年8月,当时中央人民政府政务院颁布了《城市房地产税暂行条例》。1973年税制改革时,把试行工商税的企业缴纳的城市房地产税并入了工商税,但保留城市房地产税这一税种,只对居民个人和房产管理部门以及外侨的房屋继续征收。1984年10月,全面改革工商税制时,确定对企业恢复征收城市房地产税。同时,鉴于中国城市的土地属于国有、使用者没有土地产权的实际情况,将城市房地产税分为房产税和城镇土地使用税。对在中国有房产的外商投资企业、外国企业和外籍人员仍征收城市房地产税。1988年9月27日国务院颁布了《中华人民共和国城镇土地使用税暂行条例》,并于当年11月1日起施行,对节约用地和调节土地级差收入起到了一定的作用。

为了进一步合理利用城镇土地,调节土地的级差收入,提高土地使用效率,加强城镇土地管理,2006年12月31日国务院颁布了经修订的《中华人民共和国城镇土地使用税暂行条例》,2013 年 12 月 4 日国务院第 32 次常务会议又作了部分修改。修订后的条例,对统一税制、公平税负、拓宽税基和增加地方财政收入起到了积极作用。

三、城镇土地使用税的特点

(一)对占用土地的行为征税

广义上,土地是一种财产,对土地课税在国外属于财产税。但是,根据我国《宪法》规定,城镇土地的所有权归国家,单位和个人对占用的土地只有使用权而无所有权。因此,现行的城镇土地使用税实质上是对占用土地的行为课税,属于准财产税,而非严格意义上的财产税。

(二)征税范围有所限定

现行城镇土地使用税征税的范围限定在城市、县城、建制镇、工矿区,上述范围之外的土地不属于城镇土地使用税的征税范围。

(三)实行差别幅度税额

开征城镇土地使用税的主要目的之一,是调节土地的级差收入,而级差收入的产生,主要取决于土地的位置。占有土地位置优越的纳税人,可以节约运输和流通费用,扩大销售和经营规模,取得额外经济收益。为了体现国家政策,城镇土地使用税实行差别幅度税额,对不同城镇适用不同税额,对同一城镇的不同地段,根据市政建设状况和经济繁荣程度也确定不等的负担水平。

第二节　纳税义务人与征税范围

一、纳税义务人

在城市、县城、建制镇、工矿区范围内使用土地的单位和个人,为城镇土地使用税(以下简称土地使用税)的纳税人。

上述所称单位,包括国有企业、集体企业、私营企业、股份制企业、外商投资企业、外国企业以及其他企业和事业单位、社会团体、国家机关、军队以及其他单位;所称个人,包括个体工商户以及其他个人。

城镇土地使用税的纳税人通常包括以下几类:

1. 拥有土地使用权的单位和个人。

2. 拥有土地使用权的单位和个人不在土地所在地的,其土地的实际使用人和代管人为纳税人。

3. 土地使用权未确定或权属纠纷未解决的,其实际使用人为纳税人。

4. 土地使用权共有的,共有各方都是纳税人,由共有各方分别纳税。

几个人或几个单位共同拥有一块土地的使用权,这块土地的城镇土地使用税的纳税人应是对这块土地拥有使用权的每一个人或每一个单位。他们应以其实际使用的土地面积占总面积的比例,分别计算缴纳土地使用税。

例如,某城市的甲与乙共同拥有一块土地的使用权,这块土地面积为 1 500 平方米,甲实际使用 1/3,乙实际使用 2/3,则甲应是其所占的土地 500 平方米(1 500×1/3)的城镇土地使用税的纳税人,乙是其所占的土地 1 000 平方米(1 500×2/3)的城镇土地使用税的纳税人。

二、征税范围

城镇土地使用税的征税范围，包括在城市、县城、建制镇和工矿区内的国家所有和集体所有的土地。

上述城市、县城、建制镇和工矿区分别按以下标准确认：

1. 城市是指经国务院批准设立的市。
2. 县城是指县人民政府所在地。
3. 建制镇是指经省、自治区、直辖市人民政府批准设立的建制镇。
4. 工矿区是指工商业比较发达、人口比较集中、符合国务院规定的建制镇标准但尚未设立建制镇的大中型工矿企业所在地。开征城镇土地使用税的工矿区须经省、自治区、直辖市人民政府批准。

上述城镇土地使用税的征税范围中，城市的土地包括市区和郊区的土地，县城的土地是指县人民政府所在地的城镇的土地，建制镇的土地是指镇人民政府所在地的土地。

建立在城市、县城、建制镇和工矿区以外的工矿企业则无须缴纳城镇土地使用税。

第三节　税率、计税依据及应纳税额的计算

一、税率

城镇土地使用税采用定额税率，即采用有幅度的差别税额，按大、中、小城市和县城、建制镇、工矿区分别规定每平方米土地使用税年应纳税额。具体标准如下：

1. 大城市 1.5～30 元；
2. 中等城市 1.2～24 元；
3. 小城市 0.9～18 元；
4. 县城、建制镇、工矿区 0.6～12 元。

大、中、小城市以公安部门登记在册的非农业正式户口人数为依据，按照国务院颁布的《城市规划条例》中规定的标准划分。人口在 50 万以上者为大城市；人口在 20 万～50 万之间者为中等城市；人口在 20 万以下者为小城市(见表 15－1)。

表 15－1　　**城镇土地使用税税率**

级　别	人口(人)	每平方米税额(元)
大城市	50 万以上	1.5～30
中等城市	20 万～50 万	1.2～24
小城市	20 万以下	0.9～18
县城、建制镇、工矿区		0.6～12

各省、自治区、直辖市人民政府可根据市政建设情况和经济繁荣程度在规定税额幅度内，确定所辖地区的适用税额幅度。经济落后地区，土地使用税的适用税额标准可适当降低，但降低额不得超过上述规定最低税额的 30%。经济发达地区的适用税额标准可以适当提高，但须报财政部批准。

城镇土地使用税规定幅度税额主要考虑到我国各地区存在着悬殊的土地级差收益，同一地区内不同地段的市政建设情况和经济繁荣程度也有较大的差别。把城镇土地使用税税额定为幅度税额，拉开档次，而且每个幅度税额的差距规定为20倍。这样，各地政府在划分本辖区不同地段的等级，并确定适用税额时，有选择余地，便于具体划分和确定。幅度税额还可以调节不同地区、不同地段之间的土地级差收益，尽可能地平衡税负。

二、计税依据

城镇土地使用税以纳税人实际占用的土地面积为计税依据，土地面积计量标准为每平方米。即税务机关根据纳税人实际占用的土地面积，按照规定的税额计算应纳税额，向纳税人征收土地使用税。

纳税人实际占用的土地面积按下列办法确定：

1. 由省、自治区、直辖市人民政府确定的单位组织测定土地面积的，以测定的面积为准。

2. 尚未组织测量，但纳税人持有政府部门核发的土地使用证书的，以证书确认的土地面积为准。

3. 尚未核发土地使用证书的，应由纳税人申报土地面积，据以纳税，待核发土地使用证以后再作调整。

三、应纳税额的计算

城镇土地使用税的应纳税额可以通过纳税人实际占用的土地面积乘以该土地所在地段的适用税额求得。其计算公式为：

全年应纳税额＝实际占用应税土地面积（平方米）×适用税额

【例15－1】 某企业2014年占地1 000平方米，企业所在地的城镇土地使用税税额为2元/平方米，该企业2014年应纳城镇土地使用税为多少？

【解析】

应纳城镇土地使用税＝1 000×2＝2 000（元）

【例15－2】 某企业2014年占地5 000平方米，其中办公楼占地3 000平方米，企业附属幼儿园占地1 000平方米，企业内部绿化占地1 000平方米。企业所在地的城镇土地使用税税额为2元/平方米，该企业2014年应纳城镇土地使用税为多少？

【解析】

企业办的学校、医院、托儿所、幼儿园，其用地能与企业其他用地明确区分的，免征城镇土地使用税。企业内部的绿化用地没有优惠政策，则需缴纳城镇土地使用税。

应纳城镇土地使用税＝（5 000－1 000）×2＝8 000（元）

【例15－3】 某供热企业房产占地20 000平方米。2014年全年经营收入8 000万元，其中向居民供热收入500万元，无法准确地划分向居民供热的生产用房。当地适用的城镇土地使用税为每平方米年税额3元，该企业2014年应纳城镇土地使用税为多少？

【解析】

对向居民供热而收取采暖费的供热企业，为居民供热所使用的厂房免征城镇土地使用税。对既向居民供热，又向单位供热或兼营其他生产经营活动的供热企业，按其向居民供热而取得的采暖费收入占企业总收入的比例免征城镇土地使用税。

应纳城镇土地使用税＝20 000×3×（8 000－500）÷8 000＝56 250（元）

【例 15－4】 2014 年，某农产品批发市场占地 5 000 平方米，分为两层，第一层专门经营农产品的批发，第二层用于经营日用品和服装。该批发市场所在地的城镇土地使用税税额为 2 元/平方米。该批发市场应纳城镇土地使用税为多少？

【解析】

自 2013 年 1 月 1 日至 2015 年 12 月 31 日，对于专门经营农产品的批发市场、农贸市场使用的土地，暂免征收城镇土地使用税。对同时经营其他产品的农产品批发市场和农贸市场使用的土地，按其他产品和农产品交易场地面积的比例确定征免城镇土地使用税。

应纳城镇土地使用税＝5 000×50％×2＝5 000(元)

第四节 税收优惠

一、法定免缴土地使用税的优惠

1. 国家机关、人民团体、军队自用的土地。这部分土地是指这些单位本身的办公用地和公务用地，如国家机关、人民团体的办公楼用地，军队的训练场用地等。

2. 由国家财政部门拨付事业经费的单位自用的土地。这部分土地是指这些单位本身的业务用地，如学校的教学楼、操场、食堂等占用的土地。

3. 宗教寺庙、公园、名胜古迹自用的土地。

宗教寺庙自用的土地，是指举行宗教仪式等的用地和寺庙内的宗教人员生活用地。

公园、名胜古迹自用的土地，是指供公共参观游览的用地及其管理单位的办公用地。

以上单位的生产、经营用地和其他用地，不属于免税范围，应按规定缴纳土地使用税，如公园、名胜古迹中附设的营业单位如影剧院、饮食部、茶社、照相馆使用的土地。

4. 市政街道、广场、绿化地带等公共用地。

5. 直接用于农、林、牧、渔业的生产用地。这部分土地是指直接从事种植养殖、饲养的专业用地，不包括农副产品加工场地和生活办公用地。

6. 经批准开山填海整治的土地和改造的废弃土地，从使用的月份起免缴土地使用税 5～10 年。具体免税期限由各省、自治区、直辖市地方税务局在《城镇土地使用税暂行条例》规定的期限内自行确定。

7. 对非营利性医疗机构、疾病控制机构和妇幼保健机构等卫生机构自用的土地，免征城镇土地使用税。

8. 企业办的学校、医院、托儿所、幼儿园，其用地能与企业其他用地明确区分的，免征城镇土地使用税。

9. 免税单位无偿使用纳税单位的土地（如公安、海关等单位使用铁路、民航等单位的土地），免征城镇土地使用税。纳税单位无偿使用免税单位的土地，纳税单位应照章缴纳城镇土地使用税。纳税单位与免税单位共同使用共有使用权土地上的多层建筑，对纳税单位可按其占用的建筑面积占建筑总面积的比例计征城镇土地使用税。

10. 对行使国家行政管理职能的中国人民银行总行（含国家外汇管理局）所属分支机构自用的土地，免征城镇土地使用税。

11. 为了体现国家的产业政策，支持重点产业的发展，对石油、电力、煤炭等能源用地，民用港口、铁路等交通用地和水利设施用地，三线调整企业、盐业、采石场、邮电等一些特殊用地划分了征免税界限和给予政策性减免税照顾。具体规定如下：

(1)对企业的铁路专用线、公路等用地，在厂区以外、与社会公用地段未加隔离的，暂免征收城镇土地使用税。

(2)对企业厂区以外的公共绿化用地和向社会开放的公园用地，暂免征收城镇土地使用税。

(3)对火电厂厂区围墙外的灰场、输灰管道、输油(气)管道、铁路专用线、水源用地以及热电厂供热管道用地，免征城镇土地使用税；厂区围墙外的其他用地，应照章征税。电力项目建设期间纳税有困难的，由省、自治区、直辖市税务局审核后，报国家税务总局批准减免。对供电部门的输电线路用地、变电站用地，免征城镇土地使用税。

(4)对水利设施及其管护用地(如水库库区、大坝、堤防、灌渠、泵站等用地)，免征城镇土地使用税；其他用地，如生产、办公、生活用地，应照章征收城镇土地使用税。对兼有发电的水利设施用地征免城镇土地使用税问题，比照电力行业征免土地使用税的有关规定办理。

(5)对机场飞行区(包括跑道、滑行道、停机坪、安全带、夜航灯光区)用地、场内外通信导航设施用地和飞行区四周排水防洪设施用地，免征城镇土地使用税。机场道路，区分为场内、场外道路。场外道路用地，免征城镇土地使用税；场内道路用地，依照规定征收城镇土地使用税。

机场工作区(包括办公、生产和维修用地及候机楼、停车场)用地、生活区用地、绿化用地，均需依照规定征收城镇土地使用税。

(6)中国石油天然气总公司所属单位下列油气生产建设用地暂免征收城镇土地使用税：石油地质勘探、钻井、井下作业、油田地面工程等施工临时用地；各种采油(气)井、注水(气)井、水源井用地；油田内办公、生活区以外的公路、铁路专用线及输油(气、水)管道用地；石油长输管线用地；通信、输变电线路用地。在城市、县城、建制镇以外工矿区内的下列油气生产、生活用地，也暂免征收城镇土地使用税。具体有：与各种采油(气)井相配套的地面设施用地，包括油气采集、计量、接转、储运、装卸、综合处理等各种场所的用地；与注水(气)井相配套的地面设施用地，包括配水、取水、转水以及供气、配气、压气、气举等各种场所用地；供(配)电、供排水、消防、防洪排涝、防风、防沙等设施用地；职工和家属居住的简易房屋、活动板房、野营房、帐篷等用地。

(7)对煤炭企业的矸石山、排土场用地，防排水沟用地，矿区办公、生活区以外的公路、铁路专用线及轻便道和输变电线路用地，炸药库库房外安全区用地，向社会开放的公园及公共绿化带用地，暂免征收城镇土地使用税。

(8)对矿山企业的采矿场、排土场、尾矿库、炸药库的安全区、采区运矿及运岩公路、尾矿输送管道及回水系统用地，免征城镇土地使用税。对矿山企业采掘地下矿造成的塌陷地以及荒山占地，在利用之前，暂免征收城镇土地使用税。

(9)对港口的码头(即泊位，包括岸边码头、伸入水中的浮码头、堤岸、堤坝、栈桥等)用地，免征城镇土地使用税。对港口的露天堆货场用地，原则上应征收城镇土地使用税，企业纳税确有困难的，可由省、自治区、直辖市地方税务局根据其实际情况，给予定期减征或免征城镇土地使用税的照顾。

(10)对盐场的盐滩、盐矿的矿井用地，暂免征收城镇土地使用税。

(11)中国海洋石油总公司及其所属公司下列用地，暂免征收城镇土地使用税：导管架、平台组块等海上结构物建造用地；码头用地；输油气管线用地；通信天线用地；办公、生活区以外的公路、铁路专用线、机场用地。

(12)对建材行业的石灰厂、水泥厂、大理石厂、砂石厂等企业的采石场、排土场用地，炸药库的安全区用地以及采区运岩公路，可以免征城镇土地使用税。

(13)在城镇土地使用税征收范围内，利用林场土地兴建度假村等休闲娱乐场所的，其经营、办公和生活用地，应按规定征收城镇土地使用税。

(14)对林业系统所属林区的育林地、运材道、防火道、防火设施用地，免征城镇土地使用税。林业系统的森林公园、自然保护区，可以比照公园免征城镇土地使用税。

(15)自2007年1月1日起，在城镇土地使用税征收范围内经营采摘、观光业的单位和个人，其直接用于采摘、观光的种植、养殖、饲养的土地，根据《中华人民共和国城镇土地使用税暂行条例》第六条中“直接用于农、林、牧、渔的生产用地”的规定，免征城镇土地使用税。

(16)自2007年9月10日起，对核电站的核岛、常规岛、辅助厂房和通信设施用地（不包括地下线路用地），生活、办公用地按规定征收城镇土地使用税，其他用地免征城镇土地使用税。对核电站应税土地在基建期内减半征收城镇土地使用税。

二、省、自治区、直辖市地方税务局确定减免土地使用税的优惠

1. 个人所有的居住房屋及院落用地。

2. 房产管理部门在房租调整改革前经租的居民住房用地。

3. 免税单位职工家属的宿舍用地。

4. 集体和个人办的各类学校、医院、托儿所、幼儿园用地。

5. 城镇内的集贸市场（农贸市场）用地，按规定应征收城镇土地使用税。为促进集贸市场的发展及照顾各地的不同情况，各省、自治区、直辖市地方税务局可根据具体情况，自行确定对集贸市场用地征收或者免征城镇土地使用税。

6. 原房管部门代管的私房，落实政策后，有些私房产权已归还给房主，但由于各种原因，房屋仍由原住户居住，并且住户仍是按照房管部门在房租调整改革之前确定的租金标准向房主缴纳租金。对这类房屋用地，房主缴纳土地使用税确有困难的，可由各省、自治区、直辖市地方税务局根据实际情况，给予定期减征或免征城镇土地使用税的照顾。

7. 对于各类危险品仓库、厂房所需的防火、防爆、防毒等安全防范用地，可由各省、自治区、直辖市地方税务局确定，暂免征收城镇土地使用税。

8. 企业搬迁后原场地不使用的、企业范围内荒山等尚未利用的土地，免征城镇土地使用税。免征税额由企业在申报缴纳城镇土地使用税时自行计算扣除，并在申报表附表或备注栏中作相应说明。

对搬迁后原场地不使用的、企业范围内荒山等尚未利用的土地，凡企业申报暂免征收城镇土地使用税的，应事先向土地所在地的主管税务机关报送有关部门的批准文件或认定书等相关证明材料，以备税务机关查验。具体报送材料由各省、自治区、直辖市和计划单列市地方税务局确定。

企业按上述规定暂免征收城镇土地使用税的土地开始使用时，应从使用的次月起自行计算和申报缴纳城镇土地使用税。

9. 经贸仓库、冷库均属于征税范围，因此不宜一律免征城镇土地使用税。对纳税确有困难的企业，可根据《城镇土地使用税暂行条例》第七条的规定，向企业所在地的地方税务机关提出减免税申请，由省、自治区、直辖市地方税务局审核后报国家税务总局批准，享受减免城镇土地使用税的照顾。

10. 考虑到中国物资储运总公司所属物资储运企业经营情况，对中国物资储运总公司所属的物资储运企业的露天货场、库区道路、铁路专用线等非建筑用地征免城镇土地使用税问题，可由省、自治区、直辖市地方税务局按照下述原则处理：对经营情况好、有负税能力的企业，应恢复征收城镇土地使用税；对经营情况差、纳税确有困难的企业，可在授权范围内给予适当减免城镇土地使用税的照顾。

11. 对在一个纳税年度内月平均实际安置残疾人就业人数占单位在职职工总数的比例高于25%(含25%)且实际安置残疾人人数高于10人(含10人)的单位，可减征或免征该年度城镇土地使用税。具体减免比例及管理办法由省、自治区、直辖市财税主管部门确定。

注：除本节第一部分内容“法定免缴土地使用税的优惠”中1～6条以及由财政部另行规定免税的能源、交通、水利设施用地和其他用地外，纳税人缴纳土地使用税确有困难需要定期减免的，由县以上地方税务机关批准。

第五节 征收管理

一、纳税义务发生时间

1. 纳税人购置新建商品房，自房屋交付使用之次月起，缴纳城镇土地使用税。

2. 纳税人购置存量房，自办理房屋权属转移、变更登记手续，房地产权属登记机关签发房屋权属证书之次月起，缴纳城镇土地使用税。

3. 纳税人出租、出借房产，自交付出租、出借房产之次月起，缴纳城镇土地使用税。

4. 以出让或转让方式有偿取得土地使用权的，应由受让方从合同约定交付土地时间的次月起缴纳城镇土地使用税；合同未约定交付时间的，由受让方从合同签订的次月起缴纳城镇土地使用税。

5. 纳税人新征用的耕地，自批准征用之日起满1年时开始缴纳土地使用税。

6. 纳税人新征用的非耕地，自批准征用之次月起缴纳土地使用税。

7. 自2009年1月1日起，纳税人因土地的权利发生变化而依法终止城镇土地使用税纳税义务的，其应纳税款的计算应截止到土地权利发生变化的当月末。

二、纳税期限

城镇土地使用税实行按年计算、分期缴纳的征收方法，具体纳税期限由省、自治区、直辖市人民政府确定。

三、纳税地点和征收机构

城镇土地使用税在土地所在地缴纳。

纳税人使用的土地不属于同一省、自治区、直辖市管辖的，由纳税人分别向土地所在地的税务机关缴纳土地使用税；在同一省、自治区、直辖市管辖范围内，纳税人跨地区使用的土地，其纳税地点由各省、自治区、直辖市地方税务局确定。

土地使用税由土地所在地的地方税务机关征收，其收入纳入地方财政预算管理。土地使用税征收工作涉及面广、政策性较强，在税务机关负责征收的同时，还必须注意加强同国土管理、测绘等有关部门的联系，及时取得土地的权属资料，沟通情况，共同协作把征收管理工作做好。

本章关键词

城镇土地使用税　幅度定额税率

复习思考题

一、简答题

1. 简述城镇土地使用税的概念和特点。

2. 简述城镇土地使用税的纳税人和征税对象。

二、计算题

1. 某盐场 2014 年占地 10 000 平方米，其中办公楼占地 3 000 平方米，盐滩占地 7 000 平方米，盐场所在地的城镇土地使用税税额为 0.7 元/平方米。该盐场 2014 年应纳城镇土地使用税为多少？

2. 某国家森林公园 2014 年占地 100 万平方米，其中行政管理部门办公楼占地 0.1 万平方米，所属酒店占地 1 万平方米，该公园所在地的城镇土地使用税税额为 2 元/平方米。2014 年该公园应纳城镇土地使用税为多少？

3. 某火电厂总共占地面积 100 万平方米，其中围墙内占地面积 40 万平方米，围墙外灰场占地面积 10 万平方米，厂区及办公楼占地面积 50 万平方米，已知该火电厂所在地适用的城镇土地使用税为每平方米年税额 2 元。该火电厂当年应缴纳的城镇土地使用税为多少？

4. 某人民团体有 A、B 两栋办公楼，A 栋占地 2 000 平方米，B 栋占地 3 000 平方米，2014 年该团体将 A 栋出租给某公司使用，当地适用的城镇土地使用税为每平方米年税额 5 元。该人民团体 2014 年应纳城镇土地使用税为多少？

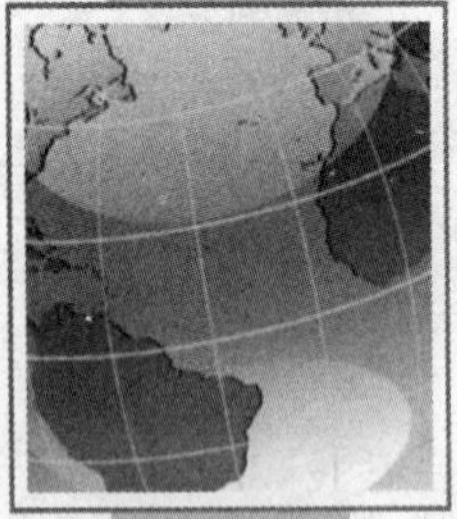

第十六章 契税法

导入案例

小睿一天天地长大了，爸爸和妈妈为了解决小睿以后上学的问题，决定买个小面积的学区房。由于资金有限，他们选了很久，才买下一套15平方米的二手房。他们和房主签订了房屋买卖合同，先付20万元，在办理完产权转移手续后再付20万元。正当小睿爸爸准备去办理房产证时，房主突然要求停止交易，他将已付的20万元退回，并答应另外赔偿现金3万元。经过协商后，双方签订了退房协议。小睿妈妈想起当初签完合同后就已经缴纳了契税，顿时充满了疑问："我们都没有买到房子，还需要缴纳契税吗？"你认为应该怎么处理？如果不用缴纳了，怎么把钱拿回来呢？

第一节 契税概述

一、契税的概念

契税是以所有权发生转移变动的不动产为征税对象向产权承受人征收的一种财产税。

二、契税的发展

新中国成立后，当时政务院于1950年颁布《契税暂行条例》，规定对土地、房屋的买卖、典当、赠与和交换征收契税。1954年财政部经当时政务院批准，对《契税暂行条例》的个别条款进行了修改，规定对公有制单位承受土地、房屋权属转移免征契税。社会主义改造完成以后，土地禁止买卖和转让，征收土地契税也就自然停止了。这样使得契税征收范围大大缩小，收入额很小。到"文化大革命"后期，全国契税征收工作基本处于停顿状态。

1978年新《宪法》颁布后，逐步落实了房产政策，随着改革开放的不断深入，城乡房屋买卖又重新活跃起来。为此，财政部于1981年和1990年分别发出《关于改进和加强契税征收管理工作的通知》和《关于加强契税工作的通知》，对契税政策进行了一些补充和调整，契税征收工作全面恢复。但由于《契税暂行条例》立法年代久远，很多规定与当时的实际情况相脱节，实际工作中难以操作和执行，为了适应建立和发展社会主义市场经济形势的需要，充分发挥契税筹集财政收入和调控房地产市场的功能，1997年7月7日重新颁布了《中华人民共和国契税暂行条例》，并于同年10月1日起开始实施。

三、契税的特点

（一）属于财产转移税

它以权属发生转移的土地和房屋为征税对象，具有对财产转移课税的性质。土地、房屋产权未发生转移的，不征契税。

(二)由财产承受人纳税

一般税种都确定销售者为纳税人,即卖方纳税。而契税属于土地、房屋产权发生交易过程中的财产税,由承受人纳税,即买方纳税。对购买方征税的主要目的在于承认不动产转移生效,承受人纳税以后,便可拥有转移过来的不动产的产权或使用权,法律保护纳税人的合法权益。

第二节　纳税义务人与征税对象

一、纳税义务人

契税的纳税义务人是境内转移土地、房屋权属,承受的单位和个人。境内是指中华人民共和国实际税收行政管辖范围内。土地、房屋权属是指土地使用权和房屋所有权。单位是指企业单位、事业单位、国家机关、军事单位和社会团体以及其他组织。个人是指个体经营者及其他个人,包括中国公民和外籍人员。

二、征税对象

契税的征税对象是境内转移的土地、房屋权属。具体包括以下内容:

(一)国有土地使用权出让

国有土地使用权出让是指土地使用者向国家交付土地使用权出让费用,国家将国有土地使用权在一定年限内让与土地使用者的行为。

国有土地使用权出让,受让者应向国家缴纳出让金,以出让金为依据计算缴纳契税。不得因减免土地出让金而减免契税。

(二)土地使用权转让

土地使用权转让是指土地使用者以出售、赠与、交换或者其他方式将土地使用权转移给其他单位和个人的行为。土地使用权转让不包括农村集体土地承包经营权的转移。

对以国家作价出资(入股)方式转移国有土地使用权的行为,应视同土地使用权转让,由土地使用权的承受方按规定缴纳契税。

(三)房屋买卖

即以货币为媒介、出卖者向购买者过渡房产所有权的交易行为。以下几种特殊情况,视同买卖房屋:

1. 以房产抵债或实物交换房屋

经当地政府和有关部门批准,以房产抵债和实物交换房屋,均视同房屋买卖,应由产权承受人按房屋现值缴纳契税。

例如,张某因无力偿还王某债务,而以自有的房产折价抵偿债务。经双方同意,有关部门批准,王某取得张某的房屋产权,在办理产权过户手续时,按房产折价款缴纳契税。如以实物(金银首饰等等价物品)交换房屋,应视同以货币购买房屋。

2. 以房产作投资或作股权转让

这种交易业务属房屋产权转移,应根据国家房地产管理的有关规定,办理房屋产权交易和产权变更登记手续,视同房屋买卖,由产权承受方按契税税率计算缴纳契税。

例如,李某以自有房产投资于孙某企业。其房屋产权变为孙某企业所有,故产权所有人发生变化，因此，孙某企业在办理产权登记手续后，按李某入股房产现值(国有企事业单位房产须经国有资产管理部门评估核价)缴纳契税。如钱某以股份方式购买孙某企业房屋产权，钱某在办理产权登记后，按取得房产买价缴纳契税。

以自有房产作股投入本人独资经营企业，免纳契税。因为以自有的房地产投入本人独资经营的企业，产权所有人和使用权使用人未发生变化，不需办理房产变更手续，也不需办理契税手续。

3. 买房拆料或翻建新房，应照章征收契税

例如，张某购买王某房产，不论其目的是取得该房产的建筑材料或是翻建新房，实际构成房屋买卖，张某应首先办理房屋产权变更手续，并按买价缴纳契税。

(四)房屋赠与

房屋赠与是指房屋产权所有人将房屋无偿转让给他人所有。其中，将自己的房屋转交给他人的法人和自然人，称为房屋赠与人；接受他人房屋的法人和自然人，称为受赠人。房屋赠与的前提必须是，产权无纠纷，赠与人和受赠人双方自愿。

由于房屋是不动产，价值较大，故法律要求赠与房屋应有书面合同(契约)，并到房地产管理机关或农村基层政权机关办理登记过户手续，才能生效。如果房屋赠与行为涉及涉外关系，还需经公证处证明和外事部门认证，才能有效。房屋的受赠人要按规定缴纳契税。

(五)房屋交换

房屋交换是指房屋所有者之间互相交换房屋的行为。

随着经济形势的发展，有些以特殊方式转移土地、房屋权属的，也将视同土地使用权转让、房屋买卖或者房屋赠与。一是以土地、房屋权属作价投资、入股；二是以土地、房屋权属抵债；三是以获奖方式承受土地、房屋权属；四是以预购方式或者预付集资建房款方式承受土地、房屋权属。

第三节 税率、计税依据及应纳税额的计算

一、税率

契税实行3%～5%的幅度税率。实行幅度税率是考虑到我国经济发展的不平衡、各地经济差别较大的实际情况。因此，各省、自治区、直辖市人民政府可以在3%～5%的幅度税率规定范围内，按照本地区的实际情况决定。

二、计税依据

契税的计税依据为不动产的价格。由于土地、房屋权属转移方式不同，定价方法不同，因而具体计税依据视不同情况而决定。

1. 国有土地使用权出让、土地使用权出售、房屋买卖，以成交价格为计税依据。成交价格是指土地、房屋权属转移合同确定的价格，包括承受者应交付的货币、实物、无形资产或者其他经济利益。

2. 土地使用权赠与、房屋赠与，由征收机关参照土地使用权出售、房屋买卖的市场价格核定计税依据。

3. 土地使用权交换、房屋交换，计税依据为所交换的土地使用权、房屋的价格差额。也就

是说，交换价格相等时，免征契税；交换价格不等时，由多交付货币、实物、无形资产或者其他经济利益的一方缴纳契税。

4. 以划拨方式取得土地使用权，经批准转让房地产时，由房地产转让者补缴契税。计税依据为补缴的土地使用权出让费用或者土地收益。

为了避免偷、逃税款，税法规定，成交价格明显低于市场价格并且无正当理由的，或者所交换土地使用权、房屋的价格差额明显不合理并且无正当理由的，征收机关可以参照市场价格核定计税依据。

5. 房屋附属设施征收契税的依据：

(1)采取分期付款方式购买房屋附属设施土地使用权、房屋所有权的，应按合同规定的总价款计征契税。

(2)承受的房屋附属设施权属如为单独计价的，按照当地确定的适用税率征收契税；如与房屋统一计价的，适用与房屋相同的契税税率。

6. 个人无偿赠与不动产行为，应对受赠人全额征收契税。在缴纳契税时，纳税人须提交经税务机关审核并签字盖章的《个人无偿赠与不动产登记表》，税务机关（或其他征收机关）应在纳税人的契税完税凭证上加盖"个人无偿赠与"印章，在《个人无偿赠与不动产登记表》中签字并将该表格留存。

三、应纳税额的计算

契税采用比例税率。当计税依据确定后，应纳税额的计算比较简单。应纳税额的计算公式为：

应纳税额＝计税依据×税率

【例 16－1】 居民 A 某共有三套房产，2014 年将第一套市价 160 万元的房产与 B 某进行房屋交换，并支付 B 某 30 万元；将第二套市价 120 万元的房产折价给 C 某抵偿 100 万元的债务；将第三套市价 50 万元的房产作股投入本人独资经营的企业。若当地确定的契税税率为 3%，A 某应纳契税为多少？

【解析】

以房屋抵债的，由承受房屋的 C 某缴纳契税；以自有房产作股投入本人独资经营的企业，免纳契税；房屋交换的，支付差价的一方按支付的差价纳税。

A 某应纳契税＝30×3%＝0.9（万元）

【例 16－2】 李某因拖欠居民王某 90 万元款项无力偿还，2015 年 2 月经当地有关部门的调解，以房产抵偿该笔债务。王某因此取得该房产的产权并支付给李某 10 万元的差价，假设当地政府规定的契税税率为 5%。王某和李某谁应缴纳契税？应纳契税为多少？

【解析】

契税的纳税人为承受房产权属的单位和个人，所以王某应该缴纳契税。由于房产是以 90 万元的债权外加 10 万元款项取得，故计税依据应该为 100 万元。

王某应纳契税＝（90＋10）×5%＝5（万元）

【例 16－3】 钟女士于 2014 年 9 月 10 日购买别墅一套，别墅面积为 400 平方米，花园面积为 200 平方米，价款为 600 万元（含花园价款 50 万元），当地契税适用税率为 3%。钟女士应纳契税为多少？

【解析】

个人购买别墅属于非普通住房，适用税率为3%；对于承受与房屋相关的附属设施所有权或土地使用权的行为，按照契税法律、法规的规定征收契税。承受的房屋附属设施权属如为单独计价的，按照当地确定的适用税率征收契税；如与房屋统一计价的，适用与房屋相同的契税税率。花园价款应一并缴纳契税。

应纳契税＝600×3%＝18(万元)

第四节　税收优惠

一、一般规定

1. 国家机关、事业单位、社会团体、军事单位承受土地、房屋用于办公、教学、医疗、科研和军事设施的，免征契税。

2. 城镇职工按规定第一次购买公有住房，免征契税。

3. 财政部、国家税务总局还规定：

(1)对各类公有制单位为解决职工住房而采取集资建房方式建成的普通住房，或由单位购买的普通商品住房，经当地县以上人民政府房改部门批准，按照国家房改政策出售给本单位职工的，如属职工首次购买住房，均可免征契税。

(2)对廉租住房经营管理单位购买住房作为廉租住房、经济适用住房经营管理单位回购经济适用住房继续作为经济适用住房房源的，免征契税。

(3)对经营管理单位回购已分配的改造安置住房继续作为改造安置住房房源的，免征契税。

(4)个人因房屋被征收而取得货币补偿并用于购买改造安置住房，或因房屋被征收而进行房屋产权调换并取得改造安置住房，按有关规定减免契税。

(5)对个人购买普通住房，且该住房属于家庭(成员范围包括购房人、配偶以及未成年子女)唯一住房的，减半征收契税。对个人购买90平方米及以下普通住房，且该住房属于家庭唯一住房的，减按1%税率征收契税。

4. 对个人购买经济适用住房，在法定税率基础上减半征收契税。

5. 因不可抗力灭失住房而重新购买住房的，酌情减免。不可抗力是指自然灾害、战争等不能预见、不可避免，并不能克服的客观情况。

6. 土地、房屋被县级以上人民政府征用、占用后，重新承受土地、房屋权属的，由省级人民政府确定是否减免。

7. 承受荒山、荒沟、荒丘、荒滩土地使用权，并用于农、林、牧、渔业生产的，免征契税。

8. 经外交部确认，依照我国有关法律规定以及我国缔结或参加的双边和多边条约或协定，应当予以免税的外国驻华使馆、领事馆、联合国驻华机构及其外交代表、领事官员和其他外交人员承受土地、房屋权属的，免征契税。

9. 在婚姻关系存续期间，房屋、土地权属原归夫妻一方所有，变更为夫妻双方共有或另一方所有的，或者房屋、土地权属原归夫妻双方共有，变更为其中一方所有的，或者房屋、土地权属原归夫妻双方共有，双方约定、变更共有份额的，免征契税。

二、特殊规定

为了支持企业、事业单位改革，促进国民经济持续、健康发展，现就企业、事业单位改制重组等涉及的契税政策如下：

(一)企业公司制改造

非公司制企业，按照《中华人民共和国公司法》的规定，整体改建为有限责任公司（含国有独资公司）或股份有限公司，有限责任公司整体改建为股份有限公司，股份有限公司整体改建为有限责任公司的，对改建后的公司承受原企业土地、房屋权属，免征契税。上述所称整体改建，是指不改变原企业的投资主体，并承继原企业权利、义务的行为。

非公司制国有独资企业或国有独资有限责任公司，以其部分资产与他人组建新公司，且该国有独资企业（公司）在新设公司中所占股份超过50%的，对新设公司承受该国有独资企业（公司）的土地、房屋权属，免征契税。

国有控股公司以部分资产投资组建新公司，且该国有控股公司占新公司股份超过85%的，对新公司承受该国有控股公司土地、房屋权属，免征契税。上述所称国有控股公司，是指国家出资额占有限责任公司资本总额超过50%，或国有股份占股份有限公司股本总额超过50%的公司。

(二)公司股权(股份)转让

在股权（股份）转让中，单位、个人承受公司股权（股份），公司土地、房屋权属不发生转移，不征收契税。

(三)公司合并

两个或两个以上的公司，依据法律规定、合同约定，合并为一个公司，且原投资主体存续的，对其合并后的公司承受原合并各方的土地、房屋权属，免征契税。

(四)公司分立

公司依照法律规定、合同约定，分设为两个或两个以上与原公司投资主体相同的公司，对派生方、新设方承受原企业土地、房屋权属，免征契税。

(五)企业出售

国有、集体企业整体出售，被出售企业法人予以注销，并且买受人按照《中华人民共和国劳动法》等国家有关法律法规政策妥善安置原企业全部职工，与原企业全部职工签订服务年限不少于三年的劳动用工合同的，对其承受所购企业的土地、房屋权属，免征契税；与原企业超过30%的职工签订服务年限不少于三年的劳动用工合同的，减半征收契税。

(六)企业破产

企业依照有关法律、法规规定实施破产，债权人（包括破产企业职工）承受破产企业抵偿债务的土地、房屋权属，免征契税。对非债权人承受破产企业土地、房屋权属，凡按照《中华人民共和国劳动法》等国家有关法律法规政策妥善安置原企业全部职工，与原企业全部职工签订服务年限不少于三年的劳动用工合同的，对其承受所购企业的土地、房屋权属，免征契税；与原企业超过30%的职工签订服务年限不少于三年的劳动用工合同的，减半征收契税。

(七)债权转股权

经国务院批准实施债权转股权的企业，对债权转股权后新设立的公司承受原企业的土地、房屋权属，免征契税。

(八)资产划转

对承受县级以上人民政府或国有资产管理部门按规定进行行政性调整、划转国有土地、房屋权属的单位,免征契税。

同一投资主体内部所属企业之间土地、房屋权属的划转,包括母公司与其全资子公司之间,同一公司所属全资子公司之间,同一自然人与其设立的个人独资企业、一人有限公司之间土地、房屋权属的划转,免征契税。

(九)事业单位改制

事业单位按照国家有关规定改制为企业的过程中,投资主体没有发生变化的,对改制后的企业承受原事业单位土地、房屋权属,免征契税。投资主体发生变化的,改制后的企业按照《中华人民共和国劳动法》等有关法律法规妥善安置原事业单位全部职工,与原事业单位全部职工签订服务年限不少于三年劳动用工合同的,对其承受原事业单位的土地、房屋权属,免征契税;与原事业单位超过30%的职工签订服务年限不少于三年劳动用工合同的,减半征收契税。

(十)其他

以出让方式或国家作价出资(入股)方式承受原改制重组企业、事业单位划拨用地的,不属上述规定的免税范围,对承受方应按规定征收契税。

所称企业、公司,是指依照中华人民共和国有关法律法规设立并在中国境内注册的企业、公司。

三、其他规定

1. 对金融租赁公司开展售后回租业务,承受承租人房屋、土地权属的,照章征税。对售后回租合同期满,承租人回购原房屋、土地权属的,免征契税。

2. 以招拍挂方式出让国有土地使用权的,纳税人为最终与土地管理部门签订出让合同的土地使用权承受人。

3. 市、县级人民政府根据《国有土地上房屋征收与补偿条例》有关规定征收居民房屋,居民因个人房屋被征收而选择货币补偿用以重新购置房屋,并且购房成交价格不超过货币补偿的,对新购房屋免征契税;购房成交价格超过货币补偿的,对差价部分按规定征收契税。居民因个人房屋被征收而选择房屋产权调换,并且不缴纳房屋产权调换差价的,对新换房屋免征契税;缴纳房屋产权调换差价的,对差价部分按规定征收契税。

4. 企业承受土地使用权用于房地产开发,并在该土地上代政府建设保障性住房的,计税价格为取得全部土地使用权的成交价格。

5. 单位、个人以房屋、土地以外的资产增资,相应扩大其在被投资公司的股权持有比例,无论被投资公司是否变更工商登记,其房屋、土地权属不发生转移,不征收契税。

6. 个体工商户的经营者将其个人名下的房屋、土地权属转移至个体工商户名下,或个体工商户将其名下的房屋、土地权属转回原经营者个人名下,免征契税。

合伙企业的合伙人将其名下的房屋、土地权属转移至合伙企业名下,或合伙企业将其名下的房屋、土地权属转回原合伙人名下,免征契税。

第五节　征收管理

一、纳税义务发生时间

契税的纳税义务发生时间是纳税人签订土地、房屋权属转移合同的当天，或者纳税人取得其他具有土地、房屋权属转移合同性质凭证的当天。

二、纳税期限

纳税人应当自纳税义务发生之日起 10 日内，向土地、房屋所在地的契税征收机关办理纳税申报，并在契税征收机关核定的期限内缴纳税款。

三、纳税地点

契税在土地、房屋所在地的征收机关缴纳。

四、征收管理规定

纳税人办理纳税事宜后，征收机关应向纳税人开具契税完税凭证。纳税人持契税完税凭证和其他规定的文件材料，依法向土地管理部门、房产管理部门办理有关土地、房屋的权属变更登记手续。土地管理部门和房产管理部门应向契税征收机关提供有关资料，并协助契税征收机关依法征收契税。

本章关键词

契税　国有土地使用权出让　土地使用权转让

复习思考题

一、简答题

1. 简述契税的概念和特点。
2. 简述契税的纳税人和征税范围。

二、计算题

1. 2014 年 3 月苏某的住房被政府按规定征收，苏某选择货币补偿用以重新购置房屋，共获得补偿款 50 万元；5 月购入面积为 85 平方米的普通住宅作为家里唯一住房，支付价款为 70 万元。苏某应纳契税为多少？

2. 某企业破产清算时，其房地产评估价值为 8 000 万元，其中以 6 000 万元的房地产抵偿债务，将 2 000 万元的房地产进行拍卖，拍卖收入为 2 400 万元，债权人获得房产后，与他人进行房屋交换，取得额外补偿 1 000万元，假设当地政府规定的契税税率为 3%。上述行为中当事人各方合计应纳契税为多少？

3. A 将原值 28 万元的房产评估作价 40 万元投资 B 企业，B 企业办理产权登记后又将该房产以 50 万元价格售给 C 企业，当地契税适用税率为 3%。A、B、C 应纳契税为多少？

4. 甲、乙两人因需要互换房地产权，经评估部门确认，甲的房地产价值为500万元，乙的房地产价值为600万元，差额由甲用自家的大型农用收割机(80万元)和自有住宅(20万元)抵顶，该地契税适用税率为3%。甲、乙应纳契税为多少?

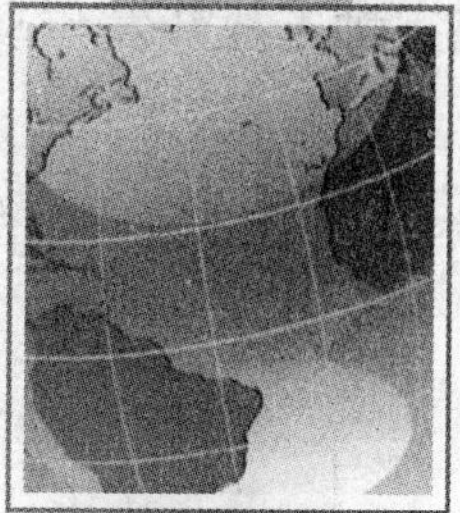

第十七章 耕地占用税法

导入案例

恒远房地产公司2014年在A市通过招拍挂获取一宗1 000亩土地，在办理土地使用权证时，A市国土局、税务局要求其按照每亩1.5万元缴纳耕地占用税，约计1 500万元。该公司认为，根据《中华人民共和国耕地占用税暂行条例实施细则》第四条规定，经申请批准占用耕地的，纳税人为农用地转用审批文件中标明的建设用地人；农用地转用审批文件中未标明建设用地人的，纳税人为用地申请人。因公司直接从A市国土局手里拍下的建设用地，招拍挂建设用地属于"净地"，土地出让金都缴纳了，不是农用地转用审批文件中标明的建设用地人，不应该缴纳耕地占用税。你认为恒远房地产公司的说法正确吗？

第一节　耕地占用税概述

一、耕地占用税的概念

耕地占用税是对占用耕地建房或从事其他非农业建设的单位和个人，就其实际占用的耕地面积征收的一种税，它属于对特定土地资源占用课税。

二、耕地占用税的发展

1987年4月1日，国务院颁布《中华人民共和国耕地占用税暂行条例》，即日起施行。征税的目的在于限制非农业建设占用耕地，建立发展农业专项资金，促进农业生产的全面协调发展，对保护耕地、促进土地资源合理利用起到了积极的作用。2007年12月1日，国务院重新修改颁布了《耕地占用税暂行条例》；财政部、国家税务总局于2008年2月26日颁布了《中华人民共和国耕地占用税暂行条例实施细则》。耕地占用税的开征有利于保护耕地资源，加强对土地的管理，促进农业生产的稳定发展；征收的税款为大规模的农业综合开发提供必要的资金来源，具有寓禁于征的作用。

三、耕地占用税的特点

耕地占用税作为特定目的税，对特定的土地资源课税。与其他税种相比，具有以下特点：

(一)采用地区差别税率

耕地占用税采用地区差别税率，根据不同地区的具体情况，分别制定差别税额，以适应我国地域辽阔、各地区之间耕地质量差别较大、人均占有耕地面积相差悬殊的具体情况，具有因地制宜的特点。

(二)在占用耕地环节一次性课征

耕地占用税在纳税人获准占用耕地的环节征收，除对获准占用耕地后超过两年未使用者须加征耕地占用税外，此后不再征收耕地占用税。因此，耕地占用税具有一次性征收的特点。

（三）税收收入专用于耕地开发与改良

耕地占用税收入按规定应用于建立发展农业专项基金，主要用于开展宜耕土地开发和改良现有耕地。因此，具有“取之于地、用之于地”的补偿性特点。

第二节 纳税义务人与征税范围

一、纳税义务人

耕地占用税的纳税义务人，是占用耕地建房或从事非农业建设的单位和个人。

所称单位，包括国有企业、集体企业、私营企业、股份制企业、外商投资企业、外国企业以及其他企业和事业单位、社会团体、国家机关、部队以及其他单位；所称个人，包括个体工商户以及其他个人。

二、征税范围

耕地占用税的征税范围包括建房或从事其他非农业建设而占用的国家所有和集体所有的耕地。

此处“耕地”是指种植农业作物的土地，包括菜地、园地。其中，园地包括花圃、苗圃、茶园、果园、桑园和其他种植经济林木的土地。

对于占用鱼塘及其他农用土地建房或从事其他非农业建设，也视同占用耕地，必须依法征收耕地占用税。占用已开发从事种植、养殖的滩涂、草场、水面和林地等从事非农业建设，由省、自治区、直辖市本着有利于保护土地资源和生态平衡的原则，结合具体情况确定是否征收耕地占用税。

对占用之前 3 年内属于种植农业作物的耕地或农用土地，也视为耕地，必须依法征收耕地占用税。

用于农业生产并已由相关行政主管部门发放使用权证的草地，以及用于种植芦苇并定期进行人工养护管理的苇田，属于耕地占用税的征税范围。

对占用上述草地、苇田建房或从事非农业建设的单位和个人，应照章征收耕地占用税。

第三节 税率、计税依据及应纳税额的计算

一、税率

耕地占用税采用地区差别定额税率，每平方米 5～50 元。税率规定如下：

1. 人均耕地面积不超过 1 亩的地区（以县级行政区域为单位，下同），每平方米为 10～50 元；
2. 人均耕地面积超过 1 亩但不超过 2 亩的地区，每平方米为 8～40 元；
3. 人均耕地面积超过 2 亩但不超过 3 亩的地区，每平方米为 6～30 元；
4. 人均耕地面积超过 3 亩的地区，每平方米为 5～25 元。

经济特区、经济技术开发区，以及经济发达、人均耕地特别少的地区，可以适当提高适用税

额，但最多不得超过上述规定税额的50%。

二、计税依据

耕地占用税以纳税人实际占用的耕地面积为计税依据，以每平方米土地为计税单位。

三、应纳税额的计算

耕地占用税按定额税率计税，其计算公式为：

应纳税额＝实际占用耕地面积(平方米)×适用定额税率

【例17－1】 2014年5月，某单位经批准占用耕地1 000平方米，其中200平方米用于建造幼儿园，另外800平方米用于建造购物中心。当地的耕地占用税税额为20元/平方米。该单位应纳耕地占用税为多少？

【解析】

学校、幼儿园、养老院、医院占用耕地免征耕地占用税；建造购物中心应缴纳耕地占用税。

应纳耕地占用税＝800×20＝16 000(元)

【例17－2】 某农户有一处花圃，占地面积600平方米，2014年2月将其中的500平方米改造为果园，其余的100平方米建造为住宅。已知该地适用的耕地占用税定额税率为每平方米25元。则该农户应纳耕地占用税为多少？

【解析】

花圃改造为果园应属于农业用途，不属于耕地占用税的征收范围；农村居民占用耕地新建住宅的，按照当地适用税额减半征收耕地占用税。

应纳耕地占用税＝100×25×50%＝1 250(元)

【例17－3】 因一项国家级工程建设需要，2011年对临时性占用耕地10 000平方米(其中1 000平方米属于农田)进行取土，则针对该项行为是否应该征收耕地占用税？如2014年底对耕地复耕，则应如何处理？(已知该地区耕地占用税适用税率为20元/平方米。)

【解析】

临时性占用耕地应按规定征收耕地占用税，同时1 000平方米的农田适用的税额应提高50%。

应纳耕地占用税＝(10 000－1 000)×20＋1 000×(1＋50%)×20＝210 000(元)

因取土工程属于损毁耕地的行为，按照规定：超过2年未恢复耕地原状的，已征税款不予退还。因此，到2014年底即使对原临时取土所占耕地复耕，已征税款也不予退还。

第四节　税收优惠

一、免征耕地占用税

1. 军事设施占用耕地。
2. 学校、幼儿园、养老院、医院占用耕地。

二、减征耕地占用税

1. 铁路线路、公路线路、飞机场跑道、停机坪、港口、航道占用耕地，减按每平方米2元的税额征收耕地占用税。

2. 农村居民占用耕地新建住宅，按照当地适用税额减半征收耕地占用税。

免征或者减征耕地占用税后，纳税人改变原占地用途，不再属于免征或者减征耕地占用税情况的，应当按照当地适用税额补缴耕地占用税。

第五节 征收管理

1. 耕地占用税由地方税务机关负责征收。

2. 获准占用耕地的单位或者个人应当在收到土地管理部门的通知之日起 30 日内缴纳耕地占用税。

3. 其他规定：

(1)纳税人临时占用耕地，应当依照《耕地占用税暂行条例》的规定缴纳耕地占用税。纳税人在批准临时占用耕地的期限内恢复所占用耕地原状的，全额退还已经缴纳的耕地占用税。

(2)占用林地、牧草地、农田水利用地、养殖水面以及渔业水域滩涂等其他农用地建房或者从事非农业建设的，比照《耕地占用税暂行条例》的规定征收耕地占用税。

(3)建设直接为农业生产服务的生产设施占用前款规定的农用地的，不征收耕地占用税。

本章关键词

耕地占用税　耕地

复习思考题

一、简答题

1. 简述耕地占用税的概念和特点。

2. 简述耕地占用税的纳税人和征税对象。

二、计算题

1. 某企业占用耕地 200 万平方米建造花园式厂房，所占耕地适用的定额税率为 20 元/平方米。该企业应纳耕地占用税为多少?

2. 村民杨某 2013 年承包了面积为 4 000 平方米的耕地，2014 年将其中 500 平方米用于新建住宅，其余耕地和去年一样使用，即 1 500 平方米用于种植药材，2 000 平方米用于种植水稻。当地耕地占用税税率为 20 元/平方米。杨某应纳耕地占用税为多少?

3. 某县房地产公司经批准占用耕地 9 000 平方米用于住宅小区建设，其中 2 000 平方米将按规划建设一所全日制中学。已知该县耕地占用税适用税率为 15 元/平方米。该房地产开发公司应纳耕地占用税为多少?

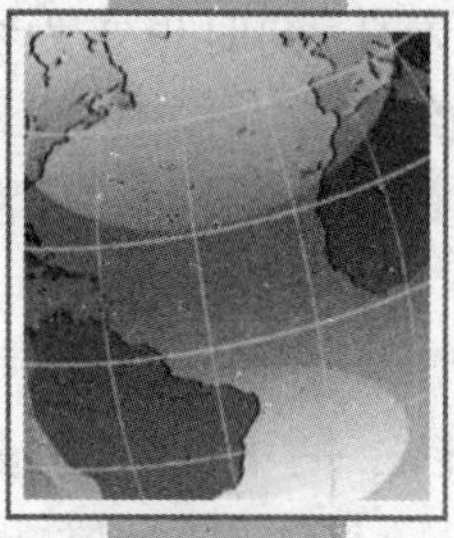

第十八章 税收征收管理法

导入案例

涉税鉴证业务由谁来承担一直是个有争议的问题,《税收征收管理法修正案》更是让这个话题持续升温。自2013年6月7日起,《税收征收管理法修正案》(征求意见稿)(以下简称修正案)向社会征求意见。现行《税收征收管理法》第八十九条规定:"纳税人、扣缴义务人可以委托税务代理人代为办理税务事宜。"修正案将其修改为"纳税人、扣缴义务人有权委托税务师事务所办理税务事宜",由此,税收业务究竟应该由谁代理引发注会、注税、律师等行业的极大关注。7月24日,中税协发布《关于切实关注并积极参与〈征管法〉第89条修订工作的紧急通知》,动员全行业从业人员"正确认识并积极参与此项工作",更是让"税收业务争议"持续发酵。请问,你对此是怎么看的?

第一节 税收征收管理法概述

税收征收管理法是有关税收征收管理法律规范的总称,包括税收征收管理法及税收征收管理的有关法律、法规和规章。

《中华人民共和国税收征收管理法》于1992年9月4日第七届全国人民代表大会常务委员会第二十七次会议通过,自1993年1月1日起施行。1995年2月28日第八届全国人民代表大会常务委员会第十二次会议对该法进行了修正。2001年4月28日第九届全国人民代表大会常务委员会第二十一次会议通过了修订后的《中华人民共和国税收征收管理法》(以下简称《征管法》),自2001年5月1日起施行。2013年6月第十二届全国人民代表大会常务委员会第三次会议通过了修正后的《征管法》,自2013年6月29日起施行。2015年4月24日第十二届全国人民代表大会常务委员会第十四次会议对《征管法》又进行了修正,自2015年5月1日起施行。

一、税收征收管理法的立法目的

《征管法》第一条规定:"为了加强税收征收管理,规范税收征收和缴纳行为,保障国家税收收入,保护纳税人的合法权益,促进经济和社会发展,制定本法。"此条规定对《征管法》的立法目的作了高度概括。

(一)加强税收征收管理

税收征收管理是国家机关依据国家税收法律、行政法规的规定,按照统一的标准,通过一定的程序,对纳税人应纳税额组织入库的一种行政活动,是国家将税收政策贯彻实施到每个纳税人,有效地组织税收收入及时、足额入库的一系列活动的总称。税收征收管理工作的好坏,直接关系到税收职能作用能否很好地发挥。所以,加强税收征收管理,成为《征管法》立法的首要目的。

(二)规范税收征收和缴纳行为

《征管法》既要为税务机关、税务人员依法行政提供标准和规范,税务机关、税务人员必须依照该法规定进行税收征收,其一切行为都要依法进行,违者要承担法律责任;同时也要为纳税人缴纳税款提供标准和规范,纳税人只有按照法律规定的程序和办法缴纳税款,才能更好地保障自身的权益。因此,《征管法》规范税收征收和缴纳行为的立法目的,是对依法治国、依法治税思想的深刻理解和运用,为加强税收征收管理指明了方向。

(三)保障国家税收收入

税收收入是国家财政收入的主要来源,组织税收收入是税收基本职能之一。《征管法》是税收征收管理的标准和规范,其根本目的是保证税收收入的及时、足额入库,这也是《征管法》应具有的目的。

(四)保护纳税人的合法权益

税收征收管理作为国家的行政行为,一方面要维护国家的利益,另一方面要保护纳税人的合法权益不受侵犯。纳税人按照国家税收法律、行政法规的规定缴纳税款之外的任何其他款项,都是对纳税人合法权益的侵害。保护纳税人的合法权益一直是《征管法》的立法目的。

(五)促进经济发展和社会进步

税收是国家宏观调控的重要杠杆,《征管法》是市场经济的重要法律规范,这就要求税收征收管理的措施,如税务登记、纳税申报、税款征收以及税务检查等应以促进经济发展和社会进步为目标,方便纳税人,保护纳税人。因此,《征管法》促进经济和社会发展的立法目的,表明了税收征收管理的历史使命和前进方向。

二、税收征收管理法的适用范围

《征管法》第二条规定:“凡依法由税务机关征收的各种税收的征收管理,均适用本法。”这就明确界定了《征管法》的适用范围。

我国税收的征收机关有税务、海关、财政等部门,税务机关征收各种工商税收,海关征收关税。《征管法》只适用于由税务机关征收的各种税收的征收管理。

农税征收机关负责征收的耕地占用税、契税的征收管理,由国务院另行规定;海关征收的关税及代征的增值税、消费税,适用其他法律、法规的规定。

值得注意的是,目前还有一部分费由税务机关征收,如教育费附加。这些费不适用《征管法》,不能采取《征管法》规定的措施,其具体管理办法由各种费的条例和规章决定。

三、税收征收管理法的遵守主体

(一)税务行政主体——税务机关

《征管法》第五条规定:“国务院税务主管部门主管全国税收征收管理工作。各地国家税务局和地方税务局应当按照国务院规定的税收征收管理范围分别进行征收管理。”《征管法》和《中华人民共和国税收征收管理法实施细则》(以下简称《实施细则》)规定:“税务机关是指各级税务局、税务分局、税务所和省以下税务局的稽查局。稽查局专司偷税、逃避追缴欠税、骗税、抗税案件的查处。国家税务总局应明确划分税务局和稽查局的职责,避免职责交叉。”上述规定既明确了税收征收管理的行政主体(即执法主体),也明确了《征管法》的遵守主体。

(二)税务行政管理相对人——纳税人、扣缴义务人和其他有关单位

《征管法》第四条规定:“法律、行政法规规定负有纳税义务的单位和个人为纳税人。法律、行政法规规定负有代扣代缴、代收代缴税款义务的单位和个人为扣缴义务人。纳税人、扣缴义务人必须依照法律、行政法规的规定缴纳税款，代扣代缴、代收代缴税款。”第六条第二款规定：“纳税人、扣缴义务人和其他有关单位应当按照国家有关规定如实向税务机关提供与纳税和代扣代缴、代收代缴税款有关的信息。”根据上述规定，纳税人、扣缴义务人和其他有关单位是税务行政管理的相对人，是《征管法》的遵守主体，必须按照《征管法》的有关规定接受税务管理，享受合法权益。

(三)有关单位和部门

《征管法》第五条规定：“地方各级人民政府应当依法加强对本行政区域内税收管理工作的领导或者协调，支持税务机关依法执行职务，依照法定税率计算税额，依法征收税款。各有关部门和单位应当支持、协助税务机关依法执行职务。”这说明包括地方各级人民政府在内的有关单位和部门同样是《征管法》的遵守主体，必须遵守《征管法》的有关规定。

第二节　税务管理

一、税务登记管理

税务登记是税务机关对纳税人的生产、经营活动进行登记，并据此对纳税人实施税务管理的一种法定制度。它是税务机关对纳税人实施税收管理的首要环节和基础工作，是征纳双方法律关系成立的依据和证明，也是纳税人必须依法履行的义务。

根据《征管法》和国家税务总局印发的《税务登记管理办法》，我国税务登记制度主要包括以下内容：

(一)设立税务登记

1. 设立税务登记的对象

根据有关规定，设立税务登记的纳税人分为以下两类：

(1)从事生产、经营的纳税人

从事生产、经营的纳税人并领有工商执照，应向主管税务机关办理税务登记。这类纳税人具体包括企业，企业在外地设立的分支机构和从事生产、经营的场所，个体工商户和从事生产、经营的事业单位。从事生产、经营虽未办理工商营业执照，但已经过有关部门批准设立的纳税人也应办理税务登记。

从事生产、经营的纳税人到外县(市)临时从事生产、经营活动的，应当按规定向营业地税务机关报验登记。

(2)其他纳税人

其他纳税人，除国家机关、个人和无固定生产、经营场所的流动性农村小商贩外，应按规定向主管税务机关办理税务登记。国家机关所属事业单位有经营行为，取得应税收入、财产、所得的，也应当办理税务登记。

根据税收法律、行政法规的规定负有扣缴税款义务的扣缴义务人(国家机关除外)，应当按规定办理扣缴税款登记。

2. 设立税务登记的时间和地点

企业，企业在外地设立的分支机构和从事生产、经营的场所，个体工商户和从事生产、经营的事业单位(以下统称从事生产、经营的纳税人)，向生产、经营所在地税务机关申报办理税务登记：

(1)从事生产、经营的纳税人领取工商营业执照的，应当自领取工商营业执照之日起30日内申报办理税务登记，税务机关发放税务登记证及副本。

(2)从事生产、经营的纳税人未办理工商营业执照但经有关部门批准设立的，应当自有关部门批准设立之日起30日内申报办理税务登记，税务机关发放税务登记证及副本。

(3)从事生产、经营的纳税人未办理工商营业执照也未经有关部门批准设立的，应当自纳税义务发生之日起30日内申报办理税务登记，税务机关发放临时税务登记证及副本。

(4)有独立的生产经营权、在财务上独立核算并定期向发包人或者出租人上交承包费或租金的承包承租人，应当自承包承租合同签订之日起30日内，向其承包承租业务发生地税务机关申报办理税务登记，税务机关核发临时税务登记证及副本。

(5)境外企业在中国境内承包建筑、安装、装配、勘探工程和提供劳务的，应当自项目合同或协议签订之日起30日内，向项目所在地税务机关申报办理税务登记，税务机关核发临时税务登记证及副本。

(6)其他纳税人，除国家机关、个人和无固定生产、经营场所的流动性农村小商贩外，均应当自纳税义务发生之日起30日内，向纳税义务发生地税务机关申报办理税务登记，税务机关发放税务登记证及副本。

(7)已办理税务登记的扣缴义务人应当自扣缴义务发生之日起30日内，向税务登记地税务机关申报办理扣缴税款登记。税务机关在其税务登记证件上登记扣缴税款事项，税务机关不再发放扣缴税款登记证件。

根据税收法律、行政法规的规定可不办理税务登记的扣缴义务人，应当自扣缴义务发生之日起30日内，向机构所在地税务机关申报办理扣缴税款登记，税务机关发放扣缴税款登记证件。

3. 申报办理税务登记应提供的证件和资料

纳税人在申报办理税务登记时，应当根据不同情况向税务机关如实提供以下证件和资料：

(1)工商营业执照或其他核准执业证件；

(2)有关合同、章程、协议书；

(3)组织机构统一代码证书；

(4)法定代表人或负责人或业主的居民身份证、护照或者其他合法证件。其他需要提供的有关证件、资料，由省、自治区、直辖市税务机关确定。

4. 税务登记表的内容

纳税人在申报办理税务登记时，应当如实填写税务登记表。

税务登记表的主要内容包括：

(1)单位名称、法定代表人或者业主姓名及其居民身份证、护照或者其他合法证件的号码；

(2)住所、经营地点；

(3)登记类型；

(4)核算方式；

(5)生产经营方式；

(6)生产经营范围；

(7)注册资金(资本)、投资总额；

(8)生产经营期限；

(9)财务负责人、联系电话；

(10)国家税务总局确定的其他有关事项。

企业在外地的分支机构或者从事生产、经营的场所，还应当登记总机构名称、地址、法人代表、主要业务范围、财务负责人。

5. 税务登记证件的核发

纳税人提交的证件和资料齐全且税务登记表的填写内容符合规定的，税务机关应当日办理并发放税务登记证件。纳税人提交的证件和资料不齐全或税务登记表的填写内容不符合规定的，税务机关应当场通知其补正或重新填报。

税务登记证件的主要内容包括纳税人名称、税务登记代码、法定代表人或负责人、生产经营地址、登记类型、核算方式、生产经营范围(主营、兼营)、发证日期、证件有效期等。

【例 18－1】 某从事餐饮经营的企业，于2014年4月8日领取营业执照。2014年6月10日，该企业单位辖区的主管税务所在对其实施检查时，发现该单位尚未办理税务登记。据此，税务所在6月11日作出责令该单位在6月13日前办理税务登记并处以500元罚款的决定。

问：该决定是否有效？为什么？

【解析】

该决定有效。根据《征管法》第六十条的有关规定，未按照规定期限申报办理税务登记、变更或者注销税务登记的，由税务机关责令限期改正，可以处2 000元以下的罚款；情节严重的，处2 000元以上1万元以下的罚款。该单位超过规定的期限未办理税务登记，违反了上述规定。

(二)变更税务登记

变更税务登记，是纳税人税务登记内容发生重要变化时向税务机关申报办理的税务登记手续。

1. 变更税务登记的适用范围

纳税人办理税务登记后，如发生下列情形之一，应当办理变更税务登记：发生改变名称、改变法定代表人、改变经济性质或经济类型、改变住所和经营地点(不涉及主管税务机关变动的)、改变生产经营或经营方式、增减注册资金(资本)、改变隶属关系、改变生产经营期限、改变或增减银行账号、改变生产经营权属以及改变其他税务登记内容的。

2. 变更税务登记的时间要求

纳税人税务登记内容发生变化的，应当自工商行政管理机关或者其他机关办理变更登记之日起30日内，持有关证件向原税务登记机关申报办理变更税务登记。

纳税人已在工商行政管理机关办理变更登记的，应当自工商行政管理机关变更登记之日起30日内，向原税务登记机关如实提供有关证件、资料，申报办理变更税务登记。

纳税人按照规定不需要在工商行政管理机关办理变更登记，或者其变更登记的内容与工商登记内容无关的，应当自税务登记内容实际发生变化之日起30日内，或者自有关机关批准或者宣布变更之日起30日内，持有关证件到原税务登记机关申报办理变更税务登记。

3. 其他规定

纳税人提交的有关变更登记的证件、资料齐全的，应如实填写税务登记变更表，符合规定的，税务机关应当日办理；不符合规定的，税务机关应通知其补正。

税务机关应当于受理当日办理变更税务登记。纳税人税务登记表和税务登记证中的内容都发生变更的，税务机关按变更后的内容重新发放税务登记证件；纳税人税务登记表的内容发生变更而税务登记证中的内容未发生变更的，税务机关不重新发放税务登记证件。

（三）停业、复业登记

1. 实行定期定额征收方式的个体工商户需要停业的，应当在停业前向税务机关申报办理停业登记。纳税人的停业期限不得超过1年。

2. 纳税人在申报办理停业登记时，应如实填写《停业复业报告书》，说明停业理由、停业期限、停业前的纳税情况以及发票的领、用、存情况，并结清应纳税款、滞纳金、罚款。税务机关应收存其税务登记证件及副本、发票领购簿、未使用完的发票和其他税务证件。

3. 纳税人在停业期间发生纳税义务的，应当按照税收法律、行政法规的规定申报缴纳税款。

4. 纳税人应当于恢复生产经营之前，向税务机关申报办理复业登记，如实填写《停业复业报告书》，领回并启用税务登记证件、发票领购簿及其停业前领购的发票。

5. 纳税人停业期满不能及时恢复生产经营的，应当在停业期满前到税务机关办理延长停业登记，并如实填写《停业复业报告书》。纳税人停业期满未按期复业又不申请延长停业的，税务机关应当视为已恢复营业，实施正常的税收征收管理。

（四）注销税务登记

注销税务登记，是指纳税人税务登记内容发生了根本性变化，需终止履行纳税义务时向税务机关申报办理的税务登记手续。

1. 注销税务登记的适用范围

纳税人因经营期限届满而自动解散；企业由于改组、分立、合并等原因而被撤销；企业资不抵债而破产；纳税人住所、经营地址迁移而涉及改变原主管税务机关的；纳税人被工商行政管理部门吊销营业执照以及纳税人依法终止履行纳税义务的其他情形。

2. 注销税务登记的时间要求

纳税人发生解散、破产、撤销以及其他情形，依法终止纳税义务的，应当在向工商行政管理机关或者其他机关办理注销登记前，持有关证件和资料向原税务登记机关申报办理注销税务登记；按规定不需要在工商行政管理机关或者其他机关办理注册登记的，应当自有关机关批准或者宣告终止之日起15日内，持有关证件和资料向原税务登记机关申报办理注销税务登记。

纳税人被工商行政管理机关吊销营业执照或者被其他机关予以撤销登记的，应当自营业执照被吊销或者被撤销登记之日起15日内，向原税务登记机关申报办理注销税务登记。

纳税人因住所、经营地点变动，涉及改变税务登记机关的，应当在向工商行政管理机关或者其他机关申请办理变更、注销登记前，或者住所、经营地点变动前，持有关证件和资料，向原税务登记机关申报办理注销税务登记，并且自注销税务登记之日起30日内向迁达地税务机关申报办理税务登记。

境外企业在中国境内承包建筑、安装、装配、勘探工程和提供劳务的，应当在项目完工、离开中国前15日内，持有关证件和资料，向原税务登记机关申报办理注销税务登记。

3. 其他规定

纳税人办理注销税务登记前，应当向税务机关提交相关证明文件和资料，结清应纳税款、多退（免）税款、滞纳金和罚款，缴销发票、税务登记证件和其他税务证件，经税务机关核准后，办理注销税务登记手续。

（五）外出经营报验登记

1. 纳税人到外县（市）临时从事生产经营活动的，应当在外出生产经营以前，持税务登记证向主管税务机关申请开具《外出经营活动税收管理证明》（以下简称《外管证》）。

2. 税务机关按照一地一证的原则，核发《外管证》，《外管证》的有效期限一般为 30 日，最长不得超过 180 天。

3. 纳税人应当在《外管证》注明地进行生产经营前向当地税务机关报验登记，并提交下列证件、资料：(1)税务登记证件副本；(2)《外管证》。

纳税人在《外管证》注明地销售货物的，除提交以上证件、资料外，应如实填写《外出经营货物报验单》，申报查验货物。

4. 纳税人外出经营活动结束，应当向经营地税务机关填报《外出经营活动情况申报表》，并结清税款、缴销发票。

5. 纳税人应当在《外管证》有效期届满后 10 日内，持《外管证》回原税务登记地税务机关办理《外管证》缴销手续。

(六)非正常户处理

1. 已办理税务登记的纳税人未按照规定的期限申报纳税，在税务机关责令其限期改正后，逾期不改正的，税务机关应当派员实地检查，查无下落并且无法强制其履行纳税义务的，由检查人员制作非正常户认定书，存入纳税人档案，税务机关暂停其税务登记证件、发票领购簿和发票的使用。

2. 纳税人被列入非正常户超过 3 个月的，税务机关可以宣布其税务登记证件失效，其应纳税款的追征仍按《征管法》及其《实施细则》的规定执行。

(七)税务登记证件的作用和管理

1. 税务登记证件的作用

纳税人办理下列事项时，必须提供税务登记证件：(1)开立银行账户；(2)领购发票。

纳税人办理其他税务事项时，应当出示税务登记证件，经税务机关核准相关信息后办理手续。

2. 税务登记证件的管理

税务机关应当加强税务登记证件的管理，采取实地调查、上门验证等方法，或者结合税务部门与工商部门之间，以及国家税务局(分局)与地方税务局(分局)之间的信息交换比对进行税务登记证件的管理。

税务登记证式样改变，需统一换发税务登记证的，由国家税务总局确定。

纳税人、扣缴义务人遗失税务登记证件的，应当自遗失税务登记证件之日起 15 日内，书面报告主管税务机关，如实填写《税务登记证件遗失报告表》，并将纳税人的名称、税务登记证件名称、税务登记证件号码、税务登记证件有效期、发证机关名称在税务机关认可的报刊上作遗失声明，凭报刊上刊登的遗失声明到主管税务机关补办税务登记证件。

二、账簿、凭证管理

账簿是纳税人、扣缴义务人连续地记录其各种经济业务的账册或簿籍。凭证是纳税人用来记录经济业务、明确经济责任，并据以登记账簿的书面证明。账簿、凭证管理是继税务登记之后税收征管的又一重要环节，在税收征管中占有十分重要的地位。

(一)账簿、凭证管理

1. 账簿、凭证设置的管理

(1)设置账簿的范围。根据《征管法》第十九条和《实施细则》第二十二条的有关规定，所有的纳税人和扣缴义务人都必须按照有关法律、行政法规和国务院财政、税务主管部门的规定设置账簿。

从事生产、经营的纳税人应当自领取营业执照或者发生纳税义务之日起15日内设置账簿。

扣缴义务人应当自税收法律、行政法规规定的扣缴义务发生之日起10日内，按照所代扣、代收的税种，分别设置代扣代缴、代收代缴税款账簿。

生产、经营规模小又确无建账能力的纳税人，可以聘请经批准从事会计代理记账业务的专业机构或者经税务机关认可的财会人员代为建账和办理账务；聘请上述机构或者人员有实际困难的，经县以上税务机关批准，可以按照税务机关的规定，建立收支凭证粘贴簿、进货销货登记簿或者使用税控装置。

(2)对会计核算的要求。根据《征管法》第十九条的有关规定，所有纳税人和扣缴义务人都必须根据合法、有效凭证记账，进行核算。

纳税人建立的会计电算化系统应当符合国家有关规定，并能正确、完整核算其收入或者所得。

纳税人使用计算机记账的，应当在使用前将会计电算化系统的会计核算软件、使用说明书及有关资料报送主管税务机关备案。

纳税人、扣缴义务人会计制度健全，能够通过计算机正确、完整计算其收入和所得或者代扣代缴、代收代缴税款情况的，其计算机输出的完整的书面会计记录，可视同会计账簿。

纳税人、扣缴义务人会计制度不健全，不能通过计算机正确、完整计算其收入和所得或者代扣代缴、代收代缴税款情况的，应当建立总账及与纳税或者代扣代缴、代收代缴税款有关的其他账簿。

2.财务会计制度的管理

(1)备案制度。根据《征管法》第二十条和《实施细则》第二十四条的有关规定，从事生产、经营的纳税人必须将所采用的财务、会计制度和具体的财务、会计处理办法，按税务机关的规定自领取税务登记证件之日起15日内，及时报送主管税务机关备案。

(2)财会制度、办法与税收规定相抵触的处理办法。根据《征管法》第二十条的有关规定，从事生产、经营的纳税人、扣缴义务人的财务、会计制度或者财务、会计处理办法与国务院或者国务院财政、税务主管部门有关税收的规定相抵触的，纳税人、扣缴义务人必须依照国务院或者国务院财政、税务主管部门有关税收的规定计算应纳税款、代扣代缴和代收代缴税款。

3.账簿、凭证的保管

根据《征管法》第二十四条的有关规定，从事生产、经营的纳税人、扣缴义务人必须按照国务院财政、税务主管部门规定的保管期限保管账簿、记账凭证、完税凭证及其他有关资料。账簿、记账凭证、完税凭证以及其他有关资料不得伪造、变造或者擅自损毁。

账簿、记账凭证、完税凭证及其他有关资料的保管期限，根据《实施细则》第二十九条的规定，除另有规定者外，应当保存10年。

(二)发票管理

《征管法》第二十一条规定："税务机关是发票的主管机关，负责发票的印制、领购、开具、取得、保管、缴销的管理和监督。"

1.发票印制管理

增值税专用发票由国务院税务主管部门指定的企业印制；其他发票，按照国务院税务主管部门的规定，分别由省、自治区、直辖市国家税务局、地方税务局指定企业印制。

未经前款规定的税务机关指定，不得印制发票。

2. 发票领购管理

依法办理税务登记的单位和个人，在领取税务登记证后，向主管税务机关申请领购发票。对无固定经营场地或者财务制度不健全的纳税人申请领购发票，主管税务机关有权要求其提供担保人，不能提供担保人的，可以视其情况，要求其提供保证金，并限期缴销发票。对发票保证金应设专户储存，不得挪作他用。纳税人可以根据自己的需要申请领购普通发票。增值税专用发票只限于增值税一般纳税人领购使用。

3. 发票开具、使用、取得管理

《征管法》第二十一条规定："单位、个人在购销商品、提供或者接受经营服务以及从事其他经营活动中，应当按照规定开具、使用、取得发票。"普通发票开具、使用、取得的管理，应注意以下几点（增值税专用发票开具、使用、取得的管理，按增值税有关规定办理）：

（1）销货方按规定填开发票。

（2）购买方按规定索取发票。

（3）纳税人进行电子商务必须开具或取得发票。

（4）发票要全联一次填写。

（5）发票不得跨省、直辖市、自治区使用。发票限于领购单位和个人在本省、自治区、直辖市内开具。发票领购单位未经批准，不得跨规定的使用区域携带、邮寄、运输空白发票，禁止携带、邮寄或者运输空白发票出入境。

（6）开具发票要加盖财务印章或发票专用章。

（7）开具发票后，如发生销货退回需开红字发票的，必须收回原发票并注明"作废"字样或取得对方有效证明；发生销售折让的，在收回原发票并证明"作废"后，重新开具发票。

4. 发票保管管理

根据发票管理的要求，发票保管分为税务机关保管和用票单位、个人保管两个层次，都必须建立严格的发票保管制度，包括专人保管制度、专库保管制度、专账登记制度、保管交接制度、定期盘点制度。

5. 发票缴销管理

发票缴销包括发票收缴和发票销毁。发票收缴是指用票单位和个人按照规定向税务机关上缴已经使用或者未使用的发票；发票销毁是指由税务机关统一将自己或者他人已使用或者未使用的发票进行销毁。发票收缴与发票销毁既有联系，又有区别。发票销毁首先必须收缴，但收缴的发票不一定都要销毁，一般都要按照法律法规保存一定时期后才能销毁。

（三）税控管理

税控管理是税收征收管理的一个重要组成部分。它是指税务机关利用税控装置对纳税人的生产经营情况进行监督和管理，以保障国家税收收入、防止税款流失、提高税收征管工作效率、降低征收成本的各项活动的总称。

《征管法》第二十三条规定："国家根据税收征收管理的需要，积极推广使用税控装置。纳税人应当按照规定安装、使用税控装置，不得损毁或者擅自改变税控装置。"同时还在第六十条中规定："未按照规定安装、使用税控装置或者损毁或者擅自改动税控装置的，由税务机关责令限期改正，可以处以2 000元以下的罚款；情节严重的，处2 000元以上1万元以下的罚款。"这样不仅使推广使用税控装置有法可依，而且可以打击在推广使用税控装置中的各种违法犯罪活动。

三、纳税申报管理

纳税申报是纳税人按照税法规定的期限和内容，向税务机关提交有关纳税事项书面报告的法律行为，是纳税人履行纳税义务、界定纳税人法律责任的主要依据，是税务机关税收管理信息的主要来源和税务管理的重要制度。

(一)纳税申报的对象

根据《征管法》第二十五条的规定，纳税申报的对象为纳税人和扣缴义务人。纳税人在纳税期内没有应纳税款的，也应当按照规定办理纳税申报。纳税人享受减税、免税待遇的，在减税、免税期间应当按照规定办理纳税申报。

(二)纳税申报的内容

纳税申报的内容，主要在各税种的纳税申报表和代扣代缴、代收代缴税款报告表中体现，还有的是在随纳税申报表附报的财务报表和有关纳税资料中体现。纳税人、扣缴义务人的纳税申报表或者代扣代缴、代收代缴税款报告表的主要内容包括税种、税目，应纳税项目或者应代扣代缴、代收代缴税款项目，计税依据，扣除项目及标准，适用税率或者单位税额，应退税项目及税额、应减免税项目及税额，应纳税额或者应代扣代缴、代收代缴税额，税款所属期限，延期缴纳税款，欠税，滞纳金等。

(三)纳税申报的期限

《征管法》规定纳税人和扣缴义务人都必须按照法定的期限办理纳税申报。纳税申报的期限有两种：一种是法律、行政法规明确规定的；另一种是税务机关按照法律、行政法规的原则规定，结合纳税人生产经营的实际情况及其所应缴纳的税种等相关问题予以确定的。两种期限具有同等的法律效力。

纳税申报期限的最后一日如遇国家规定的公休日，可以顺延，但不得超过法定的申报期限。

(四)纳税申报的要求

纳税人办理纳税申报时，应当如实填写纳税申报表，并根据不同情况相应报送下列有关证件、资料：

1. 财务、会计报表及其说明材料；
2. 与纳税有关的合同和协议书及凭证；
3. 税控装置的电子报税资料；
4. 外出经营活动税收管理证明和异地完税凭证；
5. 境内外公证机构出具的有关证明文件；
6. 税务机关规定应当报送的其他有关证件、资料。

扣缴义务人办理代扣代缴、代收代缴税款申报时，应当如实填写代扣代缴、代收代缴税款报告表，并报送代扣代缴、代收代缴税款的合法凭证以及税务机关规定的其他有关证件、资料。

(五)纳税申报的方式

《征管法》第二十六条规定："纳税人、扣缴义务人可以直接到税务机关办理纳税申报或者报送代扣代缴、代收代缴税款报告表，也可以按照规定采取邮寄、数据电文或者其他方式办理上述申报、报送事项。"目前，纳税申报的形式主要有以下三种：

1. 直接申报

直接申报，是指纳税人自行到税务机关办理纳税申报。这是一种传统申报方式。

2.邮寄申报

邮寄申报，是指经税务机关批准的纳税人使用统一规定的纳税申报特快专递专用信封，通过邮政部门办理交寄手续，并向邮政部门索取收据作为申报凭据的方式。

纳税人采取邮寄方式办理纳税申报的，应当使用统一的纳税申报专用信封，并以邮政部门收据作为申报凭据。邮寄申报以寄出的邮戳日期为实际申报日期。

3.数据电文申报

数据电文，是指经税务机关确定的电话语音、电子数据交换和网络传输等电子方式。例如，目前纳税人的网上申报，就是数据电文申报方式的一种形式。

纳税人采取电子方式办理纳税申报的，应当按照税务机关规定的期限和要求保存有关资料，并定期书面报送主管税务机关。纳税人、扣缴义务人采取数据电文方式办理纳税申报的，其申报日期以税务机关计算机网络系统收到该数据电文的时间为准。

除上述方式外，实行定期定额缴纳税款的纳税人，可以实行简易申报、简并征期等申报纳税方式。"简易申报"是指实行定期定额缴纳税款的纳税人在法律、行政法规规定的期限内，或税务机关依据法规的规定确定的期限内缴纳税款的，税务机关可以视同申报；"简并征期"是指实行定期定额缴纳税款的纳税人，经税务机关批准，可以采取将纳税期限合并为按季、半年、年的方式缴纳税款。

(六)延期申报管理

延期申报是指纳税人、扣缴义务人不能按照税法规定的期限办理纳税申报或扣缴税款报告。

根据《征管法》第二十七条和《实施细则》第三十七条及有关法规的规定，纳税人因有特殊情况，不能按期进行纳税申报的，经县以上税务机关核准，可以延期申报。但应当在规定的期限内向税务机关提出书面延期申请，经税务机关核准，在核准的期限内办理。如纳税人、扣缴义务人因不可抗力，不能按期办理纳税申报或者报送代扣代缴、代收代缴税款报告表的，可以延期办理，但应当在不可抗力情形消除后立即向税务机关报告。

经核准延期办理纳税申报的，应当在纳税期内按照上期实际缴纳的税额或者税务机关核定的税额预缴税款，并在核准的延期内办理纳税结算。

第三节　税款征收

税款征收是税收征收管理工作的中心环节，是全部税收征管工作的目的和归宿，在整个税收征管工作中占据着极其重要的地位。

一、税款征收原则

(一)税务机关是征税的唯一行政主体的原则

《征管法》第二十九条规定："除税务机关、税务人员以及经税务机关依照法律、行政法规委托的单位和个人外，任何单位和个人不得进行税款征收活动。"第四十一条同时规定："采取税收保全措施、强制执行措施的权利，不得由法定的税务机关以外的单位和个人行使。"

(二)税务机关只能依照法律、行政法规的规定征收税款

根据《征管法》第二十八条的规定，税务机关只能依照法律、行政法规的规定征收税款。未经法定机关和法定程序调整，征纳双方均不得随意变动。税务机关代表国家向纳税人征收税款，不能任意征收，只能依法征收。

（三）税务机关不得违反法律、行政法规的规定开征、停征、多征、少征、提前征收、延缓征收或者摊派税款

《征管法》第二十八条规定："税务机关依照法律、行政法规的规定征收税款，不得违反法律、行政法规的规定开征、停征、多征、少征、提前征收、延缓征收或者摊派税款。"税务机关是执行税法的专职机构，既不得在税法生效之前先行向纳税人征收税款，也不得在税法尚未失效时停止征收税款，更不得擅立章法，新开征一种税。

在税款征收过程中，税务机关应当按照税收法律、行政法规预先规定的征收标准进行征税，不得擅自增减改变税目、调高或降低税率、加征或减免税款、提前征收或延缓征收税款以及摊派税款。

（四）税务机关征收税款必须遵守法定权限和法定程序的原则

税务机关执法必须遵守法定权限和法定程序，这也是税款征收的一项基本原则。例如，采取税收保全措施或强制执行措施时；办理减税、免税、退税时；核定应纳税额时；进行纳税调整时；针对纳税人的欠税，进行清理，采取各种措施时；等等。税务机关都必须按照法律或者行政法规规定的审批权限和程序进行操作，否则就是违法。

（五）税务机关征收税款或扣押、查封商品、货物或其他财产时，必须向纳税人开具完税凭证或开付扣押、查封的收据或清单

《征管法》第三十四条规定："税务机关征收税款时，必须给纳税人开具完税凭证。"第四十七条规定："税务机关扣押商品、货物或者其他财产时，必须开付收据；查封商品、货物或者其他财产时，必须开付清单。"这是税款征收的又一原则。

（六）税款、滞纳金、罚款统一由税务机关上缴国库

《征管法》第五十三条规定："国家税务局和地方税务局应当按照国家规定的税收征管范围和税款入库预算级次，将征收的税款缴入国库。"这也是税款征收的一个基本原则。

（七）税款优先的原则

《征管法》第四十五条的有关规定，第一次在税收法律上确定了税款优先的地位，确定了税款征收在纳税人支付各种款项和偿还债务时的顺序。税款优先的原则不仅增强了税法的刚性，而且增强了税法在执行中的可操作性。

1. 税收优先于无担保债权。这里所说的税收优先于无担保债权是有条件的，也就是说，并不是优先于所有的无担保债权，对于法律上另有规定的无担保债权，不能行使税收优先权。

2. 纳税人发生欠税在前的，税收优先于抵押权、质权和留置权的执行。这里有两个前提条件：其一，纳税人有欠税；其二，欠税发生在前。即纳税人的欠税发生在以其财产设定抵押、质押或被留置之前。纳税人在有欠税的情况下设置抵押权、质权、留置权时，纳税人应当向抵押权人、质权人说明其欠税情况。

欠缴的税款是指纳税人发生纳税义务，但未按照法律、行政法规规定的期限或者未按照税务机关依照法律、行政法规的规定确定的期限向税务机关申报缴纳的税款或者少缴的税款。纳税人应缴纳税款的期限届满之次日即是纳税人欠缴税款的发生时间。

3. 税收优先于罚款、没收非法所得。

（1）纳税人欠缴税款，同时又被税务机关决定处以罚款、没收非法所得的，税收优先于罚款、没收非法所得。

（2）纳税人欠缴税款，同时又被税务机关以外的其他行政部门处以罚款、没收非法所得的，税收优先于罚款、没收非法所得。

二、税款征收方式

税款征收方式是指税务机关根据各税种的不同特点、征纳双方的具体条件而确定的计算征收税款的方法和形式。税款征收方式主要有：

（一）查账征收

查账征收是指税务机关按照纳税人提供的账表所反映的经营情况，依照适用税率计算缴纳税款的方式。这种方式一般适用于财务会计制度较为健全且能够认真履行纳税义务的纳税单位。

（二）查定征收

查定征收是指税务机关根据纳税人的从业人员、生产设备、采用原材料等因素，对其产制的应税产品查实核定产量、销售额并据以征收税款的方式。这种方式一般适用于账册不够健全，但是能够控制原材料或进销货的纳税单位。

（三）查验征收

查验征收是指税务机关对纳税人应税商品，通过查验数量，按市场一般销售单价计算其销售收入并据以征税的方式。这种方式一般适用于经营品种比较单一，经营地点、时间和商品来源不固定的纳税单位。

（四）定期定额征收

定期定额征收是指税务机关通过典型调查，逐户确定营业额和所得额并据以征税的方式。这种方式一般适用于无完整考核依据的小型纳税单位。

（五）委托代征税款

委托代征税款是指税务机关委托代征人以税务机关的名义征收税款，并将税款缴入国库的方式。这种方式一般适用于小额、零散税源的征收。

（六）邮寄纳税

邮寄纳税是一种新的纳税方式。这种方式主要适用于那些有能力按期纳税，但采用其他方式纳税又不方便的纳税人。

（七）其他方式

其他方式包括利用网络申报、用IC卡纳税等。

三、税款征收制度

（一）代扣代缴、代收代缴税款制度

1.扣缴义务人依照法律、行政法规的规定履行代扣、代收税款的义务。对法律、行政法规没有规定负有代扣、代收税款义务的单位和个人，税务机关不得要求其履行代扣、代收税款义务。

2.扣缴义务人依法履行代扣、代收税款义务时，纳税人不得拒绝。纳税人拒绝的，扣缴义务人应当及时报告税务机关处理。

3.扣缴义务人代扣、代收税款，只限于法律、行政法规规定的范围，并依照法律、行政法规规定的征收标准执行。对法律、行政法规没有规定代扣、代收的，扣缴义务人不能超越范围代扣、代收税款，扣缴义务人也不得提高或降低标准代扣、代收税款。

4.税务机关按照规定付给扣缴义务人代扣、代收手续费。代扣、代收税款手续费只能由县

(市)以上税务机关统一办理退库手续,不得在征收税款过程中坐支。

(二)延期缴纳税款制度

纳税人和扣缴义务人必须在税法规定的期限内缴纳、解缴税款。但考虑到纳税人在履行纳税义务的过程中,可能会遇到特殊困难的客观情况,为了保护纳税人的合法权益,《征管法》第三十一条第二款规定:"纳税人因有特殊困难,不能按期缴纳税款的,经省、自治区、直辖市国家税务局、地方税务局批准,可以延期缴纳税款,但是最长不得超过3个月。"

特殊困难的主要内容:一是因不可抗力,导致纳税人发生较大损失,正常生产经营活动受到较大影响的;二是当期货币资金在扣除应付职工工资、社会保险费后,不足以缴纳税款的。所谓"当期货币资金",是指纳税人申请延期缴纳税款之日的资金余额,其中不含国家法律和行政法规明确规定企业不可动用的资金;"应付职工工资"是指当期计提数。

纳税人在申请延期缴纳税款时,应当注意以下几个问题:

1. 在规定期限内提出书面申请。纳税人需要延期缴纳税款的,应当在缴纳税款期限届满前提出申请,并报送下列材料:申请延期缴纳税款报告、当期货币资金余额情况及所有银行存款账户的对账单、资产负债表、应付职工工资和社会保险费等税务机关要求提供的支出预算。

税务机关应当自收到申请延期缴纳税款报告之日起20日内作出批准或者不予批准的决定;不予批准的,从缴纳税款期限届满之次日起加收滞纳金。

2. 税款的延期缴纳,必须经省、自治区、直辖市国家税务局、地方税务局批准,方为有效。

3. 延期期限最长不得超过3个月,同一笔税款不得滚动审批。

4. 批准延期内免予加收滞纳金。

【例18-2】 2013年10月,某县A企业应纳营业税款为300万元。由于会计休产假,资金周转有困难,企业向税务机关提出延期缴纳税款的请求,县地税局局长批准其可延期2个月缴纳税款。2014年6月8日,税务机关进行日常检查时,发现A企业该笔税款仍未缴纳,虽经过征收分局的多次催缴,但企业一直以种种理由拖欠。然而,经过检查往来账项,发现A企业应收账款余额较大,其中债务人B企业所欠营业款250万元早已到期,且了解到B企业近半年资信情况一直很好。

要求:根据上述资料,回答下列问题:

(1)县地税局局长是否应批准企业延期纳税?为什么?

(2)税务机关可依法采取哪些措施和行使哪些权利?

【解析】

(1)县地税局局长不应批准企业延期纳税。因为会计休产假,资金周转有困难,不能作为申请延期纳税的理由,而且县地税局局长也无权批准延期纳税。根据《征管法》第三十一条和《实施细则》第四十一条的规定,纳税人因有特殊困难,不能按期缴纳税款的,经省、自治区、直辖市国家税务局批准,可以延期纳税,但是最长不得超过3个月。所称特殊困难,一是因不可抗力事件发生,导致纳税人发生较大损失,正常生产经营活动受到较大影响的;二是当期货币资金扣除应付职工工资、社会保险费用后,不足以缴纳税款的。

(2)税务机关可以采取强制执行措施。根据《征管法》第四十条的规定,限期期满未缴纳税款的,经县以上税务局(分局)局长批准,税务机关可以书面通知其开户银行或者其他金融机构从其存款中扣缴税款,或扣押、查封、依法拍卖或变卖价值相当于应纳税款的商品、货物或者其他财产,以拍卖或者变卖所得抵缴税款。

(3)税务机关可以行使代位权。《征管法》第五十条规定:"欠缴税款的纳税人因怠于行使到期债权，或者放弃到期债权，或者无偿转让财产，或者以明显不合理的低价转让财产而受让人知道该情形，对国家税收造成损害的，税务机关可以依照合同法第七十三条、第七十四条的规定行使代位权、撤销权。”因此，税务机关可以直接向B企业收回货款，用以抵缴税款。

(三)税收滞纳金征收制度

《征管法》第三十二条规定：“纳税人未按照规定期限缴纳税款的，扣缴义务人未按照规定期限解缴税款的，税务机关除责令限期缴纳外，从滞纳税款之日起，按日加收滞纳税款万分之五的滞纳金。”

加收滞纳金的具体操作应按下列程序进行：

1. 先由税务机关发出催缴税款通知书，责令限期缴纳或解缴税款，告知纳税人如不按期履行纳税义务，将依法按日加收滞纳税款万分之五的滞纳金。

2. 从滞纳之日起加收滞纳金(加收滞纳金的起止时间为法律、行政法规规定或者税务机关依照法律、行政法规的规定确定的税款缴纳期限届满次日起至纳税人、扣缴义务人实际缴纳或者解缴税款之日止)。

3. 拒绝缴纳滞纳金的，可以按不履行纳税义务实行强制执行措施，强行划拨或者强制征收。

(四)减免税收制度

根据《征管法》第三十三条及《税收减免管理办法》的有关规定，办理减税、免税应注意下列事项：

1. 减免税必须有法律、行政法规的明确规定(具体规定将在税收实体法中体现)。地方各级人民政府、各级人民政府主管部门、单位和个人违反法律、行政法规规定，擅自作出的减税、免税决定无效，税务机关不得执行，并向上级税务机关报告。

2. 纳税人申请减免税，应向主管税务机关提出书面申请，并按规定附送有关资料。

3. 减免税的申请须经法律、行政法规规定的减税、免税审查批准机关审批。

4. 纳税人在享受减免税待遇期间，仍应按规定办理纳税申报。

5. 纳税人享受减税、免税的条件发生变化时，应当自发生变化之日起15日内向税务机关报告，经税务机关审核后，停止其减税、免税；对不报告的，又不再符合减税、免税条件的，税务机关有权追回已减免的税款。

6. 减税、免税期满，纳税人应当自期满次日起恢复纳税。

7. 减免税分为核准类减免税和备案类减免税。核准类减免税是指法律、法规规定应由税务机关核准的减免税项目；备案类减免税是指不需要税务机关核准的减免税项目。

纳税人享受核准类减免税，应当提交核准材料，提出申请，经依法具有批准权限的税务机关按规定核准确认后执行。未按规定申请或虽申请但未经有批准权限的税务机关核准确认的，纳税人不得享受减免税。

纳税人享受备案类减免税，应当具备相应的减免税资质，并履行规定的备案手续。

8. 纳税人依法可以享受减免税待遇，但是未享受而多缴税款的，纳税人可以在税收征管法规定的期限内申请减免税，要求退还多缴的税款。

9. 纳税人实际经营情况不符合减免税规定条件的或者采用欺骗手段获取减免税的、享受减免税条件发生变化未及时向税务机关报告的，以及未按照规定履行相关程序自行减免税的，税务机关依照税收征管法有关规定予以处理。

10. 纳税人申请核准类减免税的，应当在政策规定的减免税期限内，向税务机关提出书面申请，并按要求报送相应的材料。纳税人对报送材料的真实性和合法性承担责任。

税务机关对纳税人提出的减免税申请，应当根据以下情况分别作出处理：

(1)申请的减免税项目，依法不需要由税务机关核准后执行的，应当即时告知纳税人不受理；

(2)申请的减免税材料存在错误的，应当告知并允许纳税人更正；

(3)申请的减免税材料不齐全或者不符合法定形式的，应当场一次性书面告知纳税人；

(4)申请的减免税材料齐全、符合法定形式的，或者纳税人按照税务机关的要求提交全部补正减免税材料的，应当受理纳税人的申请。

11. 税务机关受理或者不予受理减免税申请，应当出具加盖本机关专用印章和注明日期的书面凭证。

12. 减免税的审核是对纳税人提供材料与减免税法定条件的相关性进行审核，不改变纳税人真实申报责任。

13. 减免税申请符合法定条件、标准的，税务机关应当在规定的期限内作出准予减免税的书面决定。依法不予减免税的，应当说明理由，并告知纳税人享有依法申请行政复议以及提起行政诉讼的权利。

14. 纳税人在减免税书面核准决定未下达之前应按规定进行纳税申报。纳税人在减免税书面核准决定下达之后，所享受的减免税应当进行申报。纳税人享受减免税的情形发生变化时，应当及时向税务机关报告，税务机关对纳税人的减免税资质进行重新审核。

15. 备案类减免税的实施可以按照减轻纳税人负担、方便税收征管的原则，要求纳税人在首次享受减免税的申报阶段在纳税申报表中附列或附送材料进行备案，也可以要求纳税人在申报征期后的其他规定期限内提交报备资料进行备案。

16. 纳税人随纳税申报表提交附送材料或报备材料进行备案的，应当在税务机关规定的减免税期限内，报送以下资料：

(1)列明减免税的项目、依据、范围、期限等；

(2)减免税依据的相关法律、法规规定要求报送的材料。

纳税人对报送材料的真实性和合法性承担责任。

17. 税务机关对纳税人提请的减免税备案，应当根据以下情况分别作出处理：

(1)备案的减免税材料存在错误的，应当告知并允许纳税人更正；

(2)备案的减免税材料不齐全或者不符合法定形式的，应当场一次性书面告知纳税人；

(3)备案的减免税材料齐全、符合法定形式的，或者纳税人按照税务机关的要求提交全部补正减免税材料的，应当受理纳税人的备案。

18. 税务机关受理或者不予受理减免税备案，应当出具加盖本机关专用印章和注明日期的书面凭证。

19. 备案类减免税的审核是对纳税人提供资料完整性的审核，不改变纳税人真实申报责任。

20. 税务机关对备案材料进行收集、录入，纳税人在符合减免税资质条件期间，备案材料一次性报备，在政策存续期可一直享受。

21. 纳税人享受备案类减免税的，应当按规定进行纳税申报。纳税人享受减免税到期的，应当停止享受减免税，按照规定进行纳税申报。纳税人享受减免税的情形发生变化时，应当及时向税务机关报告。

22. 税务机关应当结合税收风险管理，将享受减免税的纳税人履行纳税义务情况纳入风险管理，加强监督检查，主要内容包括：

(1)纳税人是否符合减免税的资格条件，是否以隐瞒有关情况或者提供虚假材料等手段骗取减免税；

(2)纳税人享受核准类减免税的条件发生变化时，是否根据变化情况经税务机关重新审查后办理减免税；

(3)纳税人是否存在编造虚假计税依据骗取减免税的行为；

(4)减免税税款有规定用途的，纳税人是否按照规定用途使用减免税款；

(5)减免税有规定减免期限的，是否到期停止享受税收减免；

(6)是否存在纳税人应经而未经税务机关批准自行享受减免税的情况；

(7)享受减免税是否按时申报。

23. 纳税人享受核准类或备案类减免税的，对符合政策规定条件的材料有留存备查的义务。纳税人在税务机关后续管理中不能提供相关印证材料的，不得继续享受税收减免，追缴已享受的减免税款，并依照税收征管法的有关规定处理。

24. 税务机关在纳税人首次减免税备案或者变更减免税备案后，应及时开展后续管理工作，对纳税人减免税政策适用的准确性进行审核。对政策适用错误的告知纳税人变更备案，对不应当享受减免税的，追缴已享受的减免税款，并依照税收征管法的有关规定处理。

25. 税务机关应当将减免税核准和备案工作纳入岗位责任制考核体系中，建立税收行政执法责任追究制度：

(1)建立健全减免税跟踪反馈制度。各级税务机关应当定期对减免税核准和备案工作情况进行跟踪与反馈，适时完善减免税工作机制。

(2)建立减免税案卷评查制度。各级税务机关应当建立各类减免税资料案卷，妥善保管各类案卷资料，上级税务机关应定期对案卷资料进行评查。

(3)建立层级监督制度。上级税务机关应建立经常性的监督制度，加强对下级税务机关减免税管理工作的监督，包括是否按规定的权限、条件、时限等实施减免税核准和备案工作。

26. 税务机关需要对纳税人提交的减免税材料内容进行实地核实的，应当指派2名以上工作人员按照规定程序进行实地核查，并将核查情况记录在案。上级税务机关对减免税实地核查工作量大、耗时长的，可委托企业所在地的区县税务机关具体组织实施。

因税务机关的责任批准或者核实错误，造成企业未缴或少缴税款，依照税收征管法的有关规定处理。

税务机关越权减免税的，除依照税收征管法规定撤销其擅自作出的决定外，补征应征未征税款，并由上级机关追究直接负责的主管人员和其他直接责任人员的行政责任；构成犯罪的，依法追究刑事责任。

27. 税务机关应对享受减免税企业的实际经营情况进行事后监督检查。检查中，发现有关专业技术或经济鉴证部门认定失误的，应及时与有关认定部门协调沟通，提请纠正后，及时取消有关纳税人的优惠资格，督促追究有关责任人的法律责任。有关部门非法提供证明，导致未缴、少缴税款的，依照税收征管法的有关规定处理。

(五)税额核定和税收调整制度

1. 税额核定制度

根据《征管法》第三十五条的规定，纳税人(包括单位纳税人和个人纳税人)有下列情形之一的，税务机关有权核定其应纳税额：

(1)依照法律、行政法规的规定可以不设置账簿的；

(2)依照法律、行政法规的规定应当设置但未设置账簿的；

(3)擅自销毁账簿或者拒不提供纳税资料的；

(4)虽设置账簿，但账目混乱或者成本资料、收入凭证、费用凭证残缺不全，难以查账的；

(5)发生纳税义务，未按照规定的期限办理纳税申报，经税务机关责令限期申报，逾期仍不申报的；

(6)纳税人申报的计税依据明显偏低，又无正当理由的。

目前，税务机关核定税额的方法主要有以下四种：

(1)参照当地同类行业或者类似行业中经营规模和收入水平相近的纳税人的税负水平核定；

(2)按照营业收入或者成本加合理的费用和利润的方法核定；

(3)按照耗用的原材料、燃料、动力等推算或者测算核定；

(4)按照其他合理的方法核定。

采用以上一种方法不足以正确核定应纳税额时，可以同时采用两种以上的方法核定。

纳税人对税务机关采取规定的方法核定的应纳税额有异议的，应当提供相关证据，经税务机关认定后，调整应纳税额。

2.税收调整制度

这里所说的税收调整制度，主要指的是关联企业的税收调整制度。

《征管法》第三十六条规定："企业或者外国企业在中国境内设立的从事生产、经营的机构、场所与其关联企业之间的业务往来，应当按照独立企业之间的业务往来收取或者支付价款、费用；不按照独立企业之间的业务往来收取或者支付价款、费用，而减少其应纳税的收入或者所得额的，税务机关有权进行合理调整。"

所称关联企业，是指有下列关系之一的公司、企业和其他经济组织：

(1)在资金、经营、购销等方面，存在直接或者间接的拥有或者控制关系；

(2)直接或者间接地同为第三者所拥有或者控制；

(3)在利益上具有相关联的其他关系。

纳税人与其关联企业之间的业务往来有下列情形之一的，税务机关可以调整其应纳税额：

(1)购销业务未按照独立企业之间的业务往来作价；

(2)融通资金所支付或者收取的利息超过或者低于没有关联关系的企业之间所能同意的数额，或者利率超过或者低于同类业务的正常利率；

(3)提供劳务，未按照独立企业之间业务往来收取或者支付劳务费用；

(4)转让财产、提供财产使用权等业务往来，未按照独立企业之间业务往来作价或者收取、支付费用；

(5)未按照独立企业之间业务往来作价的其他情形。

纳税人有上述所列情形之一的，税务机关可以按照下列方法调整计税收入额或者所得额：

(1)按照独立企业之间进行的相同或者类似业务活动的价格；

(2)按照再销售给无关联关系的第三者的价格所应取得的收入和利润水平；

(3)按照成本加合理的费用和利润；

(4)按照其他合理的方法。

调整期限：纳税人与其关联企业未按照独立企业之间的业务往来支付价款、费用的，税务机关自该业务往来发生的纳税年度起 3 年内进行调整；有特殊情况的，可以自该业务往来发生的纳税年度起 10 年内进行调整。

上述所称“特殊情况”，是指纳税人有下列情形之一：一是纳税人在以前年度与其关联企业间的业务往来累计达到或超过 10 万元人民币的；二是经税务机关案头审计分析，纳税人在以前年度与其关联企业的业务往来，预计需调增其应纳税收入或所得额达 50 万元人民币的；三是纳税人在以前年度与设在避税地的关联企业有业务往来的；四是纳税人在以前年度未按规定进行关联企业间业务往来的年度申报，或申报内容不实，或不提供有关价格、费用标准的。

(六)未办理税务登记的从事生产、经营的纳税人，以及临时从事经营的纳税人的税款征收制度

《征管法》第三十七条规定：“对未按照规定办理税务登记的从事生产、经营的纳税人以及临时从事经营的纳税人，由税务机关核定其应纳税额，责令缴纳；不缴纳的，税务机关可以扣押其价值相当于应纳税款的商品、货物。扣押后缴纳应纳税款的，税务机关必须立即解除扣押，并归还所扣押的商品、货物，税务执法人员应当在二十四小时内向县以上税务局(分局)局长报告，并补办批准手续。扣押后仍不缴纳应纳税款的，经县以上税务局(分局)局长批准，依法拍卖或者变卖所扣押的商品、货物，以拍卖或者变卖所得抵缴税款。”

根据上述规定，应特别注意其适用对象及执行程序两个方面：

1. 适用对象：未办理税务登记的从事生产、经营的纳税人以及临时从事经营的纳税人。

2. 执行程序：

(1)核定应纳税额。税务机关要按一定的标准，尽可能合理地确定其应纳税额。

(2)责令缴纳。税务机关核定应纳税额后，应责令纳税人按核定的税款缴纳税款。

(3)扣押商品、货物。对经税务机关责令缴纳而不缴纳税款的纳税人，税务机关可以扣押其价值相当于应纳税款的商品、货物。

(4)解除扣押或者拍卖、变卖所扣押的商品、货物。扣押后缴纳应纳税款的，税务机关必须立即解除扣押，并归还所扣押的商品、货物。纳税人应当自扣押之日起 15 日内缴纳税款。

对扣押的鲜活、易腐烂变质或者易失效的商品、货物，税务机关根据被扣押物品的保质期，可以缩短前款规定的扣押期限。

(5)抵缴税款。税务机关拍卖或者变卖所扣押的商品、货物后，以拍卖或者变卖所得抵缴税款。

(七)税收保全措施

税收保全措施是指税务机关对可能由于纳税人的行为或者某种客观原因，致使以后税款的征收不能保证或难以保证的案件，采取限制纳税人处理或转移商品、货物或其他财产的措施。

《征管法》第三十八条规定：“税务机关有根据认为从事生产、经营的纳税人有逃避纳税义务行为的，可以在规定的纳税期之前，责令限期缴纳应纳税款；在限期内发现纳税人有明显的转移、隐匿其应纳税的商品、货物以及其他财产或者应纳税的收入的迹象的，税务机关可以责成纳税人提供纳税担保。如果纳税人不能提供纳税担保，经县以上税务局(分局)局长批准，税务机关可以采取下列税收保全措施：(1)书面通知纳税人开户银行或者其他金融机构冻结纳税人的金额相当于应纳税款的存款；(2)扣押、查封纳税人的价值相当于应纳税款的商品、货物或者其他财产。其他财产包括纳税人的房地产、现金、有价证券等不动产和动产。”

纳税人在规定的限期内缴纳税款的，税务机关必须立即解除税收保全措施；限期期满仍未缴纳税款的，经县以上税务局(分局)局长批准，税务机关可以书面通知纳税人开户银行或者其他金融机构从其冻结的存款中扣缴税款，或者依法拍卖或者变卖所扣押、查封的商品、货物或者其他财产，以拍卖或者变卖所得抵缴税款。

采取税收保全措施不当，或者纳税人在限期内已缴纳税款，税务机关未立即解除税收保全措施，使纳税人的合法利益遭受损失的，税务机关应当承担赔偿责任。

个人及其所扶养家属维持生活必需的住房和用品，不在税收保全措施的范围之内。个人所扶养家属，是指与纳税人共同居住生活的配偶、直系亲属以及无生活来源并由纳税人扶养的其他亲属。生活必需的住房和用品不包括机动车辆、金银饰品、古玩字画、豪华住宅或一处以外的住房。税务机关对单价5 000元以下的其他生活用品，不采取税收保全措施和强制执行措施。

税务机关扣押商品、货物或者其他财产时，必须开付收据；查封商品、货物或者其他财产时，必须开付清单。

根据上述规定，采取税收保全措施应注意以下几个方面：

1.采取税收保全措施的前提和条件

税务机关采取税收保全措施的前提是，从事生产、经营的纳税人有逃避纳税义务行为。也就是说，税务机关采取税收保全措施的前提是对逃税的纳税人采取的。采取时，应当符合下列两个条件：

(1)纳税人有逃避纳税义务的行为。没有逃避纳税义务行为的，不能采取税收保全措施。逃避纳税义务的行为的最终目的是为了不缴或少缴税款，其采取的方法主要是转移、隐匿可以用来缴纳税款的资金或实物。

(2)必须是在规定的纳税期之前和责令缴纳应纳税款的限期内。如果纳税期和责令缴纳应纳税款的限期届满纳税人又没有缴纳应纳税款的，税务机关可以按规定采取强制执行措施，就无所谓税收保全了。

2.采取税收保全措施的法定程序

(1)责令纳税人提前缴纳税款。税务机关有根据认为从事生产、经营的纳税人有逃避纳税义务行为的，可以在规定的纳税期之前，责令限期缴纳应纳税款。税务机关对有逃税行为的纳税人在规定的纳税期之前，责令限期缴纳税款时，主管税务机关应下达给有逃税行为的纳税人执行。同时，主管税务机关填制由纳税人签章的《税务文书送达回证》。

(2)责成纳税人提供纳税担保。在限期内，纳税人有明显转移、隐匿应纳税的商品、货物以及其他财产或者应纳税的收入的迹象的，税务机关可以责成纳税人提供纳税担保。

(3)冻结纳税人的存款。纳税人不能提供纳税担保的，经县以上税务局(分局)局长批准，书面通知纳税人开户银行或者其他金融机构冻结纳税人的金额相当于应纳税款的存款。

(4)查封、扣押纳税人的商品、货物或其他财产。纳税人在开户银行或其他金融机构中没有存款，或者税务机关无法掌握其存款情况的，税务机关可以扣押、查封纳税人的价值相当于应纳税款的商品、货物或其他财产。

3.税收保全措施的终止

税收保全措施的终止有两种情况：一是纳税人在规定的期限内缴纳了应纳税款的，税务机关必须立即解除税收保全措施；二是纳税人超过规定的期限仍不缴纳税款的，经县以上税务局(分局)局长批准，终止保全措施，转入强制执行措施，即书面通知纳税人开户银行或者其他金融机构从其冻结的存款中扣缴税款，或者拍卖、变卖所扣押、查封的商品、货物或者其他财产，以拍卖或者变卖所得抵缴税款。

（八）税收强制执行措施

税收强制执行措施是指当事人不履行税收法律、行政法规规定的义务，税务机关采用法定的强制手段，强迫当事人履行义务的措施。

《征管法》第四十条规定："从事生产、经营的纳税人、扣缴义务人未按照规定的期限缴纳或者解缴税款，纳税担保人未按照规定的期限缴纳所担保的税款，由税务机关责令限期缴纳，逾期仍未缴纳的，经县以上税务局（分局）局长批准，税务机关可以采取下列强制执行措施：（1）书面通知其开户银行或者其他金融机构从其存款中扣缴税款；（2）扣押、查封、依法拍卖或者变卖其价值相当于应纳税款的商品、货物或者其他财产，以拍卖或者变卖所得抵缴税款。"

税务机关采取强制执行措施时，对上款所列纳税人、扣缴义务人、纳税担保人未缴纳的滞纳金同时强制执行。

个人及其所扶养家属维持生活必需的住房和用品，不在强制执行措施的范围之内。

根据上述规定，采取税收强制执行措施应注意以下几个方面：

1. 税收强制执行措施的适用范围

强制执行措施的适用范围仅限于未按照规定的期限缴纳或者解缴税款，经责令限期缴纳，逾期仍未缴纳的从事生产、经营的纳税人、扣缴义务人、纳税担保人。需要强调的是，采取强制执行措施适用于扣缴义务人、纳税担保人，采取税收保全措施时则不适用。

2. 采取税收强制执行措施的程序

（1）税款的强制征收（扣缴税款）。纳税人、扣缴义务人、纳税担保人在规定的期限内未缴纳或者解缴税款或者提供担保的，经主管税务机关责令限期缴纳，逾期仍未缴纳的，经县以上税务局（分局）局长批准，书面通知其开户银行或者其他金融机构从其存款中扣缴税款。

在扣缴税款的同时，主管税务机关应按照《征管法》第六十八条的规定，可以处以不缴或者少缴的税款50%以上5倍以下的罚款。

（2）扣押、查封、拍卖或者变卖，以拍卖或者变卖所得抵缴税款。按照《征管法》第四十条的规定，扣押、查封、拍卖或者变卖等行为具有连续性，即扣押、查封后，不再给纳税人自动履行纳税义务的期间，税务机关可以直接拍卖或者变卖其价值相当于应纳税款的商品、货物或者其他财产，以拍卖或者变卖所得抵缴税款。

拍卖或者变卖所得抵缴税款、滞纳金、罚款以及扣押、查封、保管、拍卖、变卖等费用后，剩余部分应当在3日内退还被执行人。

【例18—3】 某县地税局城区分局征管人员于2014年11月20日对个体双定户纳税情况进行检查时，纳税人王某声称将于2014年11月30日前迁往外地经营，拒绝接受检查。征管人员认为王某有逃避缴纳11月份应纳税款的可能性，于11月21日以分局名义向王某下达《限期缴纳税款通知书》，责令其于11月26日前缴纳11月份应纳税款300元。

王某对此不满，并在11月23日开始租用车辆拉走部分货物。征管人员发现后于当日向王某下达《提供纳税担保通知书》，责令其于11月24日前提供纳税担保。王某以未到法定的纳税期限为由拒绝提供纳税担保，也拒绝缴纳税款，征管人员多次与其协商未果。

11月27日，经催缴王某仍未缴纳税款。28日，城区分局根据《征管法》规定，经县局局长批准，对其采取税收强制执行措施，扣押、查封、依法拍卖或变卖了其部分货物，并依法对其处以300元罚款。

问:税务机关的各项处理是否正确？为什么？

【解析】

(1)11 月 21 日向王某下达《限期缴纳税款通知书》,责令其限期缴纳,以及 11 月 23 日向王某下达《提供纳税担保通知书》,责令其提供纳税担保,均是正确的。《征管法》第三十八条规定:“税务机关有根据认为从事生产、经营的纳税人有逃避纳税义务行为的,可以在规定的纳税期之前,责令限期缴纳应纳税款;在限期内发现纳税人有明显的转移、隐匿其应纳税的商品、货物以及其他财产或者应纳税的收入的迹象的,税务机关可以责成纳税人提供纳税担保。”

(2)11 月 28 日对王某采取税收强制执行措施是不正确的,只能采取税收保全措施,因为 11 月 28 日并没有超过规定的纳税期限。

(九)欠税清缴制度

欠税是指纳税人未按照规定期限缴纳税款、扣缴义务人未按照规定期限解缴税款的行为。《征管法》在欠税清缴方面主要采取了以下措施:

1. 严格控制欠缴税款的审批权限

根据《征管法》第三十一条的规定,缓缴税款的审批权限集中在省、自治区、直辖市国家税务局、地方税务局。这样规定,一方面能帮助纳税人渡过暂时的难关,另一方面也体现了严格控制欠税的精神,保证国家税收免遭损失。

2. 限期缴税时限

从事生产、经营的纳税人、扣缴义务人未按照规定的期限缴纳或者解缴税款的,纳税担保人未按照规定的期限缴纳所担保的税款的,由税务机关发出限期缴纳税款通知书,责令缴纳或者解缴税款的最长期限不得超过 15 日。

3. 建立欠税清缴制度,防止税款流失

(1)扩大了阻止出境对象的范围。《征管法》第四十四条规定:“欠缴税款的纳税人或者他的法定代表人需要出境的,应当在出境前向税务机关结清应纳税款、税款滞纳金或者提供担保。未结清税款、税款滞纳金,又不提供担保的,税务机关可以通知出境管理机关阻止其出境。”

(2)建立改制纳税人欠税的清缴制度。《征管法》第四十八条规定:“纳税人有合并、分立情形的,应当向税务机关报告,并依法缴清税款。纳税人合并时未缴清税款的,应当由合并后的纳税人继续履行未履行的纳税义务;纳税人分立时未缴清税款的,分立后的纳税人对未履行的纳税义务应当承担连带责任。”

(3)大额欠税处分财产报告制度。根据《征管法》第四十九条和《实施细则》第七十七条的规定,欠缴税款数额在 5 万元以上的纳税人在处分其不动产或者大额资产之前,应当向税务机关报告。这一规定有利于税务机关及时掌握欠税企业处置不动产和大额资产的动向。税务机关可以根据其是否侵害了国家税收,是否有转移资产、逃避纳税义务的情形,决定是否行使税收优先权,是否采取税收保全措施或者强制执行措施。

(4)税务机关可以对欠缴税款的纳税人行使代位权、撤销权,即对纳税人的到期债权等财产权利,税务机关可以依法向第三者追索以抵缴税款。《征管法》第五十条规定了在哪些情况下税务机关可以依照《合同法》第七十三条、第七十四条的规定行使代位权、撤销权。税务机关代表国家,拥有对欠税的债权,这是纳税人应该偿还国家的债务。

如果欠税的纳税人,怠于行使其到期的债权,怠于收回其到期的资产、款项等,税务机关可以向人民法院请求以自己的名义代为行使债权。

(5)建立欠税公告制度。根据《征管法》第四十五条和《实施细则》第七十六条的规定，税务机关应当对纳税人欠缴税款的情况，在办税场所或者广播、电视、报纸、期刊、网络等新闻媒体上定期予以公告。定期公告是指税务机关定期向社会公告纳税人的欠税情况，同时税务机关还可以根据实际情况和实际需要，制定纳税人的纳税信用等级评比制度。

(十)税款的退还和追征制度

1.税款的退还

《征管法》第五十一条规定："纳税人超过应纳税额缴纳的税款，税务机关发现后应当立即退还；纳税人自结算缴纳税款之日起3年内发现的，可以向税务机关要求退还多缴的税款并加算银行同期存款利息，税务机关及时查实后应当立即退还；涉及从国库中退库的，依照法律、行政法规中有关国库管理的规定退还。"

《实施细则》第七十八条规定："税务机关发现纳税人多缴税款的，应当自发现之日起10日内办理退还手续；纳税人发现多缴税款，要求退还的，税务机关应当自接到纳税人退还申请之日起30日内查实并办理退还手续。"

2.税款的追征

《征管法》第五十二条规定："因税务机关的责任，致使纳税人、扣缴义务人未缴或者少缴税款的，税务机关在3年内可要求纳税人、扣缴义务人补缴税款，但是不得加收滞纳金。"

因纳税人、扣缴义务人过失未缴或者少缴税款的，税务机关在3年内可以追征税款、滞纳金；有特殊情况的，追征期可以延长到5年。

对逃避缴纳税款、抗税、骗税的，税务机关追征其未缴或者少缴的税款、滞纳金或者所骗取的税款，不受前款规定期限的限制。

(十一)税款入库制度

1.审计机关、财政机关依法进行审计、检查时，对税务机关的税收违法行为作出的决定，税务机关应当执行；发现被审计、检查单位有税收违法行为的，向被审计、检查单位下达决定、意见书，责成被审计、检查单位向税务机关缴纳应当缴纳的税款、滞纳金。税务机关应当根据有关机关的决定、意见书，依照税收法律、行政法规的规定，将应收的税款、滞纳金按照国家规定的税收征收管理范围和税款入库预算级次缴入国库。

2.税务机关应当自收到审计机关、财政机关的决定、意见书之日起30日内将执行情况书面回复审计机关、财政机关。

有关机关不得将其履行职责过程中发现的税款、滞纳金自行征收入库或者以其他款项的名义自行处理、占压。

第四节　税务检查

税务检查是税务机关依据国家税法和财务会计制度的规定，对纳税人、扣缴义务人履行纳税义务、扣缴义务的情况进行检查和监督，以充分发挥税收职能作用的一种管理活动。税务检查是税收征管工作的重要环节，也是保证国家税收收入及时、足额入库的重要手段。

一、税务检查权

根据《征管法》和《实施细则》的规定，税务机关的税务检查权主要有以下方面：

1. 查账权。即检查纳税人的账簿、记账凭证、报表和有关资料，检查扣缴义务人代扣代缴、代收代缴税款账簿、记账凭证和有关资料。

因检查需要时，经县以上税务局(分局)局长批准，可以将纳税人、扣缴义务人以前会计年度的账簿、记账凭证、报表和其他有关资料调回税务机关检查，但是税务机关必须向纳税人、扣缴义务人开付清单，并在3个月内完整退还；有特殊情况的，经设区的市、自治州以上税务局局长批准，税务机关可以将纳税人、扣缴义务人当年的账簿、记账凭证、报表和其他有关资料调回检查，但是税务机关必须在30日内退还。

2. 场地检查权。即到纳税人的生产、经营场所和货物存放地检查纳税人应纳税的商品、货物或者其他财产，检查扣缴义务人与代扣代缴、代收代缴税款有关的经营情况。

3. 责成提供资料权。即责成纳税人、扣缴义务人提供与纳税或者代扣代缴、代收代缴税款有关的文件、证明材料和有关资料。

4. 询问权。即询问纳税人、扣缴义务人与纳税或者代扣代缴、代收代缴税款有关的问题和情况。

5. 交通和邮政检查权。即到车站、码头、机场、邮政企业及其分支机构检查纳税人托运、邮寄应税商品、货物或者其他财产的有关单据凭证和资料。

6. 存款账户查核权。经县以上税务局(分局)局长批准，凭全国统一格式的检查存款账户许可证明，查询从事生产、经营的纳税人、扣缴义务人在银行或者其他金融机构的存款账户。税务机关在调查税收违法案件时，经设区的市、自治州以上税务局(分局)局长批准，可以查询案件涉嫌人员的储蓄存款。税务机关查询所获得的资料，不得用于税收以外的用途。上述所称的"经设区的市、自治州以上税务局局长"，包括地(市)一级(含直辖市下设区)的税务局局长。

税务机关查询的内容，包括纳税人存款账户余额和资金往来情况。

7. 税收保全措施或者强制执行措施权。税务机关对从事生产、经营的纳税人以前纳税期的纳税情况依法进行税务检查时，发现纳税人有逃避纳税义务行为，并有明显的转移、隐匿其应纳税的商品、货物以及其他财产或者应纳税的收入的迹象的，可以按照规定的批准权限采取税收保全措施或者强制执行措施。税务机关采取税收保全措施的期限一般不得超过6个月；重大案件需要延长的，应当报国家税务总局批准。

8. 调查权。税务机关依法进行税务检查时，有权向有关单位和个人调查纳税人、扣缴义务人和其他当事人与纳税或者代扣代缴、代收代缴税款有关的情况，有关单位和个人有义务向税务机关如实提供有关资料及证明材料。

9. 记录、录音、录像、照相和复制权。税务机关调查税收违法案件时，对与案件有关的情况和资料，可以记录、录音、录像、照相和复制。

二、税务检查权的约束

对税务检查权进行约束，可以有效地防止税务机关及其税务人员滥用职权，以便更好地贯彻国家的税收政策法令，维护纳税人和扣缴义务人的合法权利。税务检查权的约束，主要体现在以下方面：

1. 税务机关派出的人员进行税务检查时，应当出示税务检查证和税务检查通知书，并有责任为被检查人保守秘密；未出示税务检查证和税务检查通知书的，被检查人有权拒绝检查；税务机关对集贸市场及集中经营业户进行检查时，可以使用统一的税务检查通知书。

2. 税务机关检查存款账户时，应当指定专人负责，凭全国统一格式的检查存款账户许可证明进行，并有责任为被检查人保守秘密。

3. 税务机关对纳税人、扣缴义务人以及其他当事人处以罚款或者没收违法所得时，应当开付罚没凭证；未开付罚没凭证的，纳税人、扣缴义务人以及其他当事人有权拒绝给付。

4. 税务机关进入纳税人电算化系统进行检查时，有责任保证纳税人会计电算化系统的安全性，并保守纳税人的商业秘密。

【例 18－4】 申江公司是一家集体企业，2014年 3～5 月，企业均为零申报。县地税局通过调查，初步了解到其货款通过东方公司账户结算。为掌握确凿证据，2014年 5 月 15 日稽查局两名工作人员在出示税务检查证后，对东方公司的存款账户进行了检查核对，掌握了申江公司利用东方公司账号偷税10 000元的违法事实。5 月 20 日，县地税局依照法定程序下达了税务处理决定：责令申江公司补缴税款，并加收滞纳金，同时处30 000元罚款。

问：县地税局的执法行为存在哪些问题？并说明理由。

【解析】

(1)税务机关对东方公司账户检查中存在违法问题。根据《征管法》第五十四条第（六）项的规定，查询从事生产、经营的纳税人、扣缴义务人在银行或其他金融机构的存款账户，应经县以上税务局局长批准，凭全国统一格式的检查存款账户许可证明进行。该案中，税务人员未经批准就对东方公司的存款账户进行检查，属越权行为。

(2)稽查人员未出示税务检查通知书。根据《征管法》第五十九条的规定，税务人员实施税务检查时，应出示税务检查证和税务检查通知书。

(3)未将案件移送司法机关追究刑事责任。申江公司的偷税行为已构成犯罪，应移送司法机关追究刑事责任。

第五节　法律责任

一、违反税务管理基本规定行为的处罚

1. 根据《征管法》第六十条和《实施细则》第九十条的规定，纳税人有下列行为之一的，由税务机关责令限期改正，可以处2 000元以下的罚款；情节严重的，处2 000元以上 1 万元以下的罚款。

(1)未按照规定的期限申报办理税务登记、变更或者注销登记的；

(2)未按照规定设置、保管账簿或者保管记账凭证和有关资料的；

(3)未按照规定将财务、会计制度或者财务、会计处理办法和会计核算软件报送税务机关备查的；

(4)未按照规定将其全部银行账号向税务机关报告的；

(5)未按照规定安装、使用税控装置，或者损毁或擅自改动税控装置的。

2. 纳税人不办理税务登记的，由税务机关责令限期改正；逾期不改正的，由工商行政管理机关吊销其营业执照。

3. 纳税人未按照规定使用税务登记证件，或者转借、涂改、损毁、买卖、伪造税务登记证件的，处2 000元以上 1 万元以下的罚款；情节严重的，处 1 万元以上 5 万元以下的罚款。

二、扣缴义务人违反账簿、凭证管理的处罚

《征管法》第六十一条规定：扣缴义务人未按照规定设置、保管代扣代缴、代收代缴税款账簿或者保管代扣代缴、代收代缴税款记账凭证及有关资料的，由税务机关责令限期改正，可以处2 000元以下的罚款；情节严重的，处2 000元以上5 000元以下的罚款。

三、纳税人、扣缴义务人未按规定进行纳税申报的法律责任

《征管法》第六十二条规定：纳税人未按照规定的期限办理纳税申报和报送纳税资料的，或者扣缴义务人未按照规定的期限向税务机关报送代扣代缴、代收代缴税款报告表和有关资料的，由税务机关责令限期改正，可以处2 000元以下的罚款；情节严重的，可以处2 000元以上1万元以下的罚款。

四、对偷税的认定及其法律责任

1. 根据《征管法》第六十三条的规定，纳税人采取欺骗、隐瞒手段进行虚假纳税申报或者不申报，逃避缴纳税款的，由税务机关追缴其不缴或者少缴的税款、税款滞纳金，并处不缴或者少缴的税款50%以上5倍以下的罚款；构成犯罪的，依法追究刑事责任。

扣缴义务人采取前款所列手段，不缴或者少缴已扣、已收税款，由税务机关追缴其不缴或者少缴的税款、税款滞纳金，并处不缴或者少缴的税款50%以上5倍以下的罚款；构成犯罪的，依法追究刑事责任。

2.《中华人民共和国刑法》(以下简称《刑法》)第二百零一条规定：纳税人采取欺骗、隐瞒手段进行虚假纳税申报或者不申报，逃避缴纳税款数额较大并且占应纳税额10%以上的，处3年以下有期徒刑或者拘役，并处罚金；数额巨大并且占应纳税额30%以上的，处3年以上7年以下有期徒刑，并处罚金。

扣缴义务人采取前款所列手段，不缴或者少缴已扣、已收税款，数额较大的，依照前款的规定处罚。

对多次实施前两款行为，未经处理的，按照累计数额计算。

有第一款行为，经税务机关依法下达追缴通知后，补缴应纳税款，缴纳滞纳金，已受行政处罚的，不予追究刑事责任；但是，5年内因逃避缴纳税款受过刑事处罚或者被税务机关给予两次以上行政处罚的除外。

五、进行虚假申报或不进行申报行为的法律责任

《征管法》第六十四条规定：纳税人、扣缴义务人编造虚假计税依据的，由税务机关责令限期改正，并处5万元以下的罚款。

纳税人不进行纳税申报，不缴或者少缴应纳税款的，由税务机关追缴其不缴或者少缴的税款、滞纳金，并处不缴或者少缴的税款50%以上5倍以下的罚款。

六、逃避追缴欠税的法律责任

《征管法》第六十五条规定：纳税人欠缴应纳税款，采取转移或者隐匿财产的手段，妨碍税务机关追缴欠缴的税款的，由税务机关追缴欠缴的税款、滞纳金，并处欠缴税款50%以上5倍以下的罚款；构成犯罪的，依法追究刑事责任。

《刑法》第二百零三条规定：纳税人欠缴应纳税款，采取转移或者隐匿财产的手段，致使税务机关无法追缴欠缴的税款，数额在1万元以上不满10万元的，处3年以下有期徒刑或者拘役，并处或者单处欠缴税款1倍以上5倍以下罚金；数额在10万元以上的，处3年以上7年以下有期徒刑，并处欠缴税款1倍以上5倍以下罚金。

七、骗取出口退税的法律责任

《征管法》第六十六条规定：以假报出口或者其他欺骗手段，骗取国家出口退税款的，由税务机关追缴其骗取的退税款，并处骗取税款1倍以上5倍以下的罚款；构成犯罪的，依法追究刑事责任。

对骗取国家出口退税款的，税务机关可以在规定期间内停止为其办理出口退税。

《刑法》第二百零四条规定：以假报出口或者其他欺骗手段，骗取国家出口退税款，数额较大的，处5年以下有期徒刑或者拘役，并处骗取税款1倍以上5倍以下罚金；数额巨大或者有其他严重情节的，处5年以上10年以下有期徒刑，并处骗取税款1倍以上5倍以下罚金；数额特别巨大或者有其他特别严重情节的，处10年以上有期徒刑或者无期徒刑，并处骗取税款1倍以上5倍以下罚金或者没收财产。

八、抗税的法律责任

《征管法》第六十七条规定：以暴力、威胁方法拒不缴纳税款的，是抗税，除由税务机关追缴其拒缴的税款、滞纳金外，依法追究刑事责任。情节轻微，未构成犯罪的，由税务机关追缴其拒缴的税款、滞纳金，并处拒缴税款1倍以上5倍以下的罚款。

《刑法》第二百零二条规定：以暴力、威胁方法拒不缴纳税款的，处3年以下有期徒刑或者拘役，并处拒缴税款1倍以上5倍以下罚金；情节严重的，处3年以上7年以下有期徒刑，并处拒缴税款1倍以上5倍以下罚金。

九、在规定期限内不缴或者少缴税款的法律责任

《征管法》第六十八条规定：纳税人、扣缴义务人在规定期限内不缴或者少缴应纳或者应解缴的税款，经税务机关责令限期缴纳，逾期仍未缴纳的，税务机关除依照本法第四十条规定采取强制执行措施追缴其不缴或者少缴的税款外，可以处不缴或者少缴的税款50%以上5倍以下的罚款。

十、扣缴义务人不履行扣缴义务的法律责任

《征管法》第六十九条规定：扣缴义务人应扣未扣、应收而不收税款的，由税务机关向纳税人追缴税款，对扣缴义务人处应扣未扣、应收未收税款50%以上3倍以下的罚款。

【例18—5】 2014年7月，D县地税局在对该县某报社进行例行检查时，发现报社在6月份支付某作家稿费5 000元时未代扣代缴个人所得税560元。该县地税局遂依照法定程序作出税务处理决定，由报社补缴未代扣代缴的个人所得税，并处1 000元罚款。

问：D县地税局的决定是否正确？为什么？

【解析】

(1)由报社补缴税款的决定是错误的。根据《征管法》第六十九条的规定，扣缴义务人应扣未扣、应收未收税款的，由税务机关向纳税人追缴税款。

(2)对报社处以1 000元罚款符合法律规定。根据《征管法》第六十九条的规定，扣缴义务人应扣未扣、应收未收税款的，由税务机关向纳税人追缴税款，对扣缴义务人处应扣未扣、应收未收税款50%以上3倍以下的罚款。

十一、不配合税务机关依法检查的法律责任

1.《征管法》第七十条规定：纳税人、扣缴义务人逃避、拒绝或者以其他方式阻挠税务机关检查的，由税务机关责令改正，可以处1万元以下的罚款；情节严重的，处1万元以上5万元以下的罚款。

逃避、拒绝或者以其他方式阻挠税务机关检查的情形：

(1)提供虚假资料，不如实反映情况，或者拒绝提供有关资料的；

(2)拒绝或者阻止税务机关记录、录音、录像、照相和复制与案件有关的情况和资料的；

(3)在检查期间，纳税人、扣缴义务人转移、隐匿、销毁有关资料的；

(4)有不依法接受税务检查的其他情形的。

2. 税务机关依照《征管法》第五十四条第(五)项的规定，到车站、码头、机场、邮政企业及其分支机构检查纳税人有关情况时，有关单位拒绝的，由税务机关责令改正，可以处1万元以下的罚款；情节严重的，处1万元以上5万元以下的罚款。

十二、非法印制发票的法律责任

1.《征管法》第七十一条规定：违反本法第二十二条规定，非法印制发票的，由税务机关销毁非法印制的发票，没收违法所得和作案工具，并处1万元以上5万元以下的罚款；构成犯罪的，依法追究刑事责任。

2.《刑法》第二百零六条规定：伪造或者出售伪造的增值税专用发票的，处3年以下有期徒刑、拘役或者管制，并处2万元以上20万元以下罚金；数量较大或者有其他严重情节的，处3年以上10年以下有期徒刑，并处5万元以上50万元以下罚金；数量巨大或者有其他特别严重情节的，处10年以上有期徒刑或者无期徒刑，并处5万元以上50万元以下罚金或者没收财产。

伪造并出售伪造的增值税专用发票，数量特别巨大，情节特别严重，严重破坏经济秩序的，处无期徒刑或者死刑，并处没收财产。

单位犯本条规定之罪的，对单位判处罚金，并对其直接负责的主管人员和其他直接责任人员，处3年以下有期徒刑、拘役或者管制；数量较大或者有其他严重情节的，处3年以上10年以下有期徒刑；数量巨大或者有其他特别严重情节的，处10年以上有期徒刑或者无期徒刑。

3.《刑法》第二百零九条规定：伪造、擅自制造或者出售伪造、擅自制造的可以用于骗取出口退税、抵扣税款的其他发票的，处3年以下有期徒刑、拘役或者管制，并处2万元以上20万元以下罚金；数量巨大的，处3年以上7年以下有期徒刑，并处5万元以上50万元以下罚金；数量特别巨大的，处7年以上有期徒刑，并处5万元以上50万元以下罚金或者没收财产。

伪造、擅自制造或者出售伪造、擅自制造的前款规定以外的其他发票的，处2年以下有期徒刑、拘役或者管制，并处或者单处1万元以上5万元以下罚金；情节严重的，处2年以上7年以下有期徒刑，并处5万元以上50万元以下罚金。

4. 非法印制、转借、倒卖、变造或者伪造完税凭证的，由税务机关责令改正，处2 000元以上1万元以下的罚款；情节严重的，处1万元以上5万元以下的罚款；构成犯罪的，依法追究刑事责任。

十三、有税收违法行为而拒不接受税务机关处理的法律责任

《征管法》第七十二条规定：从事生产、经营的纳税人、扣缴义务人有本法规定的税收违法行为，拒不接受税务机关处理的，税务机关可以收缴其发票或者停止向其发售发票。

十四、银行及其他金融机构拒绝配合税务机关依法执行职务的法律责任

1. 银行和其他金融机构未依照《征管法》的规定在从事生产、经营的纳税人的账户中登录税务登记证件号码，或者未按规定在税务登记证件中登录从事生产、经营的纳税人的账户账号的，由税务机关责令其限期改正，处2 000元以上2万元以下的罚款；情节严重的，处2万元以上5万元以下的罚款。

2. 为纳税人、扣缴义务人非法提供银行账户、发票、证明或者其他方便，导致未缴、少缴税款或者骗取国家出口退税款的，税务机关除没收其违法所得外，可以处未缴、少缴或者骗取的税款1倍以下的罚款。

3.《征管法》第七十三条规定：纳税人、扣缴义务人的开户银行或者其他金融机构拒绝接受税务机关依法检查纳税人、扣缴义务人存款账户，或者拒绝执行税务机关作出的冻结存款或者扣缴税款的决定，或者在接到税务机关的书面通知后帮助纳税人、扣缴义务人转移存款，造成税款流失的，由税务机关处10万元以上50万元以下的罚款，对直接负责的主管人员和其他直接责任人员处1 000元以上1万元以下的罚款。

十五、擅自改变税收征收管理范围的法律责任

《征管法》第七十六条规定：税务机关违反规定擅自改变税收征收管理范围和税款入库预算级次的，责令限期改正，对直接负责的主管人员和其他直接责任人员依法给予降级或者撤职的行政处分。

十六、不移交司法机关的法律责任

《征管法》第七十七条规定：纳税人、扣缴义务人有本法第六十三条、第六十五条、第六十六条、第六十七条、第七十一条规定的行为涉嫌犯罪的，税务机关应当依法移交司法机关追究刑事责任。

税务人员徇私舞弊，对依法应当移交司法机关追究刑事责任的不移交，情节严重的，依法追究刑事责任。

十七、税务人员不依法行政的法律责任

《征管法》第八十条规定：税务人员与纳税人、扣缴义务人勾结，唆使或者协助纳税人、扣缴义务人有本法第六十三条、第六十五条、第六十六条规定的行为，构成犯罪的，依法追究刑事责任；尚不构成犯罪的，依法给予行政处分。

税务人员私分扣押、查封的商品、货物或者其他财产，情节严重，构成犯罪的，依法追究刑事责任；尚不构成犯罪的，依法给予行政处分。

十八、渎职行为的法律责任

1.《征管法》第八十一条规定：税务人员利用职务上的便利，收受或者索取纳税人、扣缴义务人财物或者谋取其他不正当利益，构成犯罪的，依法追究刑事责任；尚不构成犯罪的，依法给予行政处分。

2.《征管法》第八十二条规定：税务人员徇私舞弊或者玩忽职守，不征或者少征应征税款，致使国家税收遭受重大损失，构成犯罪的，依法追究刑事责任；尚不构成犯罪的，依法给予行政处分。

税务人员滥用职权，故意刁难纳税人、扣缴义务人的，调离税收工作岗位，并依法给予行政处分。

税务人员对控告、检举税收违法违纪行为的纳税人、扣缴义务人以及其他检举人进行打击报复的，依法给予行政处分；构成犯罪的，依法追究刑事责任。

3.《刑法》第四百零四条规定：税务机关的工作人员徇私舞弊，不征或者少征应征税款，致使国家税收遭受重大损失的，处 5 年以下有期徒刑或者拘役；造成特别重大损失的，处 5 年以上有期徒刑。

4.《刑法》第四百零五条规定：税务机关的工作人员违反法律、行政法规的规定，在办理发售发票、抵扣税款、出口退税工作中，徇私舞弊，致使国家利益遭受重大损失的，处 5 年以下有期徒刑或者拘役；致使国家利益遭受特别重大损失的，处 5 年以上有期徒刑。

十九、不按规定征收税款的法律责任

《征管法》第八十三条规定：违反法律、行政法规的规定提前征收、延缓征收或者摊派税款的，由其上级机关或者行政监察机关责令改正，对直接负责的主管人员和其他直接责任人员依法给予行政处分。

《征管法》第八十四条规定：违反法律、行政法规的规定，擅自作出税收的开征、停征或者减税、免税、退税、补税以及其他同税收法律、行政法规相抵触的决定的，除依照本法规定撤销其擅自作出的决定外，补征应征未征税款，退还不用征收而征收的税款，并由上级机关追究直接负责的主管人员和其他直接责任人员的行政责任；构成犯罪的，依法追究刑事责任。

此外，《征管法》第七十四条还对行政处罚的权限作出了规定，罚款额在2 000元以下的，可以由税务所决定。

二十、违反税务代理的法律责任

税务代理人违反税收法律、行政法规，造成纳税人未缴或者少缴税款的，除由纳税人缴纳或者补缴应纳税款、滞纳金外，对税务代理人处纳税人未缴或者少缴税款 50%以上 3 倍以下的罚款。

本章关键词

税务管理　税务登记　纳税申报　税款征收　税务检查　法律责任

复习思考题

一、简答题

1. 简述纳税申报的方式。

2. 简述税款征收的原则。

3. 简述采取税收保全措施的前提条件和程序。

4. 简述采取强制执行措施的前提条件和程序。

5. 应建立哪些欠税清缴制度以防止税款流失?

二、案例分析题

1. 2014年9月8日,税收管理员李明和张媛两人在日常检查中,发现王某开了一家小商品超市,生意很红火,但没有办理税务登记,于是根据了解到的情况核定王某应补缴税款2 000元,责令王某当日到税务机关缴纳,但王某以没钱为由拒不缴纳,税收管理员于是提请税务所扣押了王某价值2 000元的大米。扣押至9月25日王某仍不缴纳应纳税款,经税务所所长批准,变卖2 000元的大米抵缴了税款。

要求回答下列问题:

(1)税收管理员的执法行为是否正确?为什么?

(2)税务所的执法行为是否正确?为什么?

2. 某基层税务所2014年7月15日接到群众举报,辖区内大明服装厂(系个体工商户)开业两个月没有纳税。2014年7月16日,税务所对大明服装厂依法进行了税务检查。经查,该服装厂于2014年5月8日办理了营业执照,5月10日正式投产,但没有办理税务登记;共生产销售服装420套,销售额90 690元,没有申报纳税。根据检查情况,税务所于7月18日作出如下处理建议:(1)责令服装厂在7月25日前办理税务登记,并处以500元罚款;(2)按规定补缴税款、加收滞纳金,并对未缴税款在《征管法》规定的处罚范围内,处以6 000元罚款。

2014年7月19日送达《税务处罚事项告知书》,7月21日税务所按上述处理意见作出了《税务处理决定书》和《税务行政处罚决定书》,同时下发《限期缴纳税款通知书》,限该服装厂于2014年7月28日前缴纳税款和罚款,并于当天将两份文书送达服装厂。服装厂认为本厂刚开业两个月,产品为试销阶段,回款率低,资金十分紧张,请求税务所核减税款和罚款,但被税务所拒绝。7月28日该服装厂缴纳了部分税款。7月29日税务所又下达了《催缴税款通知书》,催缴欠缴的税款、滞纳金和罚款。在两次催缴无效的情况下,经税务所长会议研究决定,对服装厂采取强制执行措施。8月2日,税务所扣押了服装厂23套服装,以变卖收入抵缴部分税款和罚款。服装厂在多次找税务所交涉没有结果的情况下,8月15日书面向税务所的上级机关某县税务局提出行政复议申请:要求撤销税务所对其作出的处理决定,并要求税务所赔偿因扣押服装给其造成的经济损失。

要求回答:税务所在执法方面存在哪些问题?为什么?

主要参考文献

[1]中国注册会计师协会:《税法》,经济科学出版社 2015 年版。

[2]中华会计网校:《2015 年注册会计师·税法应试指南》(梦想成真系列丛书),人民出版社 2015 年版。

[3]冬奥会计在线:《2015 年注册会计师考试应试指导及全真模拟测试·税法》(轻松过关系列丛书),北京大学出版社 2015 年版。

[4]王滨等:《税法》,西南财经大学出版社 2014 年版。

[5]刘学华:《税法》,立信会计出版社 2014 年版。

[6]姚林香、席卫群:《税务管理》,经济科学出版社 2012 年版。

[7]杜莉、徐晔:《中国税制》,复旦大学出版社 2010 年版。

[8]胡怡建:《中国税制》,科学出版社 2010 年版。

[9]马海涛:《中国税制》,中国人民大学出版社 2010 年版。

[10]许善达:《国家税收》,中国税务出版社 2007 年版。